BRUNO NICOLAS RAHERITIANA

L'ÉGLISE FACE AUX DÉFIS PASTORAUX
POUR LA FAMILLE À MADAGASCAR

Visto e approvato a norma degli Statuti della Facoltà di Teologia di Lugano.

Lugano, 28 septembre 2016

<table>
<tr><td>**I rapporteur:**</td><td>**Prof. Dr. A.-M. Jerumanis**</td></tr>
<tr><td>**II rapporteur:**</td><td>**Prof. Dr. H. C. Schmidbaur**</td></tr>
<tr><td></td><td>Prof. Dr. M. Orsatti</td></tr>
<tr><td></td><td>Prof. Dr. Bamuene Solo</td></tr>
<tr><td></td><td>Prof. Dr. M. Hauke</td></tr>
</table>

Bruno Nicolas RAHERITIANA

L'ÉGLISE FACE AUX DÉFIS PASTORAUX

POUR LA FAMILLE À MADAGASCAR

Thèse de doctorat en théologie

Faculté de théologie de Lugano

© 2019, Bruno Nicolas RAHERITIANA

Éditeur: BoD – Books on Demand,

12/14 rond-point des Champs-Élysées, 75008 Paris.

Impression : BoD - Books on Demand, Norderstedt, Allemagne .

ISBN 978-2-322-17197-2

Dépôt légal: avril 2019

ABREVIATIONS ET SIGLES

AAS: Acta Apostolicae Sedis, Roma.

CEC: Catéchisme de l'Église Catholique.

CEEEC: Commission Épiscopale pour l'Éducation et l'enseignement Catholique.

CEM: Conférence Épiscopale de Madagascar.

Conc. Oecum.: Concile Œcuménique Vatican II.

Const. Dogm.: Constitution Dogmatique.

Const. Past.: Constitution Pastorale.

DC: Documentation Catholique.

Éd.:   Édition (s).

Exh. Apost.: Exhortation Apostolique.

FC: Foi Catholique.

L.Enc.:   Lettre Encyclique.

N*:   Numéro

Nn*:   Numéros.

RTLu: Rivista Teologica di Lugano.

SCEAM: Symposium des Conférences Épiscopales d'Afrique et Madagascar.

[s.d]:   Sans date.

[s.l]:   Sans lieu.

[s.n]:   Sans édition.

INTRODUCTION GÉNÉRALE

1. Actualité de la question familiale à Madagascar

Personne ne peut se passer de la famille, elle est une institution humaine universelle. Le Dictionnaire Larousse en donne une définition restreinte: «*Ensemble formé par le père, la mère (ou l'un d'eux) et les enfants*»; et une autre définition plus large: « *Ensemble des personnes liées par parenté ou par alliance*[1]». Elle est la première des sociétés humaines et a longtemps été universellement reconnue comme la cellule souche du corps social[2], elle sera l'objet notre recherche. Mais de quoi parlons-nous quand nous parlons de la famille? Le mot famille recouvre des réalités diverses: quant à son essence, elle est une société naturelle et aussi une société morale[3]. Réduite en son essence, la famille est la société que constituent les parents et leurs enfants. Par vocation, elle est un lieu d'amour et de communion[4]; elle est le lieu de la première éducation et aussi le lieu de respect des libertés[5]. A la base de la famille, se trouvent un homme et une femme qui s'aiment au point de vouloir passer leur vie ensemble pour se soutenir mutuellement et fonder un foyer. Elle est essentiellement organisée en vue de l'enfant, de sa procréation, de son entretien et de son éducation.

Marquée par la montée de l'individualisme mais toujours pourvoyeuse de solidarité, la famille est aujourd'hui considérée comme une institution en mutation. Autant que la multiplication des naissances hors mariage et la conversion du concubinage en mode de vie durable, l'affirmation des identités personnelles et la transformation des relations entre parents et enfant contribuent à dessiner un nouveau paysage familial[6]. À la famille

---

[1] *Le petit Larousse illustré*, Larousse, Paris 2012.

[2] Cfr. M. EBERSTADT, *Déclin de la famille déclin de l'occident*, Salvator, Paris 2014, 9.

[3] J.-Y. BRACHET, *Mariage et famille*, aspects doctrinaux et moraux, tome II, [s.n], [s.l] 2006.

[4] Cf. Conc. Œcum. Vatican II, Const. Past. *Gaudium et Spes*, sur l'Église dans le monde de ce temps (7 décembre 1965), Fides, Paris 1967, n° 48 § 1.

[5] Cfr. F. HADJADJ, *Qu'est-ce que la famille?* Suivi de La transcendance en culottes, Salvator, Paris 2014, 27.

[6] Cf. Conc. Œcum. Vatican II, Const. past. *Gaudium et Spes*, n° 47 § 2.

«traditionnelle», où les rôles étaient strictement codifiés, succède ainsi un espace privé dont les modes de régulation sont plus souples et plus ouverts.

Avant les années 60, existe un modèle de famille instituée par le mariage fondé sur l'amour entre un homme et une femme ouvert aux enfants. C'était une institution vécue comme solide, centrée sur le bonheur de ses membres, la femme se dévouant pour que cet objectif soit réalisé pendant que l'homme gagnait l'argent du ménage et symbolisait l'autorité nécessaire[7]. Depuis le milieu de la décennie de 1960, les familles, ainsi que les valeurs qui sous-tendent leur formation, ont progressivement changé.

Depuis le milieu des années 1960, les familles ont connu des changements importants que nous énumérons comme suit: moins de mariages, plus de divorces, plus de concubinages, plus de familles recomposées, plus de familles monoparentales, moins de familles nombreuses, plus de naissances hors mariage, plus de travail salarié des femmes[8]. L'impression qui ressort de ces constats démographiques et statistiques est celle, avant tout, d'une augmentation de l'instabilité familiale, d'un certain éclatement de la famille considérée comme classique ou traditionnelle. Pour cette raison, le modèle de référence disparaît et nous assistons à une diversité de formes familiales[9].

Devant cette transformation de société, l'Église se sent profondément interpelée. Pour elle, le mariage fondement de la famille n'est pas une institution humaine mais une institution divine[10]. L'homme et la femme sont créés à l'image de Dieu l'un pour l'autre, réciproque et complémentaire en vue de l'union conjugale c'et-à-dire en vue d'une union stable de vie et d'amour. Cette stabilité de vie et d'amour comporte la pérennité de la communion conjugale c'est-à-dire sa pérennité et son indivisibilité[11]. L'Église a conscience que l'enseignement du Christ autour de l'indissolubilité du

---

[7] Cfr. M. SEGALEN ET A. MARTIAL, *Sociologie de la famille*, A.Colin, Paris 2013[8], 29-33.

[8] Cfr. M. EBERSTADT, *Déclin de la famille déclin de l'occident*, 34.

[9] Par exemple la loi française du 11 juillet 1975 et la loi du 26 mai 2004: ces lois autorisent la rupture d'un lien et facilitent le droit d'accès au divorce.

[10] Cfr. A. CARPIN, *Indissolubilità del matrimonio. La tradizione della chiesa antica*, Edizioni Studio Domenicano, Bologna 2014, 34.

[11] Cfr. Ibidem, 35.

mariage est au-dessus de la loi mosaïque[12] et de la loi civile c'est-à-dire que la pratique de l'Église n'est pas tout à fait égale à la mentalité et la praxis du monde[13]. En effet, l'Église catholique reconnaît la famille comme fondement de la société humaine. Sans famille, il n'y a pas de vie sociale possible. C'est pour cette raison que même sans référence à sa dimension religieuse, l'Église défend toujours la famille.

Avec le concile œcuménique Vatican II, l'enseignement et la vision de l'Église sur le mariage et la famille s'amplifie. On trouve la belle formule de l'Église au sujet de la famille: *«cellule première et vitale de la société»*, *«sanctuaire de l'Église à la maison*[14]*»*. L'Église voit les deux composantes sociale et ecclésiale de la famille, alors sans la famille il n'y a ni société ni Église. Dans la constitution pastorale *Gaudium et Spes*, le concile promeut la dignité du mariage et de la famille. Il qualifie le mariage de communauté de vie et d'amour, en plaçant l'amour au centre de la famille[15].

Dans le sillage du Concile Vatican II, le Magistère de l'Église rappellera à la famille sa mission centrale et primordiale. Le Pape Paul VI approfondit la doctrine sur le mariage et sur la famille par l'Encyclique *Humanae vitae* en parlant de la paternité responsable en soulignant le lien intrinsèque entre l'amour conjugal et l'engendrement de la vie. En cela, il affirme que l'amour conjugal est caractérisé par un amour total, un amour fidèle et exclusif jusqu'à la mort, un amour fécond. Les conjoints doivent reconnaître pleinement leurs devoirs et leurs responsabilités envers Dieu, envers eux-mêmes, envers la famille et envers la société[16].

Jean Paul II étant Pape du mariage et de la famille[17], manifeste une attention particulière à la famille[18]. Il qualifie la famille comme *«la première*

---

[12] La répudiation avec l'obligation de remettre à l'épouse renvoyée une attestation écrite, dans d'autre cas la pratique de la bigamie (cfr. Dt. 21, 14. 24, 1).

[13] Cfr. A. CARPIN, *Indissolubilità del matrimonio*, 282.

[14] Conc. Oecum.Vatican II, Décret *Apostolicam Actuositatem*, sur l'apostolat des laïcs (18 novembre 1965), n° 11 § 4. Conseil Pontifical «Justice et Paix», *Compendium de la doctrine sociale de l'Église*, Roma 2004, n° 211.

[15] Cfr. Conc. Oecum. Vatican II, Cons. Past. *Gaudium et Spes*, n° 48.

[16] Cfr. PAUL VI, L. Enc. *Humanae Vitae*, Rome 1968, nn° 9-10.

[17] Cfr. Y.SEMEN, *Jean-Paul II et la famille*, EDB, Perpignan 2011, 11.

et la plus importante[19]» route de l'Église. La famille est comprise comme une structure de base de toute société où naît la vie et commence l'apprentissage de toute une vie. En effet, la mission évangélisatrice de l'Église dépend en partie de la famille comme église domestique. Et dans la conclusion de son exhortation, le Pape affirme: «*L'avenir de l'humanité passe par la famille*[20] ». Et il continue: «*Il est donc indispensable et urgent que tout homme de bonne volonté s'emploie de toutes ses forces à sauvegarder et à promouvoir les valeurs et les exigences de la famille*[21]».

Quant au Pape Benoît XVI, à propos du mariage et de la famille, il affirme que le mariage fondé sur un amour exclusif et définitif devient icône de la relation de Dieu avec son peuple et réciproquement, la façon dont Dieu aime, devient la mesure de l'amour humain[22]. Par ailleurs, il met en évidence l'importance de l'amour comme principe de vie dans la société, lieu où s'apprend l'expérience du bien commun[23].

Le Pape François, avec son exhortation apostolique *Amoris Laetitia*, montre la situation actuelle sur la réalité et les défis des familles[24], tout en rappelant certains éléments fondamentaux de l'enseignement de l'Église sur le mariage et la famille[25]. Tout au long de son texte, le souverain pontife expose la situation des familles dans le monde actuel pour élargir et raviver notre conscience de l'importance du mariage et de la famille. Le Pape se montre original par son attention pastorale à la situation des familles en difficulté. De plus, il souligne le devoir d'éducation comme un des défis fondamentaux auquel doivent faire face les familles d'aujourd'hui. La famille, affirme-t-il, est la première école des valeurs, où on apprend l'utilisation correcte de la

---

[18] Cfr. JEAN PAUL II, Exh. Apost. *Familiaris consortio*, Rome 1981. Cfr. Idem, *Lettre aux familles*, Présentation par Georges Hourdin, Cerf, Paris 1994.
[19] JEAN PAUL II, *Lettre aux familles*, n° 2.
[20] Idem, Exh. Apost. *Familiaris consortio*, n° 86.
[21] Ibidem.
[22] Cfr. BENOIT XVI, L. Enc. *Caritas in veritate*, Rome 2009, n° 11.
[23] Cfr. Ibidem, n° 44.
[24] Cfr. Pape FRANÇOIS, Exh. Apost. *Amoris Laetitia*, Roma 2016, n° 44.
[25] Cfr. Ibidem, n° 80.

liberté et il continue que la tâche très importante des familles est d'éduquer à la patience[26].

Les appels du Magistère de l'Église à sauvegarder et à promouvoir les valeurs et les exigences de la famille trouvent un grand accueil en Afrique. L'engagement et la pratique de l'Église en Afrique est basé actuellement sur les deux exhortations apostoliques post synodales[27]. En Afrique, en particulier, la famille représente le premier pilier de l'édifice social. C'est pourquoi l'évangélisation de la famille est une des priorités majeures et cela constitue un réel défi face aux difficultés d'ordre politique, économique, social et culturel dans le cadre des mutations contemporaines[28]. *Africae Munus* est bien dans la continuité d'*Ecclesia in Africa* qui a donné une grande impulsion au développement de l'Église. *Africae Munus* entend renforcer le programme de l'activité pastorale de l'évangélisation du grand continent africain, soulignant le besoin urgent de réconciliation, de justice et de paix: «*La famille est bien le lieu propice pour l'apprentissage et la pratique de la culture du pardon, de la paix et la justice[29]*».

En raison de son importance capitale que nous venons de citer, la famille a besoin d'être protégée et défendue contre les menaces qui pèsent sur cette institution à savoir la distorsion de la notion du mariage et de la famille, la dévaluation de la maternité et la banalisation de l'avortement, la facilitation du divorce et le relativisme d'une nouvelle éthique[30].

À Madagascar, comme tous les pays d'Afrique, quand on parle de la famille, on met l'accent sur l'attention à l'autre, sur la solidarité, sur la chaleur des relations, sur l'accueil, sur le dialogue et sur la confiance[31]. Cela s'explique par le fait que le malgache est un être de relation: relation avec les

---

[26] Cfr. Ibidem, nn° 274-275. À propos de l'éducation, le Pape François nous montre des différents aspects comme la formation morale des enfants, l'éducation sexuelle. Ainsi la famille n'est pas seulement un lieu de procréation mais aussi un lieu d'éducation.

[27] Cfr. JEAN PAUL II, Exh. Apost. *Ecclesia in Africa*, Rome 1995. Cfr. BENOÎT XVI, Exh. Apost. *Africae Munus*, Roma, 2011.

[28] Cfr. JEAN PAUL II, Exh. Apost. *Ecclesia in Africa*, n° 80.

[29] BENOÎT XVI, Exh. Apost. *Africae Munus*, n° 43.

[30] Cfr. Ibidem.

[31] Cfr. JEAN PAUL II, Exh. Apost. *Ecclesia in Africa*, n° 63 § 1.

parents géniteurs, avec les parents, avec les no-parents et avec les parents de l'au-delà[32]. Le noyau familial, milieu d'intégration de l'homme malgache apparaît comme l'origine de toute forme de *fihavanana*[33]. C'est la notion de famille fondée sur le réel qui donne au Malgache de considérer la vie entre les hommes comme un *fihavanana* et non inversement.

Un des aspects qui marque les malgaches est aussi le respect de l'*aina* (vie). Il s'agit de la vie dans sa dimension concrète, loin de toute abstraction. La particularité de cette vie pour un Malgache est qu'elle est un flux, un courant partant du *Zanahary* (dieu), et allant jusqu'à l'homme, englobant même son environnement. Dans cette optique, on ne peut pas dire en toute rigueur de terme que les parents donnent la vie. Ils ne sont que des intermédiaires, des relais par qui passe le flux vital. Ils transmettent ce qu'ils ont reçu eux-mêmes, tout étant emportés par le même courant. À la continuité dans le temps s'ajoute une unité dans l'espace: «*Ma vie, c'est aussi ma famille, mes voisins, mes éducateurs et tout autant, dans un sens encore plus concret, ma rizière, mon village, voire la pirogue qui me permet de me déplacer et d'aller chercher ce qui est indispensable à mon quotidien*[34]». L'unification de l'existence autour de la vie est une originalité forte des Malgaches.

Mais à cause des changements anthropologiques et culturels, les problèmes qui affectent la famille ne cessent d'augmenter aujourd'hui pour ne citer que le respect de la vie. À ce propos, la C.E.M a écrit: «*C'est par l'éducation de la famille au respect de la vie et de l'amour que l'on peut garantir l'avenir de la nation et de l'Église*[35]». Entre autre, il y a des diverses réalités qui menacent d'asphyxier la famille malgache comme la pauvreté, l'insécurité, les cataclysmes naturels, les problèmes politiques et économiques. Et tout cela déstabilise la vie de la famille à Madagascar.

---

[32] Cfr. H.A.-M. RAHARILALAO, *Église et Fihavanana à Madagascar*, Éd. Ambozontany, Analamahitsy-Antananarivo 2007, 140-142.

[33] Précisément, *fihavanana* signifie à la fois, la parenté et la consanguinité, l'amitié et la solidarité, la convivialité et les relations interpersonnelles. Cfr. C. ALEXANDRE, *Le malgache n'est pas une île*, Série «Soatoavina malagasy – valeurs malgaches, [s.n], Antananarivo 2003, 20.

[34] Ibidem, 21.

[35] Message de la C.E.M, *Réfléchir sur la vie de la nation et la vie de l'Église*, Moramanga 17 novembre 2006.

2. L'objet de la thèse, motivations et articulation

Vu l'importance de la famille à Madagascar, et les défis énormes devant lesquels elle se trouve, nous avons choisi comme thème de notre recherche doctorale une étude sur la réponse pastorale que l'Église est appelée à donner: «L'ÉGLISE FACE AUX DÉFIS PASTORAUX POUR LA FAMILLE À MADAGASCAR». Nous centrerons notre réflexion sur Madagascar, mais cela ne nous empêche pas de prendre des faits dans le cadre mondial pour éclairer la situation malgache qui apparaît spécifique dans ce domaine.

Notre recherche comprendra deux grandes parties dont voici les titres et les subdivisions.

Dans la première partie du travail, nous développerons les problèmes qui menacent la famille, nous aborderons ainsi l'engagement de l'Église à Madagascar. Cette partie comportera trois chapitres. Le premier chapitre montrera la conception et les enjeux de la famille; dans ce chapitre nous développerons les différents enjeux et les conceptions de la famille. Après nous verrons les nouveaux changements et les mutations apportés par la société moderne et contemporaine. Puis, nous parlerons de la conception et de l'évolution de la famille malgache avec l'importance des valeurs culturelles malgaches du *fihavanan*a comme clé de voûte de la famille malgache. Pour terminer ce chapitre, nous montrerons les limites du *fihavanana* malgache.

Puisque nous parlons de la famille malgache chrétienne catholique, il est indispensable de traiter ce qui concerne les défis posés à la famille en soulignant les réalités à Madagascar. Et c'est à ce sujet que nous nous intéresserons dans le second chapitre. Pour ce faire, nous commençons par les problèmes externes et internes de la famille ainsi que les idéologies et les choix qui ne correspondent pas à la famille en tant que telle. Il est certain que pour pouvoir apporter des solutions ou des remèdes à une telle situation, il faut savoir et mettre au clair les difficultés à affronter. Sur ce point, il est bon de rappeler qu'il y a des problèmes qui ne dépendent pas directement de la famille. Ils viennent de l'extérieur mais touchent gravement la famille. En outre, il y a les problèmes à l'intérieur de la famille elle-même qui menacent d'asphyxier la famille et la poussent à agir un tel acte immoral. De plus, l'émergence des idéologies différentes et la validation des responsables civils des cas dits anormaux augmentent le bouleversement de la famille, ainsi beaucoup sont tiraillées et bousculées. Alors, certains cherchent des solutions c'est-à-dire qu'ils créent une nouvelle forme d'union, mais celles-là devient un autre problème.

Dans ce cas, l'Église ne doit pas rester comme un simple spectateur ou comme étranger face à cette maladie, elle doit s'engager: c'est le cœur du troisième chapitre. Des défis sont à entreprendre soit défis anthropologiques, soit défis socio-économiques et politiques, soit défis ecclésiaux[36]. Et pour terminer ce chapitre, tournons nos yeux vers Madagascar, nous verrons que l'Église à Madagascar s'engage à relever les défis pour lutter contre la pauvreté, promouvoir l'éducation et faire face à la mondialisation selon sa capacité.

La deuxième partie concernera l'élaboration d'une pastorale au service de la famille à Madagascar. Nous aborderons cette partie en trois étapes. D'abord, nous réfléchirons sur l'entrée d'un homme et d'une femme dans le mariage parce que *«la famille, qui naît de l'amour de l'homme et de la femme, est fondamentalement issue du mystère de Dieu*[37]*»*. Nous développerons les points suivants: a) la famille selon les Écritures, b) la doctrine sur le mariage et la famille, c) l'essence du mariage et de la famille. Ce chapitre se veut être un rappel sur les fondements théologiques du mariage et de la famille.

Ensuite, comme a dit le Pape Jean Paul II: *«Il n'y a pas de véritable solution à la question sociale hors de l'Évangile*[38]*»*, et les faits sociaux ne se séparent pas de la vie familiale, donc l'Église a le devoir d'évangéliser la famille. C'est ce dont nous parlerons dans le cinquième chapitre. Cette évangélisation touche les relations (homme-femme, parents-enfants), le

---

[36] *«Les défis anthropologiques, sociologiques, ecclésiologiques de la famille en Afrique et Madagascar»*, article de Mgr. B. Ramaroson, Archevêque d'Antsiranana d'après le symposium des conférences Épiscopales d'Afrique et de Madagascar (SCEAM) le 7 février 2015, Antsiranana 24 mai 2015.

[37] JEAN PAUL II, *Lettres aux familles*, n° 8, 20.

[38] Ibidem, L. Enc. *Centesimus annus*, Roma 1992, n° 5.

sacrement, le corps et la sexualité et surtout les situations dites difficiles. Et en ce moment-là, l'Église doit se référer à la pédagogie divine c'est-à dire qu'elle accueille et aide les hommes selon ses capacités avec tendresse dans les étapes de croissance, autrement dit la loi de la gradualité.

Mais tout cela ne peut se réaliser s'il y a encore des obstacles, c'est pourquoi l'éducation et la formation, la lutte pour les droits humains et la lutte contre la pauvreté priment. Et le dernier point traitera des nouvelles orientations pour le bien de la famille. Il vise surtout l'aspect social de la famille à laquelle l'Église est appelée, tout en prenant soin de la préparation au mariage sacramentel vrai fondement de la famille; plus précisément nous parlerons de l'étape du mariage et non pas du mariage par étape. Et pour terminer ce chapitre, nous parlerons de l'engagement de l'Église sur la promotion et la sauvegarde de l'environnement. Ce sont le contenu du sixième et dernier chapitre indiquant la contribution d'une pastorale au service de la famille Malgache.

3. Status quaestionis de la recherche actuelle sur Madagascar

Parlons d'abord de l'originalité du travail. Parmi les recherches doctorales sur Madagascar au cours de ces dix dernières années notamment de 2004 à 2015, nous pouvons affirmer qu'aucune de ces recherches n'a encore traité directement de notre intitulé. Nous pouvons citer les travaux dont nous avons connaissance sous les rubriques suivantes:

2004: *Avortement: un défi moral et pastoral. Étude systématique et perspective d'avenir pour l'Église de Madagascar*, de P.H. Rakoto (Alphonsianum),

2005: *L'Église et la démocratie. La contribution du Pape Jean Paul II à l'analyse de la démocratie: ses implications pour le cas de Madagascar*, A. Rakotoarivelo (Alphonsianum),

2007: *La mission du prêtre dans la communauté du nord de Madagascar: une implantation de l'Église locale à la culture locale à l'intérieur de la culture locale*, de B.Hussen,

2008: *Église sacrement du salut selon Vatican II et les nouveaux groupements religieux à Madagascar*, J. de Dieu Raoelison (Lugano),

2014: *La conception du Zanaka pour comprendre le sens de l'homme fils de Dieu. Étude d'anthropologie théologique à partir de la culture malgache*, M. Ravelonantoandro (Teresianum),

2015: *Église catholique à Madagascar et bien commun à la lumière du compendium de la doctrine sociale*, F. Rakotomalala (Fribourg).

Sur ces six recherches recensées, trois ont développé de théologie morale: morale familiale et sexuelle (2004) et morale sociale (2005 et 2015). Une recherche a traité de la théologie pastorale en mettant en évidence le rôle du prêtre dans l'implantation de l'Église locale, en se confrontant avec la culture locale (2007). Une autre recherche a apporté un thème de théologie dogmatique (2008) et enfin, une recherche plus récente nous offre des éléments d'anthropologie théologique (2014).

Notre champ de recherche consiste aux défis pastoraux pour la famille par le détour des réalités vécues actuelles. Ce détour montre également la spécificité et l'intérêt du travail dans la mesure où nous avons choisi de mettre au fur et à mesure le cas de Madagascar, autrement dit, passer par la valeur culturelle[39] sans se détacher de l'enseignement du Magistère. Ceci est en vue de mieux présenter aux générations le sens profond de l'enseignement sur la famille cellule vitale de l'Église et la société.

Quant à l'intérêt du travail, il nous permet de comprendre l'homme malgache[40]. En étudiant le mécanisme du fihavanana et en l'intégrant dans

---

[39] La joie de vivre ensemble, la solidarité, l'entraide, communion, unité, le respect de la vie et la place primordiale du fils comme première richesse. Tous ceux-là forment la notion du fihavanana comme la clé de voûte de la relation familiale et de la société malgache.

[40] Être de relation avec les parents géniteurs, être de relation avec les parents, être de relation avec les non-parents, être de relation avec les parents de l'au-delà, être de relation au cosmos. (Cfr. R. DUBOIS, *Ny*

l'enseignement de l'Église, nous découvrirons une tresse de trois cordes[41] (*randran-telo*) constituant une voie de sainteté, celle-ci une vocation pour tous sans exception.

Enfin, le travail nous permettra d'aborder de manière approfondie la pastorale actuelle concernant la famille face aux défis posés à la famille à Madagascar.

olombelona, l'Harmattan, Paris1978, 43. Cfr. H.A.-M. RAHARILALAO, *Église et fihavanana à Madagascar*, 139-143).
[41] Réconciliation avec Dieu, avec ses semblables et avec le cosmos.

PREMIÈRE PARTIE: LES PROBLÈMES QUI MENACENT LA FAMILLE: L'ENGAGEMENT DE L'ÉGLISE À MADAGASCAR

Introduction

La rencontre de l'homme et de la femme fait partie de notre vie humaine et elle n'est pas spontanément chrétienne. Quoi qu'il en soit, nous provenons tous d'une famille, nous avons eu tous une famille pour berceau. Ainsi, la famille est un fondement de tout notre être. La famille a toujours été considérée comme l'expression première et fondamentale de la nature sociale de l'homme[42]. Mais ici, nous nous intéressons à la famille chrétienne et pour que nous puissions bien décrire et mettre en évidence ce qu'est la famille, partons de la conception générale de la famille avec les diverses formes ou changement actuel[43]. Ce chapitre nous permet de voir qu'il y avait des diverses manières de définir la famille selon la culture ou le contexte de l'évolution de chaque société[44]. Ce qui est fondamental c'est que l'homme a besoin d'une famille quelque soit la forme de celle-ci pour se développer.

Sur le chemin du mariage et de la famille, il y a toujours des accidents de parcours. Dans sa doctrine l'église présente que les dimensions temporelles et spirituelles sont unifiées. L'histoire et la littérature nous racontent suffisamment les déceptions et les trahisons, les amours tragiques et les enfers familiaux, qui sont de toutes les époques[45]. Par contre, il y a aussi les témoignages des couples qui célèbrent le jubilé de la 25e et 50e année de leurs mariages et aussi ceux qui restent fidèles aux enseignements de l'Église et à leur vocation; pourtant cela ne veut pas dire que leurs vies de couple et familiale sont toujours sans difficulté. C'est pourquoi, nous allons essayer de présenter les difficultés qui touchent la famille, les blessures qui la rendent incapable d'effectuer sa mission, en tenant compte de l'engagement de

---

[42] Cfr. JEAN PAUL II, *Lettre aux familles*, n°7. Cfr. P. Donati, «Famiglia» in *Nuovo Dizionario di sociologia*, Milano 1987, 849. Cfr. BENOIT XVI, *Discours du 13 Mai 2006*.

[43] On peut se contenter d'être descriptif, montrer que la famille ne cesse de changer selon les lieux et les époques.

[44] Même dans la Bible on constate la place de la culture sur l'évolution et la définition de l'institution de la famille. En ce qui concerne le mariage, dans l'Ancien testament, dans le cadre des normes juridiques héritées de l'Alliance de Sinaï, avec les limites que nous connaissons: polygamie possible, concubinage légal, permission de répudier, endogamie etc. Et cela évolue vers un mariage indissoluble et monogamique. (Cfr. O. BONNEWIJN, *Éthique sexuelle et familiale*, Éd. de l'Emmanuel, Paris 2006, 43).

[45] Cfr. A. BANDELIER, *Le mariage chrétien à l'épreuve du divorce*, Éd. de l'Emmanuel, Paris 2010, 9.

l'Église en vue de promouvoir la prospérité de la famille. La question qui se pose ici est de savoir les défis de l'Église pour assumer sa mission.

Pour ce faire, essayons de voir d'une manière un peu plus détaillée dans le second chapitre les problèmes qui menacent le mariage et la famille: nous essaierons d'y donner les différents points de vue sur les éléments et les causes des problèmes. Cela nous permet de voir la généralité du point de vue mondial et les réalités propres à Madagascar. Et pour terminer cette partie, nous parlerons dans le troisième chapitre des engagements entrepris par l'Église en Afrique et à Madagascar: cette section nous laisse percevoir sa préoccupation primordiale sans oublier la responsabilité de chaque foyer en tant que premier responsable de la vie familiale.

CHAPITRE I: CONCEPTIONS ET ENJEUX DE LA FAMILLE

L'individu seul ne constitue pas une famille. Le mot famille implique plusieurs personnes qui agissent de concert pour former une unité[46]. En générale, quand on parle de la famille, on pense tout de suite à un foyer où il y a les parents et leurs enfants sans tenir compte si elle est légitime ou non, si elle est légale ou non. Elle est seulement une société composée des parents et des enfants. Selon la conception chrétienne, la famille est l'expression et le développement de la réalité matrimoniale[47]. Tout cela veut dire que le mot famille est un mot analogue et revêt des différentes conceptions. Alors, faisons un aperçu de ce qu'est la famille en général avant de présenter la famille malgache; et pour terminer ce chapitre, nous parlerons du *fihavanana* comme la clé de voûte de la vie familiale malgache.

1.1 Bref aperçu de ce qu'est la famille

1.1.1 La famille au sens large du terme

Il est vrai que la famille est essentiellement définie par les liens de parenté constatés par la généalogie familiale, mais dans les sociétés traditionnelles, grâce à la continuité et à la compénétration des générations, elle s'étend aussi aux grands parents, aux oncles et aux tantes, aux cousins et aux cousines. Dans la famille élargie, il y a plusieurs degrés de parenté: les descendants et les ascendants (le grand père et la grande mère, le petit fils et la petite fille); les alliés (le gendre et la bru); les alliés ascendants (le beau père et la belle mère, le grand oncle et la grande tante, le grand cousin et la grande cousine); les alliés descendants (le beau fils et la belle fille, le petit neveu et la petite nièce, l'arrière petit neveu et l'arrière petite nièce, le cousin germain et cousine germaine). On peut parler aussi de grand père paternel et grande mère maternelle, oncle paternel et tante maternelle; parrain, marraine. On entend

---

[46] Cfr. G. CHAPMAN, *Une famille qui s'aime*, BLF Europe, Marpent (France) 2010, 5.

[47] Cfr. L. PADOVESE, *Uomo e donna a immagine di Dio*, Lineamenti di morale sessuale e familiare, Didaché n°2, Edizione Messagero Padova, Padova 2008[4], 157.

également des expressions comme parents adoptifs, enfants adoptés et enfants naturels, enfants légitimes et illégitimes, enfants adultérins et enfants cachés. Dans les sociétés modernes, la famille s'est progressivement restreinte à un seul degré de parenté ou d'alliance; c'est ce qu'on appelle famille nucléaire. On peut l'appeler aussi groupes domestiques simples c'est-à-dire qu'il s'agit, soit d'une famille nucléaire comprenant le père la mère et les enfants ou bien seulement le père ou la mère lorsque l'un des deux est veuf[48].

Ainsi parlons-nous de réunion familiale, de rencontre familiale comme cela se réalise lors d'un mariage, d'une exhumation[49], d'une circoncision, fête familiale (anniversaire, jubilé…) et plus particulièrement des obsèques car les obsèques sont parfois les seules occasions où la famille comprise dans un sens très large se retrouve. Mais de cette famille élargie, le noyau reste la société composée des parents et des enfants où on trouve trois types de lien: le lien conjugal (de l'homme et de la femme), le lien filial (des parents aux enfants), le lien fraternel (des enfants entre eux)[50]. Le terme famille est également utilisé par analogie symbolique pour designer des groupements dont les liens ne sont pas fondés sur la parenté. On entend parler de famille politique, de frères d'armes. Il existe aussi par exemple la famille religieuse dans les couvents ou dans les communautés; ainsi les religieux s'appellent entre eux frère, sœur, père, mère.

1.1.2 La famille sans fondement institutionnel

Selon les diverses cultures de la société traditionnelle ou bien dans un pays en voie de développement, on trouve beaucoup de familles sans fondement matrimonial institutionnel civil ou religieux. Et même actuellement, cette situation existe à cause des phénomènes sociaux (divorce, fille-mère, etc.). Cette catégorie de famille se présente par les familles monoparentales[51] et s'effectue souvent par la cohabitation ou union libre. Ce choix de vie peut être la peur de s'engager au mariage parce qu'il n'y a pas

---

⁴⁸ Cfr. M. SEGALEN ET A. MARTIAL, *Sociologie de la famille*, 40.
⁴⁹ Exhumation des morts, un rite de réjouissance et de cohésion familiale surtout à Madagascar.
⁵⁰ Cfr. F. HADJADJ, *Qu'est-ce qu'une famille*, 33.
⁵¹ Cfr. M. SEGALEN ET A. MARTIAL, *Sociologie de la famille*, 121.

encore de fonction pour assurer la vie commune, on peut prendre comme exemple le cas des jeunes étudiants. En un mot, ce sont les communautés familiales non fondées sur l'institution du mariage civil ou religieux. Ce phénomène est très rependu actuellement et apporte des graves conséquences dans la vie sociale et surtout dans la vie de l'Église. Cette catégorie de famille ne comporte aucun des droits et des devoirs matrimoniaux. Elle se distingue par la revendication très ferme de n'impliquer aucun lien, quel qu'il soit[52]. Dans d'autre cas, la cohabitation s'établit entre des personnes divorcées ou l'un d'eux est divorcé et ce dernier veut vivre en couple. Si cela est, il convient de mentionner que la famille, bien plus qu'une simple entité juridique, sociologique ou économique, constitue une communauté d'amour et de solidarité, apte de façon unique à enseigner et à transmettre les valeurs culturelles, éthiques, sociales, spirituelles et religieuses essentielles au développement et au bien être de ses propres membres et de la société[53].

1.1.3 La famille fondée sur un lien institutionnel: civil et religieux

Il y a enfin les familles fondées sur un lien conjugal institutionnel, civil ou religieux, c'est-a-dire le couple fondé sur le contrat du mariage avec les engagements y afférents. Parler de la famille, surtout ce qui nous concerne, nous les catholiques, c'est parler de la famille conjugale fondée sur le lien conjugal sacramentel; celle qui veut venir à l'Église pour préparer leur mariage. Pour nous ce qui définit la famille, c'est un triple caractère: l'alliance conjugale entre un homme et une femme fondée sur l'alliance entre Dieu et l'humanité, la procréation et l'éducation[54]. L'amour conjugal des époux est à la base de la famille, communion de personnes au sein de laquelle l'être humain est né[55]. En effet la famille a une grande responsabilité à l'éducation et au développement d'une personne en tant qu'homme. En parlant de l'éducation par exemple, on peut dire sans hésitation que le développement harmonieux de l'enfant ne peut se faire en dehors de la famille: une famille

---

composée d'un père, d'une mère, des frères et sœurs mais les parents doivent demeurer les premiers responsables[56].

Dans la famille où nous vivons, nous exerçons la relation interpersonnelle ainsi nous pouvons dire que la famille est le premier lieu de socialisation personnelle. La bonne famille est une famille où il y a d'amour et non pas celle où il y a beaucoup d'argent comme disait J. Leclercq: «*Une bonne famille: le mari aime sa femme, la femme aime son mari, les parents aiment ses enfants et les enfants aiment leurs parents. Elle peut être pauvre ou riche: une bonne famille est cela[57]*».

À partir de ces différentes affirmations, la famille constitue la vraie cellule sociale puisque la société se compose des familles et non d'individus. Et le concile Vatican II parle de la famille comme source de la vie sociale[58]. Cela s'explique par le fait que la famille est le premier lieu où les hommes et les femmes apprennent la confiance en eux-mêmes et la confiance dans les autres, elle est alors la base de la communauté humaine. La famille dont nous parlons est un bien pour l'humanité[59]. Les familles qui éduquent bien leurs enfants représentent un capital humain précieux pour la société et pour son bien être, tant du point de vue économique que spirituel. De plus, la famille engendre la culture, et toute la culture, à ses débuts et dans son développement, est un événement familial[60].

En tant que source de la vie sociale, on peut dire aussi que la famille est une école de socialisation c'est-à dire qu'elle est un lieu d'apprentissage de la vie sociale et surtout le lieu d'apprentissage de la fraternité et du pardon. Le pardon ne saurait certainement pas trouver dans la société un certain accomplissement s'il n'était sans cesse appelé dans l'expérience familiale[61]. Le Pape Benoit XVI qualifie la famille comme un bien nécessaire pour

---

[56] Cfr. F. HADJADJ, *Qu'est-ce qu'une famille ?* 27.
[57] J. LECLERCQ, *Vers une famille nouvelle*, [s.n], Paris 1962, 122.
[58] Cfr. Conc. Oecum. Vatican II, *Gaudium et Spes* n° 32 §2.
[59] Cfr. Déclaration de Trente, premier forum catholico-orthodoxe, 11-14 Décembre 2008.
[60] Cfr. Ibidem.
[61] «*La famille est bien le lieu propice pour l'apprentissage et la pratique de la culture du pardon, de la paix et de la réconciliation*». BENOIT XVI, Exh. Apost. post synodal, *Africae Munus*, n° 43.

l'humanité, *«une école d'humanisation de l'homme pour qu'il grandisse jusqu'à devenir pleinement homme[62]»*; mais il ne faut pas oublier qu'une famille ne peut pas vivre et s'épanouir pour elle-même seulement.

Nous avons donné quelques attributions à la famille fondée sur un lien institutionnel civil et religieux en général surtout au sein de l'Église catholique, continuons notre recherche maintenant sur les diverses formes ou nouveau changement de la famille moderne et contemporaine.

1.1.4 Nouveaux changements de la famille moderne et contemporaine

Quand nous parlons du changement cela ne veut pas dire que la définition et la manière de vivre dans une famille changent complètement. Au-delà de la définition habituelle, une autre manière de penser à la famille s'éparpille surtout pendant l'époque moderne jusqu'à nos jours. Dès la fin du 19ᵉ siècle, on a constaté que le père de la famille n'est plus le vrai chef de la famille, la famille devient moins patriarcale[63].

Pour illustrer notre affirmation sur le changement de la vie familiale, prenons une des grandes figures de la sociologie contemporaine: François de Singly. Singly cherche à comprendre les changements qui ont lieu au sein du groupe familial afin d'aboutir à la famille dite moderne. Pour effectuer ses recherches, il s'appuie sur de nombreux auteurs ayant précédemment travaillé sur le thème de la famille et notamment Emile Durkheim, en étudiant sa vision du sujet dans l'introduction de son livre. Il aborde dans sa recherche les différents aspects des liens de la famille avec l'état par le biais de l'école et par l'état lui-même, ainsi que les liens entre la famille et sa parenté. Enfin, il étudie non plus le groupe familial mais l'individu seul à l'intérieur de ce groupe. Il parle tout d'abord de la famille avec un appui théorique de Durkheim, puis de la famille et sa dépendance par rapport à l'état; ensuite, de l'autonomie vis-à-vis de la parenté et enfin de l'autonomie individuelle par rapport à la famille. Cette réflexion se passe comme celle-là car elle concerne

---

[62] Discours du Pape Benoît XVI, 13 Mai2007, in BENOIT XVI, *Pensées sur la famille*, 46.
[63] Cfr. F. DE SINGLY, *Sociologie de la famille contemporaine*, 15.

des cercles plus larges au plus restreints en partant de la famille dans la société pour arriver aux membres de la famille les uns avec les autres.

Pour lui, il y a trois traits de la famille moderne: la famille moderne est relationnelle, individualiste et privé/publique[64]. Dans la famille traditionnelle ou communautaire, au sein de laquelle, les individus sont au service du groupe, tandis que la famille ''moderne'' ''individualiste'', au sein de laquelle la famille est au service de chacun des membres[65]. Entre autre l'intervention directe de l'État à la vie familiale apporte un changement; nous ne portons pas de jugement mais essayons de présenter comment se passe cette intervention. Prenons comme exemple la création en 2000 d'une haute autorité indépendante en France, «le défenseur des enfants»: tout enfant peut dénoncer directement à un représentant de l'État ce qu'il estime être un mauvais traitement de ses parents[66]. On ne peut pas minimiser aussi l'existence de différents phénomènes qui provoquent une pluralité des formes de la vie familiale, à savoir: l'augmentation du concubinage, la possibilité du divorce par consentement mutuel, la séparation conjugale, le développement de la cohabitation et la naissance hors mariage.

Pour l'Europe, la promulgation de la loi sur le mariage pour tous en France, le 17 mai 2013, soulève la perspective de nouveaux modèles familiaux. Ils réinterrogent un aspect central de la famille, celui de la filiation[67]. Puisque le mariage pour tous permet la possibilité du mariage quelle que soit l'orientation sexuelle voilà pourquoi il y a le couple homosexuel ou lesbienne et il existe aussi la famille homoparentale[68].

Il est aussi à noter la présence de l'idée du féminisme c'est-à-dire que les femmes ne veulent plus être définies comme épouses et mères. Même après le mariage, elles veulent conserver un certain degré d'indépendance et d'autonomie. Le modèle de femme au foyer est critiqué. Il y a beaucoup de

---

[64] Cfr. Ibidem, 12-16.
[65] Cfr. Ibidem, 27.
[66] Cfr. Ibidem, 16.
[67] Cfr. M. SEGALEN ET A. MARTIAL, *Sociologie de la famille*, 27.
[68] Cfr. Ibidem, 150.

facteurs qui changent la forme de la famille par des raisons différentes. Aujourd'hui, la famille heureuse n'est plus l'objectif prioritaire, ce qui importe c'est que l'individu soit heureux au sein de sa vie privée[69]. A notre époque, il ne faut pas oublier non plus l'existence de la convergence des nouvelles technologies, la finance mondiale et la lutte pour l'égalité et la liberté[70] qui entrainent le changement dans la famille. En outre la réalité de notre société actuelle comme une société de consommation a placé la valeur de la nouveauté au-dessus de celle de la durabilité. Et tout cela apporte des changements dans la famille; comme a écrit par exemple Zygmunt Bauman:«… *Les enfants sont entrainés à considérer toute relation en termes de marché et à voir les autres êtres humains, amis et famille compris, par le prisme de perceptions et d'évaluations générées par le marché[71]*».

Les conceptions classiques du couple et de la famille sont donc en mutation. Depuis plus d'une trentaine d'années, la famille dite «traditionnel » a été confrontée à d'importantes évolutions, parmi lesquelles: l'augmentation des divorces et des séparations, la multiplication des foyers monoparentaux; l'augmentation des naissances hors mariage; l'accès, depuis 1999, pour les couples homosexuels à une reconnaissance légale de leur couple avec le pacte civil de solidarité (PACS); des percées médicales ouvrent de nouvelles perspectives aux techniques médicales à la procréation (AMP)[72]. C'est là autant de bouleversement sans précédent qui pose la question de la définition de ce qu'est une famille aujourd'hui.

Après avoir vu la vision générale et le changement ou l'évolution de la famille, passons maintenant à la famille Malgache.

1.2 La conception Malgache de la famille

---

[69] Cfr. F. DE SINGLY, *Sociologie de la famille contemporaine*, 22.
[70] Cfr. F. HADJADJ, *Qu'est-ce que la famille*, 162.
[71] Z. BAUMAN, *La vie liquide*, Éd. Pluriel, Paris 2013, 184.
[72] Cfr. É. DEVIENNE, *Recomposer une famille*. Toi et moi, et tous nos enfants, Larousse, Paris 2009, 15.

L'unité sociale de base à Madagascar[73] est la famille. La dénomination du mot famille ou *«fianakaviana»* fait référence au contexte de la culture Malgache comme dans beaucoup des sociétés africaines. Mais qu'en est-il vraiment de l'idée ou de la réalité qui se cachent derrière le mot *«Fianakaviana»* ou famille?

1.2.1 La famille liée par la consanguinité

La première définition de la famille malgache est un cercle très large par rapport à la notion de famille européenne moderne. La famille Malgache se présente comme une lignée. Si la lignée génétique est définie jusqu'à l'arrière-arrière-grands-parents, la famille commence à ce point connu. Et le mariage quelle que soit sa forme devient difficile entre neveux ou nièces. D'où, la notion importante «Etre au même *Razana»*[74]. A partir de cette notion le fait d'être dans une même famille dépend absolument de la consanguinité c'est-à-dire que le sang qui coule dans tous les descendants a la même source. Cela veut dire que tous les membres de la famille ont le même *«Aina»*[75].

Cette unité de vie est très importante pour la famille Malgache. De sa sœur, le frère affirme: elle, c'est ma vie (mon *Aina*). Si vous lui demandez la raison de cette affirmation, il vous répond que, puisque lui et elle sont issus du même père et de la même mère, leurs ancêtres sont communs. Ils reçoivent une *vie* identique[76]. Les relations frères-sœurs, parents-enfants ont livré les

---

[73] Madagascar est un Etat indépendant situé dans la partie occidentale de l'océan Indien, séparé de l'Afrique par le canal de Mozambique. L'ile a été peuplée par les Malaisiens et les Indonésiens et plus tard par des Africains. Ces populations d'origines multiples se sont reparties sur toute l'ile pour former des ethnies et des tribus. Ces ethnies ont chacune leurs traditions, rites et mythes. Cependant il n'existe qu'un seul peuple Malgache. Le Malgache n'utilise qu'une seule langue qui se rattache à celle de l'Indonésie. Les cultures Malgaches se distinguent par la simplicité de vie, des échanges et des relations ; par l'accueil, l'hospitalité, la solidarité, l'inclusion ; par le partage de joie de vivre, le sens de la fête et de la célébration ; par la reconnaissance, l'esprit de famille et l'entraide.

[74] Ancêtre, celui qui est la source de la vie à tous les descendants, lieu d'enterrement: même source de vie.

[75] Le mot *"Aina"* est difficile à traduire en Français. Dans le langage courant, «mamindra aina» (transmettre la vie) définit la procréation; de quelqu'un qui meurt, on dit *«miala aina»* (son *aina* s'en va) puis *«tapitra ny ainy»* (son *aina* a cessé). Et quand un père dit devant son fils *«aiko ity»* cela signifie exactement: il est mon *aina*. Le même terme veut dire donc, à la fois, le flux vital, le corps animé par le flux vital, le moi possesseur du flux vital qui s'exprime corporellement. Dans ce travail de recherche nous utilisons aussi le mot *«vie»* pour traduire le mot *«Aina»*.

[76] Cfr. R. DUBOIS, *Ny olombelona. Essai sur l'existence personnelle et collective à Madagascar*, l'Harmattan, Paris 1978, 53.

principales caractéristiques de l'unité parentale. Cette dernière s'enracine dans le «*aina*» commun; elle dure donc aussi longtemps que les membres de la famille c'est-à-dire jusqu'à la mort, mais elle ne supprime ni la responsabilité des personnes ni la hiérarchie. En outre, le mariage et la parenté unissent les personnes: *«Ce qui unifie les parents consanguins, ce sont les ancêtres communs; ce qui unifie les époux, ce sont les enfants communs. Les premiers sont «un» en recevant ensemble le même flux vital, les seconds deviennent «un» en fusionnant pour devenir source unique du flux vital. Aussi, l'unité qui en résulte atteint l'être dans sa profondeur, et dure ce que dure le flux vital, jusqu'à la mort; elle est ontologique*[77]*»*.

Les relations liées par le flux vital (*vie-aina*) assurent la continuité de la lignée et cette lignée englobe les morts, les vivants et les générations futures. Quand on dit respect des valeurs chez les Malgaches, on dit avant tout le respect de la vie[78]. Ainsi, la famille doit absolument survivre pour que la lignée ne soit pas interrompue. La stérilité était très redoutée et l'on parlait de malédiction des ancêtres lorsqu'une femme ne pouvait pas enfanter. De ce fait, la fécondité prénuptiale est encouragée dans la plupart des régions de Madagascar car le fait qu'une femme ait déjà eu un enfant prouvait sa fertilité[79]. Néanmoins, certains changements sont apparus avec l'avènement du christianisme surtout dans les hautes terres comme dans la province d'Antananarivo. Les relations sexuelles hors mariage dans cette partie de l'île deviennent alors réprimées et les mères célibataires (filles-mères) sont discréditées au sein de la société.

D'après certaines littératures ethnographiques, les adoptions étaient pourtant fréquentes surtout au sud de Madagascar. On pratique l'adoption lorsqu'on n'avait pas d'enfants pour continuer sa famille, et surtout pour avoir des héritiers qui puissent accomplir les rites sacrés des funérailles et assurer

---

[77] Ibidem, 58.
[78] Cfr. R. DUBOIS, *L'identité malgache, la tradition des ancêtres*, Ambozontany, Antananarivo 2002, 13.
[79] Cfr. C. BINET, *Femme, homme et mariage à Madagascar*. Bulletin d'information sur la population de Madagascar n°4, [s.n], [s.l] 2005, 6.

les cultes des ancêtres[80]. L'adoption était aussi une expectative pour les couples qui ne pouvaient pas avoir d'enfants car elle permettait d'échapper au déshonneur de ne pas avoir d'héritiers.

Nous n'arriverons pas à faire une étude détaillée sur cette conception mais tâchons de mettre l'idée essentielle en affirmant que la base de la famille pour les Malgaches est l'*aina*. C'est l'*aina* (*vie*) qui montre l'essence ou l'être de la famille. L'*Aina* commun qui lie et unit la famille, autrement dit la communion de vie définit la famille en tant que famille[81]. Cette communion touche l'ensemble de tous ceux qui ont reçu à leur naissance le même sang qui coulait dans les veines des ancêtres et continue à circuler dans tous ceux qui sont nés du même sang. Ainsi, donc nous affirmons que la définition de la famille Malgache est très large parce que la famille ne se limite pas seulement à quelques membres plus proches mais comprend un grand nombre d'hommes, de femmes et d'enfants; peut-être qu'ils ne se connaissent pas les uns les autres, mais ils savent qu'ils ont le même ancêtre.

Les liens de parenté par la consanguinité sont très essentiels et importants pour définir la famille Malgache mais de plus, ils envisagent une autre perspective.

1.2.2 La famille liée parla convivialité

La communauté malgache est composée officiellement de dix-huit ethnies principales, chacune avec son propre dialecte. Malgré la diversité du peuplement qui explique ces dialectes différents, la langue est arrivée à constituer une expression commune ou unique s'appelant précisément le malgache[82]. Celui-ci est devenu aujourd'hui la langue officielle du pays: c'est

---

[80] Cfr. A. GRANDIDIER ET G. GRANDIDIER, *Ethnographie de Madagascar: les habitants de Madagascar: la famille malgache*, [s.n], Paris 1917. In Histoire physique, naturelle et Politique de Madagascar, 111.
[81] Cfr. G. NAVONE, *Fianakaviana fiangonan-kely hoe?* (Famille petite Eglise?), Éd. Ambozontany, Antananarivo 2000, 11.
[82] Cfr. RAJERIARISON ET S.URFER, *Madagascar*, Le Cavalier bleu, Paris 2010, 4.

le parler de l'*Imerina*[83] qui a été choisi comme langue officielle en raison d'une longue tradition d'écriture remontant à la première moitié du 19ᵉ siècle.

Il est connu que, socialement, les Malgaches se groupent de village en village et forment une communauté familiale[84]. Ce fait nous introduit à la deuxième définition de la famille établie par consentement mutuel, formée par des liens d'entraide très sérieux, renforcé par la confiance réciproque éprouvée. Les co-habitants d'un même terroir ne vivent pas seulement les uns à coté des autres mais donnent naissance à une communauté; de plus tous s'entendent bien avec la langue unique. Il est possible qu'ils n'ont ni ancêtres ni enfants communs mais ils vivent dans un même village. Ici, comme le lien sanguin n'existe pas, le mariage est possible. Mais ce mariage est souvent un mariage coutumier avant l'évangélisation. La caractéristique la plus fondamentale est le sens de la solidarité. Cette solidarité se manifeste dans la joie comme dans le malheur et entretient le sentiment fort que l'union fait la force.

Pour la bonne marche de la vie communautaire, les bonnes habitudes sont présentes. Quand les personnes d'un même terroir se rencontrent, elles doivent se saluer. Ces salutations touchent la vie toute entière: la santé, l'événement qu'on a rencontré[85]... En outre, il existe une volonté commune concernant la vie collective, cela se fait par une réunion et tout le monde agit selon la décision prise. Puisque la solidarité est très importante, tous les membres de la communauté participent aux joies et aux tristesses d'autrui. Citons par exemple les inaugurations des maisons, les circoncisions, l'heureuse issue d'une grave maladie. Les cohabitants arrivent avec des offrandes qui expriment la participation commune à ces événements. Un événement qui

---

[83] L'Imerina, peuplé par les Imerina, est une région montagneuse du centre de Madagascar, dont les paysans sont modelés par la riziculture irrigués dans les bas-fonds, elle demeure marquée par une activité artisanale. Sur les collines, sont pratiquées les cultures pluviales ainsi que l'élevage. L'agriculture est l'occupation principale des habitants, souvent couplée à une pluriactivité nécessaire du fait de la saturation de l'espace agricole et de l'exigüité des parcelles cultivés. Cfr. C. BLANCPAMARD, *Les savoirs du territoire en Imerina* (Haute Terre centrales de Madagascar), in J. BONNEMAISON, *Le territoire, lieu ou frontière*, Paris 1999, 57.

[84] On traduit par «fokonolona» c'est-à dire une sorte de communauté familiale formée par l'ensemble des habitants d'un village ou d'un quartier qui se connaissent, se solidarisent, s'entraident.

[85] Cfr. R. DUBOIS, *Ny olombelona*, 95.

marque et touche profondément la vie des Malgaches est la mort, alors participer aux veillées mortuaires est un geste indispensable. Le village assume la responsabilité et définit les modalités de la participation face à cet événement: arrêt du travail aux champs, présence au village, collecte du riz et d'argent, réception des visiteurs. *«En caricaturant non sans partialité certaines situations, on pourrait dire qu'il est permis de laisser son voisin mourir de faim, pourvu qu'on le pleure, une fois mort, en participant aux rites funéraires[86]»*. Pour les Malgaches, le passage dans l'au-delà, assuré par les rites mortuaires, est plus important que la cessation d'une vie terrestre.

Nous avons vu deux définitions pour décrire ce qu'est la famille selon la conception Malgache, nous avons alors mentionné l'importance de la consanguinité liée par le flux vital et la convivialité; mais la caractéristique qui marque ces définitions est la solidarité soit dans la parenté soit dans la convivialité. Mais l'harmonie dans la famille ne va pas de soi, alors quelles sont les valeurs qui règlent la vie familiale?

1.2.3 Les valeurs qui règlent la conduite dans la famille

L'idée maitresse de tout système philosophique et moral malgache est la *vie*. Le Malgache considère la *vie* comme meilleur et le plus précieux de tous les biens: «*Mamy ny miaina*» (vivre c'est doux), «*Aleo maty ampitso toy izay anio*» (mieux vaut mourir demain qu'aujourd'hui)[87]. La *vie* est un don de Dieu et personne ne peut prétendre être le maitre de sa vie: celui qui possède la vie ne peut pas s'en défaire[88].

Mais il existe une hiérarchie des forces qui donnent et mènent la vie: au sommet, Dieu incréé et créateur comme principe de vie[89]; selon les divers proverbes malgaches, il est celui «*nahary tongotra aman-tànana[90]*». Après Dieu, viennent les ancêtres et c'est pour cette raison que les malgaches

---

[86] Ibidem, 98.

[87] Cfr. RAHAJARIZAFY, *Ny filozofia Malagasy. Ny Fanahy no olona*, Éd. Ambozontany, Antananarivo 2004, 44.

[88] Cf. Ibidem, 46.

[89] Cfr. P. LUPO, *Dieu dans la tradition malgache*, Ambozontany, Fianarantsoa 2006, 69.

[90] Il est celui qui nous a créé pieds et mains.

donnent une place importante au tombeau et surtout à la cérémonie grandiose des «*famadihana*» (exhumation des morts)[91]. Après les ancêtres, viennent les vivants dont l'ordre et la priorité sont établis selon le degré d'âge. Ils sont appelés souvent «*Ray amandreny*»[92](père et mère ou parents) et le respect des *ray amandreny* s'avère importante dans la famille et dans la société malgache. Il convient de les respecter car ils sont les sources de la vie et surtout sans leur existence tous les restes ne seront pas en vie. Les Malgaches prennent en charge les personnes âgées dans la famille. Ils n'abandonnent pas les veufs ou les veuves[93] dans des centres spécialisés comme les hospices. Les membres de la famille restent solidaires grâce au respect des *ray amandreny*. Pour les *ray amandreny,* les désaccords avec eux deviennent comme une insolence ou un irrespect en leur encontre. Le fait que les Malgaches sont des hommes solidaires, vivant plus dans et pour la famille, aboutit dans un certain cas à une sorte d'écrasement d'un individu; par exemple le choix d'un mari ou d'une femme dépend de la volonté des parents et non du goût de la jeune fille ou du jeune homme. Dans ce cas, les fiançailles étaient donc arrangées par les parents ou des intermédiaires sans aucune considération du désir ni des inclinations des jeunes: «*Le mariage y était en effet, avant tout, une affaire d'arrangement entre familles, ou, comme le disait, le résultat d'un accord conclu sous le toit de la maison. Au point que des amis pouvaient même convenir de marier leurs enfants avant leur naissance sous réserve qu'ils fussent de sexe opposés sans considération aucune pour le désir ou les inclinations des enfants*[94]».

Comme la vie est le meilleur de tous les biens, la vie (*aina*) est un critère de l'essence de la famille, d'où l'attachement des malgaches à la famille et l'affection toute particulière qu'ils portent à l'enfant continuateur de la vie. Les malgaches ont des différentes manières de désigner avec tendresse leurs

---

[91] Cfr. P-L. PACAUD, *Un culte d'exhumation des morts à Madagascar: Le Famadihana.* Anthropologie psychanalytique, l'Harmattan, Paris 2003, 113-114.

[92] Littéralement «Père et Mère», personnage influent et respecté à cause de son âge et pour sa sagesse. Le personnage doit réunir les qualités morales du père et de la mère à la fois. Plénitude de la personnalité.

[93] «*Fara-vady anadahy*» Littéralement: Le dernier mari (d'une femme) c'est son frère. C'est-à-dire que quand une femme n'est pas mariée, au moment où elle est vieille c'est son frère qui s'occupe d'elle.

[94] L. VIG, *Sur la femme malgache*, Oslo 2003, 30.

enfants: «*Sombin'ny aina* (parcelle de la vie), *Silaky ny aina* (morceau de la vie), *Menaky ny aina* (fruit de la vie)»[95].

En général, pour ne pas citer que quelques concepts importants comme le respect de la vie, le respect des parents, la crainte de Dieu[96] et surtout la voie de la conscience[97], ces valeurs sont primordiales dans la famille et dans la société malgache.

1.2.4 Évolution de la famille malgache

Comme tous les pays du monde, Madagascar a sa tradition et sa culture en vue de former une famille. Il serait utile de mettre un coup d'œil sur les différents types de mariage dans la société traditionnelle malgache pour mieux comprendre ce qu'il en est aujourd'hui.

L'endogamie a une place première dans la société traditionnelle malgache, c'est un mariage à l'intérieur du clan. Cette pratique est en vue de la pérennisation du nom du lignage. Entre autre le mariage entre familles du clan aide à ce que l'héritage reste dans le clan et permet d'éviter que personne de l'extérieur n'entre dans le tombeau familial[98].

La polygamie: il y a différentes raisons qui poussent les hommes à prendre plusieurs épouses. Parmi ces raisons la nécessité d'avoir beaucoup de descendance pour assurer le culte des morts ; c'est aussi un moyen de montrer la richesse prouvée par l'entretien de plusieurs ménages. Flacourt dit à ce sujet: «*Ils ont pluralité de femmes suivant les moyens qu'ils ont de les nourrir*[99]». Chaque femme porte un nom bien particulier: la première épouse s'appelle «*Vadibe*» (grande épouse) et les autres femmes selon le besoin de

---

[95] J.A. HOULDER, *Ohabolana ou Proverbes Malgaches*, Imprimerie Luthérienne, Antananarivo 1960, 160.

[96] Cette idée n'est pas de la conception chrétienne mais selon la conception malgache manifestée par les proverbes «*aza ny lohasaha mangina no jerena fa Andriamanitra ao an-tampon'ny loha*» (ne vous fiez pas au silence de la vallée, songez plutôt à Dieu qui est au dessus de la tête), «*Ny adala no tsy ambakaina Andriamanitra no atahorana*» (si l'on ne trompe pas les sots, c'est qu'on craint Dieu).

[97] "*Aleo enjehin'ny omby masiaka toy izay enjehin'ny eritreritra*" (Il est beaucoup préférable d'être poursuivi par un méchant taureau que de l'être par la voix de la conscience).

[98] Cfr. L. ANDRIANJAFITRIMO, *La femme Malgache en Imerina au début du XXIe siècle*, Karthala, Paris 2003, 56.

[99] E. FLACOURT, *Histoire de la grande Isle Madagascar*, Éd. présentée et annotée par C. Allibert, Paris 1995, 172.

l'homme; mais seul le roi qui pratique la *«vady fampandrian-tany»* (épouse qui sert à pacifier la terre)[100]. L'éventualité d'une polygamie ne faisait pas de l'épouse principale un être écrasée, au contraire car dans certains temps quand son mari veut une autre femme c'est elle qui la désigne. *«A Madagascar, c'est bien connu, la polygamie était une chose ordinaire et, en même temps, considérée comme un signe de pouvoir et d'honneur. Selon les conceptions malgaches, il était en effet naturel pour les hommes riches, propriétaires de plusieurs villages, de placer une concubine dans chacun d'eux, la grande épouse résidant, pour sa part, dans le village principal[101]».*

Ces traditions et pratiques anciennes ne sont plus entamées aujourd'hui que dans quelques parties de la grande île. La civilisation occidentale et le christianisme contribuent beaucoup à ce changement. Aujourd'hui selon les données des Enquêtes Démographiques et Santé (EDS) en 2008-2009, le modèle de famille nucléaire formé par les deux parents et le ou les enfants constitue toujours le modèle dominant à Madagascar quelle que soit la province[102]. Selon toujours cette enquête, la situation des enfants dans la famille monoparentale ou dans la famille recomposée dans chaque région n'est pas la même. Les enfants résidant dans des ménages monoparentaux dirigés par la mère, non en union sont plus nombreux à Fianarantsoa et à Toliara. Quant aux ménages recomposés, les mères gardent davantage leurs enfants avec elles lorsqu'elles se remettent en couple dans la province de Fianarantsoa. C'est à Antananarivo que l'on constate que les enfants résident le moins avec leur mère ou leur père dans des familles recomposées. Les normes sociales[103] veulent qu'au cas où les parents ne peuvent entretenir les enfants, il est attendu que les grands-parents ou d'autres parents proches les prennent à leur charge. C'est à Toliara que l'on retrouve la plus forte proportion d'enfants vivant avec leurs grands-parents et à Antananarivo que

---

[100] Cfr. L. ANDRIANJAFITRIMO, *La femme Malgache en Imerina au début du XXI e siècle*, 57.

[101] L. VIG, *Sur la femme Malgache*, l'Harmattan Solum, Oslo 2003, 59.

[102] Cfr. F. ANDIAMARO ET V. DELAUNEY, *Evolution des structures des ménages et prise en charge de l'enfant à Madagascar*: une analyse à partir des Enquêtes Démographiques et de Santé (EDS) 2012, 137-148. In revue Tsingy, France, 15.

[103] Cfr. O. DAHL, *Signes et significations à Madagascar*. Des cas de communication interculturelle, [s.n], Paris 2006.

cette proportion en est la plus faible. De même, les oncles ou tantes accueillent leurs neveux ou nièces à Toliara que dans les autres provinces[104]. Cette occupation des enfants montre toujours une plus forte cohésion sociale et l'affection particulière que portent les Malgaches envers leurs enfants. La famille élargie a un rôle important dans la vie quotidienne de chacun de ses membres. Il est à noter que le couple homosexuel ou lesbienne est un peu difficile à comprendre selon la conception Malgache[105].

1.3 Les valeurs culturelles du *Fihavanana* Malagasy

Nous avons parlé plus haut qu'il y des valeurs qui règlent la conduite dans la famille mais celles-là se culminent toutes sur ce qu'on pourrait appeler l'axe de la vie sociale des Malgaches: *le fihavanana*. Parlons du *fihavanana*, un concept typiquement malgache qui s'inscrit dans des relations de parenté.

1.3.1 Ce qu'est le *fihavanana* malgache

Le *fihavanana*, selon l'étymologie, est un substantif dérivé de la racine *havana*[106] qui se traduit en français par parent ou proche parent. Il signifie la façon d'exprimer et de vivre la relation de parenté ou de se comporter vis-à-vis des proches et des parents. Cela veut dire que le *fihavanana* est lié surtout au système de parenté, un ensemble de relations qui existent entre les parents et les branches de parents descendants d'un ancêtre commun, avec les obligations et les droits s'y référant. Et cette conception peut être étendue à d'autres appartenances dans le même lignage, le même clan ou tribu, la même origine, ou bien encore comme fruit de la cohabitation ou de solidarité. Dans ce cas Raharilalao rappelle que le *fihavanana* évoque principalement deux genres de liens pour le Malgache: «*Un lien de parenté qui unit de par la naissance les membres d'une famille, d'un clan (Ny tera-Dra... ou les descendances de...); un lien de solidarité qui unit de par leur origine les*

---

[104] Les six provinces à Madagascar sont: Antananarivo, Antsiranana, Fianarantsoa, Mahajanga, Toamasina, Toliara.

[105] Être gay ou lesbienne, le faire savoir et l'assumer est toujours aussi délicat. C'est un sujet tabou. À Madagascar, la majorité de la population considère ce penchant sexuel comme une malédiction qui suscite une honte vis-à-vis de la société.

[106] Cfr. P. OTTINO, *Les champs de l'ancestralité à Madagascar*, Paris 1998, 315.

membres d'une cohabitation commune (Ny terak'An... ou les natifs de)[107]». De plus, les *havana* ou les apparentés sont définis ainsi dans ce cas: « *Ce sont des gens dont on ne voit pas clairement par quelle relation généalogique ils sont reliés à la famille*[108]». Ce qui fait que les Malgaches ont un sens très large et très étendu de la famille.

Pour bien comprendre le *fihavanana* disons qu'on peut l'expliquer comme suit: premièrement le *fihavanana fifanampiana* ou l'entraide mutuelle qui consiste à se faire aider les uns les autres. Le Malgache a trop bien compris que seul, on ne peut rien faire dans la vie, personne ne se suffit à lui-même. Par beaucoup de proverbes et de dictons que les anciens conseillaient leurs descendants de s'entraider, de se porter mutuellement aide et secours[109]. Deuxièmement le *fihavanana fifanajana*[110], cela nous fait considérer les droits, la dignité des autres. Ainsi, on se respecte, on ressent l'un pour l'autre des mouvements de respect comme le dit le proverbe: «*Ny vato menatra ny vato, ny hazo menatra ny hazo, ka mainka fa ny olombelona*» (les pierres ressentent du respect pour les pierres, les bois pour les bois, à plus forte raison les hommes pour les hommes). Pour bien imprégner les jeunes de cette idée, les Anciens leur conseillaient de se juger soi-même avant de juger les autres. Cependant, ce respect mutuel, si beau soit-il, serait encore insuffisant. Il y a le troisième: le *fihavanana fifankatiavana*[111] ou la vraie amitié. C'est là que le Malgache s'épanouit, là on sent vraiment qu'il est l'homme. Le *fihavanana fifankatiavana* éclate dans les mille petits faits quotidiens qui font la trame de sa vie.

Le malgache n'est pas tranquille s'il a raté une occasion pour se souvenir des autres. Vient-il à passer à proximité de leurs maisons, il doit faire un petit

---

[107] H.A.-M. RAHARILALAO, *Église et fihavanana à Madagascar*, 124.

[108] P. OTTINO, *Les champs de l'ancestralité à Madagascar*, 317.

[109] «*Trano atsimo sy avaratra: izay tsy mahalena ialofana*» c'est-à-dire s'il y a deux maisons rapprochées l'une de l'autre: on s'abrite sous celle qui ne coule pas. «*Roalahy miditra ala: izaho tokiny, izy tokiko*» ou Deux hommes pénétrant dans une forêt: je suis son assurance comme il est la mienne. Cfr. *La culture malgache* par R. Rajemisa-Raolison le 17 mai 2012. Voir dans: *http://myrakoto.over-blog.com/article-la-culture-malgache-par-m-regis-rajemisa-raolison-105264116.html*. Cons. 16/05/ 2016.

[110] Cfr. A. RAHAJARIZAFY, *Hanitra nentin-dRazana*, Ambozontany, Analamahitsy- Antananarivo 2011, 31-36.

[111] Cfr. Ibidem, 16-21.

crochet parce que *izay mahavangivangy tian-kavana* (celui qui aime à rendre souvent visite aux autres est aimé d'eux); et ce faisant, il ne manque pas d'apporter un petit cadeau, dont le nom varie suivant l'endroit où il est passé avant d'y venir. Par exemple, si l'on vient d'un voyage, on offre le *voandàlana* (fruits du chemin). Pour le Malgache, tous, au sein de la société, sont considérés comme appartenant à une même famille, de sorte que ceux qui ont un certain âge sont des *ray aman-dreny* (l'égal des parents) et les autres sont des *zanaka* (l'égal des fils). Il n'est rien qu'on ne doive sacrifier pour sauvegarder le *fihavanana*; un proverbe l'affirme de façon incisive: «*Aleo very tsikalakalam-bola toy izay very tsikalakalam-pihavanana*» littéralement il vaut mieux perdre l'argent que perdre l'amitié. Enfin, il n'est aucun malheur frappant les autres qu'on ne considère frappant soi-même. Et c'est de là que proviennent ces touchantes visites de condoléances, ayant un cachet proprement malgache, qui ont une valeur beaucoup plus profonde qu'apparente. Le Malgache tient à exprimer de vive voix la part qu'il prend à la douleur des autres: «*Varavarana ivoahana no anareo, fa ny fahoriana iaraha-mitondra*» (le malheur, c'est vous qui en êtes frappés, mais nous le supportons tous de tous nos cœurs).

Voilà donc en général ce qu'est le *fihavanana*. Il n'est pas du tout une idéologie purement théorique[112] ou une abstraction[113] qui n'a pas de lien avec le vécu du quotidien de l'homme. Mais il semble qu'en tant que vertu sociale, le *Fihavanana* permet à l'homme de s'engager librement comme sujet responsable de ce qu'il devient. Donc, c'est une réalité vécue tous les jours au sein de la société.

1.3.2 Solidarité, autre nom du fihavanana[114]

Pour le Malgache, en tant qu'homme de relation, l'homme ne se réalise que dans un cadre communautaire. C'est là qu'il trouve son bonheur et son accomplissement. Selon la conception malgache du *fihavanana*, il y a ce

---

[112] Cfr. P. OTTINO, *Les champs de l'ancestralité à Madagascar*, 317.
[113] Cfr. C. ALEXANDRE, *Le Malgache n'est pas une île*, Série «Soatoavina malagasy-valeurs malgaches», [s.n], Antananarivo 2003, 37.
[114] Cfr. Ibidem, 40. Le *fihavanana* est ici pris dans son extension plus grande.

qu'on appelle parenté proche et éloigné[115]. Tout d'abord, la parenté proche est toujours réduite jusqu' à la troisième génération. Celle-ci est considérée comme les parents proches ou *havana akaiky*, faisant partie du même *fianakaviana* ou famille. La proximité de la parenté s'exprime par la consanguinité. Ensuite, la parenté éloignée comprend tous ceux qui sont au-delà des trois générations. À côté de ceux-là il y a la famille liée par la convivialité. Cette connotation dépasse la notion de clan familial pour aboutir à l'idée d'une communauté d'intérêt pouvant être définie par l'union de plusieurs groupes humains[116]. Ainsi, concernant le *fihavanana*, le lien qui le constitue est très difficile à identifier parce que cela ne se limite pas à un système de lien de parenté, originellement cela implique les ancêtres et s'étend plus largement aux gens qui se connaissent entre eux, c'est-à-dire aux gens qui se fréquentent depuis longtemps et se traitent comme des *mpihavana* ou parents. Ce qui signifie que la solidarité familiale tissée par le *fihavanana* se déploie également dans les liens d'amitié, de sympathie et de relations humaines[117].

Pour les Malgaches, des personnes peuvent se traiter comme *mpihavana* (parents) même si auparavant, elles ne se connaissent pas ni ne communiquaient entre elles. Grâce à leur fréquentation mutuelle dans un domaine ou endroit, ils deviennent apparentés. Cela veut dire que dans le *fihavanana*, il y a une attente[118], un devoir à accomplir, une conduite à tenir. L'entente est la condition première de la vie pacifique. Le *fihavanana* se manifeste également à travers l'attitude adoptée chez les autres par l'assistance réciproque dans les circonstances de la vie. Il se traduit aussi dans le respect des pratiques des coutumes, des mœurs, des cultures propres aux Malgaches: sacrifices, tabous et interdits[119].

---

[115] Cfr. P. OTTINO, *Les champs de l'ancestralité à Madagascar*, 315.

[116] Cfr. P. CHAIGNEAU, *Rivalités politiques et socialisme à Madagascar*, Paris 1985, 21.

[117] Cfr. H.A.-M. RAHARILALAO, *Église et fihavanana à Madagascar*, 161.

[118] Cfr. G. NAVONE, *Ny atao no miverina - Ethnologie et proverbes malgaches*, Éd. Ambozontany, Fianarantsoa 1977, 93.

[119] Cfr. P. CHAIGNEAU, *Rivalités politiques et socialisme à Madagascar*, 124.

Nombreux sont les proverbes malgaches qui confirment que le *fihavanana* requiert un esprit de solidarité et d'unité, de reconnaissance mutuelle entre personnes. Bien des travaux sont exécutés ensemble et d'autres requièrent même le concours de toute la communauté. L'union est indispensable: l'environnement étant souvent hostile et dangereux, on ne peut se défendre qu'en agissant tous ensemble. Ainsi, tout le monde doit prendre part, selon ses qualités et ses forces, à la vie de la communauté. La même exigence de solidarité se vérifie au niveau de la collaboration entre différents groupes familiaux ou sociaux. Si des personnes travaillant ensemble sur un même projet se sentent aimées et respectées et surtout reconnues en vertu de leur participation, cet acte de reconnaissance non seulement consolide le lien de solidarité au sein du groupe mais aussi soude effectivement le *fihavanana*. Voici ce que disent quelques proverbes malgaches qui confirment l'importance de la solidarité: «*Tondro tokana tsy mahazo hao*» ou un seul doigt ne peut prendre un pou; «*ny tao-trano tsy efan'irery*» ou «la construction d'une maison n'est pas à la portée d'un seul homme»[120]. «*Asa vadi-drano tsy vita raha tsy ifanankonana[121]*» ou «le travail des rizières ne peut se faire sans l'entraide». Ces proverbes soulignent que seul l'individu ne peut pas accomplir de grandes œuvres, il faut qu'il y ait la contribution des autres. L'importance de l'union et de la solidarité avec les autres ne dépend pas seulement des exigences de l'extérieur, comme les grands travaux à assurer par exemple, mais aussi de la vie personnelle, intérieure de l'individu même qui est mis en cause par le manque de relation: «*ny vy raha mitoetra irery harafesina*» ou «le fer si on ne s'en sert pas se rouille»; «*zaza diso sakaiza, milalao vovoka irery*» ou «l'enfant qui a perdu ses amis, joue seul avec la poussière»[122].

Pour les Malgaches, cette vertu du respect suprême du *fihavanana* est la clé de voûte de la communion de vie[123]. Cela leur permet de vivre comme il

---

[120] G. NAVONE, *Ny atao no miverina - Ethnologie et proverbes malgaches*, 93.
[121] Cfr. D. RAMIARAMANANA, *Du ohabolana au hainteny*. Langue, littérature et politique à Madagascar, Paris 1983, 158.
[122] G. NAVONE, *Ny atao no miverina - Ethnologie et proverbes malgaches*, 94.
[123] Cfr. A. RAHAJARIZAFY, *Hanitra nentin-dRazana*, 15.

convient, c'est-à-dire d'agir en conformité avec les règles régissant les coutumes et les mœurs propres aux Malgaches: le respect d'autrui, le rejet de la singularité et de l'individualisme, et la responsabilité commune du bien. Tout cela doit se faire avec amour et charité, en vue de renforcer le lien de solidarité. C'est dans cette perspective que le *fihavanana* permet aux hommes d'être en relation avec Celui qui les a créés. Ainsi, l'homme malgache existe en relation avec les autres. Il naît au milieu d'un réseau de relations préétablies que constitue le monde physique, le monde humain, le monde de l'au-delà, le monde divin. Son existence ne prend de sens que de façon corporative. C'est là le fait premier de sa «relation avec» autrement dit du *fihavanana*[124]. Pourtant, cette valeur éminente de la nature du *fihavanana* comporte aussi ses limites.

1.3.3 Les limites du *fihavanana*

Le *fihavanana* n'est pas réalisable dans sa perfection, personne n'en doute sérieusement. L'idéal voudrait que les Malgaches forment une seule nation et même un seul tissu social à l'image de la famille[125], mais la solidarité effective n'empêche pas les dérives individuelles et collectives. Cette valeur culturelle est loin d'être parfaite. Le Père Rahajarizafy affirme que le *fihavanana* commence à sécher mais sa sécheresse n'est pas arrivée jusqu'à la racine[126]. R. Dubois, jésuite, spécialiste de l'anthropologie malgache explique que le *fihavanana* a des limites, il parle du *fihavanana* abimé et *fihavanana* détruit[127]. En effet cela peut être abimé et détruit en fonction des comportements des individus, des groupes familiaux et sociaux, des partis politiques et des gouvernements. De plus, cette culture n'est pas à l'abri des éventuels désordres dus à des mutations sociales et idéologiques qui sont souvent sources de conflits: dislocation des familles et individualisme. Prenons par exemple les mutations sociales: le devoir d'hospitalité est ressenti comme une charge alors les liens deviennent tendus; les groupes d'entraide se forment par

---

[124] Cfr. H.A.-M. RAHARILALAO, *Église et fihavanana à Madagascar*, 140.
[125] Cfr. C. ALEXANDRE, *Le Malgache n'est pas une île*, Série «Soatoavina malagasy-valeurs malgaches», 49.
[126] Cfr. A. RAHAJARIZAFY, *Hanitra nentin-dRazana*, 15.
[127] Cfr. R. DUBOIS, *Olombelona*, 71.

rapport aux nouveaux clivages; les situations des dépendances dans les rapports homme-femme, père-fils ou mère-fille, aîné-cadet sont remises en cause sachant que la morale qui a cours au sein du *fihavanana* est toujours la morale traditionnelle axée sur le respect par raison d'âge[128].

La valeur du *fihavanana* malgache est en régression. Cette régression se vérifie à travers la détérioration de la structure de la relation familiale et sociale. Pour le *fihavanana* malgache, quand il s'agit de la relation de type familiale ou sociale, chaque individu constituant un membre de la famille ou du corps social a aussi la tâche de promouvoir la vie des autres. Mais au cas où les individus concernés n'accompliraient pas leurs devoirs envers autrui, c'est-à-dire ils ne chercheraient pas les intérêts communs familiaux ou sociaux ils sont considérés comme des individus qui abîment et détruisent la valeur du *fihavanana*[129]. Cependant, nous avons constaté aujourd'hui, qu'à Madagascar, dans le vécu quotidien de l'homme, que ce soit dans la famille ou dans la société, la mise en valeur des vertus d'entraide, de solidarité, de collaboration, de tolérance et d'assistance mutuelle, de confiance partagée, d'estime réciproque, n'est plus au rendez-vous, en raison de la fracture ou de la division de la vie familiale et sociale provoquée par la crise sociopolitique. Le respect de la cohésion de la vie familiale et sociale est ébranlé.

Au niveau de la nation, en ce qui concerne la relation entre gouvernants-gouvernés, le Père Dubois dit que ce type de relation doit être comme celui de père-fils, c'est-à-dire que les gouvernants doivent mettre comme priorité la recherche du bien pour ceux qu'ils gouvernent, sinon il est du devoir du *fokonolona* ou du peuple de les renverser[130]. Or ce n'est pas le cas. L'action politique des gouvernants actuels se focalise sur la recherche des biens ou des intérêts individuels au lieu de mettre la priorité au bien de tous les peuples. La pratique de corruption généralisée et du trafic des ressources naturelles tant minières que forestières montre l'attitude égoïste des gouvernants mettant à l'écart la recherche du bien pour la majorité de la population. En outre, la

---

[128] Cfr. H.A.-M. RAHARILALAO, *Église et fihavanana à Madagascar*, 133.
[129] Cfr. R. DUBOIS, *Olombelona*, 71.
[130] Cfr. Idem, *L'identité malgache, la tradition des Ancêtres*, 80.

pratique du clientélisme, du népotisme et du favoritisme prouve également la destruction progressive du *fihavanana*. On ne tient plus compte de la compétence des gens que l'on met dans un poste ministériel, on y place seulement en fonction de leur appartenance familiale, ethnique ou politique. Enfin, le *fihavanana* malgache met comme priorité le respect de l'*aina* c'est-à-dire la vie, or c'est le cas contraire qui se produit à travers la mentalité égoïste et individualiste[131].

Le respect de la valeur culturelle du *fihavanana* malgache est en voie de disparition et de destruction. Un travail de rétablissement doit être entrepris en commençant par la mise en œuvre du principe de solidarité, de la justice sociale et de la destination universelle des biens. Sans oublier de revaloriser la vie familiale, une des conditions nécessaires pour le rétablissement du *fihavanana*.

Le *fihavanana* n'est donc pas la panacée, et pourtant il a son utilité dans la mesure où il génère des actes quotidiens qui vont dans son sens et où il donne une signification durable à ces petits ou à ces grands moments qui surprennent par leur intensité et déçoivent par leur fugacité. Il est encore possible de vivre quelque chose du *fihavanana,* c'est sans doute, l'un des enjeux de l'avenir de Madagascar[132]. Puisque l'objectif du *fihavanana* est de rechercher l'harmonisation de l'ordre social et de mettre au premier plan la quête du bien être de l'homme, dans le cadre de la vie terrestre et de la vie de l'au-delà[133], alors des particularités de l'âme malgache mériteraient sans aucun doute d'entrer dans des visions d'avenir. Il s'agit de l'*aina* et du *fihavanana* parce que ce sont des notions souvent évoquées. *«Si l'on ne veut pas que le pire de la mondialisation envahisse Madagascar, depuis le fast-food jusqu'au culte de l'argent et de la réussite individuelle, il est urgent de rechercher ce qui pourra lui redonner vie sans détruire sa spécificité[134]».*

---

[131] Cfr. Préface de Mgr. Rabemahafaly Fulgence président de la C.E.M le 25 janvier 2011 in FOI & JUSTICE, *Église et société à Mafdagascar*, Foi & Justice, Antananarivo 2011, 11.
[132] Cfr. C. ALEXANDRE, *Le Malgache n'est pas une île*, Série «Soatoavina malagasy-valeurs malgaches», 55.
[133] Cfr. H. A.-M. RAHARILALAO, *Une Église locale en quête d'une voie d'inculturation*, Paris 1991, 8.
[134] Cfr. C. ALEXANDRE, *Le Malgache n'est pas une île*, Série «Soatoavina malagasy-valeurs malgaches», 63.

Bilan

Nous avons traité les enjeux de la famille en général. Nous avons trouvé que la conception de la famille n'est pas toujours la même. Il existe des familles sans fondement institutionnel mais les époux sont fidèles aux coutumes ancestrales. En outre, nous avons vu ceux qui sont fondés sur les liens institutionnels civil et religieux et nous avons insisté sur la famille chrétienne catholique en affirmant la nécessité de la communion de vie entre les membres de la famille. En plus, nous avons présenté le nouveau changement de la famille moderne et contemporaine avec l'idée du féminisme et la procréation assistée et nous avons trouvé la famille monoparentale, homoparentale. Mais ce qui est indéniable est que la famille est formée d'un père, d'une mère (ou l'un d'eux) et des enfants quelles que soient sa forme et son changement selon le temps et les circonstances. Madagascar a ses caractéristiques propres qui la différencient des autres pays. Avec la notion de l'*aina* (vie) et la culture du *fihavanana* la notion de la famille malgache est très large. Avec l'*aina* les malgaches mettent l'accent sur la consanguinité et avec le *fihavanana* la convivialité. Ces notions marquent la qualité d'une famille malgache du point de vue de l'harmonie, de solidarité et d'entraide. Et même à Madagascar, la notion de la famille évolue petit à petit: de la polygamie à la monogamie. Mais nous avons vu que le *fihavanana* est limité. Le fait que le Malgache est un homme collectif vivant plus dans et pour la famille, dans et pour le *fokonolona*, aboutit dans un certain cas à une sorte d'écrasement de la personne individuelle. Par exemple, même actuellement, on voit encore que le choix d'un mari ou d'une femme ne peut se faire qu'avec l'accord avec les parents. Avec ces limites et ces faiblesses, il convient de trouver un correctif pour diminuer ou supprimer ce cas. N'est-ce pas ce que l'Évangile propose à toutes cultures.

CHAPITRE II: LES DÉFIS POSÉS À LA FAMILLE

Les raisons des problèmes qui attaquent la famille et le mariage se présentent sous diverses formes. D'une part, les difficultés ne dépendent pas directement de la famille, d'autre part, elles dépendent de chacun ou chacune d'entre eux. Mais il ne faut pas oublier non plus l'influence des phénomènes sociaux et les progrès techniques. Ce qui est valorisé aujourd'hui, c'est une famille fondée sur les sentiments. Les relations familiales conçues comme une institution s'affaiblissent petit à petit. Le sens de la fidélité est particulièrement remis en cause, ou plutôt la fidélité a changé de sens[135], elle est comprise autrement même au sein de l'Église. Beaucoup de familles se trouvent confrontées à de grandes difficultés actuellement. Comme le Pape François a écrit: «*La famille traverse une crise culturelle profonde, comme toutes les communautés et les liens sociaux. Dans le cas de la famille, la fragilité des liens devient particulièrement grave parce qu'il s'agit de la cellule fondamentale de la société*[136]».

Dans ce chapitre, nous tâchons d'analyser les mécanismes des défis posés à la famille en mettant en relief leurs impacts à Madagascar. Pour ce faire, commençons par les problèmes extérieurs avant de parler de tout ce qui concerne les problèmes à l'intérieur même de la famille. Et pour terminer, voyons les idéologies et pratiques diverses qui défigurent la famille.

2.1 Les problèmes externes

Les problèmes dont nous parlerons ici ne dépendent pas directement de la famille, pourtant, ils apportent des conséquences pénibles et provoquent des divers changements au sein de la vie familiale. Ces problèmes extérieurs touchent surtout la vie économique, le bien - être de la vie familiale et même la vie spirituelle et peuvent conduire la famille au désespoir.

---

[135] Cfr. A. BANDELIER, *Le mariage à l'épreuve du divorce*, 11.
[136] Pape FRANÇOIS, Exh. Apost. *Evangelii gaudium – La joie de l'Évangile*, Paris 2013, n°66.

2.1.1 Les problèmes naturels

Le scandale du malheur est inhérent à la vie humaine. Mais qu'est-ce que le malheur? L'épreuve [disons] injuste causée par des circonstances extérieures qui s'abattent sur l'humanité. Selon les propos de Thierry Collaud[137]: c'est le monde qui me vient contre sans provocation de ma part, venue d'une agression gratuite, d'une maladie imprévisible, injuste, d'un tremblement de terre, d'un raz-de-marée[138]. Autrement dit, les cataclysmes naturels avec leurs impacts néfastes, et nous n'y pouvons pas faire grand-chose. Dans d'autres pays du monde, le cataclysme naturel se présente par les inondations et la sécheresse pour les uns, le tremblement de la terre et bien d'autres pour les autres. Il y a aussi le cataclysme singulier, selon l'expression du Cardinal Jean Marie Lustiger, qui touche chacun de nous: la déchéance de notre corps, la maladie, la vieillesse, la mort qui font partie de la vie humaine[139].

Ce sont des phénomènes inévitables qui entrent dans notre humanité comme une injustice insupportable. Ils suscitent notre révolte ou bien ils nous conduisent à la résignation. Nous heurtons à cette inévitable expérience du malheur qui demeure une énigme. Cependant, nous essayons de tout faire pour y remédier ou l'empêcher si nous pouvons le faire. Mais comme nous avons conscience qu'ils ne dépendent pas directement de nous, nous les acceptons même s'ils apportent des blessures à la vie familiale. Quoi qu'il en soit, tout cela apporte des problèmes à la vie de la famille et demandent une forte solidarité et entraide au niveau de la famille et aussi l'intervention des autres pour ne pas aggraver la situation.

2.1.1.1 Le cas de Madagascar

En ce qui concerne Madagascar, les problèmes naturels qui attaquent les peuples Malgaches sont les cyclones tropicaux, la sécheresse et l'invasion

---

[137] Professeur de théologie à l'université de Fribourg-Suisse.
[138] Cfr. TH. COLLAUD, *Les blessures de la famille*, in RTLu, n°1 Anno xx-Marzo 2015, 25.
[139] Cfr. J-M LUSTIGER, *Autour de la famille*, Parole et Silence, Paris 2014, 81.

acridienne[140]. En réalité, beaucoup de personnes ont certainement souffert de ces problèmes naturels. Prenons par exemple ce qui s'est passé pendant la période de 1990 à 2013[141].

Durant cette période, les cyclones tropicaux ont représenté 80% des catastrophes liées au climat à Madagascar. On a compté 50 cyclones affectant plus de 9 millions de personnes. Madagascar est classé parmi les 10 premiers pays au monde en ce qui concerne l'indice de risque de mortalité dû au cyclone. Les inondations sont très répandues sur l'ensemble du pays et surviennent le plus souvent après les pluies. Les cyclones ou les tempêtes tropicales provoquent des effets lamentables sur les moyens de subsistance, les cultures, les infrastructures et les autres secteurs du développement économique. Entre 1990 et 2013, six épisodes de grosses inondations ont été enregistrés, touchant plus de 164'000 personnes.

Pendant cette période, six épisodes de grande sécheresse ont été enregistrés à Madagascar. Ils ont touché plus de 3,5 millions de personnes et ont entraîné des niveaux élevés de l'insécurité alimentaire et l'insuffisance de l'eau potable sachant que « *l'accès à l'eau potable et sûre est un droit humain primordial, fondamental et universel, parce qu'il détermine la survie des personnes, et par conséquent il est une condition pour l'exercice de l'autre droit humain*[142]». La partie sud de Madagascar, région profond semi-aride, qui reçoit en moyenne de 500mm de pluie par an, est régulièrement touchée par des sécheresses. Il en est de même des greniers de riz (aliment de base des Malgaches) du pays. Par exemple, la zone de production rizicole de Marovoay sur la côte ouest et celle de l'Alaotra dans la région centrale ont subi de sévères pertes de récoltes en 2013. Les conséquences de la sécheresse ont été les plus ressenties dans les régions Sud et Sud-est, à cause de la vulnérabilité importante de la population. Le centre et le Nord de l'Île souffrent également de l'insuffisance de l'eau pendant les périodes de pluie.

---

[140] Cfr. *www-wds.worldbank.org/047856072_20147225103034*. Cons. 22/09/2015.
[141] Source: EM-DAT: Base de données internationales sur les catastrophes OFDA/CRED *www.em-dat.net*-Université catholique Louvain-Bruxelles-Belgique. Consulté 22/09/2015.
[142] Encyclique Pape FRANÇOIS, *Loué sois-tu*, Cerf, Paris 2015, n°30, 31.

Un autre fléau est l'invasion acridienne qui a affecté Madagascar presque chaque année, mais durant la saison agricole 2012-2013, ce fléau touche plus de la moitié du pays et détruit environ 60% de la récolte du riz[143]. Et la lutte contre les invasions acridiennes continue jusqu'à nos jours. Toutes ces réalités augmentent la pauvreté. La pauvreté ainsi que les conditions de vie difficiles constituent la réalité quotidienne pour beaucoup de familles à Madagascar. La solidarité qui va jouer en faveur de toutes les familles est presque tout perdue. Puisqu'ils ont le souffle de vie, ils s'en sortiront avec courage et la force de leur amour pour leurs enfants aussi[144].

Nous sommes conscients que les problèmes ne dépendent pas de nous directement, mais il est à noter que certains citoyens sont la source des catastrophes. Cela s'explique par les feux de brousse. Certains de ces feux sont involontaires et d'autres sont intentionnels. La première cause en est la foudre et celle-ci est très inquiétante pendant la saison de pluie, elle peut incendier la forêt. La deuxième cause a des origines politiques, c'est-à-dire que certaines personnes manifestent leur mécontentement envers les dirigeants en faisant les feux de brousse. Il y a aussi la pratique traditionnelle des *Tavy*[145] et pour les éleveurs, ils brulent les montagnes pour obtenir de l'herbe fraîche pour leurs troupeaux. Cette pratique détruit chaque année 150'000 à 200'000 hectares de forets[146]. Or la pratique de ces brûlis détruit l'environnement et même cette désinvolture fragilise la couche d'ozone, l'air, la faune et la flore, les forêts, la terre et l'eau[147]. La conséquence en est la sécheresse ou l'inondation.

Même si nous avons l'occasion de parler de l'écologie plus tard, présentons ici la conscientisation du cardinal Armand Razafindratandra[148] à propos du feu de brousse. Il disait:

---

[143] Cfr. Ministère de l'environnement et des forêts Madagascar 2012.

[144] Cfr.*www.vendee-Akamasoa.com/2015/03* terrible catastrophe naturelle-a-madagascar.html, Cons.29/10/15.

[145] Les *Tavy* sont une pratique traditionnelle de défrichement à Madagascar, pratique traditionnelle de la culture sur brûlis. Ils ont pour objectif de défricher la forêt afin d'obtenir des nouvelles terres pour l'agriculture et l'élevage.

[146] Cfr. T. RATSIMANDRESY, *Les dégradations de l'environnement à Madagascar*, 24 juin 2010.

[147] Cfr.J.-F. DRAPERI, *L'économie sociale et solidaire : une réponse à la crise*, Paris 2011, 236.

[148] 3ᵉ Cardinal Malgache, Archevêque d'Antananarivo 1993-2005.

«Serais-tu parmi ceux qui détruisent les créations de Dieu: pratiquer les feux de brousse? Ceux-ci renferment en effet trois péchés: 1- on détruit ce que Dieu a fait et jugé bon; 2- les champs détruits appartiennent à quelqu'un qui les a déjà travaillés; 3- les générations ne pourront plus bénéficier des champs détruits. On connait déjà les méfaits des feux de brousse: la sécheresse, les sources des taries, l'érosion détruisant les rizières, les inondations, etc. Luttes-tu contre les feux de brousse? En faisant connaître les méfaits et le fléau qu'ils provoquent, en conduisant les gens pour étouffer les feux quand besoin est[149]».

Les problèmes naturels sont présents et vont de pair avec l'humanité. Il est vrai que la période de ces fléaux est plus ou moins prévisible, et les peuples essaient de faire de la provision; mais ce n'est pas le cas à Madagascar avec la fragilité de l'économie malgache et le manque de l'infrastructure (la route par exemple). Le nombre des victimes est élevé surtout les familles pauvres vivant loin de la ville. Ainsi, tout le monde a le devoir et la responsabilité de s'entraider selon sa capacité et de se conscientiser pour amortir et ne pas aggraver la situation prévue ou déjà existée.

2.1.2 La mondialisation et les nouvelles technologies

2.1.2.1 La mondialisation

La mondialisation est le synonyme de globalisation, elle est un phénomène qui affecte à la fois la sphère réelle de l'économie [c'est-à-dire la production et la consommation des biens et des services] et la sphère financière (monnaies et capitaux). Elle se traduit par une recomposition de l'espace économique mondial, au sein duquel le modèle occidental d'économie de marché s'étend aux pays dits «émergents», et suscite de vives oppositions, qui prennent la forme soit de l'antimondialisation, soit de

---

[149] « *Sao anisan'ireny manjakazaka amin'ny zava-boaarin'Andriamanitra ireny ianao : mandoro tanety. (Izay fahotana 3 sosona : 1- Tsara no nanaovan'Andriamanitra ny tanety nefa dorana; 2- Tanety noajariana sy nisasaran'nyolona dia somparana, dorana ; 3- Tanety iveloman'ny taranaka any aoriana ka simbaina, dorana tsy ho azo ambolena intsony amin'ny andron'izy ireny. Efa hita ankehitriny ny voka-dratsiny : haintany, loharano tankina, tanimbary tototra atsanga, tondra-drano). Miady amin'ity doro-tanety ity ve ianao ? (Mampahalala ny haratsiany sy ny loza aterany. Mamono sy mitarika ny olona hamono afo raha misy doro-tanety)*". Cfr. A.-G. Card. RAZAFINDRATANDRA, Lettre pastorale. *Ny aina mamelona sy ny hery enti-miasa ao amin'ny Fiangonana Fianakaviana*. [La foi comme] vie et la force pour l'Église Famille, Imprimerie Catholique Antanimena, Antananarivo 1996, n° 25.

l'altermondialisation[150]. Elle est un phénomène résolument complexe et marqué de contradictions internes, elle comporte des aspects positifs et négatifs[151]. Elle est confrontée à des enjeux considérables et se heurte à des résistances croissantes[152]. La mondialisation actuelle est d'abord et avant tout une globalisation financière autrement dit, ce qui nous vient tout de suite à l'esprit, c'est le commerce. Notre objet ici n'est pas d'analyser l'ensemble de ces enjeux problématiques mais de focaliser ce qui lie la mondialisation et la famille, car la famille la plus petite cellule démocratique de la société est touchée de plein fouet et se sent victime.

D'après Zygmunt Bauman[153], la caractéristique essentielle de la société contemporaine est son caractère «*liquide*[154]» c'est-à dire: flexible, précaire, soumise à une évolution perpétuelle et sans poteaux indicateurs stables. La société moderne liquide dans laquelle nous vivons est une société aliénante et déshumanisante. Cette situation se présente dans les deux mécanismes complémentaires: l'accélération des rythmes dans tous les aspects de la vie et le plus profondément la transformation de toute chose et de tout être en objet de consommation[155]. Les exigences de la société de consommation incitent le père et la mère à s'engager sans compter sur le marché du travail, ce qui laisse moins de temps disponible pour les enfants. «*C'est la vitesse et non la durée qui compte*[156]». Ces derniers par compétition, imitation ou soif de consommation, développent des goûts de plus en plus poussés, ce qui requiert encore plus d'heures de travail pour augmenter le revenu disponible et répondre aux besoins nouveaux des enfants. Cela s'explique sur le fait que la société de consommation parvient à rendre permanente la non-satisfaction[157].

---

[150] Une définition du *Petit Larousse illustré*, 2012.

[151] Cfr. L. LAINE, *La pensée chrétienne face à la mondialisation néolibérale: La croix, le globe et le marché*, l'Harmattan, Paris 2013, 244.

[152] Cfr. Ibidem, 183.

[153] Il est l'un des sociologues actuels les plus influents. Un Juif polonais qui a échappé aux champs de concentration en fuyant en URSS, lors de l'offensive allemande de 1939. Il est un professeur de sociologie dans des différentes universités (Cracovie, Royaume-Uni).

[154] C'est un terme utilisé de Z. Bauman et présent dans quelques ouvrages qu'il a écrit: *L'amour liquide* en 2003, *La vie liquide* en 2006, ...

[155] Cfr. Z. BAUMAN, *La vie liquide*, 17. 130.

[156] Ibidem, 31.

[157] Cfr. Ibidem, 127.

Il va sans dire que l'incapacité de suivre ce rythme devient parfois une source de rupture ou de conflit. Et cela, sans parler du dénigrement dont peut faire l'objet de la famille qui ne dispose pas des moyens financiers élevés ou qui doit s'endetter. L'avènement de la société moderne liquide signifie la fin des utopies centrées sur la société, et plus généralement la fin de l'idée de «bonne société»[158]. La vie dans une société moderne liquide ne peut rester immobile, ceux qui n'aiment pas ou ne peuvent pas se permettre d'être en mouvement ont peu de sens de réussir. Pour ceux qui sont touchés par les fermetures d'usine, par exemple, c'est le désarroi ou même la colère sinon l'impuissance ou la trahison face à la perte du statut occasionné par le renoncement involontaire à un pouvoir d'achat. Il s'agit d'un drame qui se répercute parfois sur l'ensemble de la famille.

Dans la société liquide actuelle, l'aliénation est omniprésente car tout est considéré comme un objet. Les êtres humains sont considérés en vertu de leur seule utilité, du bien être qu'ils apportent. Ils peuvent donc être achetés et passés à une certaine date de péremption, ils seront jetés sans scrupule[159]. On peut dire que nous vivons dans la civilisation du jetable[160], le seul élément solide au sein de la société liquide est le déchet, alors que la valeur de la partie utile des êtres et des choses n'est plus qu'éphémère: l'autre grand défi est la menace de devenir un déchet[161].

Nous vivons dans une situation de changement constant et ceci va de pair avec la précarisation des liens qu'ils soient intimes ou sociaux. Les liens humains sont véritablement fragiles, et les individus sont désormais libres de se définir en toutes circonstances. Dans son ouvrage intitulé *L'amour liquide*, Z. Bauman expose la fragilité des liens entre les hommes. Cet ouvrage est consacré aux risques et angoisses qu'il y a à vivre à deux, et séparément, dans notre monde moderne liquide[162]. Et ceci est précisément le trait le plus frappant du type de cohabitation humaine, caractéristique de la modernité

---

[158] Ibidem, 23.
[159] Cfr. Ibidem, 19.
[160] Cfr. A. APPADURAI, *Condition de l'homme global*, Payot, Paris 2013, 157.
[161] Ibidem, 20.
[162] Cfr. Z. BAUMAN, *L'amour liquide*. De la fragilité des liens entre les hommes, Fayard, Paris 2014, 9.

liquide. Après tout, la définition romantique de l'amour comme «jusqu'à ce que la mort nous sépare» est résolument passée de mode, ayant dépassé sa date de péremption. On évoque les relations sous le nom de code *«faire l'amour*[163]»*.* L'amour figure au premier chef des dommages collatéraux de la modernité liquide. La relation pure[164] est une forme d'unité humaine dominante, elle n'est pas comme l'était autrefois le mariage avec une condition naturelle dont la pérennité peut être tenue acquise à moins qu'on ait affaire à des circonstances tout à fait particulières. La spécificité de la relation pure est ainsi la possibilité des deux partenaires d'y mettre fin plus ou moins délibérément à n'importe quel moment.

La mondialisation n'est pas ailleurs mais toujours autour de nous, dans les rues où nous marchons et à l'intérieur de chez nous. Avec le rythme de la mondialisation, la valeur primordiale change complètement et cela touche la vie de l'homme toute entière, on ne cherche que le bien personnel ainsi que le sentiment d' être utile au niveau de la société.

2.1.2.1.1 Madagascar et la mondialisation

Le phénomène de mondialisation oblige un pays comme Madagascar de conjuguer son développement socioéconomique national avec celui des autres pays dans le monde. Si la mondialisation s'intéresse au progrès économique, social et matériel, il ne faut pas oublier non plus le redressement moral, spirituel et intellectuel et psychologique[165]. Mais quels sont les enjeux si le concept du développement durable pour Madagascar est encore flou?

D'un côté, le développement semble imposé et ne concerne qu'une minorité de la population. Les paysans se considèrent et sont considérés comme acteurs passifs dans la conception et dans la réalisation de son propre développement. Et la résistance persiste jusqu'à nos jours. De l'autre côté, le

---

[163] Cfr. Ibidem, 14.

[164] Description d'une relation fragile, sans grande chance de durer que la commodité qu'elle apporte, dès lors, toujours «jusqu'à nouvel ordre». A. Giddens, *La transformation de l'intimité*, Chambon 2004, 76, cité par Z. Bauman, *L'amour liquide*, 110-111.

[165] Cfr. P. Rajoelina, *Madagascar: Refondation et développement.* Quels enjeux pour les années 2000? L'Harmattan, Paris 1998, 113.

développement est apporté par un dynamisme extérieur forcé. Et cela constitue la cause d'un malaise persistant dans la conception du développement économique du pays. Le complexe est surtout enraciné dans la culture et dans la mentalité parce que dans l'hypothèse où la mondialisation signifiera destruction et dilution de l'âme malgache par le rouleau compresseur du libéralisme, nous ne voulons pas que Madagascar reste simplement un marché. On a aussi une âme. Ne le dit pas, mais on a une âme nous[166]. Aux yeux de ce groupe d'artistes la technologie et la mondialisation peuvent être comme des instruments musicaux qu'il faut maîtriser. Dans le cadre de la mondialisation, il s'agit d'insérer Madagascar dans ce contexte et dans les conditions les plus favorables, juridiques, politiques et sociales. Madagascar a des atouts pour ne citer que les hommes, la terre et les appuis extérieurs pour pouvoir avancer et se présenter au marché mondial, mais il existe aussi-hélas- des freins[167].

Quand on parle de développement, on parle aussi de la modernité et de la mondialisation. Pour Madagascar, deux types de comportements se présentent et influencent la réflexion sur le développement. Il y a tout d'abord ceux qui sont animés par le mythe de l'âge d'or ancestral: c'est la majorité de la population rurale renforcée par les détenteurs de pouvoir traditionnel avec ses avantages qui sont de ce groupe. Il y a ensuite ceux qui sont animés par la modernité: fuir de façon volontaire ou involontaire le village, abandonner tout ce qui est traditionnel. Ce sont généralement la population urbaine et les jeunes qui sont de ce groupe. En ce moment-là une mentalité est née. Elle se traduit par le rapport entre «*vazaha*» et «*gasy*», «*andafy*» et «*eto an-toerana*», «*vita vazaha*» et «*vita gasy*»[168], etc. Ainsi, la mise en place du développement durable s'avère difficile, voire même impossible, donc il faut rééquilibrer les forces économiques de l'île. Pour ce faire, avec la situation géographique de

---

[166] Cfr. «Concilier l'âme malgache et la mondialisation» Par Bekoto Sociologue et musicien, membre du groupe Mahaleo in *Madagascar: Refondation et développement*, 144.

[167] La corruption est au premier rang, elle ravage notre pays. La philosophie politique: on se présente à une élection pour avoir les honneurs bien sûr, pour être au premier rang et puis pour se remplir les poches. (Cfr.Ibidem, 151).

[168] Étranger (les blancs) et malgache, à l'extérieur et local, produit importé et produit local.

Madagascar, une opération de regroupement de régions économiques dans le cadre de l'insularité régionale sera une bonne chose. Elle constitue aujourd'hui un des moyens pour faire face à la mondialisation. C'est aussi le cadre dans lequel les Malgaches peuvent affronter la concurrence, améliorer les techniques et enrichir la coopération avec les autres pays.

La mondialisation économique crée une grande interdépendance entre les pays et les personnes. Dans certains cas, cela suscite un enrichissement. Dans d'autres cas, un écart toujours grandissant s'établit entre riches et pauvres. Les moins privilégiés sont marginalisés et ne peuvent exercer aucun pouvoir. Ce double trait s'observe dans la grande ville et sa banlieue. La mondialisation sociologique et culturelle favorise la perte de l'identité[169] c'est-à dire qu'il en résulte une mutation du comportement originel d'un ou deux groupes[170]. Quoi qu'il en soit on ne peut pas se passer de la mondialisation, nous avons tous le devoir de changer positivement notre mentalité par la science et la compétence surtout renforcer les relations humaines tout en étant conscient du respect des droits humains. Nous devons lutter contre la pauvreté, opter pour l'ouverture socioculturelle, et insister sur l'efficacité des activités économiques[171]. Madagascar est à pied d'œuvre pour transformer son économie de subsistance en économie de marché.

Enfin, il est vrai que les impacts de la mondialisation sur la mentalité, sur le comportement et sur la vie en général soulèvent des inquiétudes. Elle est comme une arme à double tranchant avec ses avantages et ses inconvénients[172]. Alors, c'est à nous de créer le lien entre famille humaine et mondialisation à propos de la référence à la fraternité. Les Malgaches pourront ainsi entrer en relation avec les autres pays au sein de la vie moderne tout en gardant les valeurs culturelles. Cependant, malgré l'importance de la

---

[169] Cela s'explique sur le fait que la culture a une fonction de fonder les motifs de comportement humain, de définir la logique de la pensée et de l'action, y compris dans l'espace politique et économique. La dialectique du bien et du mal, du moral et de l'immoral, de ce qui a ou n'a pas de valeur sociale, est essentiellement influencée par la culture. (Cfr. C. VON BARLOEWEN, *Anthropologie de la mondialisation*, 337).

[170] Cfr. C. VON BARLOEWEN, *Anthropologie de la mondialisation*, [s.n], Paris 2003, 339.

[171] Cfr. *https://imahaka.wordpress.com/2011/02/21/ développement-durable-à-Madagascar*. Cons. 02/03/16.

[172] Cfr. FOI & JUSTICE, *L'Église et société à Madagascar*. Textes bilingues des évêques de Madagascar. Vol.7 (2006-2010), Foi & justice, Antananarivo, 113.

mondialisation pour le développement économique du pays, il ne faut pas oublier également que la relance économique ne dépend pas seulement de l'échange commercial au niveau international mais elle relève aussi et surtout de la mise en valeur du développement interne du pays, c'est-à-dire de l'échange commercial à l'intérieur du pays. Un choix selon lequel nous allons organiser l'ensemble de nos relations familiales, citoyennes, communautaires dans le cadre du travail, des associations et autres lieux de vie.

2.1.2.2 Les nouvelles technologies

Tant que l'homme a encore la possibilité de se progresser, il ne satisfait pas de sa situation présente. Il est toujours à la recherche des moyens pour combler et améliorer sa vie dans différents domaines. La découverte des nouvelles technologies est un élément[173] qui répond à cette soif. De nos jours, l'humanité est dans une ère nouvelle où la technologique occupe beaucoup de places et nous met à la croisée des chemins. Nous y sommes confrontés à cela et nous nous mettons d'accord avec la vision de l'Église: ce sont des produits merveilleux de la créativité humaine, ce don de Dieu[174]. Mais le problème est qu' il y a une tendance à faire de la méthodologie et des objectifs de la techno science un paradigme de compréhension qui conditionne la vie humaine et le fonctionnement de la société. La capacité de décision, la liberté la plus authentique et l'espace pour une créativité des individus sont réduits[175]. En outre, avec le monde numérique, les médias proposent différents modèles qui ne sont pas toujours au diapason avec les valeurs familiales.

Notre propos ici n'est pas de juger ou condamner les nouvelles technologies mais de voir comment faire pour s'entraider à comprendre ce nouvel environnement dont l'absence de balises incite la démesure. La famille doit tenir compte des réalités qui agissent sur elle. Certes, nombreux sont les avantages apportés par la nouveauté technologique mais il y a aussi des

---

[173] L'homme est un mystère alors les moyens et les manières d'améliorer et combler ses satisfactions ont besoin des diverses disciplines: science, philosophie, théologie, sociologie, psychologie, etc.

[174] Cfr. JEAN PAUL II, *Discours aux représentants des hommes de la science, de la culture et des hautes études à l'université des Nations-unies*, Hiroshima (25 Février 1981), n°3: *AAS* 2(1981), 422 in Pape FRANÇOIS, *Loué sois-tu*, 84.

[175] Cfr. Pape FRANÇOIS, *Loué sois-tu*, 89.

méfaits que nous devons savoir et éviter pour que notre vie soit digne de notre être[176]. Pour illustrer nos propos, prenons quelques exemples.

L'internet, la télévision par satellite, le téléphone portable…démocratisent l'espace médiatique. Cette nouvelle dynamique bouleverse la communication et la notion de relations humaines. Ceux qui restent à distance, les portables leur permettent d'entrer en contact. Ceux qui entrent en contact, ils leur permettent de rester à distance[177]. Les relations de coprésence impliquent toujours proximité et éloignement, solidité et imagination[178]; et la proximité physique, de son coté, a encore moins de chance. L'internet favorise la communication en temps réel et permet à des personnes à travers le monde d'être en contact sans voyager. Et pourtant, combien de parents se sentent réconfortés à l'idée que leurs enfants soient tranquillement rivés à leurs ordinateurs dans leurs chambres sans même soupçonner l'existence et les activités de prédateur à la recherche d'informations confidentielles pour réaliser leur dessein. La dépendance à l'internet est une nouvelle maladie, destinée malheureusement à augmenter, en parallèle, le développement de la technologie toujours plus sophistiquée. Il appartient aux parents d'en comprendre les mécanismes et les modes de fonctionnement pour guider et orienter leurs jeunes de manière à les aider à être vigilants et faire des choix éclairés[179].

Tout progrès de quelle nature qu'il puisse être, a ses avantages et ses inconvénients. Généralement, il y a tellement d'émotion et de passion dans cette avancé qu'il est difficile d'entrevoir ses inconvénients, tandis que ces derniers se révéleraient plus nombreux que les avantages. Aujourd'hui, grâce à l'internet, on est connecté avec le monde, on est toujours branché sur tout ce qui se passe dans le monde: les infos, les progrès médicaux, la communication interpersonnelle, la navigation. Il suffit de procurer un appareil à ces effets. En réalité, l'internet est l'une des avancées technologiques et scientifiques les

---

[176] Cfr. *Famiglia e nuovi media* (a cura di) E. Scabini e G. Rossi Studi interdisciplinari sulla famiglia, Vita e pensiero, Milano 2013, 95.
[177] Cfr. Z. BAUMAN, *L'amour liquide*, 78.
[178] Cfr. J. URRY, "Mobility and proximity", *Sociology*, mai 2002, 255-274 in Z.BAUMAN, *L'amour liquide*, 79.
[179] Cfr. *Famiglia e nuovi media*, 102.

plus rapides et les plus importantes. Ce n'est pas l'internet en soi qui peut être ni positive ni négative, mais l'usage qu'on en fait déterminera s'il corrompt ou s'il instruit ou s'il forme ou s'il éduque sainement[180].

En effet, les principaux inconvénients causés par l'internet sont d'ordre relationnel, éducationnel, médical et mental. Sur le plan relationnel, l'internet diminue l'envie de se voir, de se parler et de discuter face à face, il nous crée une interface virtuelle. Il nous prive des fois la vraie amitié, de l'amitié sincère et du courage d'accepter, de pardonner ou de rejeter. Il crée une distance et un fossé entre les individus; et même les couples les plus solides souffrent de ce mal causé par l'internet. Sur le plan éducationnel, l'internet éduque pendant qu'il corrompt aussi avec les images et les mauvaises informations qui circulent. Sur le plan de la santé mentale, beaucoup de jeunes se perdent tellement dans cet univers qu'ils n'arrivent plus à distinguer le réel du virtuel alors l'usage de l'internet peut provoquer des troubles affectifs[181].

Les nouvelles technologies ne s'arrêtent pas seulement comme des outils ou instruments pour le bien être de l'homme, mais elles entrent dans la vie le plus intime du couple sur la procréation. Citons par exemple l'arrivée de procréation médicalement assistée (PMA) qui a changé la vision de l'homme aujourd'hui sur le processus procréatif et les contraceptions. Il y a aussi la pratique des mères porteuses (GPA= gestation pour autrui), celle-là coupe le lien entre procréation et sexualité, le lien biologique et parenté, le lien entre grossesse, naissance et maternité.[182]Nous aurons l'occasion d'en parler un peu plus tard sur le problème de la filiation, mais en tant que produit de la technologie, essayons d'en parler technologiquement parlant. Avec tous ces enjeux-là comment se passe l'acquisition et la pratique de ces nouvelles technologies à Madagascar?

---

[180] Cfr. http:www.bing. com/*les bienfaits et les méfaits de la nouvelle technologie de l'internet.* Data.over.blog.kiwi.com/0/24/36/47/201211/ob.038841/ bienfaits Pdf. Cons. 13/12/2015.
[181] Cfr. Ibidem.
[182] Cfr. TH. COLLAUD, *Les blessures de la famille*, in RTLu, 37.

2.1.2.2.1 Madagascar et les nouvelles technologies

À Madagascar, on s'intéresse plutôt aux bienfaits et on essaie de propager les nouvelles technologies. L'internet par exemple devient l'un des secteurs les plus prometteurs. Son utilisation dans le domaine professionnel et familial n'a cessé d'augmenter. Cela veut dire que l'internet n'est plus une technologie réservée à une catégorie de personnes en particulier. En 2008, on compte 10'000 abonnés dans le pays dont 83% dans la capitale et 17% dans les provinces[183]. D'après la statistique mondiale, 21 sur 1000 habitants utilisent l'internet en 2012[184]. Et même si on veut accéder à l'internet ou regarder la télévision, on ne peut pas parce que seulement 15,4% de la population a l'accès à l'électricité[185]. De plus, la majorité de la population ne sait pas manipuler ces produits surtout les gens en brousse.

Quant à la pratique des mères porteuses, cette manière-là n'est pas dans la mentalité malgache. Elle est un scandale et interdite dans notre pays[186]. Si le phénomène des mères porteuses connaît un grand succès à Madagascar, c'est parce que l'offre répond à la demande, c'est une question financière. S'agissant de l'offre, les femmes malgaches louent leurs ventres à un étranger, contre une somme d'argent, et la demande vient exclusivement d'étranger. En effet, certaines mères porteuses sombrent dans la dépression car elles se trouvent les bras vides et les mamelles pleines, sans possibilité d'allaiter; de plus, les acteurs de cette pratique méprisent l'intérêt supérieur de l'enfant, lequel est traité comme un objet marchand mais non pas comme un sujet de droit.

Quant à la contraception, elle évolue à Madagascar; mais dans certains cas, son existence pourrait conduire à des pratiques pouvant détruire les jeunes. La pratique de la contraception se cache sous le nom de planification familiale mais en réalité, ce ne sont pas ceux qui vivent en couple les cibles,

---

[183] Cfr. *www.web-libre-org/dossier/internet-madagascar,5149* html, 21 septembre 2008. Cons. 15/11/15.

[184] Cfr. *Statistique-mondiales.com/madagascar.htm,* Novembre 2015. Cons. 6/12/15.

[185] Cfr. Ibidem.

[186] Cfr. *https://tsimokagasikara.wordpress.com/2012/12/16/madagascar-le-scandale-des-scandales*: «les mères porteuses». Cons. 17/08/15.

mais les jeunes malgaches vulnérables à lutter contre la grossesse précoce et les infections sexuellement transmissibles[187]. La pratique de la planification familiale est contraire à la valeur culturelle malgache considérant les progénitures comme une richesse précieuse. Pour la religion, seuls les catholiques luttent contre la pratique de la contraception artificielle avec l'enseignement de l'*Humanae Vitae*, toutefois, la réalité pratique des gens n'est pas toujours en accord avec cette doctrine.

Au terme de cette section, parlons un peu de la tablette électronique et la table familiale[188] selon l'analyse de Fabrice Hadjadj. Ce qu'il veut nous attirer c'est l'importance de la convivialité, l'ambiance familiale autour d'une table familiale[189]. A propos de la table familiale, elle est parmi les lieux par excellence des retrouvailles et de l'hospitalité. C'est aussi le moyen du vis-à-vis, d'un côte à côte qui prépare et entretient l'amitié[190]. D'un autre point de vue la table familiale est le premier lieu de civilité, on entend toujours les parents guider leurs enfants avec tant de respects «s'il te plait et merci[191]...».

Quant à la tablette, on peut la traduire comme la petite table donc nous ne pouvons pas nous rassembler autour d'une tablette comme autour d'une table. L'importance d'accueillir quelqu'un à sa table est oubliée. Le technologique se substitue au généalogique. Dans cette situation, l'adolescent devient le chef de famille[192]: sa capacité de se débrouiller devant les nouveaux logiciels devient plus décisive que les expériences des anciens. *«Le terme ancien ne désigne plus rien du vénérable, mais seulement du vétuste, du périmé, du bon pour la casse[193]»*.

Il est vrai que la tablette électronique est une extraordinaire révolution dans les relations sociales, elle nous permet d'être toujours en contact avec nos proches. Mais est proche, celui que je peux toucher et aussi qui peut me

---

[187] Cfr. Journal quotidien, *Midi Madagascar*, 10 juin 2015.
[188] Cfr. F. HADJADJ, *Qu'est-ce qu'une famille?* 111-155.
[189] Pour les malgaches manger ensemble autour d'une table ou s'asseoir sur la natte est une grande occasion pour les parents de transmettre le message et éduquer les enfants.
[190] Cfr. Ibidem, 121.
[191] Cfr. Ibidem, 128.
[192] Cfr. *Famiglia e nuovi media*, 72.
[193] F. HADJADJ, *Qu'est-ce qu'une famille?* 140.

toucher en retour. Quand la tablette nous pousse dans la sans-distance, la table nous invite à la proximité. La proximité est une dimension du contact.

Tout ce que nous avons dit ne veut pas dire que nous allons briser toutes les tablettes mais seulement de faire connaitre que la table familiale est supérieure à la tablette électronique. Au plan social et économique, la famille doit prendre sa place et rétablir un rapport de force pour que l'évolution contribue à la consolidation de son rôle, notamment dans les développements des enfants, dès la petite enfance jusqu'à l'âge adulte.

«Nous avons été googlelisés. Le virtuel domine le charnel, si bien que la donne de nos corps est redistribuée d'après les cartes graphiques. Nous procédons par profils et par préférences, oublieux de la faim qui nous unit, de la famille qui nous fonde. Nous ne savons plus rassembler les générations autour d'un repas. Qui peut encore hériter avec joie de la vieille table d'un bisaïeul ? Nous courons plutôt à la boutique Apple nous procurer la dernière tablette à l'obsolescence programmée[194]».

Nous avons trouvé les avantages apportés par les recherches effectuées mais aussi nous avons trouvé l'idée de la ligne rouge qu'il ne faut pas franchir. Elle est franchie lorsqu'on déshumanise, c'est-à-dire que lorsque l'on considère qu'une personne ou un groupe de personnes ne fait plus partie de la famille humaine. Tout cela nous pousse à bien voir qu'il y a un lien entre la famille humaine et la construction d'une mondialisation vivable. Nous devons nous procurer des outils et de quelques exigences à mettre en œuvre dans les lieux où nous vivons, pour être à la portée de cette étape nouvelle dans la construction de l'humanité.

2.1.3 Les problèmes socioculturels

Une réalité qui perturbe aussi la vie familiale est le problème socioculturel. Dans quelques sociétés, la pratique de la polygamie perdure. En effet, la polygamie[195] sous quelque forme que ce soit, est encore répandue

---

[194] Ibidem, 155.
[195] Il n'y a pas de loi interdisant la polygamie à Madagascar. D'autre part, la polygamie vient aussi de la richesse matérielle de l'homme: l'homme est attiré par les beautés des femmes tandis que celles-ci sont sollicitées par les richesses de l'homme.

dans plusieurs pays. Nous avons parlé un peu du cas de Madagascar surtout dans les côtes (cf.1-2-4). La pratique des mariages arrangés pour les uns et le mariage par étapes[196] pour les autres, mais tout cela étouffe la liberté de chacun des conjoints parce que ce sont les chefs de famille ou les parents qui s'entendent sur le mariage de leurs enfants. Le consentement du couple se fait par respect du parent, voire par peur des parents; sinon pas de bénédiction, et le couple est condamné à réussir son mariage. Mais il y a aussi les relations en cachette qui sont illégales dans un couple, c'est pourquoi cela est réalisée en cachette[197].

Une autre pratique qui reste aujourd'hui est aussi l'interdiction du mariage entre la famille noble (*Andriana*) et les simples gens (*olon-tsotra*). Dans cette perspective on a constaté une forme de racisme[198] parce qu'en général, le mariage est endogamique, c'est-à-dire seulement entre castes ou entre ethnies. On voit cette pratique soit à la campagne soit en ville, mais à de petits nombres. Cela n'empêche qu'il y a des fortes têtes qui, poussées par l'amour, ont bravé la méfiance et ont parfois récolté des regrets. L'intérêt, dans ces mariages, c'est déjà l'existence d'un choix libre et réciproque des époux; parfois sans la bénédiction des clans ou des familles, le couple doit ainsi se débrouiller pour vivre son mariage. La réussite de pareille union matrimoniale fait une brèche de sortie vers le mariage moderne où il y a un engagement volontaire du couple.

Culturellement, la grande île est une société matriarcale. Même la nation elle-même est considérée comme mère[199]. Pourtant, la condition féminine est une longue bataille même si les droits essentiels comme le vote et l'égalité sont acquis. Cela s'explique par le fait que les filles sont plus nombreuses à quitter ou à ne pas fréquenter l'école parce que les parents préfèrent privilégier l'avenir des garçons, futurs piliers de la famille, des successeurs qui font

---

[196] Ces pratiques sont entendues surtout pendant les temps traditionnels mais comme tradition, jusqu' à nos jours les Malgaches suivent encore les étapes pour contracter un mariage: dot, mariage civil, mariage religieux.

[197] Cfr. L. ANDRIANJAFITRIMO, *La femme Malgache en Imerina au début du XXI e siècle*, 57.

[198] Cfr. Ibidem, 61.

[199] Le mot nation se traduit littéralement «*Firenena*» en malgache, la racine de ce mot est «*Reny*» qui signifie «Mère».

perdurer le nom de leurs pères. Du point de vue formation intellectuelle, plus on monte en niveau, moins il y a des filles. Dans la culture malgache, l'épouse et les enfants filles n'héritent pas. Cette aberration est une réalité, d'abord par la législation. Une veuve se trouve au 7e rang des héritiers de son défunt mari. Les terres et terrains hérités des ancêtres de la famille ne sont transmis qu'aux fils. Comme la loi fait des filles de la famille des héritiers, celle-ci doivent renoncer à leur héritage. Souvent, c'est de leur propre gré, estimant que leurs terres sont désormais celles de sa belle famille que leur mari a ou va avoir. En cas de divorce, le partage en parité des biens a fait oublier les deux tiers garantis aux hommes[200]. Il y a aussi la conception de la femme comme étant un mobilier fragile qui n'a pas le droit au travail, mais cette conception est révolue actuellement.

Dans le monde actuel, à cause des différentes mutations: sociales, sociopolitiques, socio-économique et religieuses[201], l'individualisme commence à avoir une place à Madagascar. Les situations de dépendance dans les rapports homme-femme, père-fils ou mère-fille, aîné-cadet sont remises en cause. Le devoir d'hospitalité est ressenti comme une charge[202]. L'individualisme exaspéré dénature les liens familiaux et finit par considérer chaque membre de la famille comme une île[203]. Cette culture rend l'homme égoïste et beaucoup de problèmes sont liés à celle-là: crises des liens sociaux et familiaux, difficultés de reconnaissance de l'autre, comme dit le Pape François[204]. *«La déclaration-je suis individu- signifie que je suis moi-même responsable de mes mérites et de mes défauts, et que la tâche m'appartient de cultiver les premiers, de me repentir pour les seconds et de les réparer[205]»*. Autrement dit, faisant prévaloir l'idée d'un sujet qui se construit selon ses propres désirs considérés comme absolus. La solitude est l'une des plus

---

[200] Cfr.*www.madaonline.com/madagascar-est-il-un-pays-des-droits-de la femme/ category/ société fr.* 10 Mars 2015. Cons. 18/06/2015.
[201] Cfr. H. A.-M. RAHARILALAO, *Église et fihavanana à Madagascar*, 133-135.
[202] Cfr. Ibidem, 133.
[203] Cfr. C. BURGUN, *La famille c'est sacré*, Artège, Paris 2015, 33.
[204] Cfr. Pape FRANÇOIS, *Loué sois-tu*, n°162, 128.
[205] Z. BAUMAN, *La vie liquide*, 36.

grandes pauvretés de la culture actuelle, elle est le fruit de l'absence de Dieu dans la vie des personnes et de la fragilité des relations[206].

En outre, de nombreuses tendances culturelles semblent imposer à notre époque une affectivité sans limite avec la propagation de la pornographie et de la commercialisation du corps et cela entraîne la fragilité affective[207]. C'est pourquoi dans de nombreux contextes actuels, la pratique de la cohabitation qui précède le mariage ou le concubinage se répand. Par conséquent, nombreux sont les enfants qui naissent hors mariage et grandissent avec un seul de leurs parents ou dans un contexte familial élargi ou reconstitué[208]. Entre autre, l'omniprésence de la culture du bruit, le monde numérique provoque la déstabilisation de la vie familiale.

2.2 Les problèmes internes

En parallèle avec les problèmes extérieurs que nous venons d'évoquer, la famille est en difficulté voire en crise profonde : crise entre le couple, parents-enfants… Cette crise se voit à l'intérieur de la famille elle-même et la recherche du bonheur au sein d'une famille stable reste comme un rêve. Voyons les raisons et le mécanisme de cette instabilité au sein de la famille.

2.2.1 Au sein du foyer

Beaucoup de familles sont blessées. Dans certains cas, loin d'être le sel de la vie, de tels affrontements contribuent à déstabiliser le couple. Les réconciliations sont alors de plus en plus formelles. Les aléas de la vie conjugale, loin d'être un stimulant pour les partenaires, deviennent comme un poison que chaque jour distille. Et le couple commence à glisser peu à peu sur la pente[209]. Ce dont nous voulons parler ici est la fragilité du lien conjugal qui aboutit à l'affirmation du divorce parce que se séparer n'effraie plus.

---

[206] Cfr. *Relatio Synodi* 2014 n° 6.
[207] Cfr. Ibidem, n° 10.
[208] Cfr. Ibidem, n° 8.
[209] Cfr. J.-J. GUILLARME - PH. FUGUET, *Les parents, le divorce et l'enfant*, ESF, Paris 1985, 19.

Qu'est-ce qui rend l'union de l'homme et de la femme si précaire? Les raisons peuvent être variées selon les situations. On peut parler des blessures affectives qui affectent la capacité à vivre de bonne relation entre les membres de la famille. Pour les mariages non sacramentels, on peut les voir dans l'ordre purement civil[210], mais pour les mariages sacramentels, le fond du problème est d'ordre spirituel[211].

Nous vivons dans un monde changeant, et avec ce rythme de vie, on ne peut plus résister aux tentations. On a oublié la promesse prononcée lors de la célébration du mariage: «*Je te prends... pour épouse – pour époux – et je promets de te rester fidèle dans le bonheur et dans l'épreuve, dans la maladie et la bonne santé, pour t'aimer et te respecter tous les jours de ma vie*»[212]. C'est un engagement pris devant Dieu et devant l'Église par conséquent, les époux ne cessent pas de se marier devant Dieu[213].

Mais les chrétiens ne sont pas meilleurs que les autres, ils vivent comme tout le monde dans une société où les mentalités et les comportements changent et le divorce est banalisé[214]. Les piliers du mariage, que nous qualifions de naturel dans notre langage ecclésiastique et repris dans la définition du mariage naturel ou sacramentel (la liberté, la fidélité, l'indissolubilité et l'ouverture à la vie) ne sont plus vraiment compris ni assumés. Les couples ont ressenti pendant de longs moments la fatigue de vivre ensemble, l'impatience et l'intolérance, la méfiance réciproque, parfois même le manque de transparence, le sentiment de trahison, la déception envers une personne qui s'est révélée être différente que ce que l'on avait connu au début. Ces expériences quotidiennes et répétées finissent par hausser

---

[210] Divorce pour faute, le divorce par consentement... Cfr. M. SEGALEN ET A. MARTIAL, *Sociologie de la famille*, 118-119.

[211] Cfr. A. BANDELIER, *Le mariage chrétien à l'épreuve du divorce*, 24.

[212] *Rituale Romanum, Ordo celebrandi matrimonium*, n° 62, 17 in JEAN PAUL II, *Lettre aux familles*, n° 10, 26.

[213] CEC n° 1649.

[214] Prenons par exemple suite à la promulgation de loi du 1ᵉ Janvier 1976 en France qui reconnait la dissolution du lien conjugal, selon les statistiques, en 1970: 40.954 divorces, en 1979: 81.000 (Statistique du ministère de la justice, *La documentation française*, INSEE, n° 85-86, 1980) in J.-J. GUILLARME – PH. FUGUET, *Les parents, le divorce et l'enfant*, 25.

la voix et même par se manquer de respect et trouver tout accord impossible[215]. Et l'on sent qu'on ne peut plus continuer à vivre ensemble.

Selon l'analyse de Thierry Collaud, les blessures qui orientent la conjugalité dans la mauvaise direction jusqu'à la briser peuvent être conçues par la manière de bien gérer la dichotomie entre ceux qui favorisent le déploiement de la vie du couple et ceux qui le contrarient: amour vrai/ indifférence-haine, alliance/contrat, fidélité/trahison, confiance/méfiance, patience/impatience, tendresse/violence, pardon/refus de s'humilier[216]... Alors le choix d'interrompre la vie matrimoniale ne peut jamais être considéré comme une décision facile et indolore. Lorsque deux époux se quittent, ils portent dans leurs cœurs une blessure qui marque plus ou moins profondément leurs vies, celle de leurs enfants et de tous ceux qui les aiment[217].

Une telle séparation peut être irréversible, du moins à vue humaine: par exemple, quand une nouvelle union est contractée, lorsqu'il faut protéger de la violence, le conjoint le plus faible ou les enfants menacés de violence, de domination ou d'indifférence[218]; quand une autre famille de fait s'est constituée ou encore l'un des deux ne peut pas ou ne veut pas changer ce qui rend la communauté de vie non seulement difficile mais impossible dans un domaine ou dans un autre. Il y a donc des situations où la séparation peut, en dernier recours, être considérée comme le moindre mal parce que le devoir moral de chacun est de vivre et donner sa vie, n'est pas se laisser écraser, donc parfois il vaut mieux se séparer que se détruire. Quel que soit l'âge du couple, le divorce est un ébranlement profond pour tout le monde[219]: les époux bien sûr, mais aussi les enfants, qui sont trop souvent les lésés pour compte dans l'affaire, les membres de la famille, finalement tout l'entourage.

Quant à l'Église catholique, elle n'admet aucun motif de divorce dans le cas du mariage sacramentel consommé. Puisque la communauté conjugale a

---

[215] Cfr. Cardinal D. TETTAMANZI, *Lettre aux époux en situation de séparation, de divorce et de nouvelle union*, «Face à la décision de se séparer», Salvator, Paris 2008, 19.

[216] Cfr. TH. COLLAUD, *Les blessures de la famille*, 30.

[217] Cfr. D. TETTAMANZI, *Lettre aux époux en situation de séparation, de divorce et de nouvelle union*, 20.

[218] Cfr. Pape FRANÇOIS, Audience générale «*Les blessures de la famille*», Cité du Vatican 24 Juin 2015.

[219] Cfr. A. BANDELIER, *Le mariage chrétien à l'épreuve du divorce*, 128.

été instituée par Dieu lui-même et aucune instance humaine ne peut dissoudre un mariage authentique[220]. En cela beaucoup de croyants (ou non croyants) sont persuadés que l'Église interdit le divorce, ou même que les divorcés sont excommuniés. Il faut mettre au clair les choses: en réalité, aux yeux du droit de l'église, le divorce n'existe pas. Ils existent d'une part, la séparation et d'autre part, le remariage. C'est le second qui est interdit, non la première. Depuis longtemps, l'Église reconnait comme légitime ce qu'on appelle la séparation du corps, c'est-à-dire la décision de vivre séparés. Autrement dit ceux qui choisissent d'être fidèles au premier lien: il n'y a personne qui reflète plus la fidélité de Dieu qu'un divorcé fidèle[221]. Un divorcé non remarié ne doit donc pas être tourmenté quant à sa situation dans l'Église. «*L'héroïsme des conjoints abandonnés qui restent seuls mérite admiration et soutien*»[222] a dit le Cardinal Kasper. C'est avec le remariage que surgissent les difficultés. Quoi qu'il en soit, un divorce prend acte de divergences matrimoniales importantes et éprouvées comme insoluble. «*Quand se rompt le pacte conjugal*, écrit le Pape Benoit XVI, *ceux qui en souffrent par-dessus tout sont inévitablement les enfants, qui sont le signe vivant de son indissolubilité[223]*». Si le divorce est difficile à vivre pour les deux conjoints, c'est également une épreuve pour les enfants qui changent de repères. Dans l'événement du divorce, le père prend l'héritage destiné à ses enfants et s'en va dans un pays lointain; quant à ses fils, ils restent seuls à la maison, guettant intensément un retour hautement improbable. La parabole devient celle du parent prodigue[224].

Le divorce est un désordre, un échec et une souffrance. Il est un malheur mais n'est pas un malheur irréparable. Pour ce faire, il faut commencer par le reconnaitre: c'est une blessure profonde dans la vie des personnes, et une blessure se diffuse dans la vie de nos sociétés[225]. Elle atteint le corps social

---

[220] Cfr. E. SCHILLEBEECKX, *Le mariage.* Réalité terrestre et mystère du salut, Paris 1966, 151.

[221] X. LACROIX, *Le mariage*, Éd. Ouvrières, Paris 1994, 107.

[222] C. BURGUN, *La famille c'est sacré*, 86. JEAN PAUL II, *Familiaris consortio*, n°20. W. KASPER, *L'Évangile de la famille*, Cerf, Paris 2014, 54.

[223] BENOIT XVI, "Discours aux participants du congrès du 5 Avril 2008, cité par O. BONNEWIJN, *Parents aux lendemains du divorce*, 13.

[224] Préface de Mgr. Jean Laffite sur l'ouvrage d'O. BONNEWIJN, *Parents aux lendemains du divorce*, 8. 23.

[225] Cfr. A. BANDELIER, *Le mariage chrétien à l'épreuve du divorce*, 130.

dans la mesure où la confiance dans la parole donnée devient incertaine et le lien conjugal est instable. La solidarité des générations et l'éducation des enfants deviennent de plus en plus faibles parce que les blessures affectives des membres de la famille affectent leur capacité à vivre de bonnes relations entre eux.

2.2.1.1 Les réalités à Madagascar

Pour Madagascar, il paraît crucial et vital de se doter d'un nouveau droit de la famille, intégrant le divorce par consentement mutuel comme procédure additionnelle à part entière en dehors de la seule procédure du divorce pour faute qui demeure actuellement la seule procédure existante. Dans la loi matrimoniale malgache consacrée par le nouveau texte N° 2007-022 relatif au mariage et aux régimes matrimoniaux[226], la procédure pour faute est maintenue. Les raisons données par la loi, pour que l'un des époux puisse unilatéralement enclencher une procédure de demande de divorce, sont dans les cas limitatifs suivants: lorsqu'un des époux a gravement manqué aux obligations et devoirs réciproques des époux résultant du mariage et que le manquement a rendu intolérable le maintien de la vie commune; en cas d'adultère; en cas de condamnation à une peine afflictive et infâmante de l'un des conjoints[227]. Une de ces causes-là est suffisante à l'autre époux pour demander le divorce. Voici un extrait de statistique du divorce pendant les années 2013-2014-2015 au tribunal de la première instance Anosy Antananarivo-Madagascar:

ANNÉE 2013:

Instance au 31 Décembre 2012	Entrée durant l'année 2013	Total des affaires à traiter durant l'année 2013	Affaire jugée pendant l'année 2013	Reste à juger au 31 Décembre 2013
1722	2557	4279	2778	1501

---

[226] Loi n 2007-022 chap. VIII: «De la dissolution du mariage». (Cfr. *Journal officiel de la République Malgache* du 28 Janvier 2008).

[227] Cfr. Les articles n° 66 et 67 de la loi N° 2007-22. Ces articles touchent le devoir de secours, de fidélité, d'assistance, de cohabitation, d'entretien et éducation des enfants; entre autre les violences, injures, l'adultère.

ANNÉE 2014:

Instance au 31 Décembre 2013	Entrée durant l'année 2014	Total des affaires à traiter durant l'année 2014	Affaire jugée pendant l'année 2014	Reste à juger au 31 Décembre 2014
1501	2204	3705	2426	1239

ANNÉE 2015:

Instance au 31 Décembre 2014	Entrée 01 Janvier au 31 Octobre 2015	Total des affaires à traiter 01 Janvier 2015 au 31 Octobre 2015	Affaire jugée du 01 Janvier 2015 au 31 Octobre 2015	Reste à juger au 31 Octobre 2015
1239	1854	3093	1742	1351

Les 90% des demandes de divorce sont déposées par les femmes. Ces statistiques nous montrent que les affaires rentrées diminuent chaque année mais il est à noter que nombreux sont ceux qui se séparent mais ils n'osent pas à se présenter au tribunal à cause de leur méfiance aux juges ou par leur peur.

Un phénomène qui n'est pas à minimiser dans le foyer malgache est aussi la violence. La violence est un problème majeur, les femmes sont les premières victimes. Nous pouvons affirmer que cette réalité est l'une des causes des nombres croissants des demandes de divorce effectuées par les femmes. Au niveau mondial, au moins un tiers des femmes ont été déjà battues, contraintes à avoir des rapports sexuels ou maltraitées de quelque autre manière, le plus souvent par quelqu'un de leurs connaissances, y compris leurs maris[228].

Selon le résultat de l'enquête sur la violence conjugale à Antananarivo (ELVICA) en 2007, on peut classer les violences comme suit: les violences psychologiques, les violences sociales et économiques, les violences

---

[228] UNFPA. *Etat de la population mondiale*. UNFPA 2000. Mettre fin à la violence à l'égard des femmes et des filles: une priorité dans le domaine des droits et de la santé, 6.

physiques, les violences sexuelles[229]. Les conflits et les violences sont plus nombreux dans les couples où l'épouse s'éloigne du modèle idéal type qui voudrait que l'épouse joue le rôle de la femme au foyer en y élevant ses enfants et en dépendant financièrement de son époux. Les occasions qui sont données à la femme de rencontrer d'autres hommes, de disposer d'un salaire propre sont autant d'occasion de jalousie, de suspicion d'infidélité de la part des maris et elles peuvent générer de la violence. La question de jalousie est un élément souvent évoqué dans les enquêtes portant sur les violences entre conjoints. Il y a aussi d'autres facteurs comme la consommation d'alcool des conjoints[230]. Le plus dangereux c'est la violence physique[231] et tout cela favorise le divorce. On a constaté aussi d' autres motifs qui provoquent des problèmes au sein de la famille malgache: les disputes. Les disputes les plus fréquents concernent la gestion de l'argent du ménage, la manière d'éduquer les enfants.

Pour ne pas arriver à la séparation définitive par le divorce, pour des motifs graves la loi malgache autorise la femme de quitter temporairement le domicile conjugal pas plus de 2 mois. A cet effet, elle doit résider chez ses parents ou ses proches, à défaut, dans un centre d'accueil pour victimes de violence ou toutes autres personnes de bonne moralité. Avant l'expiration du délai de 2 mois, le mari a l'obligation de procéder au «*Fampodiana*» c'est-à-dire il va chez les la femme avec ses parents ou ses proches pour reprendre de nouveau leur vie commune. Toutefois, la femme peut à tout moment réintégrer le domicile conjugal de son plein gré[232].

---

[229] Cfr. *www.ncbi.nlm.gov. Jornal list.* Pan Afr. V.11.2012. Publication en ligne Février 2012. Violence économique: être limitée dans ses sorties, dans ses fréquentations, ne pas avoir accès à l'argent du ménage, être enfermée à son domicile, être mise à la porte de chez soi par son conjoint. Violence psychologique: être insultée, être menacée de violences physiques avec ou sans arme par son conjoint. Violence sexuelle: Avoir été forcée par son conjoint à avoir des rapports sexuels.

[230] Cfr. Ibidem.

[231] 35% des femmes ont eu à subir des violences physiques. La violence la plus fréquente est la gifle: 27% des femmes ont été frappées au moins une fois. 16% ont été empoignées ou bousculées brutalement et 17% ont été frappées. Enfin 8% ont même frappes avec un objet et 3% avec une arme. Au total 19% des enquêtées (77 sur 400) ont victimes de ce que nous nommerons des violences conjugales graves, c'est-à-dire violences avec blessures. Cfr. Ibidem.

[232] Cfr. Article n° 52 de la loi n° 2007-022 relative au mariage et aux régimes matrimoniaux.

Face à des difficultés provoquées par le divorce, certains ont choisi des formules alternatives pour assumer leurs vies de couple. Peut-être, ce sera une bonne solution pour les uns ou le moindre mal pour les autres, mais quoi qu'il en soit prendre un chemin de solitude n'est pas si simple et s'engager dans une nouvelle vie de couple n'est pas si facile non plus. Continuons nos recherches à propos de cela.

2.2.2 Autres formes alternatives[233]

D'une part, pour prémunir contre le divorce, les jeunes pratiquent ce qu'on appelle union de fait[234], union libre ou le concubinage. Ils suivent ce choix parce qu'ils ne veulent plus se lancer tête baissée comme leurs parents dans le mariage et constater ensuite les dégâts. Mais choisir la cohabitation, c'est choisir un amour fragile parce qu'il n'y a pas de lien. En effet, décider de se séparer ne leur pose pas trop de problèmes. D'autre part, il y a ceux qui s'engagent dans une nouvelle union et forment une autre communauté de vie. L'augmentation rapide du nombre des séparations et des divorces ne s'explique pas seulement par la remise en question du mariage ou par les nouvelles façons de vivre en couple, mais elle prend place aussi dans un grand mouvement[235] d'évolution des pratiques sociales qui a modifié les mœurs, les habitudes et le contenu de la vie quotidienne de l'homme. Les conceptions classiques du couple et de la famille sont donc en mutation, c'est pourquoi parler de la famille, c'est aussi s'intéresser aux nouvelles formes de conjugalité, de la parentalité et de la filiation. Mais comment fonctionnent ces nouvelles formes de choix de vie?

La famille traditionnelle ou habituelle reste toujours le vrai modèle de vie familiale, elle se caractérise par la communion de vie des parents avec leurs enfants. En suivant l'idée de l'union libre ou du concubinage, certains glissent

---

[233] Cfr. J.-J. GUILLARME - PH. FUGUET, *Les parents, le divorce et l'enfant*, 27.

[234] Dans d'autres cas, l'union de fait s'établit entre des personnes divorcées. Cfr. Conseil pontifical pour la famille, *Famille, Mariage et union de fait*, n°5. Cfr. M. ARAMINI, *PACS, matrimonio e coppie omosessuali. Quale futuro per la famiglia*, Milano 2006, 69-72.

[235] Nous sommes dans une civilisation des loisirs et notre civilisation parait d'ailleurs malade du temps. Et cela fait allusion au terme «liquide» de Zygmunt Bauman.

sans doute dans une vie caractérisée par une relation monoparentale[236], qu'il s'agisse de la mère seule avec l'enfant ou du père plus rarement. Après l'expérience de la monoparentalité, conséquence d'un choix de vie personnelle ou d'une rupture ou de la mort d'un conjoint, un nouvel amour vient se réorganiser. Cette situation introduit ce qu'on appelle famille recomposée[237]. Nous voyons ici que la séparation ou la recherche d'une autre alternative n'est pas la fin du tout. Il y a un lendemain et c'est ce lendemain qui pose une autre difficulté. Les situations sont très variées, mais dans tous les cas, il va falloir orchestrer conjugalité et parentalité, histoire d'amour et histoire familiale. Tout cela entraine la complexité de la vie parce qu'on a besoin de combiner le passé, le présent et le projet d'avenir. On a besoin d'harmoniser la vie familiale et la vie du couple; de réorganiser les enjeux financiers et de bien mettre l'attribution de chacun[238]. En plus, on ne peut pas mettre de côté la mission éducative[239] dans cette nouvelle situation. Les motivations et les situations des uns et des autres sont donc très diverses, mais dans tous les cas, nous dit Alain Bandelier, s'engager dans un remariage n'est jamais un choix facile et ne met jamais dans une situation simple[240].

Quant à l'Église, elle est consciente et se préoccupe de cette situation difficile. Le parcours indiqué par l'Église pour les personnes concernées n'est pas simple, mais elles doivent savoir et sentir que l'Église se soucie d'eux et les accompagne sur leur chemin. L'Église doit agir ainsi parce qu'elle est une communauté de salut. Le Pape Jean Paul II affirme clairement dans *Familiaris*

---

[236] La famille monoparentale est celle composée d'un adulte vivant sans conjoint avec son/ses enfant(s) de moins de 25 ans. La raison de cette forme de vie peut être la mort de l'un des conjoints mais cela ne dépend pas de celui qui reste avec leur enfant.

[237] La famille recomposée est constituée d'un couple vivant avec au moins un enfant dont un seul des conjoints est le parent. Au sein de celle-ci, on trouve les «beaux-enfants», les «enfants de la belle-mère», les «demi-sœurs» et «demi-frères», «consanguins» s'ils ont le père en commun et «utérins» s'ils ont la mère en commun. Et puis, dernière expression qui mérite d'être relevée: les «quasi-sœurs» et «quasi-frères», à savoir, les enfants qui vivent sous le même toit dans le nouveau foyer, sans avoir un parent biologique en commun. Dans ce cas les termes de «frère» et «sœur» renvoie à leur usage social, c'est-à-dire «élevé avec». (Cfr. E. DEVIENNE, *Recomposer une famille. Toi et moi, et tous nos enfants*, 24).

[238] Cfr. E. DEVIENNE, *Recomposer une famille. Toi et moi, et tous nos enfants*, 28.

[239] L'éthique théologique comme l'éthique philosophique sont essentiellement au service de la vie et de la croissance de chaque personne, du déploiement de sa dignité et de sa liberté en devenir, de la maturation de sa destiné, de son bien intégral, de son bonheur et de sa béatitude. (Cfr.O. BONNEWIJN, *Parents aux lendemains du divorce*, 75).

[240] Cfr. A. BANDELIER, *Le mariage chrétien à l'épreuve du divorce*, 149.

consortio que les pasteurs d'âmes ont l'obligation, par amour de vérité, de bien discerner les diverses situations: «*Les pasteurs d'âmes et les communautés sont tenus à aider avec une grande charité les fidèles concernés, eux aussi appartiennent à l'Église, ils ont droit à la sollicitude pastorale et doivent participer à la vie de l'Église*»[241].

Ces pratiques, même si elles s'appellent alternatives, ne sont pas dignes de l'être humain et ne portent pas la stabilité dans la vie familiale. Dans son discours, le Pape Benoit XVI affirme clairement:

> «*Malheureusement, le nombre des séparations et des divorces s'accroit, rompant l'unité familiale et créant de nombreux problèmes aux enfants, victimes innocentes de ces situations. La stabilité de la famille est aujourd'hui particulièrement menacée... Les divorces et les unions libres sont en augmentation, tandis que l'adultère est considéré avec une tolérance injustifiable. Il faut répéter que le mariage et la famille trouvent leur fondement dans le noyau le plus intime de la vérité sur l'homme et sur son destin; ce n'est que sur le roc de l'amour conjugal, fidèle et stable, entre un homme et une femme, que peut s'édifier une communauté digne de l'être humain[242]*».

Il est vrai que les catégories et formes de communauté de vie[243] existent mais malgré la pression médiatique et politique qui laisse entendre que d'autres formes de vie familiale peuvent exister. La vraie et seule famille qui existe aux yeux de l'Église est celle qui a été constituée par un homme et une femme quel que soit le destin donné, ensuite à la relation du couple qui a présidé à la conception d'un enfant.

2.2.2.1 Les pratiques à Madagascar

À Madagascar, après le divorce ou plutôt après la séparation de couple, les malgaches ont une manière différente des européens pour le vivre et l'assumer. D'abord, quand on parle de divorce, les malgaches peuvent penser à la séparation d'endroit d'habitation de couple, c'est-à-dire que le couple ne

---

[241] JEAN PAUL II, Exh. Apost. *Familiaris consortio*, «Les divorcés remariés», n°84.
[242] Discours, 13 Mai 2006 et 17 février 2007 in BENOIT XVI, *Pensées sur la famille*, 76.
[243] Ce sont les concepts inventés par les sociologues à savoir: famille monoparentale, famille recomposée, famille homoparentale...

vit plus sous le même toit, car les couples ne vont pas automatiquement se séparer auprès de l'état quand ils veulent se divorcer. La plupart d'eux quand ils ne s'aiment plus, ils se quittent tout simplement.

Il y en a ceux qui reviennent chez leurs familles d'origine pour vivre une autre vie. Ces gens cherchent des choses à faire s'ils n'ont pas de travail fixe et essaient d'oublier leur vie auparavant. Ils s'adaptent à la nouvelle réalité. Souvent les femmes, elles cherchent des moyens pour se rapprocher de leurs frères si les parents ne sont plus, car en Malgache, il y a un dicton disant que les derniers maris sont les frères. C'est au niveau de besoin financier dont on parle ici. Les frères ont une part de responsabilité vis-à-vis de leurs sœurs si celles-ci ont de grande difficulté dans leurs vies. Alors quand les femmes ont quitté leurs maris ou bien leurs maris les ont rejetés, elles reviennent chez leurs frères. Ces derniers cherchent des moyens ou des idées pour qu'elles vivent bien. En tout cas, les membres de la famille ne les laissent pas toutes seules. Il y a aussi ceux qui choisissent d'assumer leurs vies avec leurs enfants sans penser au divorce ou à une nouvelle union. La plupart des gens qui agissent de cette façon est celui ou celle qui a fini à contracter le mariage sacrement.

Ces gens divorcés (séparés) ne pensent pas à se séparer civilement surtout s'ils sont de la campagne, pourtant les 75% des malgaches vivent dans le monde rural. Et au cas où ils trouvent une autre personne, il ou elle se remarie avec cette dernière. Dans ce cas, pour que ce mariage soit accepté par la société, ces personnes effectuent ce qu'on appelle mariage *ara-pomban-drazana*, c'est-à-dire ils font les mariages traditionnels[244]. Et il faut savoir aussi que même les couples qui font le mariage chrétien, font aussi ce mariage traditionnel avant le sacrement du mariage, seulement ils le font d'une manière plus simple. Cela dépend du moyen de la famille et aussi de la région de la Grande Île.

---

[244] Il pratique cela pour ne pas avoir honte aux yeux de la société. Et les membres de la famille l'acceptent pour qu'il ou elle ne soit pas une charge pour eux.

Mais tout cela ne signifie pas que tous les couples Malgaches qui se séparent, ne font pas le divorce civilement. Il y en a qui choisissent aussi de se divorcer auprès de l'État surtout les gens en ville, et surtout aussi pour les gens qui ont besoin du papier pour leur travail ou pour d'autres besoins. Mais ce commentaire est fait pour montrer qu'à Madagascar il existe d'autres moyens qu'en occident pour vivre et assumer le divorce. Mais devant ces réalités que devons-nous faire?

Il est important de trouver un moyen de montrer que le mariage traditionnel Malgache ne peut pas du tout remplacer le Mariage Catholique Chrétien mais seulement une préparation qui peut aider le couple et les familles de deux cotés à se connaître, à s'entraider et à s'aimer davantage. Il est aussi important de savoir et d'expliquer et même de réexpliquer le fondement du Mariage Catholique Chrétien, par exemple de bien souligner qu'avec le Mariage Catholique, le divorce n'est pas possible, etc. Il y a déjà une organisation au niveau de chaque diocèse pour mieux préparer le couple à entrer dans le sacrement du mariage ou à bien vivre le mariage comme les animations spirituelles par des retraites et aussi également par des témoignages des couples chrétiens qui ont une certaine expérience au niveau de cette vie de couple. Il y a aussi de différents mouvements[245] qui peuvent aider ces couples à confronter les réalités dans la vie des couples.

Mais cela ne suffit pas encore; il faut trouver d'autres moyens pour avancer et améliorer la vie de la famille à Madagascar, la vie de l'Église et la vie du pays même. Il faut une nouvelle éducation de la famille. Mais tout cela est dit pour montrer que le travail qui nous attend est encore un effort de longue haleine et un effort à renouveler sans cesse pour que le travail de l'Église corresponde aussi à la réalité.

2.2.3 Les problèmes de filiation

Nous avons déjà parlé que la famille est un sanctuaire de la vie et nous avons insisté qu'il ne faut pas traiter l'être humain comme un objet. Ici

---

[245] Par exemple FIFAKRI (pour la préparation au mariage chrétien), *Mariazy miara-mirindra* (Mariage rencontre pour ceux qui sont en couples), un prêtre aumônier pour ceux qui sont dans les situations difficiles.

revenons de nouveau sur le fait que *«l'enfant est réellement la richesse la plus grande et le bien le plus précieux de la famille[246]»*. L'amour conjugal ne s'arrête pas seulement dans la relation mutuelle de l'aimé et de l'aimée mais il va jusqu'à la procréation, c'est-à-dire recevoir de Dieu un don plus grand: l'enfant. Ce tiers, fruit de leur amour, n'est pas un intrus ni un gêneur[247]. Ainsi, l'amour conjugal se déploie dans cette fécondité qu'est la descendance. Nous touchons une réflexion très complexe parce que parler du problème de la filiation se coïncide à la décision et l'engagement des parents. Face à des divers phénomènes[248], on arrive à suivre des pratiques diverses pour surmonter les obstacles et permettre la satisfaction de l'aspiration des époux à avoir ou à ne pas avoir un enfant.

Quand on parle de la filiation, on pense au lien qui unit un individu à son père et à sa mère. C'est un lien de parenté qui désigne la relation de dépendance, de nature biologique et spirituelle, qui unit l'enfant aux parents. Cette filiation est liée à la mystérieuse vocation à la paternité, à vrai dire à la procréation. Lorsqu'on accepte la venue à l'existence d'une nouvelle vie par un geste humain de donation réciproque dans l'amour conjugal, l'enfant qui viendra au monde est alors accueilli comme un don[249]. Dans l'instruction de la Congrégation pour la doctrine de la foi *Donum vitae* du 22 février 1987, l'Église affirme que la procréation humaine est recherchée avec rectitude quand elle est voulue comme fruit de l'acte conjugal, c'est-à-dire de l'acte spécifique de l'union des époux[250].

L'arrivée des techniques de procréation médicalement assistées (PMA) a changé radicalement la vision actuelle sur le processus procréatif. La parole d'Adam *«j'ai acquis un homme de par le seigneur»* (Gn. 4, 1) change en *«j'ai*

---

[246] BENOIT XVI, *Pensées sur la famille*, 60.

[247] Cfr. JEAN-MARIE LUSTIGER, *Autour de la famille*, 68.

[248] On peut citer ici le problème démographique depuis des années, la recherche du bien être en ne s'occupant des enfants, la honte dans certains pays, la recherche d'une solution de facilité au lieu de s'engager devant le choix de vie, ou bien pour résoudre le problème de stérilité.

[249] Cfr. J. LAFFITTE / L. MELINA, *Amour conjugal et vocation à la sainteté*, Éd. de l'Emmanuel, Paray-le-monial 2001, 149.

[250] Cfr. Conseil Pontifical Pour la Doctrine de la Foi, *Donum vitae*, II, B, 4, a.

eu un enfant grâce à une intervention médicale de procréation assistée[251]». L'intervention de la médecine dans le domaine de la procréation a commencé sous l'égide d'un bénéfique traitement de la stérilité. Mais elle ne s'arrête pas là, elle parvient à créer diverses techniques de substitution des relations biologiques de paternité et de maternité. Ainsi se dessine un changement de signification des contenus anthropologiques de la paternité et de la maternité. Or l'enseignement de l'Église est clair:

«L'intervention médicale est respectueuse de la dignité des personnes quand elle vise à aider l'acte conjugal, soit pour en faciliter l'accomplissement, soit pour lui permettre d'atteindre sa fin. Dans le cas où elle se substitue techniquement à l'acte conjugal pour obtenir une procréation qui n'est ni son résultat ni son fruit, alors, elle s'approprie indûment la fonction procréatrice et ainsi contredit la dignité et le droit inaliénable des époux et de l'enfant à naitre[252]».

Quand la conception est le fruit de l'union des corps généralement par l'attirance sexuelle, alors la dimension corporelle dont dépend l'acte d'engendrer renvoie la liberté des époux à un dessein qui la précède, c'est-à-dire que, quand l'acte de procréer devient une initiative concertée de mettre au monde un être humain, les parents assument une responsabilité directe et totale vis-à-vis de l'enfant[253]. La séparation de la dimension procréatrice et de la dimension unitive de l'acte conjugal a conduit à une autre vision aux attitudes relatives à la sexualité et à la procréation. Cette position risque de considérer la sexualité comme un plaisir, comme une satisfaction d'un instinct ou d'un besoin physique, et donc séparée de la responsabilité.

Dans le contexte anthropologique de la procréation artificielle, l'essence de la paternité repose sur la décision de vouloir un enfant et la technique est mise au service de cet objectif. On assiste donc à une scission entre volonté et corporéité[254]. Les sujets et acteurs de la paternité ne sont plus l'homme et la femme dans leur unité corporelle et spirituelle, et dans les actes conjugaux qui expriment leur amour. Ce n'est plus une aide mais une substitution des époux

---

[251] J. LAFFITTE / L. MELINA, *Amour conjugal et vocation à la sainteté*, 140.
[252] Conseil Pontifical Pour la Doctrine de la Foi, *Donum vitae*, II, B, 7.
[253] Cfr. J. LAFFITTE / L. MELINA, *Amour conjugal et vocation à la sainteté*, 145.
[254] Cfr. Ibidem, 147.

dans l'acte spécifique de l'union conjugale en tant qu'origine de la vie humaine de l'enfant. Mais l'enfant est-il un projet à construire ou un don à accueillir?

L'instruction du *Donum Vitae*, dans son argument fondé sur le lien entre procréation et acte conjugal, affirme que la dignité de la personne humaine de l'enfant exige qu'il ne soit ni voulu ni conçu comme le produit d'une intervention de techniques médicales biologiques[255]. En effet, quand l'enfant est le résultat d'une production technique, sa condition d'égale dignité par rapport aux parents est niée. En ce moment-là l'avenir et le développement intégrale de l'enfant est embarrassant.

Une figure plus dangereuse qui avait cassé le lien entre procréation et sexualité est la pratique des mères porteuses[256]. Celle qui porte un enfant durant neuf mois et le met au monde ne serait plus sa mère, c'est-à dire qu'il n'y a plus le lien biologique et parenté ni non plus le lien entre grossesse, naissance et maternité. Dans ce cas, le problème ne s'arrête pas seulement à la filiation mais aussi à celle qui a porté l'enfant, lui a donné naissance et souffre les douleurs de l'enfantement mais se trouve à la fin comme une chambre à louer. De plus, d'après le diagnostique préimplantatoire (DPI) dérivé de la gestation pour autrui (GPA), on se permet de refuser l'enfant qui ne correspond pas à ce que l'on attendait[257]. Dans ces conditions, l'enfant n'est pas voulu pour lui-même, mais en tant qu'il satisfait à une exigence de paternité des géniteurs. Sa qualité de vie, son sexe, certaines caractéristiques physiques ou simplement mentales, sont autant d'éléments qui peuvent conditionner son accueil[258]. Et tout cela empêche une acceptation parentale et inconditionnelle de l'enfant. La procréation est ainsi réduite à la reproduction, sans considération de la dignité de la personne humaine, unique et non reproductible.

---

[255] Cfr. Conseil Pontifical Pour la Doctrine de la Foi, *Donum vitae*, II, B, 4, c.

[256] Cfr. GENEVIEVE DELAISI DE PARSEVAL, «Le temps de mère porteuse», *Le monde*, 11 février 2008, 16 in O.BONNEWIJN, *Parents aux lendemains du divorce*, 26.

[257] Cfr. Ibidem, 38.

[258] Cfr. J. LAFFITTE / L. MELINA, *Amour conjugal et vocation à la sainteté*, 148.

L'enfant accueilli comme un don réclame une origine commune aux parents et aux enfants. Lorsque la technique se substitue à la médiation symbolique du corps, le fait que Dieu est l'origine de la vie s'obscurcit et la paternité humaine est défigurée. On ne peut pas de manière conforme à la dignité humaine, donner la vie à un enfant comme on décide de fabriquer une chose quelconque qui est notre propriété. *«Celui qui accueille en mon nom un enfant comme celui-ci, c'est moi qu'il accueille, et celui qui m'accueille, ne m'accueille pas moi, mais Celui qui m'a envoyé»* (Mc 9, 37). Si cela est, le lien entre parent-enfant s'amplifie toujours. Mais qu'est-ce que nous pouvons dire à propos de la filiation à Madagascar?

2.2.3.1 Madagascar et la filiation

La conception Malgache de l'enfant se coïncide à ce que le Pape Benoît XVI a affirmé: richesse la plus grande. *«Ny zanaka no voalohan-karena»* littéralement l'enfant constitue la première richesse. Dès sa conception à l'âge adulte, l'enfant est entouré, il est soumis à des rites de passage à différentes étapes de son développement comme le *«ala volon-jaza»* et le *«famorana*[259]*»*. La pratique de l'interruption volontaire de la grossesse (IVG) ou l'avortement est condamnée par la loi sauf dans des cas précis; et toute personne contribuant de près ou de loin à l'avortement est passible d'un emprisonnement de 6 mois à 10 ans[260]. Mais il faudrait comprendre que dans la hiérarchie sociale Malgache la place de l'enfant est bien précise: c'est une force d'appui et d'aide. Il est vrai que la société malgache est constituée de plusieurs tribus dont les manières d'éduquer se diffèrent, mais il y a toujours une homogénéité qui prend le dessus.

Madagascar a adopté la loi relative au droit et la protection de l'enfant[261], il a intégré et reconnu dans son droit positif que, pour l'épanouissement de la personnalité de l'enfant, celui-ci doit grandir dans son milieu familial et dans

---

[259] La première coupe des cheveux et la circoncision.

[260] Cfr. Code pénal de la République Malgache article n° 317 alinéas 1à 5: *«Quiconque, par aliments, breuvages, médicaments, manœuvres, violences ou par tout autre moyen, aura procuré ou tenté de procurer l'avortement d'une femme enceinte ou supposé enceinte, qu'elle y ait consenti ou non, sera puni d'un emprisonnement de 1 à 5 ans»* (Art. 317 § 1).

[261] Loi n° 2007-023 Août 2007 in *Journal officiel de la république Malgache* 2008, 158.

un élément de bonheur, d'amour et de compréhension. Selon l'article n° 4 de cette loi, aucun enfant ne doit faire objet de quelque forme que ce soit de négligence, de discrimination, d'exploitation, de violence, de cruauté et d'oppression. Tout enfant a droit à la vie, à la survie et au développement. Il a une place privilégiée au sein de la famille. Il a droit à la protection et aux soins des parents. Il a le droit d'exprimer librement ses opinions, droit à la sécurité matérielle et morale[262]. Alors les parents sont les premiers responsables du développement de l'enfant, ils assurent l'épanouissement de l'enfant, lui donnent les conditions de vie favorable, compte tenu de leurs aptitudes. L'enfant ne peut être séparé de ses parents contre son gré et l'enfant en bas âge ne peut être séparé de sa mère sauf dans une circonstance exceptionnelle. Tout cela est clair mais le problème de filiation existe. Prenons deux exemples concrets.

En général, le milieu familial reste le premier cadre à préserver pour l'épanouissement sain et harmonieux des enfants. Or, l'enfant peut être privé de son milieu et des soins parentaux et familiaux. C'est le cas dans la coutume de l'interdit frappant les jumeaux de la côte sud-est de Madagascar[263]. L'enfant jumeau est comme une malédiction, un tabou alors l'interdiction des enfants jumeaux est répandue dans le district de Mananjary au sein de la communauté Antambahoaka. Ici, le problème de filiation est lié à la coutume.

Une autre réalité qui touche le problème de filiation est le travail des enfants. Le travail des enfants est un phénomène fréquent et de grande ampleur dans les pays en voie de développement comme le nôtre. Certaines activités comme l'aide apportée aux parents ou le soutien dans le commerce à la famille ne sont pas considérées comme travail si elles ne portent pas atteinte à la scolarisation de l'enfant, à sa santé, à son développement mental et physique et si elles contribuent au bien-être de l'enfant et de la famille[264]. La réalité est le contraire surtout au milieu rural. Les enfants sont les *Dimby*

---

[262] Cfr. G. FERNANDES-I. RAKOTO-N.R. RABETOKOTANY, *Les jumaux de Mananjary entre abandon et protection*, Centre d'analyse et prospective sur le développement à Madagascar, UNICEF 2010, 12.
[263] Cf. Ibidem.
[264] Cfr. Thèse de doctorat en démographie de A.VOAHIRANA TANTELY, *Structures familiales, Organisation des activités et développement rural Malgache*, Paris 2013, 246.

amam-para cela signifie que leurs parents se perpétuent à travers eux donc l'objectif est de *mamelo-maso ny anaran-dRay* ou littéralement faire en sorte que le nom du père soit toujours présent, qu'il ne soit pas oublié; alors les enfants constituent la main d'œuvre d'exploitation familiale et répondent aux différentes obligations sociales et même mariés, les enfants doivent aider les parents dans les activités agricoles.

Sur le plan national, la proportion des enfants de 5 à 17 ans, qui ont exercé une activité économique atteint 24,7% dont 26,2% chez les garçons et 24,7% pour les filles. Le travail des enfants touche les milieux ruraux que le milieu urbain[265]. Les causes en sont la raréfaction des moyens de subsistance et la pauvreté chez les ruraux. En effet les enfants sont les premières victimes et ne jouissent pas de leurs pleins droits en tant qu'enfants. Le phénomène des mères porteuses a lieu à Madagascar, c'est parce que l'offre répond à la demande. La demande provient exclusivement de l'étranger.

2.3 Idéologie et pratiques diverses

La culture contemporaine est marquée par la déconstruction, la dissociation, l'atomisation, l'individualisation et la déliaison[266]. Et comme nous venons de dire plus haut, le lien conjugal et le lien parental sont isolés et séparés l'un de l'autre. En effet, la paternité et la maternité sont individualisées et considérées comme des rôles interchangeables. En outre, notre contexte social et culturel est marqué par ce qu'on a appelé «la révolution sexuelle[267]». Elle a entrepris de dissocier systématiquement sexualité, amour, fécondité et institution matrimoniale. Et tous ces réalités-là favorisent quelques idéologies et pratiques diverses.

---

[265] Cfr. Ibidem.
[266] Cfr. O.BONNEWIJN, *Parents aux lendemains du divorce*, 24.
[267] Cfr. O.BONNEWIJN, *Éthique sexuelle et familiale*, Paris 2006, 23.

2.3.1 L'idéologie du genre (la théorie de «*gender*[268]»)

L'inventeur du terme «*gender*» est un psychologue américain, John Money, qui dans les années 1950 affirmait que la différenciation homme-femme est due à l'éducation plus qu'à la biologie. Il fut suivi par le psychanalyste Robert Stoller, principal inventeur de la séparation du sexe et du *gender* (1960). Le sexe apparait comme un marquage de l'espace corporel sans autre conséquence sur la vie psychique alors que le *gender* est à la fois l'identité sexuelle assignée par la société et celui que le sujet va choisir dans son orientation sexuelle[269]. La philosophe américaine Judith Butler a contribué à faire connaitre cette idéologie (1990) et celle-ci est apparue dans les instances internationales lors de la Conférence de Pékin en 1995.

Même si l'utilisation de ce mot est longuement préparée dans les officines américaines féministes et les instances internationales, comme l'ONU, c'est au sommet de Pékin sur la femme en 1995 qu'apparaît pour la première fois dans les textes officiels, le mot *gender*[270]. Mais quels sont vraiment les idées derrière cette idéologie et ses impacts dans la vie de la famille?

La théorie de *gender* prétend que l'identité sexuelle est la résultante d'une construction sociale. La société impose le *gender* masculin ou féminin et il ne serait pas conditionné par le sexe biologique. Être homme ou femme suit après la naissance[271], c'est-à-dire que cette idéologie prétend qu'il convient de dissocier le sexe biologique de sa dimension culturelle afin de mieux établir l'égalité entre les hommes et les femmes et de promouvoir les diverses identités sexuelles[272]. Dans cette perspective, il revient à chacun de construire son orientation sexuelle. Cette conception s'est d'abord inscrite dans les revendications féministes qui se voulaient égalitaires en dénonçant certaines

---

[268] Beaucoup de commentaire préfèrent employer le terme anglais «*gender*». Cela justifie que ce concept vient des pays anglo-saxons. En français cela signifie «genre» mais employons aussi le terme anglais.

[269] Cfr. T. ANATRELLA, "Le concept de *gender* du point de vue anthropologique. Origine et enjeux des théories du *gender*'', Coll. IUPG, *Gender qui es-tu?* Présenté par P. CLAVIER, Éd. de l'Emmanuel, Paris 2012, 71.

[270] Cfr. M. ÉLISABETH, *Le genre démasqué*, Valence 2011, 14.33, in H. Lelièvre, *La famille face au défi de gender*, Éd. Peuple libre, Valence 2012, 55.

[271] Cfr. A. FUMAGALLI, *La questione Gender. Una sfida antropologica*, Queriniana, Brescia 2015, 18.

[272] Cfr. H. LELIEVRE, *La famille face au défi de gender*, Queriniana, Valence 2012, 51.

injustices subies par les femmes[273]. Être masculin ou féminin est donc la conséquence d'une construction culturelle et sociale et ne s'inscrirait plus dans la continuité du sexe biologique puisqu'il ne lui est pas intrinsèque. Le mouvement féministe revendique l'égalité en démolissant la différence de genre: on ne naît pas femme, on la devient. Une romancière et théoricienne féministe française s'est exprimée dans son livre intitulé *La pensée straight* qu'il faut détruire politiquement, philosophiquement et symboliquement les catégories d'«homme» et de «femme» […]. Il n'y a pas de sexe, c'est l'oppression qui crée le sexe et non l'inverse[274]. En outre, certains lobbies de la mouvance LGTB (Lesbiennes, gays, bisexuels et transgenres) développent des arguments fondés sur les théories de *gender*.

L'idéologie de *gender* est fondée sur le principe de l'égalité, de la liberté et de l'individu souverain. Il est certain que tout le monde est d'accord au sujet d'égalité, de la liberté et le respect de chacun mais ici par exemple le sens de l'égalité n'est pas l'égalité en dignité mais l'égalité de tous devant les réalités de la vie comme égalité des tâches et des fonctions, allant jusqu'à l'égalité de toutes les orientations sexuelles[275]. Les tenants de l'idéologie du genre mettent en première place les situations injustes telles que les violences et les injustices faites aux femmes pour faire d'une façon générale le procès des hommes. Entre autre, les mouvements féministes dénoncent le caractère essentiel de la définition de la femme comme mère et épouse. Pour eux, ils vont mettre l'accent sur l'esclavage que présente la procréation: «*Les femmes veulent promouvoir l'égalité en tout point et faire disparaître les notions de maternité et de paternité afin que l'homme et la femme puissent se partager et remplir les mêmes rôles et les mêmes fonctions. Le père peut materner comme la mère peut paterner. Les rôles sont interchangeables[276]*».

---

[273] Cfr. T. ANATRELLA, "Le concept de *gender* du point de vue anthropologique. Origine et enjeux des théories du *gender*", Coll. IUPG, *Gender qui es-tu?*, 69.

[274] Cfr. W.MONIQUE, *La pensée straight*, Amsterdam 2007 in H. LELIEVRE, *La famille face au défi de gender*, 53.

[275] Cfr. *Gender qui es-tu?* Présenté par P. Clavier, Éd. de l'Emmanuel, Paris 2012, 70.

[276] Ibidem, 73.

Tout ceci afin de changer les paradigmes essentiels du sens des identités sexuelles, de la relation entre l'homme et la femme et de substituer l'identité sexuelle aux orientations sexuelles. Toutes ces considérations sont basées sur l'égalité, de la dignité et de la liberté en modifiant la signification.

La théorie de *gender* laisse entendre alors que chacun peut construire son identité sexuelle, et que l'on peut la changer en fonction de ses tendances c'est-à-dire à ses désirs. C'est pourquoi on se propose de ne plus faire reposer le couple, la famille et le lien social sur la différence sexuelle mais sur la différence des sexualités[277]. Dans cette perspective, le but est de parvenir à une société sans classe de sexe[278], c'est-à-dire que tous les couples sont égaux et doivent avoir les mêmes droits de se marier, de concevoir même par fécondation artificielle et d'adopter des enfants. La filiation ne reposerait plus sur l'union des corps, mais sur le désir d'être parent[279]. Le projet de l'idéologie de *gender* est de déconstruire en vue d'un monde nouveau: déconstruction de la maternité (on ne parle plus de procréation mais de reproduction), déconstruction de la famille et déconstruction du langage[280]. Il ne faut plus lier la féminité à la maternité.

Au niveau mondial, quelques évolutions sociologiques sont liées à la théorie du *gender*, nous allons rapporter ici ce qu'a écrit Hubert Lelièvre dans son livre intitulé *La famille face au défi du gender*[281]. Au Canada, dans les maternités, on n'écrit plus sur les fiches de naissance le nom du mari ou père, mais de «*l'autre parent*». En Amérique du nord, des parents refusent de dire le sexe biologique de leurs enfants pour ne pas l'emprisonner dans un stéréotype et lui laisser le libre choix. En France, automne 2011, deux organisations féministes lancent une campagne pour supprimer la mention «*Mlle*» dans les formulaires, perçue comme discriminatoire et violant la vie privée. En

---

[277] Cfr. T. ANATRELLA, "Le concept de *gender* du point de vue anthropologique. Origine et enjeux des théories du *gender*'', Coll. IUPG, *Gender qui es-tu?*, 91.

[278] Cfr. A. REVOREDO OSCAR, *Gender, la controverse*, Tequi 2011, 63 in H. LELIEVRE, *La famille face au défi de gender*, 57. O.BONNEWIJN, «Gender, qui es-tu?», Coll. IUPG, *Gender qui es-tu?*, 170. C.BURGUN, *La famille c'est sacré*, 39.

[279] Cfr. *Gender qui es-tu?* Présenté par P. Clavier, 91.

[280] Voire O.BONNEWIJN, «Gender, qui es-tu?», Coll. IUPG, *Gender qui es-tu?*, 186-195.

[281] Cfr. H. LELIEVRE, *La famille face au défi de gender*, 33-36.

Allemagne, en février 2011, des parents qui ont refusé que leurs enfants participent à des cours d'éducation sexuelle inspirés par la théorie du *gender* ont été condamnés à 45 jours de prison ferme[282]. En Afrique, dans de nombreux pays, des Ministères du Genre et des Ministères du plan chargé de la planification et de la limitation des naissances ont déjà remplacé les ministères de la famille[283]. En Espagne, on parle désormais dans les registres d'état civil de «*progéniteur 1*» et de «*progéniteur 2*». A Danemark, on a autorisé le mariage entre deux femmes et un homme.

Tout ce dont nous avons parlé à propos de l'idéologie du *gender* nous montre que chacun peut dire et interpréter ce qu'on appelle liberté, égalité et dignité humaine selon sa guise. Quoi qu'il en soit, la théorie du *gender* qui étend progressivement son emprise idéologique dans les instances internationales, représente un vrai danger pour nos sociétés; elle s'attaque à ce qui fonde les liens sociaux et les solidarités naturelles: l'institution du mariage, la filiation et la famille[284].

Après l'ère de la lutte des classes issue du marxisme, nous sommes dans l'ère de la lutte des sexes, après l'égalité des sexes, voici l'égalité des genres. Nous nous trouvons face à des idéologies toujours plus pernicieuses[285]. L'idéologie du *gender* est une idéologie qui conduit au suicide collectif de l'humanité. Il faut rappeler une évidence de toujours: l'être humain en soi et asexué n'existe pas. Nous ne participions pas à l'humanité qu'en étant homme ou femme dont le lien est source de vie conjugale et de vie familiale. Il serait discriminatoire de priver des enfants d'un homme père et d'une femme mère (un couple générationnel) dont ils ont besoin pour se développer en vérité. La société a besoin de ce couple car il est le facteur d'altérité sexuelle et sociale.

Face à la théorie du genre, le Saint Siège a dénoncé que l'interprétation de ce concept dissout la spécificité et la complémentarité entre l'homme et la

---

[282] Cfr. T. ANATRELLA, *Gender, la controverse*, Téqui 2011, 7.
[283] À Madagascar, avant on nomme «Ministère de la population» mais actuellement on ajoute, et ce ministère devient: «Ministère de la population, de la protection sociale et de la promotion de la femme (MPPSPF).
[284] Cfr. E. MONTFORT, *Le genre démasqué*, éd Peuple Libre 2011, 14 in H. LELIEVRE, *La famille face au défi de gender*, 53.
[285] Cfr. Ibidem, 79.

femme. Et il faut préciser aussi que égalité n'est pas identité et différence n'est pas égalité[286]. C'est une idéologie qui sape les fondements de la famille et des relations interpersonnelles. La revendication d'un statut similaire pour le mariage et les unions de fait est généralement justifié par les recours à l'idéologie de genre[287]. Pierre-Olivier Arduin conclut ainsi son article dans *La Nerf* en octobre 2011: «*Le gender représente l'ultime rébellion de l'homme contre le dessein du créateur[288]*».

2.3.1.1 Madagascar et le genre

Nous venons de mentionner plus haut que le genre est une construction sociale et il n'est pas conditionné par le sexe biologique. Son fondement est le principe de l'égalité, de la liberté. Madagascar a signé et ratifié la plupart des instruments internationaux relatifs à la protection des droits humains et ceux promeuvent spécifiquement l'égalité homme-femme. Le préambule de la constitution de la 4e république Malgache énonce clairement que le pays fait sien la charte internationale des Droits de l'Homme ainsi que les conventions relatives aux Droits de la femme. Le pays dispose alors une politique qui vise à lutter contre les violences faites aux femmes et adolescentes et à assurer une meilleure intégration du concept Genre dans les programmes de santé et de santé de la reproduction[289]. L'approche du genre n'est pas dans le sens de faire disparaître les notions de maternité et de paternité ou de dire que les hommes et les femmes doivent devenir identiques, mais on parle de l'égalité et liberté dans le cadre des droits, responsabilité, tout en respectant la spécificité de chacun.

En dépit d'un tel cadre juridique et institutionnel, l'inégalité entre l'homme et la femme persiste dans notre pays en raison des facteurs différents: historique, culturels, socio-économiques et politiques. Même si la

---

[286] Cfr. A. FUMAGALLI, *La questione Gender*. Una sfida antropologica, 54.
[287] Cfr. Conseil pontifical pour la famille, *Famille, mariage et unions de fait*, n° 8.
[288] Magazine *La Nerf*, n° 230, Octobre 2011, 29.
[289] Cfr. *Countryoffice.unfpa.org/Madagascar/2013/12/02/8532/genre*: «les actions de l'UNFPA dans la promotion de l'égalité des sexes et la lutte contre les violences basées sur le genre». Consulté le 7/03/2016.

loi[290] fixe que l'âge minimum au mariage des filles et des garçons est de 18ans, des pratiques néfastes envers les femmes et les filles subsistent, notamment le mariage précoce[291]. Si les femmes ont droit d'exercer une profession de leur choix et d'avoir un compte en banque par exemple, quelques inégalités persistent notamment le fait que l'homme soit le chef de la famille[292]. En outre, dans la conscience malgache, nombreux sont ceux qui considèrent encore les femmes comme «*fanaka malemy*» littéralement meubles fragiles, destinées à être prises en charge tôt ou tard par un homme. Cette réalité sociale explique en partie le taux de chômage des femmes qui est enregistré à 4,6% entre 2009 et 2013. Pourtant, les femmes sont particulièrement actives dans le domaine agricole car elles composent 51,8% des 13,3 millions de la population agricole à Madagascar[293].

Une autre réalité qui provoque aussi l'inégalité entre l'homme et la femme est l'éducation c'est-à-dire la sous-scolarisation des filles. Les causes en sont nombreuses. Lorsque les salles de classe, les enseignants et les fournitures scolaires manquent, ce sont généralement les filles qui sont exclues de l'école[294]. De même, lorsque les établissements scolaires sont éloignés des domiciles, les parents sont réticents à laisser leurs filles seules sur le trajet et préfèrent les garder à la maison[295]. Même si le problème de la qualité et la quantité des infrastructures jouent un rôle essentiel cela ne suffit pas à expliquer la sous-scolarisation féminine. Le contexte économique et culturel ainsi que les normes en terme de genre sont des facteurs importants. Tout d'abord, les parents hésitent à scolariser leurs filles dans la société où les femmes mariées contribuent exclusivement aux revenus du ménage de leurs

---

[290] Loi n° 2007-22, article 3 relative aux mariages et aux régimes matrimoniaux.

[291] Cette pratique existe encore surtout dans les milieux ruraux et les habitants des côtes de Madagascar, sachant que le mariage précoce prive les filles de leur enfance, interrompt leur éducation, augmente leur vulnérabilité à la violence et aux abus, et met leur santé en péril.

[292] Loi n° 2007-022, article 54: «*Le mari est le chef de famille. Toutefois, les époux concourent ensemble à l'administration matérielle et morale de la famille et à élever les enfants*».

[293] Journal, *La Gazette de la Grande île*, 09 juillet 2014.

[294] Cfr. M.F. LANGE, *L'école et les filles en Afrique*, Paris 1998 in B. GASTINEAU & N. RAVAOZANANY, «*Genre et scolarisation à Madagascar*». Questions vives [en ligne] Vol 8 n° 15, 2011, mise en ligne le 10 octobre 2011. *http:// questionsvives.revues.org/710*, Cons. 7/03/ 2016.

[295] Cfr. F. SANDRON & B. GASTINEAU, *Fécondité et pauvreté en Kroumirie* (Tunisie), Paris 2002, in B. GASTINEAU & N. RAVAOZANANY, «*Genre et scolarisation à Madagascar*».

belles-familles et non pas à ceux de leurs propres ménages. Elles ne peuvent espérer aucun retour de l'investissement dans l'éducation. Ainsi les filles sont sollicitées pour le travail domestique et les soins aux enfants plus jeunes. L'inscription d'une fille à l'école peut remettre en cause l'organisation domestique, poser des problèmes pour la garde des enfants en bas-âge mais aussi compromettre son avenir matrimonial parce qu'on pense qu'une fille scolarisée pourrait refuser un mariage arrangé en recourant aux autorités administratives en cas de conflit avec l'époux[296]. Et quelles sont les conséquences de toutes ces considérations?

Le fossé s'élargit entre l'homme et la femme à propos de l'égalité:

L'inégalité économique[297], inégalité des conditions de vie, inégalité culturelle (une forme d'exclusion), inégalité des capacités et tout cela se traduit à une inégalité des chances, inégalité politique, inégalité éthique. Tous ces types d'inégalité se trouvent aggravés pour les femmes à des degrés très variables en fonction de chaque société, l'ethnie, etc. Mais il y a un cas peu particulier à Madagascar car si les femmes ne sont pas victimes d'oppressions majeures, elles n'occupent pas pour autant une place de choix dans la société. Cette situation plus ou moins confortable de la situation féminine explique en partie l'absence d'une véritable révolution féminine dans l'île. Pour faire face à ces situations, Madagascar avance petit à petit dans la mise en œuvre de la politique en faveur de l'égalité des chances entre les hommes et les femmes. Cela permet aux femmes de bénéficier des mêmes conditions pour avoir un accès égal aux mêmes ressources: dans la vie quotidienne, vie familiale, au marché de l'emploi, à la responsabilité politique, etc. Il est vrai qu'il y a des lois qui définissent les droits de la femme[298] mais elles restent formelles et loin

---

[296] Cfr. B. GASTINEAU & N. RAVAOZANANY, «*Genre et scolarisation à Madagascar*». Questions vives [en ligne] Vol 8 n° 15, 2011, mise en ligne le 10 octobre 2011. *http:// questionsvives.revues.org/710*, Cons. 7/03/ 2016.

[297] Dans le secteur de l'entreprenariat, les femmes on plus d'obstacle dans l'accès à la micro finance, 14,4% d'entre elles ont du mal à rembourser leur prêt. (Cfr. Journal quotidien *Midi Madagascar*, 2 juillet 2015).

[298] Cfr. Article 117 et 118 de la loi relative aux régimes matrimoniaux: «*Les femmes, mariées et non mariées, ont, au même titre que les hommes, le droit de la propriété*».
Loi 68-012 relative aux successions, testaments et donation, article 16 : «*Les fils et les filles ont des droits égaux en terme d'héritage sans distinction de sexe ni de primogéniture, et de même pour les époux*».

d'être acquises dans les faits. En effet, la chambre basse dispose des pouvoirs nécessaires pour amender les lois discriminatoires, puis instaurer un ordre législatif et égal nouveau, fixant les mêmes droits et devoirs ainsi que la garantie de l'égalité à tous les citoyens, indépendamment de leurs sexes[299]. Pourtant, il existe déjà des éléments pour favoriser l'égalité et la liberté.

En Afrique francophone où la scolarisation des filles est loin d'être systématique et fréquemment inférieure à celle des garçons, Madagascar fait figure d'exception. La scolarisation s'est fortement démocratisée et 90% des enfants ont accès à l'école primaire[300]. Madagascar se démarque aussi par une grande parité dans les effectifs scolarisés: un élève sur deux à l'école primaire est une fille (2008-2009). Le personnel enseignant est majoritairement féminin: 58% des enseignants du primaire sont des femmes (2000-2001)[301]. Ces résultats sont remarquables dans un pays où 75% des individus résident en milieu rural et près de 70% vivent en-dessous du seuil de pauvreté[302].

En 2007, une association qui s'appelle «*Vondrona Miralenta ho an'ny Fampandrosoana*» (VMLF)[303] a été créée. Elle a pour objectif l'intégration de manière durable de la dimension genre à tous les niveaux et dans tous les domaines de développement de la société Malagasy, notamment dans le domaine de l'économie et de la participation à la vie politique. Elle inscrit son action dans le combat global en faveur de la réduction de la pauvreté, l'autonomisation de la femme et la réduction des disparités des genres. A cet effet, la VMLF a engagé un processus à la défense de droits et intérêts du genre dans le respect des règles démocratiques établies par les références nationales, régionales et internationales[304]. Une autre association comme «Bel

---

[299] Cfr. Atelier d'échange multi acteurs sur l'intégration du genre dans les processus législatifs, en présence du représentant du ministère de la justice, ministère de la population et de la promotion de la femme, des présidents de commissions à l'assemblée nationale le 3-4 juillet 2014.

[300] Cfr. D. COURY & N. RAKOTO-TINA, «Madagascar : en marche vers l'éducation primaire universelle pour tous?» In B. GASINEAU, F. GUBERT, A.S ROBILLIARD & F. ROUBAUT, *Madagascar face aux défis du millénaire pour le développement*, Marseille 2010, 121-155.

[301] MENRS, *Annuaire statistique 2009. Antananarivo*: Ministère de l'Éducation Nationale et de la Recherche Scientifique, République de Madagascar 2010.

[302] Cfr. Statistique Banque mondiale 2006.

[303] La VMLF est un groupement d'association, d'ONG, et de personnes physique engagées dans la lutte pour l'épanouissement de la femme.

[304] Cfr. Statut du VMLF, préambule le 3 juillet 2008.

Avenir» a été créée en 2003 dans la partie sud de Madagascar; elle a aussi mené un projet de sensibilisation à l'égalité de genre: formation et sensibilisation de la communauté et des autorités locales sur le droit de la femme à travers des activités et ateliers dans les centres éducatifs et des événements communautaires.

D'après ce dont nous avons parlé sur le cas de Madagascar concernant la question du genre, nombreux sont les facteurs favorisant les inégalités entre l'homme et la femme. Les conséquences sont néfastes. Pourtant, ils ne sont pas peu nombreux, ceux qui luttent contre toutes formes de discrimination, se battent pour l'éducation, la création des associations. Tous leurs engagements visent à corriger des inégalités pour arriver à l'équivalence des chances ou opportunités entre femmes et hommes, en tenant compte de leurs besoins et intérêts spécifiques. Pour des raisons historiques, sociales ou biologiques, ces besoins et intérêts peuvent s'exprimer de façon différente. Actuellement, la prise de responsabilité des femmes augmente soit dans le cadre politique soit au niveau de l'église[305]. Tout le monde est convaincu que les femmes, ont aussi une place importante et indispensable dans tous les échelons de la vie sociale toute entière.

2.3.2 Les pratiques diverses

Avec une telle idéologie et technologie, le mariage étant longtemps le fondement de la famille ne symbolise plus le passage de l'âge adulte ni le rite obligé avant la fondation d'une famille. Les destructeurs de la famille ont commencé par le fractionnement du lien entre maris et femmes en introduisant la contraception, sous couvert de la liberté sexuelle. Avec la poussée sociale pour changer la définition du mariage, est venu un état d'esprit correspondant, consistant à dire que la masculinité et la féminité, la paternité et la maternité, sont totalement sans importance pour la conception d'un enfant. Avec l'idée

---

[305] Lors de la dernière élection communale, les maires des deux grandes villes comme Antananarivo et Fianarantsoa sont des femmes, sans parler les autres. Au sein de l'Église surtout dans le diocèse d'Antananarivo, presque la moitié ou plus dans quelques paroisse, les membres des conseils paroissiaux sont des femmes.

de mariage pour tous[306] quelle que soit son orientation sexuelle, tout cela favorise des pratiques différentes.

2.3.2.1 Le PACS (Pacte Civil de Solidarité).

Depuis 1999, le mariage n'est plus le passage obligé pour organiser une vie à deux. Le Pacte Civil de Solidarité reste une alternative de choix pour les couples hétérosexuels et homosexuels. Sur la question du PACS, l'avis n'est pas le même. Mais qu'est-ce qu'on entend vraiment de cette nouvelle institution sociale? Il est le substitut du mariage ou simple formalité administrative?

La loi française (944/1999) sur le PACS est prononcée le 9 Novembre 1999[307]. L'article 515 §1 définit ainsi le PACS comme suit: «*Un pacte civil de solidarité est un contrat conclu par deux personnes physiques majeures, de sexes différents ou de même sexe, pour organiser leur vie commune[308]*». Le PACS est donc un simple contrat étranger au mariage. La conclusion d'un pacte civil de solidarité ne donne pas lieu à l'établissement d'acte d'état civil. L'état civil des personnes qui le concluent ne subit aucune modification[309]. Avec le PACS, le célibataire reste célibataire et un marié reste marié. Les partenaires n'ont aucune obligation de fidélité mais seulement une vie de couple visant l'aide mutuelle et matérielle et aussi le soutien réciproque. Et qui peut conclure le pacte de solidarité civil?

En dehors de la lignée du troisième degré de la parenté et d'une personne qui a déjà contracté un pacte, tous peuvent conclure un PACS; soit couple hétérosexuel soit couple homosexuel[310] c'est-à dire que tous peuvent accéder au PACS en faisant une déclaration devant le tribunal d'instance pour stabiliser leurs vies communes. Mais comme nous savons, une loi civile n'est pas tombée du ciel, il y a un contexte qui la favorise. Qu'est-ce à dire?

---

[306] Cfr. F. DE SINGLY, *Sociologie de la famille contemporaine*, 51.
   M. SEGALEN ET A. MARTIAL, *Sociologie de la famille*, 29.
[307] Cfr. M. ARAMINI, *PACS Matrimonio e Coppie omosessuali*. Quale futuro per la famiglia, 18.
[308] Ibidem, 107.
[309] Cfr. Ibidem, 19.
[310] Cfr. Article 515 §2 du code civil français.

Pendant des années, la sexualité est considérée uniquement à l'ordre de la procréation. Elle est réservée au couple hétérosexuel surtout à celui qui accepte le lien légal public ou le mariage. Autrement dit, la sexualité devrait être réservée aux couples hétérosexuels et mariés. En dehors de cela, c'est autre chose même si cela se fait en secret ou en cachette. Mais à cause des différentes cultures qui encombrent la société, une conscience collective apparaît. Il y avait une tendance qui voudrait séparer la sexualité de la procréation c'est-à-dire qu'il y a une culture de séparation[311]. Mais quand on sépare la sexualité à la procréation, l'acte sexuel cesse d'être lui-même puisqu'il perd la dignité de la dimension pleinement sponsale du don réciproque[312]. Cette culture commence à l'intérieure même de la personne parce que la personne humaine est reconnue par sa liberté. Le corps n'entre pas dans la constitution de la personne; il est une simple matière, alors tout dépend de la liberté. Cette première conception entraine des autres séparations comme la séparation de la sexualité de l'amour et la séparation de la sexualité de la procréation. Tout cela coïncide à la crise de la vérité selon l'affirmation du Pape Jean Paul II[313]. La sexualité est simplement une réalité à la disposition de la liberté. Le fait de séparer la sexualité de la procréation permet l'utilisation de la sexualité au service d'un simple plaisir. On comprend alors que l'institution du mariage et de la famille est complètement vide à partir de cette culture de séparation. Entre autre, il y a aussi le refus du mystère sur l'homme: «*Le rationalisme moderne ne supporte pas le mystère. Il n'accepte pas le mystère de l'homme, homme et femme, ni ne veut connaître que la pleine vérité sur l'homme a été révélée en Jésus Christ[314]*».

---

[311] Cfr. M. ARAMINI, *PACS Matrimonio e Coppie omosessuali. Quale futuro per la famiglia*, 62.

[312] Cfr. J. LAFFITTE ET MELINA, *Amour conjugal et vocation à la sainteté*, 129.

[313] Cfr. JEAN PAUL II, *Lettre aux familles*, n°13 : la famille est en danger, le danger de perdre la vérité sur la famille elle-même, perdre la liberté et de perdre l'amour même.

[314] Ibidem, n°19.

Même si les Évêques catholiques français ont fait une déclaration que cette loi est *inutile et dangereuse*[315], cela n'empêche pas l'État de pratiquer la loi sur le PACS. Et cette pratique s'éparpille en Europe et au monde entier.

2.3.2.2 Du PACS au mariage homosexuel

Il est vrai que le PACS est adopté par la loi française depuis le mois de novembre 1999, mais ce n'est pas la France seule qui accorde une législation réglant les rapports de convivialité stable pour les personnes de même sexe. Cette loi influence beaucoup de pays surtout en Europe et nous verrons que la situation est en rapide évolution. Le mariage civil des couples homosexuels est reconnu au Danemark depuis 1989, à Norvège 1993. Et ils jouissent des mêmes droits prévus pour les hétérosexuels. A partir de 1998 en Belgique et de 2001 en Finlande, la loi qui prévoit un contrat de la cohabitation légale des homosexuels est en vigueur. La loi qui reconnait les unions de personnes de même sexe est entrée en vigueur en Allemagne depuis 2001. Et en Portugal, il y avait la loi qui règle la convivialité au moins deux ans en 2001. En 2005, au Royaume –Unis et en Espagne, le mariage des couples homosexuels est permis[316]. Cette évolution si on peut le dire s'amplifie dans d'autres pays, par exemple au Canada en 2006 et ne s'arrête pas seulement au contrat mais arrive jusqu'à revendiquer le droit de contracter un mariage et puis la possibilité de l'adoption[317]. Dans les grands pays de l'Europe, seulement en Italie qu'on ne voit pas encore une législation spécifique sur l'union homosexuelle mais évidemment il y a aussi une forte oppression d'introduire non pas le PACS à la manière française mais une demande de reconnaître les couples homosexuels d'avoir le même statut d'une famille[318]. Toutes ces idées-là tournent autour de la non discrimination des homosexuels. Pourtant, il est

---

[315] Déclaration de la Conférence des Évêques de France le 16 Septembre 1998. Cfr. *La documentation catholique* n°2189 du 4 Octobre 1989 in M. ARAMINI, *PACS Matrimonio e Coppie omosessuali*. Quale futuro per la famiglia, 25.
[316] Cfr. M. ARAMINI, *PACS Matrimonio e Coppie omosessuali*. Quale futuro per la famiglia, 17.
[317] Cfr. Ibidem, 37.
[318] Cfr. Ibidem, 46.

nécessaire de comprendre que le problème de l'homosexualité n'est pas un problème de droit mais un problème de fait[319].

En appliquant la loi sur le mariage du couple de même sexe et surtout lui accorder le statut d'une famille, ce n'est pas étonnant si on entend parler de la famille homoparentale. C'est un terme étrange à nos oreilles mais c'est normal pour celui qui la pratique et vit dans cette situation. L'homoparentalité est un néologisme inventé par l'Association des parents gay et lesbiens (APGL) en 1996. La lutte pour l'ouverture au mariage à tous les individus quelle que soit l'orientation sexuelle[320], avait pour objectif de faire que les homosexuels puissent bénéficier des mêmes droits que les hétérosexuels pour le couple et la famille. L'homoparentalité désigne le nouveau lien entre homosexualité et désir d'enfant. Ce terme recouvre la situation familiale dans laquelle un parent ouvertement homosexuel élève au moins un enfant[321]. La possibilité d'avoir un enfant pour le couple homosexuel peut exister grâce à un enfant venu par adoption ou un enfant né par aide médicale à la procréation (PMA). Il s'agit donc d'une insémination artificielle avec donneur ou mère porteuse. Comme nous avons déjà mentionné plus haut, ces familles rendent visible la déliaison entre parenté, sexualité et procréation. Ainsi la parenté ne définit pas les hommes et les femmes du monde moderne comme cela était jadis le cas pour nos ancêtres. Pour ceux qui forment un couple du même sexe, la famille est une série d'associations optionnelles auxquelles on peut, à sa guise, décider de mettre fin; c'est ce qui se produit parfois. Il s'agit d'un fait sociologique relativement nouveau et important[322] et que certains pays permettent aux gens de suivre un choix de vie selon leur intérêt.

2.3.2.2.1 Madagascar et homosexualité

À Madagascar, la communauté homosexuelle (masculine et féminine) a commencé à s'afficher dans les années 2000 avec l'arrivée de l'internet. Avant

---

[319] Cfr. Ibidem, 57.

[320] Cfr. Le texte de la loi française du 17 mai 2013 sur le mariage pour tous in F. DE SINGLY, *Sociologie de la famille contemporaine*, 122.

[321] Cfr. M. SEGALEN ET A. MARTIAL, *Sociologie de la famille contemporaine*, 150.

[322] Cfr. M. EBERSTADT, *Déclin de la famille déclin de l'occident. Comment nous avons perdu Dieu*, 37.

cela, les homosexuels se cachaient. Quelle que soit la forme, ce type de communion n'est pas une pratique courante dans notre pays. Certains sont reniés par leurs propres familles et considérés comme des personnes n'ayant aucune valeur morale. Avoir un fils ou fille gay est encore vécu comme une honte vis-à-vis des autres. La mentalité évolue mais l'homosexualité est trop souvent comme contre nature. Et comme Madagascar est parmi les pays conservateurs respectant les coutumes traditionnelles, être gay ou lesbienne, le fait de le savoir et de l'assumer est toujours aussi délicat. Cette pratique est un tabou aux yeux de la société malgache. Cependant, ne pas les exclure de la société ne se traduit pas forcément par le fait qu'on va autoriser librement cette pratique et qu'on va cautionner le mariage homosexuel[323]. Selon la tradition malgache: *«Anambadian-ko namana, iterahan-ko dimby»*, littéralement: on se marie pour avoir une compagne (ou un compagnon), et on a des enfants pour avoir des successeurs[324] c'est-à-dire que pour les malgaches, le but premier d'une telle communion est la procréation. Et même selon la loi relative au mariage et aux régimes matrimoniaux, le mariage entre deux personnes de sexe identique est interdit[325]. L'union n'est pas procréatrice et n'apportera pas de bébés; leur union ne ressemble même pas au processus naturel de reproduction.

À titre d'exemple, prenons la décision de l'Église protestante unie en France du 17 mai 2015, de bénir les couples de même sexe. A Madagascar, une telle éventualité reste inimaginable et impensable. Selon le résultat du sondage de l'Agence Capsule[326]: *«Selon vous, l'Église protestante à Madagascar devrait-elle aussi agir de la sorte?»*. Réponse massivement négative, à 98%. Les 2 restants partagent un «oui» à 1% et «envisageable» à 1%[327]. Indépendamment de la religion, l'homosexualité reste encore peu

---

[323] Cfr. *www.seronet.info/article/gay-et-vih-madagascar-face-ses-contradiction-4854*, 17 septembre 2008. Cons. 10/02/2016.

[324] Cfr. J.A. HOULDER, *Ohabolana ou proverbes malgaches*, 149.

[325] Cfr. Loi n° 2007-022 article 2 :*«Est prohibé le mariage entre deux personnes de sexe identique, qu'il soit célébré devant l'Officier d'état civil ou accompli suivant les cérémonies traditionnelles»*.

[326] Créée en 1994, l'Agence Capsule est une agence indépendante spécialisée dans la collecte et analyse des donnés à Madagascar.

[327] *www.capsulemada.com/archive/196*. Consulté le 18/01/2016.

acceptée dans la société malgache et les situations d'exclusion et de stigmatisation restent courantes[328]. Pourtant autant de situations composent le vécu de nombre d'homosexuels à Madagascar et constituent un volet dans les activités de plusieurs organisations non gouvernementales en activité dans le pays[329]. Certaines relations entre individus de même sexe sont, toutefois, tolérées par une partie de l'opinion, voire certains bars et karaokés se sont transformés petit à petit en refuge pour les homos[330]. Cependant, dès que la religion entre en jeu, le refus est net: la seule idée de célébrer une union entre personnes de même sexe au sein de l'Église est perçue comme un sacrilège. Bref, entre la situation à Madagascar et «le mariage pour tous» en France et d'autres pays occidentaux, il y a encore un grand fossé qu'il n'est pas encore envisageable de le combler[331]. Sur le plan législatif, l'union civile de même sexe est interdite mais il n'y a pas de loi qui la condamne.

Le mariage n'est pas une invention récente que nous pouvons manipuler comme nous le voulons. C'est un cadeau précieux qui nous est parvenu de l'Antiquité à travers d'innombrables générations. Les détails ont varié, par exemple les coutumes du mariage, l'âge du consentement et les règles d'héritages mais il est toujours resté le même: la reconnaissance publique d'un engagement à vie entre un homme et une femme de rester ensemble et d'accepter les responsabilités de la procréation et de l'éducation de l'enfant.

Aux yeux de l'Église il ne peut pas y avoir d'amour véritable sans l'exercice d'une sexualité véritable. Il ne peut pas y avoir mariage véritable sans exercice d'une sexualité véritable parce que l'amour vrai, authentique et fécond se donne à l'autre dans toutes les composantes de son être, y compris celles corporelles. Ainsi, la sexualité vise deux buts: *«le plaisir et la jouissance conjointe au sein du couple marié et l'ouverture à la vie[332]»*. Le

---

[328] Cela s'explique par le fait que la pratique de l'homosexualité est un «*fady*»-tabou c'est-à-dire interdit. Et celui qui agit de telle sorte mérite d'un châtiment parce que «*nanota fady*» - a commis un péché rituel. En effet l'exclusion est la conséquence. (Cfr. RP. A. RAZAFINTSALAMA, s.j. *Ny finoana sy ny fomba Malagasy*, Md. Paoly, Antananarivo 2004, 34).

[329] Cfr. Journal quotidien *Midi Madagascar* le 2 juin 2015.

[330] Cfr. R. ANNIE, *AntananarivogayhomosexualitélesbienneLGBTMadagascarTana*, 23/1/ 15.

[331] R. HANITRA, *Midi Madagascar*, 2 Juin 2015.

[332] C. BURGUN, *La famille c'est sacré!* 131.

lien amoureux dit quelque chose de plus que ce qui réunit humainement les deux conjoints. Pour les chrétiens, il dit quelque chose du mystère de Dieu lui-même. C'est une communion de personnes ouvertes à la vie. Ainsi, l'union de l'homme et de la femme est ouverte à la vie et entraine la filiation, mais non pas la cohabitation des hommes de même sexe. Pourtant nous avons beaucoup à leur apporter, sans les rejeter.

2.3.2.3 L'union de fait

Le conseil pontifical pour la famille a organisé une série de réunions d'étude durant l'année 1999 et au premier mois de l'an 2000 réfléchissant sur le nombre croissant des unions de fait dans la société dans son ensemble. Mais qu'est-ce qu'on entend par union de fait? L'union de fait est le fait d'être en cohabitation sans mariage et il faut préciser qu'il suppose une cohabitation accompagnée d'une relation sexuelle[333]. Ici, on parle d'une cohabitation d'un homme et d'une femme sans aucune légalité soit au niveau religieux soit au niveau civil. L'union de fait est la conséquence d'un choix de vie. Pour les uns, ils considèrent le mariage comme inacceptable et pour les autres, la pauvreté les empêche d'accéder à la formation d'une famille stable[334]. Dans d'autres cas, ces unions de fait s'établissent entre deux personnes divorcées[335]. Dans d'autres pays qui tiennent et pratiquent les coutumes ancestrales, avant de se marier publiquement, les couples vivent ensemble pour vérifier si la femme est fertile ou stérile, puis on passe aux autres étapes[336].

En outre, il y a des personnes qui ne veulent pas se marier et aussi les personnes qui veulent contracter un mariage mais elles ne peuvent pas[337]. Les raisons sont aussi nombreuses, mais avant tout il ne faut pas oublier que

---

[333] Cfr. Conseil pontifical pour la famille, *Famille, Mariage et Union de fait*, n°1 et 4.

[334] On entend souvent cette affirmation pendant l'entretient avec les gens qui demandent le mariage après quelques années de cohabitation, soit à la campagne soit en ville à Madagascar.

[335] Cfr. Conseil pontifical pour la famille, *Famille, Mariage et Union de fait*, n°5.

[336] Cette pratique existe encore à Madagascar et même avant le mariage civil et religieux les malgaches n'oublient jamais cette coutume ancestrale. Les étapes sont: *«fisehoana»* c'est-à dire que le garçon va chez les parents de la fille avec ses parents; puis le *«vodiondry»* ou la dot parce que *«Henatra be vava ny mitari-bady tsy lasam-bodiondry»* - C'est honteux d'amener sa femme sans payer le croupion de mouton. Quant on a payé la dot, on peut vivre ensemble. Après on passe au mariage civile et religieux plus tard.

[337] Cfr. M.ARAMINI, *PACS Matrimonio e Coppie omosessuali. Quale futuro per la famiglia*, 70.

certains d'entre eux ne comprennent pas le sens du mariage ou bien ils ne veulent pas s'engager pour pouvoir se séparer facilement et se libérer sans aucun engagement matrimonial. Pour ceux qui veulent se marier mais ne peuvent pas pour le moment, ils pratiquent l'union de fait parce qu'ils n'ont pas de travail stable ou leurs études ne sont pas encore finies ou bien ils ont peur d'affronter les responsabilités décrites dans le mariage. Il y a aussi ceux qui se sont séparés mais ne sont pas encore divorcés mais forment un nouveau couple[338].

Pourquoi dit-on que l'union de fait menace aussi la famille? «La communauté familiale naît du pacte d'alliance des époux. Ce pacte d'amour conjugal fonde le mariage. Le mariage n'est donc pas une création des pouvoirs publics, mais une institution naturelle et originelle qui leur est antérieur. Dans l'union de fait, on met en commun l'affection réciproque, mais il manque ce lien conjugal de nature publique et originelle qui fonde la famille[339]». En accordant une reconnaissance publique aux unions de fait, il existe une tendance à assimiler la famille à des formes de cohabitation sans tenir compte de diverses considérations fondamentales d'ordre éthique et anthropologique[340]. Il est nécessaire de bien noter que le caractère fondamental et irremplaçable de certains principes anthropologiques relatifs au rapport homme et femme, n'est pas seulement pour la vie en commun mais aussi pour la défense de la dignité de toutes les personnes. Le noyau central et l'élément essentiel de ces principes est l'amour conjugal entre deux personnes égales par leur dignité, mais distinctes et complémentaires par leur sexualité. Ignorer cela, c'est ignorer l'union conjugale comme base de la famille et base des biens pour l'ensemble de la société.

---

[338] Cette pratique se fait surtout à la campagne parce qu'il y a plus de gens analphabètes, et ils ont peur d'apporter certaines affaires au tribunal. Ils pensent que cette pratique facilite les choses. (Cfr. Journal quotidien *Midi Madagascar*, 8 Mars 2014).

[339] Conseil pontifical pour la famille, *Famille, Mariage et Union de fait*, n° 9.

[340] Cfr. JEAN PAUL II, Allocution au Forum des Associations catholiques d'Italie, le 27 Juin 1998 in Conseil pontifical pour la famille, *Famille, Mariage et Union de fait*, n°14.

Bilan

Nous avons vu que la famille est tiraillée. Beaucoup de phénomènes la menacent soit de l'extérieur soit à l'intérieur d'elle-même. La famille est déchirée. Avec la mondialisation et les progrès techniques, on n'arrive plus à bien discerner les réalités de la vie. L'intervention des différentes idéologies détourne le vrai sens de la liberté et l'égalité et on arrive jusqu'au refus de l'essence de l'être humain. L'existence des différentes cultures rend la vie familiale de plus en plus faible[341]. Entre autre, la prétention d'assimiler de telles unions au mariage légal, comme le réclament certaines initiatives récentes, est encore plus grave. En plus, les initiatives qui visent et demandent à rendre légalement possible l'adoption d'enfants dans le cadre des rapports homosexuels augmentent en nombre.

Il faut mettre au clair que le mariage qui fonde la famille n'est pas seulement une façon de vivre la sexualité en couple, ni non plus l'expression d'un amour sentimental entre deux personnes uniquement. Le mariage est plus que cela: il est union entre une femme et un homme, en tant que tels, dans la totalité de leur être masculin et féminin tout en tenant compte de la complémentarité, le don mutuel, la transmission de la vie et l'éducation des enfants[342]. La famille d'aujourd'hui est en danger, attaquée de toute part; elle tomberait désormais en déliquescence: recomposée, monoparentale, bientôt homoparentale et les formes inédites qu'elle tendrait sans cesse davantage à prendre dans le monde contemporain seraient le signe même de cette déréliction. Malgré les nombres des phénomènes qui menacent la famille, elle est une des rares institutions. Comme jamais, les parents aiment les enfants, sont tétanisés d'angoisse à l'idée que leur avenir puisse ne pas leur permettre de se réaliser. Bien entendu, nous ne pouvons pas nier ces réalités, mais ce sont là les exceptions qui confirment la règle[343].

---

[341] «*Dans beaucoup de famille, on observe qu'internet et télévision ont remplacé les rencontres familiales et le partage parent/enfant... Les enfants ne sont pas éduqués à affronter le monde dans ce qu'il a de beau... La culture internet a remplacé l'éducation parentale à des aspects importants*». (C. BURGUN, *La famille c'est sacré*, 60).

[342] Cfr. Ibidem, 124.

[343] Cfr. L. FERRY, *Familles je vous aime*, Xoéditions, France 2007, 99.

CHAPITRE III: L'ENGAGEMENT DE L'ÉGLISE AU SUJET DE LA FAMILLE

Selon l'affirmation du Pape Jean Paul II «*L'homme est la route de l'Église*[344]» et cette même assertion évolue en «*La famille, route de l'Église*[345]». A la suite du Christ venu dans le monde pour servir, l'Église considère que servir la famille est l'une des tâches essentielles. En ce sens, l'homme et la famille constituent également la route de l'Église[346]. Et comme nous avons mentionné, personne ne peut se passer de la famille et tout dépend de la famille. En effet, l'avenir du monde et de l'Église passe par la famille comme disait le Pape Jean Paul II. Du point de vue pastoral, la question de famille constitue un réel défi, étant donné les difficultés d'ordre politique, économique, social et culturel auxquelles les foyers doivent faire face en Afrique[347]. En Amérique, le problème de la discrimination des femmes et la société dominée par les puissants en excluant ou éliminant les faibles persiste[348]. En Europe, beaucoup d'hommes et femmes semblent désorientés, incertain, et risquent de glisser dans le désespoir. Il y a aussi l'expansion de l'individualisme qui affaiblit la solidarité entre les personnes[349]. Au Moyen-Orient l'Église doit lutter contre le problème de la migration, des situations de discrimination et d'injustice[350]. En Océanie, comme dans les autres continents, l'injustice, la corruption, les menaces contre la vie, les nouvelles formes de pauvreté et la discrimination des femmes sont présents[351]. Face à ces diverses difficultés qui menacent la vie familiale, l'Église ne doit jamais rester comme un simple observateur. Elle doit s'engager à ne pas rester muette aux

---

[344] JEAN PAUL II, L. Enc. *Redemptor Hominis*, Rome 1979, n° 14.

[345] Sous-titre du n° 2 de la *Lettre aux familles*.

[346] JEAN PAUL II, *Lettre aux familles*, n°2.

[347] Cfr. JEAN PAUL II, Exh. Apost. post synodal *Ecclesia in Africa*, n° 80 § 2.

[348] Cfr. JEAN PAUL II, Exh. Apost. post synodal *Ecclesia in America*, Vatican 1999, n° 45 § 2 et n° 63 §1. On parle ici de la stérilisation, parfois programmée, des femmes surtout les plus pauvres et les plus marginales; et aussi aux enfants non nés victimes sans défense de l'avortement, aux personnes âgées et aux malades incurables parfois objet d'euthanasie et à tant d'êtres humains mis en marge par la société de consommation et par le matérialisme.

[349] Cfr. JEAN PAUL II, Exh. Apost. post synodal *Ecclesia in Europa*, Vatican 2003, n° 7 et n° 8.

[350] Cfr. BENOIT XVI, Exh. Apost. post synodal *Ecclesia in Medio oriente*, Vatican 2012, n° 31 et n° 33.

[351] Cfr. JEAN PAUL II, Exh. Apost. post synodal *Ecclesia in Oceania*, Vatican 2001, n° 26.

souffrances des enfants de Dieu auxquelles elle est envoyée. Le soin de la famille concerne l'Église universelle mais fixons notre regard à Madagascar. Pour ce faire, voyons l'engagement et les défis de l'Église en Afrique sur la famille avant de parler de celui de l'Église à Madagascar.

3.1 L'engagement et défis de l'Église en Afrique

Lors du synode sur l'Église en Afrique en 1994, les Conférences Épiscopales d'Afrique sont quasi unanimes de porter leur attention à ce qui concerne le mariage chrétien et la vie familiale[352]. Ce synode adopte alors le concept de la famille pour caractériser l'Église en Afrique en prenant l'idée de l'Église famille[353]. Ce qui est en jeu ici est le fait que «*l'avenir du monde et de l'Église passe par la famille*»[354]. Dans la société africaine sont présents la solidarité, le respect des personnes âgées, la chaleur des relations, l'accueil, le dialogue et la confiance[355], mais ces qualités avec lesquelles la famille vit sont menacées par la pauvreté, les guerres, la crise écologique et la diffusion d'idéologies contraires aux valeurs familiales[356]. Alors les défis sont nombreux et immenses, pourtant essayons de les répartir en trois points principaux: défis anthropologiques, défis socio-économiques et politiques, défis ecclésiaux.

3.1.1 Les défis anthropologiques

L'anthropologie culturelle de plusieurs peuples africains accorde une importance à la famille. Elle la présente comme une institution divine et sociale qui exprime la dimension relationnelle de l'être humain constitutive de «*sujet et communauté*[357]». La famille, d'une manière habituelle en Afrique et à Madagascar, ne se réduit pas au père, à la mère et aux enfants. La joie de vivre ensemble avec la solidarité se trouve de plus en plus marqué par des nouvelles

---

[352] Cfr. JEAN PAUL II, Exh. Apost. post synodal *Ecclesia in Africa*, n° 50.
[353] Cfr. Conc. Oecum. Vatican II, Cons. Dogm. *Lumen Gentium*, n° 6.
[354] JEAN PAUL II, Exh. Apost. *Familiaris Consortio* n° 75, AAS 74 (1982), 173.
[355] Cfr. JEAN PAUL II, Exh. Apost. post synodal *Ecclesia in Africa*, n° 63 § 1.
[356] Cfr. Symposium des Conférence Épiscopales d'Afrique et Madagascar (SCEAM), *L'avenir de la famille, notre mission*, Accra (Ghana) 14 septembre 2015.
[357] Ibidem, 14.

formes d'individualisme et d'indifférence avec les impacts de culture de la possession et de la jouissance. Il existe actuellement des dislocations des rapports entre les parents/enfants et entre les familles unies par des liens de solidarité historique. Nous nous trouvons dans un contexte de contradiction sociale et de fragilité de la famille[358]. Le soin et le respect accordés aux malades[359] et aux personnes âgées subissent aussi les effets néfastes des mutations sociales actuelles. Ainsi il arrive que des hommes et des femmes affaiblis par l'âge ne font plus l'objet d'attention nécessaire à leur bien être et à leur intégration dans la famille. Ces changements rendent l'Afrique souvent fragile face à des courants de pensées contraires à leurs traditions multiséculaires. Des formes de féminisme et d'expression de liberté individuelle conduisent à considérer la maternité comme un prétexte pour l'exploitation de la femme et comme un obstacle à sa pleine réalisation. Le désir d'avoir par tous les moyens des enfants amène des personnes à des pratiques de procréation médicalement assistée et recourir à des remèdes souvent périlleux pour la vie des femmes[360]. Et il arrive que la vie en Église soit, elle aussi, le théâtre des contradictions et des fragilités internes qui ne permettent pas toujours aux familles d'être le témoin de l'unité, de cohésion sociale et du bien être dont celle-ci ont besoin. Les communautés chrétiennes, quoi que vivantes deviennent ainsi, par moment, le champ de division qui ne favorisent pas une vie de fraternité et de témoignage de l'Évangile de la famille[361]. Pourquoi tout cela?

On entend actuellement parler de la culture de déconstruction et de la culture d'un monde nouveau: la globalisation. La famille est le lieu où le combat entre tradition et culture globale d'aujourd'hui est le plus évident. Le message du premier synode africain dit que la famille est *«le lieu sacré où*

---

[358] Cfr. Ibidem, 15.

[359] Pour les malgaches il y a un dicton *«Izay marary andriana»* c'est-à-dire celui qui est malade est noble, mais actuellement cette sagesse se perd petit à petit.

[360] Cfr. Symposium des Conférence Épiscopales d'Afrique et Madagascar (SCEAM), *L'avenir de la famille, notre mission*, 16.

[361] Cfr. Ibidem.

convergent toutes les richesses de notre tradition[362]». Et «*dans la culture et la tradition africaine, le rôle de la famille est partout considéré comme fondamentale*[363]». Surtout en Afrique en particulier, les liens familiaux sont très forts. Mais depuis le premier synode spécial sur l'Afrique, beaucoup reconnaissent que des courants de plus en plus forts secouent les couples, et des changements rapides dans la vie familiale traditionnelle et ses valeurs apparaissent et génèrent des difficultés. La nouvelle culture dans le monde change radicalement et même balaye les traditions à tous les niveaux.

Les traditions ancestrales avaient guidé la vie des gens en toute circonstance. On n'avait pas vraiment à inventer des décisions parce que ce qui était traditionnel était acceptable. Désormais, tout cela change ou semble révolu. Un des effets les plus pervers de la dé-traditionalisation de société réside en ce qui concerne le sens de l'identité propre[364]. Dans la mesure où traditions et coutumes entrent à un niveau mondial, la base même de leur identité devient de plus en plus floue. Dans les sociétés traditionnelles, il y avait un sens de l'identité propre qui reposait sur la certitude de savoir ce qu'il fallait faire et sur la continuité du comportement des personnes dans la communauté, qu'il s'agisse de la famille, de l'école, de la paroisse, du village ou de la ville. L'identité propre prenait consistance dans ce que les gens accomplissaient et dans les comportements qu'on attendait d'eux. Chacun avait sa place. C'est ce qu'on appelle la personnalité corporative. C'est la société qui détermine l'identité de chaque individu selon son rôle et sa place.

Dans une société globale et cosmopolite, la manière de vivre et le centre d'intérêt changent, voire sont en mutation[365] par l'influence importante de la société contemporaine. «*Tout en adoptant des valeurs positives de la*

---

[362] Premier synode: «L'Église en Afrique et sa mission évangélisatrice vers l'an 2000: Vous serez mes témoins» 1994, Message n° 27.

[363] JEAN PAUL II, Exh. Apost. post synodal *Ecclesia in Africa*, n° 43.

[364] Cfr. *Relatio synodi* n° 5 du 18 octobre 2014.

[365] On peut prendre comme exemple quelques mutations qui apportent des conséquences négatives en Afrique: du mariage à l'amour libre, de l'autorité parentale aux droits des enfants, du don de soi à la possession de son corps et au contrôle de sa sexualité, de la conscience au choix libre, de la procréation à la reproduction, de la communication interpersonnelle à la fusion entre individu, de la complémentarité homme-femme à un contrat entre les sexes.

modernité, la famille africaine devra préserver ses valeurs essentielles[366]». Il est donc nécessaire d'être conscient des dangers de la globalisation dans les domaines culturel et anthropologique qui risquent de sacrifier les identités culturelles et religieuses les plus précieuses. Il faut donc travailler sans cesse afin de favoriser une orientation culturelle personnaliste et communautaire, ouverte à la transcendance, du processus d'intégration planétaire[367]. Et avec l'affirmation de Mgr Barthélemy Adoukounou, dans le contexte de la mondialisation, le premier défi que l'Église d'Afrique a à identifier et qu'elle a à commencer à relever, est donc celui de sa propre identité et la protection de la vie humaine[368]. Ces défis-là sont en vue d'édifier l'Église famille en Afrique, mais cette édification ne s'effectue sans terrain favorable, alors continuons à ce défi.

3.1.2 Les défis socio-économiques et politiques

Pour plusieurs pays d'Afrique, l'Église demeure l'unique réalité qui fonctionne bien encore et permet aux populations de vivre et d'espérer en des lendemains meilleurs. Conscients de cette réalité, les Évêques africains n'hésitent pas d'affirmer qu'ils connaissent de nombreux cas de familles blessées, séparées, brisées et divorcées. Ces phénomènes sont aggravés par les problèmes économiques et politiques liés aux effets néfastes d'ordre économique mondial, d'enrichissement des uns et d'appauvrissement des autres[369]. «*Pire encore, d'autres, plus nombreux sont livrées à une précarité économique infrahumaine généralisée. On trouve également en Afrique, une inégalité économique tout aussi grave: une majorité de personnes et de familles vit dans une pauvreté extrême alors qu'une minorité profite des richesses et des biens qui doivent servir au bien- être de tous. Cette inégalité est renforcée par celle qui existe entre les pays riches et les pays dits en développement*»[370]. En effet, la deuxième assemblée spéciale des Évêques est

---

[366] JEAN PAUL II, Exh. Apost. post synodal *Ecclesia in Africa*, n° 80 § 2.
[367] Cfr. BENOîT XVI, Exh. Apost. post-synodal, *Africae Munus*, n° 86.
[368] Cfr. Conférence de Mgr B. Adoukounou, Secrétaire du conseil pontifical de la culture «*Défis actuels de l'Église d'Afrique*», Rome 14 Mars 20011.
[369] Cfr. SCEAM, *L'avenir de la famille, notre mission*, n° 6.
[370] Ibidem, n° 15.

liée à la souffrance des peuples africains, à la déshumanisation et à l'oppression qui perdurent sur ce continent[371]. Et même, le Pape Jean Paul II estimait que le plus grand défi pour réaliser la justice et la paix en Afrique consistait à bien gérer les affaires publiques dans les deux domaines connexes de la politique et de l'économie[372]. La souffrance des peuples africains est en grande partie liée à la gestion de ces deux domaines et à celui de la culture.

Les problèmes sociopolitique et socio-économique secouent des nombreuses familles africaines et malgaches. Malgré des potentialités, l'économie africaine et malgache reste très précaire. Cette réalité provoque des conséquences négatives sur la famille, sur la place et le rôle de la femme dans la société et pour les jeunes, ils sont tentés par le phénomène de migration. Les images très fortes des refugiés et des différentes épidémies que les médias nous révèlent presque chaque jour malheureusement témoignent que la famille en est la première victime. Voyons les aspects de ces problèmes.

Du point de vue sociopolitique: la majorité des pays d'Afrique sont des pays colonisés, et après la colonisation leur indépendance n'est pas effective. Ils rencontrent des échecs parce que les responsables politiques abusent du pouvoir et n'arrivent pas à bien gérer les biens pour tous les citoyens. Cela provoque des tensions sociales qui intensifient le blocage du développement et les troubles politiques. Les ravages de la guerre constituent aussi un obstacle évident à tous les processus du développement. Ils entraînent le drame des refugiés et le contexte de souffrance pour cause de guerre et de faim, souffrance de la maladie, souffrance par la tristesse et la peur, souffrance par les situations qui humilient. Ils détruisent la dignité humaine. Dans la majeure partie des États africains, la position des autorités politiques se caractérise par une grave méconnaissance ou insouciance de la personne humaine et les droits fondamentaux de cette dernière. Ils sont presque des démagogues. En effet la population se demande à quoi sert l'État. De plus, avec ces situations, elle a

---

[371] Cfr. Synode des Évêques, 2ᵉ assemblée spéciale pour l'Afrique «L'Église en Afrique au service de la réconciliation, de la justice et la paix», *Lineamenta*, Vatican 2006, n° 10 §1.
[372] Cfr. JEAN PAUL II, Exh. Apost. post synodal *Ecclesia in Africa*, n°110, *AAS* 88 (1996) 65.

tendance à ne pas engager et à ne pas intéresser à la vie politique[373]. Et c'est toujours la famille cellule de base de la société qui en est la première victime.

Du point de vue socio-économique: il est vrai, des familles reconnaissent en Afrique l'inégalité économique[374]. En Afrique, la solitude fruit de l'absence de Dieu dans la vie des personnes et la fragilité de la relation[375] ne se comptent pas parmi les plus grandes pauvretés de la culture actuelle. *«L'impuissance vis-à-vis de la situation socio-économique qui finit souvent par écraser la famille représente chez nous l'une des plus grandes pauvretés de notre temps[376]»*.Les tendances à la dégradation de la situation économique et sociale se poursuivent et accentuent de plus en plus la crise africaine. S'il est vrai que l'Afrique a vécu une longue histoire d'exploitation aux mains d'autres[377], il faut dire qu'avec la décolonisation cette situation n'est pas terminée. Aujourd'hui encore, elle perdure sous de nouvelles formes, y compris le fardeau écrasant de la dette, les conditions injustes du commerce et les conditions excessivement sévères imposées par des programmes d'ajustement structurel[378].

Une des causes fondamentale est l'éducation, parce que le taux d'alphabétisation dans la plupart des pays africains reste parmi les plus faibles du monde. Alors, ces gens se contentent par exemple de pratiquer leurs habitudes héritées de leurs ancêtres. Ils dépendent des facteurs naturels comme le sol et le climat, c'est pourquoi les produits alimentaires ne sont pas suffisants. Et pour ceux qui ont la possibilité ou la chance de gouverner, ils ne font qu'accumuler et augmenter leurs richesses. Face à cette réalité lamentable et inacceptable le Pape Jean Paul II dénonce *«la malhonnêteté de certains gouvernants corrompus qui, de connivence avec des intérêts privés locaux ou étrangers, détournent les ressources nationales à leur profit, transférant des*

---

[373] Cfr. Synode des Évêques, 2ᵉ assemblée spéciale pour l'Afrique «L'Église en Afrique au service de la réconciliation, de la justice et la paix», *Lineamenta*, n° 12-13.

[374] Cfr. SCEAM, *L'avenir de la famille, notre mission*, 20.

[375] Cfr. *Relatio synodi* n° 6 du 18 octobre 2014.

[376] SCEAM, *L'avenir de la famille, notre mission*, 19.

[377] Cfr. JEAN PAUL II, *Homélie d'ouverture de l'assemblé synodale*, le 10 Octobre 1994.

[378] Cfr. Synode des Évêques, 2ᵉ assemblée spéciale pour l'Afrique «L'Église en Afrique au service de la réconciliation, de la justice et la paix», *Lineamenta*, n° 14.

deniers publics sur des comptes privés dans des banques étrangères[379]». En effet, il est nécessaire de produire les conditions d'une vie de bien être et de promouvoir une culture de développement fondée sur des valeurs spirituelles, éthiques et sur la solidarité vis-à-vis des plus pauvres[380]. Pour défier ces menaces, le devoir de l'Église est de former les hommes politiques chrétiens et leur assurer une formation chrétienne solide[381] par exemple la doctrine sociale de l'Église, pour être capable de récupérer le meilleur des traditions ancestrales[382] et de l'intégrer aux principes de gouvernance de sociétés modernes[383]. La foi et la politique doivent aller de paire donc l'Église a aussi la responsabilité de promouvoir la paix et la sécurité collective au service de la démocratie et du développement parce qu'il n'y a pas de développement sans la bonne gouvernance, la justice et la paix. De plus, la conscientisation et la sensibilisation des gens surtout les chrétiens en vue de respecter et protéger l'environnement sont indispensables[384]. Entre autres, la lutte contre l'exclusion sociale caractérisée par l'indifférence et le culte de l'argent, c'est-à-dire mettre fin à la culture du primat de l'argent sur les valeurs humaines et spirituelles[385].

3.1.3 Les défis ecclésiaux

Pour l'Église, la famille est une source irremplaçable pour sa vitalité et sa renaissance face au défi actuel. L'Église en Afrique c'est d'abord l'Église bâtiment, lieu de retrouvailles pour la prière individuelle et collective, lieu de l'expérience mystique: *«Les Églises se sont structurées comme lieu de rassemblement purement liturgique ou espace de haute tension spiritualiste: des lieux de prière sans fraternité responsable, des espaces de mysticisme*

---

[379] JEAN PAUL II, Exh. Apost. post synodal *Ecclesia in Africa*, n°113, *AAS* 88 (1996) 67.

[380] Cfr. SCEAM, *L'avenir de la famille, notre mission*, 19.

[381] Cfr.*news.catholique.org/27077-premier-bilan-du-synode-les-défis-de-l'église-en-afrique*. Cons.19/03/2015.

[382] Très souvent encore en Afrique et à Madagascar surtout à la campagne la stabilité et l'ordre social sont confiés au conseil d'anciens ou à des chefs traditionnels. Et les responsables d'État ne peuvent agir sans l'autorisation et la bénédiction des anciens.

[383] Cfr. Synode des Évêques, 2ᵉ assemblée spéciale pour l'Afrique «L'Église en Afrique au service de la réconciliation, de la justice et la paix», *Lineamenta*, n° 11.

[384] Cfr. Institut Africain pour la Justice et la Paix (IAJP), De «Caritas in Veritate» à «Africae Munus»: les défis actuels de l'Afrique à la lumière de la doctrine sociale de l'Église, du 07 au 10 mars 2012.

[385] Cfr. SCEAM, *L'avenir de la famille, notre mission*, 21.

sans solidarité vécue de manière concrète et visible[386]». Par ce concept, l'Église en Afrique veut inventer une vraie Église famille c'est-à dire une ecclésiologie centrée sur le concept d'Église famille de Dieu dans laquelle chacun est solidaire de tous, où chacun est responsable de chacun, ou chacun est gardien de son frère[387]. Voilà la tâche et la responsabilité que le synode nous apporte, une tâche qui nécessite de tous et de chacun une capacité d'innovation avec des initiatives osées. Mais pour édifier l'Église famille le synode vise aussi la famille particulière parce que l'avenir du monde et de l'Église passe par la famille. En effet, non seulement la famille est la première cellule de la communauté ecclésiale vivante, mais aussi celle de la société. En Afrique en particulier, la famille représente le premier pilier de l'édifice social[388], c'est pourquoi la question sur la famille est une des priorités majeures et elle a besoin d'être protégée et défendue. Quels sont donc les engagements et les modes d'approche pour que la famille africaine et malagasy soit Église famille de Dieu?

Il y a des coutumes ou pratiques africaines qui humilient les femmes et trébuchent la vie familiale, par exemple le non respect de leurs droits et la discrimination au nom de la tradition ancestrale[389]. Face à cette situation, l'Église doit s'engager à promouvoir la dignité humaine, le rôle de l'homme et de la femme. Depuis sa création, tous les deux (homme et femme) sont des personnes, quoique différents, ils sont essentiellement égaux du point de vue de la dignité humaine. La femme est un autre moi dans leur commune humanité[390]. Et chacun est une aide pour l'autre. Alors, il faut combattre tous les actes de violence contre les femmes, en les dénonçant et en les condamnant. Créer pour elles un espace de prise de parole et d'expression en

---

[386] K. MANA, *La nouvelle évangélisation en Afrique*, Karthala, Paris 2000, 154-155.
[387] Cfr. Ibidem.
[388] Cfr. JEAN PAUL II, Exh. Apost. post synodal *Ecclesia in Africa*, n° 80 § 1.
[389] On peut citer ici l'influence des traditions coutumières: le choix de partenaire, le mariage par étape, le rejet de la femme stérile, l'intervention des membres de la famille élargie dans les problèmes personnels des couples au risque de déstabiliser leur relation. (Collection du CEPED, *Défis et développement en Afrique Subsaharienne, l'éducation en jeu*, Paris 2006).
[390] Cfr. JEAN PAUL II, Lettre apostolique *Mulieris Dignitatem*, n° 6 et *Lettre aux familles*, n° 7.

lui donnant une place égale à celle de l'homme, sans confusion ni nivellement de la spécificité de chacun car ils sont tous les deux image de Dieu Créateur.

En tant que fondement de la famille, le mariage comme tout sacrement doit avoir sa dignité et son rôle aux yeux de l'Église puisqu'il a pour mission spéciale de perpétuer l'humanité. Cela s'explique par le fait que la compréhension du mariage et de la famille dans les traditions africaines découle de la cosmologie qui définit le rôle essentiel de l'être humain dans la perpétuation de la vie. C'est au sein de la famille que naissent les citoyens et dans la famille qu'ils font le premier apprentissage des vertus sociales, qui sont pour la société, l'âme de sa vie et de son développement[391]. La constitution du mariage et de la famille en Afrique renferme donc plusieurs caractéristiques: caractère sacré et religieux qui rejoint évidemment le caractère sacré et religieux du mariage chrétien; caractère social, communautaire et cosmique qui fait reposer le mariage et la famille non seulement sur le critère subjectif de l'amour mutuel entre époux, mais aussi sur le critère objectif des exigences communautaires et cosmiques. Face aux diverses mutations sociales et aux nombreux pesanteurs sur la question du mariage et sur celle de la famille en Afrique, l'Église s'engage à la consolidation des familles chrétiennes pour qu'elles découvrent davantage leurs identités et réalisent leurs missions au profit de la civilisation de l'amour et de la culture de la vie dans l'ordre de la création et dans la prise en compte de la culture[392].

A partir du synode, l'engagement de l'Église d'Afrique est basé sur la redécouverte de la foi et toutes ses implications notamment la dimension communautaire de la foi c'est-à-dire comment la foi nous unit au-delà des frontières géographiques, ethniques et raciales pour faire de nous un seul peuple. La foi nous unit donc dans une même famille et nous rend solidaires les uns des autres. Mais cela doit commencer dans la famille en tant qu'Église domestique[393], en tant que communauté croyante et évangélisée[394], une

---

[391] Cfr. JEAN PAUL II, Exh. Apost. post synodal *Ecclesia in Africa*, n° 85 § 1.
[392] Cfr. SCEAM, 3ᵉ synode extraordinaire, Rome 14 octobre 2014, n° 4-6.
[393] Cfr. Con. Oecum. Vatican II, Cons. Dogm. *Lumen Gentium*, n° 11.

communauté en dialogue avec Dieu[395] et une communauté prête à servir l'homme avec générosité[396]. On insiste sur la manière de traiter la famille comme telle parce que la famille, le foyer est la première école de vie chrétienne et une école d'enrichissement humain[397]. En effet, les parents veilleront à l'éducation chrétienne de leurs enfants. Et avec les bases culturelles solides et les riches valeurs de la tradition familiale africaine (la solidarité, les relations, l'accueil, dialogue…), la famille chrétienne est appelée à être une cellule puissante de témoignage chrétien dans la société marquée par des mutations rapides et profondes.

À propos des jeunes parce que eux aussi font partie des membres de la famille et surtout à la fois le présent de l'Église et l'avenir de l'humanité: l'Église doit les aider à vaincre les obstacles à leur épanouissement en tant que personne parce que c'est dans la période de la jeunesse qu'émergent de façon irrépressible et sincère les questions sur le sens de la vie personnelle et sur l'orientation à donner à sa propre existence[398]. Soutenir et aider les jeunes est un engagement de l'Église pour qu'ils ne soient pas tentés par des diverses déviations comme les idéologies, les sectes, l'argent, la drogue, le sexe facile, les violences qui détruisent leurs vies futures. «*L'avenir est entre les mains de ceux qui savent trouver de fortes raisons de vivre et d'espérer. Si vous le voulez, l'avenir est entre vos mains, car les dons que le Seigneur a déposés en chacun de vous, façonnés par la rencontre avec le Christ, peuvent apporter une espérance authentique au monde*[399]».

Pour accomplir ces engagements, l'Église d'Afrique essaye de dresser la pastorale de la jeunesse pour aider les jeunes à découvrir la valeur du don de soi comme un chemin primordial pour l'épanouissement de la personne. L'Église doit s'engager à aider les jeunes à accueillir le Christ dans leurs vies, car celui qui fait entrer le Christ dans sa vie ne perd rien. Il n'enlève rien, et il

---

[394] Cfr. JEAN PAUL II, Exh. Apost. *Familiaris consortio*, n° 52.
[395] Cfr. Ibidem, n° 55.
[396] Cfr. Ibidem, n° 62.
[397] Cfr. Vatican II, Const. Dogm. *Lumen Gentium*, n° 10, *Gaudium et Spes* n° 52. CEC n° 1657.
[398] Cfr. BENOÎT XVI, Exh. Apost. post synodal, *Africae Munus*, n° 61.
[399] BENOIT XVI, *Message pour la XXVe journée mondiale de la jeunesse*, le 22 Février 2010 n° 7 in *Africae munus*, n° 63.

donne tout[400]. À ce propos, la célébration de la journée mondiale de la jeunesse se présente dans chaque pays comme un moyen pour contribuer à leur formation de prière, d'étude et de réflexion[401].

Concernant les enfants, tout comme la jeunesse, ils sont des dons de Dieu à l'humanité, alors ils ont besoin d'un soin particulier de la part de leurs familles et de l'Église car ils sont une source d'espérance et de renouvellement dans la vie[402]. Comment ne pas dénoncer les traitements intolérables infligés en Afrique à tant d'enfants? L'Église est mère et ne doit pas abandonner ses enfants. En effet, l'Église s'engage à défendre chaque enfant, chaque homme et chaque femme, comme une personne et non comme une chose dont on peut disposer[403].

Un des atouts des Africains est la manière de concevoir la vie. Pour eux, la vie est perçue comme une des réalités qui englobe et inclut les ancêtres, les vivants et les enfants à naître, toute la création et tous les êtres. Cette conception est pareil à la conception Malgache de la vie[404]. L'univers visible et invisible y est considéré comme un espace de vie des hommes, et aussi comme espace de communion où des générations passées côtoient invisiblement les générations présentes, elles-mêmes mères des générations à venir[405]. Ainsi l'Église veille à la protection de la vie: «*L'Église en Afrique et dans les îles voisines doit s'engager à aider et à accompagner les femmes et les couples tentés par l'avortement, et à être proche de ceux qui en ont fait la triste expérience afin de les éduquer au respect de la vie*[406]».

La situation actuelle de l'Afrique interpelle constamment l'Église en Afrique. L'Église ne peut se réfugier à la sacristie, se limiter à son terrain exclusif et à la prédilection qui est le domaine du spirituel et se contenter de prier. Elle ne doit pas laisser ses enfants se déchirer et se massacrer.

---

[400] Cfr. BENOÎT XVI, Exh. Apost. *Africae Munus*, n° 46.
[401] Cfr. JEAN PAUL II, Exh. Apost. post synodal *Ecclesia in Africa*, n° 93.
[402] Cfr. BENOIT XVI, Exh. Apost. Post synodal, *Africae Munus*, n° 63.
[403] Cfr. JEAN PAUL II, L. Enc. *Evangelium vitae*, n° 7.
[404] Cfr. R. DUBOIS, *Ny olombelona*, 130.
[405] Cfr. BENOIT XVI, Exh. Apost. post-synodal, *Africae Munus*, n° 69.
[406] Ibidem, n° 70.

La famille est le sanctuaire de la vie et une cellule vitale de la société et de l'Église. C'est en elle que ses membres se développent en tant que personne. A chaque fois que la vie familiale fait défaut, c'est l'ensemble de la société qui souffre[407]. Alors, l'Église doit prendre en main tout ce qui touche la vie de la famille parce que tout dépend d'elle et son rôle est irremplaçable. En raison de son importance capitale et des menaces qui pèsent sur cette institution [la distorsion de la notion du mariage et de la famille elle-même, la dévaluation de la maternité et la banalisation de l'avortement, la facilitation du divorce et le relativisme d'une nouvelle éthique] la famille a besoin d'être protégée et défendue, pour qu'elle rende à la société le service qu'elle attend d'elle, c'est-à-dire lui donner des hommes et des femmes capables d'édifier un tissu social de paix et d'harmonie[408]. Alors l'Église d'Afrique et de Madagascar doit s'engager à promouvoir la solidarité humaine et la pastorale organique, à tous les niveaux de la société et de l'Église pour que la famille ne perde pas son identité, sa force et sa vocation; parce que la famille est le présent et l'avenir de l'humanité et de l'Église[409].

3.2 L'engagement de l'Église à Madagascar

Avant de parler de l'engagement de l'Église à Madagascar, il est utile de parler de la brève histoire du christianisme dans ce pays. Madagascar est un pays dans le continent africain. Au niveau mondial Madagascar est un jeune pays: c'était le 10 Août 1500 que quelques navires commandés par un certain Portugais Diégo Diaz découvrent une grande île inconnue à laquelle ils donnent le nom de Saint Laurent, nom du saint fêté ce jour-là[410]. Les Malgaches croient et craignent Dieu[411], ils confient à Dieu tout ce qui se passe dans leurs vies. Même s'ils ne connaissent pas Jésus Christ, ils croient en Dieu créateur et la vie de l'au-delà. Donc, il n'est pas difficile pour les

---

[407]Cfr. Congrégation pour la doctrine de la foi, *Lettre aux Évêques de l'Église catholique sur la collaboration de l'homme et de la femme dans l'Église et dans le monde*, Mai 2004, n° 13 in *Africae munus* n° 42.

[408] Cfr. BENOIT XVI, Exh. Apost. post-synodal, *Africae Munus*, n° 43.

[409] Cfr. SCEAM, *L'avenir de la famille, notre mission*, 17.

[410] Histoire œcuménique dirigée par B. HUBSCH, *Madagascar et le christianisme*, Ambozontany, Antananarivo 1993, 163.

[411] Cfr. P. RAHAJARIZAFY, *Filôzôfia Malagasy*, 84.

missionaires d'évangéliser à Madagascar. Les deux premiers missionnaires sont arrivés en 1648 mais comme l'Évangélisation va en parallèle avec la colonisation, les gens n'arrivaient plus à distinguer les colons et les missionnaires; c'est pourquoi ils tuaient les étrangers y compris les prêtres. La mission de ces derniers ne durait que 26 ans. Sur le point de vue historique présentons les dates qui nous semblent importantes:

03 Octobre 1820: Arrivée des missionnaires protestantes.

13 Juillet 1832: Arrivée du Père Henri de Solages comme préfet apostolique de Madagascar.

1837: Fin de la traduction de la Bible en langue Malgache.

8 Juillet 1855: Première messe à Antananarivo, capital de Madagascar.

29 Mars 1886: Madagascar devient un vicariat apostolique.

1890: Inauguration de la cathédrale d'Antananarivo.

1911: Ordination d'un prêtre Malgache en Belgique.

18 Février 1925: Première ordination des 9 prêtres diocésains.

21 Novembre 1929: Inauguration du Grand Séminaire Ambatoroka qui devient Université Catholique de Madagascar actuellement.

1960: Indépendance de Madagascar et à partir de là l'archidiocèse d'Antananarivo est confiée aux Prêtres et Évêque Malgache[412].

Il est vrai que l'entrée des missionnaires à Madagascar est de la côte vers le centre mais comme le centre c'est-à-dire Antananarivo est la capitale, le développement du pays tout entier part de la capitale. Et même actuellement, beaucoup de prêtres d'origine du diocèse du centre travaillent dans d'autres diocèses comme *fidei donum* ou missionnaires ad intra.

Les Églises font partie intégrante du paysage malgache, et nul ne songerait à les dissocier de l'évolution de la vie nationale. Le poids réel de leur

---

[412] Ces donnés historiques sont tirés du message du Cardinal ARMAND RAZAFINDRATANDRA pour l'année 1995 intitulé *Fiangonana - fianakaviana* (Eglise – famille), Imprimerie Catholique Antanmena, Antananarivo 1995.

influence est certes impossible à quantifier, mais leur présence est incontournable, surtout on sait que les chrétiens représentent presque la moitié de la population totale du pays.

Et comme Madagascar ne peut pas se séparer de la vie de l'Église en Afrique, il est judicieux de marcher avec les Églises d'Afrique pour édifier l'Église famille selon le synode sur l'Afrique et Madagascar en 1995; ainsi, Madagascar s'engage aussi à édifier une Église famille. Comme les pays d'Afrique, beaucoup sont les qualités qui marquent la société Malgache comme la solidarité, la chaleur des relations, l'accueil, le dialogue[413] et surtout les malgaches sont attachés aux valeurs de respect de la vie, respect filial pour les parents, pour les personnes âgées et pour leurs ancêtres tous ceux-là se nomment «*ray amandreny*[414]» (père et mère) au sein de la famille, donc on peut affirmer clairement que la famille a une valeur primordiale dans la société malgache. C'est la vie qui fait la famille, et avec la simplicité de sa vie, pour les malgaches: vivre d'abord et les autres choses ensuite[415]. Conscients du rôle de la famille en tant que premier pilier de l'édifice social et de l'Église, les responsables d'Églises ne cessent de s'engager à chercher les moyens pour promouvoir la vie familiale.

3.2.1 Les réalités du pays et l'activité de l'Église à Madagascar

Après son indépendance Madagascar devient une république. Tous les régimes qui se succèdent n'arrivent pas à bien gouverner et gérer le bien du pays. A chaque régime il y a toujours de coup d'État avec des grèves des citoyens et finit par une nouvelle constitution et une nouvelle république[416]. De la première république jusqu'à maintenant, Madagascar ne cesse de s'enfoncer dans des divers problèmes à savoir: la pauvreté, l'éducation, le

---

[413] Cfr. JEAN PAUL II, Exh. Apost. post-synodal *Ecclesia in Africa*, n° 80 § 1.

[414] Les chefs des communautés, qu'ils soient de type traditionnel ou de type moderne et aussi les responsables d'Églises qu'ils soient des Evêques, prêtres,... sont appelés «*ray amandreny*», c'est-à dire «père et mère». La relation gouvernant-gouverné est assimilé à la relation père-fils.

[415] Cfr. P. RAHAJARIZAFY, *Filôzôfia Malagasy*, 135.

[416] 1972 : destitution de la première république et entrée en deuxième; 1991: destitution de la deuxième et entrée en troisième; 2001: grève général pour destituer le président en exercice; 2009: coup d'État et destitution de la troisième république et actuellement la quatrième république mais reste encore sans issue.

développement économique, l'insécurité et la corruption. Tout celà provoque les inégalités sociales.

Par contre, devant la montée des difficultés, et notamment la stagnation économique, l'Église catholique fut la seule à réagir. Dès 1964, Mgr Claude Rolland Évêque d'Antsirabe avait écrit une lettre pastorale concernant la lutte contre la misère et le développement économique. Quelques années suivantes, c'était la seule période de forte croissance économique à Madagascar[417]. Avec le problème de 1972 la montée des périls s'accentue. Contre l'inégalité sociale, le 26 mars 1972 la conférence épiscopale de Madagascar écrit une lettre sur l'Église et le développement à Madagascar en affirmant que devant la situation précaire de la majorité du peuple malgache, l'enrichissement d'une minorité de nantis devient un scandale. Ils dénoncent cette situation parce que les responsables politiques n'hésitent pas à augmenter leurs biens personnels en détournant les deniers publics[418]. Qualifiée de «contre-pouvoir para-politique» par un observateur de la vie politique malgache, l'Église exerce incontestablement une influence de plus en plus grande dans la vie nationale. Le 20 Janvier 1980 le conseil des Églises Chrétiennes à Madagascar[419] est formé et ils n'ont jamais hésité de prendre partie dans les moments difficiles de la vie nationale. Le conseil des Églises Chrétiennes à Madagascar adopte des résolutions extrêmement critiques à l'égard du pouvoir, mais l'attaque la plus vive était l'œuvre de la conférence épiscopale. Dans une lettre datée du 27 septembre 1984 intitulée *Le pouvoir au service de la société*, les Évêques catholiques dénonçaient avec vigueur le monopole que prétendait s'arroger le système politique sur la vie de la nation[420]. Cette lettre eut un retentissement particulier en Afrique.

---

[417] Histoire œcuménique dirigée par B. HUBSCH, *Madagascar et le christianisme*, 461.

[418] *L'Église et le développement à Madagascar*, 1972 in Histoire œcuménique dirigée par B. HUBSCH, *Madagascar et le christianisme*, 461.

[419] Le conseil des Églises chrétiennes à Madagascar est connu sous le nom de F.F.K.M. C'est l'association des quatre grandes églises à Madagascar dans le processus de l'œcuménisme à savoir: l'Eglise Catholique Apostolique Romane(ECAR), l'Eglise Luthérienne Malgache(FLM), l'Eglise de Jésus-Christ à Madagascar(FJKM), l'Eglise Episcopale Malgache(EEM). La marche vers l'unité entre les églises et entre chrétiens s'est faite bien par bien des voies et bien des manières.

[420] Histoire œcuménique dirigée par B. HUBSCH, *Madagascar et le christianisme*, 467.

L'arrivée du Pape Jean Paul II, pour la visite apostolique, le 30 avril 1989 atténuait un peu le trouble dans le pays causé par l'élection. Mais, rien n'est résolu pour autant. Même si la plupart dans les Églises s'accordent sur l'urgente nécessité de reconstruire une économie sinistrée par l'idéologie (communisme), et de restaurer les valeurs sociales fondamentales laminées par la misère et la corruption, le blocage politique demeure.

Ce que nous avons présenté ici ce n'est pas pour faire l'inventaire des responsabilités ou des œuvres qu'assume l'Église mais pour rappeler leur raison d'être, leur nature et l'évolution perceptible depuis des années dans la conception et les objectifs de ces œuvres pour les peuples.

Nous avons parlé que l'Église ne cesse d'agir depuis l'indépendance de Madagascar, dès 1961 les Évêques ont affirmé:

«On ne supprimera pas la pauvreté d'une nation par l'emploi exclusif de moyens techniques et de plans de développement. Le premier progrès consistera en ce que l'homme prendra conscience de sa misère et qu'il voudra en sortir d'abord par ses propres moyens. Les dons, quelle en soit la forme, qui sont reçus passivement, aggravent la passivité du miséreux et le fixent ainsi en sa misère. C'est en faisant appel aux ressorts les plus nobles de la personne humaine qu'on l'aidera à se libérer[421]».

L'appel et la conscientisation de l'Église au bien du peuple continue et évolue. En 2008, les conseils permanents des Évêques envoient des messages à partir des rapports des forces vives[422] qui réfléchissent les événements qui se passent dans le pays. Ils ont fait appel d'avancer et de continuer l'examen de conscience dans la vérité pour tous les chrétiens catholiques. Face aux problèmes de la nation qui affecte la vie de chaque individu, les Évêques lancent des messages à propos de la liberté digne de la démocratie, la protection de la dignité de la vie, l'éducation.

Le problème qui se répète souvent à Madagascar est le problème politique. Face à cette situation, les Évêques font appel au respect de la liberté politique

---

[421] Ibidem, 469.
[422] Les laïcs responsables des mouvements et les associations catholiques, conseil épiscopal pour les laïcs (CEPAL).

car il existe un détournement des choix du peuple à chaque élection au profit de celui qui détient le pouvoir. Ils dénoncent aussi le jour de l'élection parce que cela se passe toujours le dimanche et entraine la non sanctification du jour du Seigneur pour les chrétiens.

Les Évêques n'oublient pas non plus de parler de la liberté de presse et des médias parce que la transparence n'a pas eu lieu et cela finit par la fermeture de quelques émissions de certaines radios. C'est une manière de pratiquer la dictature et l'Église n'accepte pas un tel genre de chose. Ainsi, l'Église continue à s'engager à éduquer les gens à avoir la capacité de s'exprimer dans la droiture et dans la justice; et les Évêques insistent sur la promulgation des lois sur les communications et les médias.

À propos du respect de la vie et de la dignité humaine: les évêques affirment que l'Église reste ferme à la protection de la vie. Malgré la tentation provoquée par la pauvreté ou des différentes mentalités, l'enseignement de l'Église sur le respect de la vie et contre l'avortement ne change pas. Donc, l'Église n'est pas d'accord à la dépénalisation de l'avortement[423]. Que cette loi qui néglige la dignité de la vie, ne soit pas adoptée dans ce pays, un pays qui met comme valeur suprême l'*Aina* (vie). Sur l'éducation, les Évêques insistent sur l'éducation stable digne de l'être humain en tant que fils de Dieu[424].

3.2.2 L'engagement entrepris par le diocèse d'Antananarivo

Nous sommes toujours dans le cadre de la famille et les phénomènes que nous venons d'évoquer affectent directement la vie familiale. Pourquoi nous parlons d'Antananarivo? Même s'il y a 22 Diocèses, la vie de l'Église à Madagascar se réfère à la capitale, vue la présence de tous les 18 ethnies qui vivent dans la capitale, et toutes les administrations nationales et ecclésiastiques en dépendent.

À partir du synode diocésain en 2008, l'Église s'engage à voir de plus près la vie de l'Église et la famille. En cela, les défis sont orientés aux trois grands

---

[423] Cfr. Proposition du Protocole de Maputo n° 14, 1c et 2c.
[424] Cfr. Message de conseil permanent des Évêques de Madagascar, Antananarivo 15 Février 2008.

axes: l'éducation, le développement ou la lutte contre la pauvreté et la mondialisation[425]. Ces engagements sont issus du synode pour l'Afrique et Madagascar en vue d'édifier l'Église famille.

3.2.2.1 L'éducation

Les 2/3 de la population malgache sont des jeunes et l'Église doit se soucier de leur avenir. Ce sont eux qui seront les responsables au niveau de la famille, de l'Église et de la nation toute entière. Alors, il est très important de prévoir et offrir une éducation appropriée à l'époque actuelle pour faire face à l'avenir car l'éducation est la base pour que l'on puisse devenir un promoteur de changement pour avoir un monde vivable dans l'amitié et dans la paix selon la volonté de Dieu. L'éducation est une tâche ardue qui attend les parents et les éducateurs pour le bien des générations futures.

D'après les enquêtes auprès des fidèles, les problèmes de l'éducation se présentent sous diverses formes. Parmi ces problèmes, le fond est le problème familial[426]. Quand la vie familiale est malade, l'éducation n'est plus efficace. La conséquence en est l'apparition des différents problèmes difficiles à résoudre qui attaquent la société, touchent la vie de l'Église et les écoles parce qu'il semble qu'il n'y a plus de repère, de modèle pour les jeunes et les enfants.

Dans d'autre cas, on voit aussi la pauvreté intellectuelle[427] c'est-à-dire l'incapacité de voir les choses lointaines. On se contente du présent et de ceux qui sont sous les yeux. Cette réalité provoque des conséquences graves parce que les jeunes n'arrivent pas à discerner ce qu'ils font. C'est au moment des épreuves qu'ils en sont conscients mais c'est trop tard; et il serait difficile de leur confier une telle responsabilité. De plus la pauvreté matérielle ou la mentalité trop attachée aux coutumes ancestrales qui ne coïncident plus à l'époque actuelle, influence les gens à ne pas recevoir la nouveauté ou ils sont maladroits et ne savent pas manipuler ou employer les matériaux offerts.

---

[425] Cfr. Préface du *Lineamenta* pour la préparation du synode Diocèse Antananarivo, Février 2008.
[426] Cfr. *Lineamenta* pour la préparation du synode Diocèse Antananarivo, Février 2008, 3.
[427] Cfr. Ibidem.

Au niveau de l'Église, il est très difficile de trouver un responsable fidèle et confiant, alors, on se contente de travailler avec ceux qui sont assidus; mais c'est un danger parce que les chrétiens baptisés risquent de ne plus savoir assumer leurs responsabilités en tant que fils de Dieu. Au niveau des écoles, à cause de la pauvreté de toutes ses formes, on n'a plus le sens de créativité et se contente de ce qu'on a. Le plus dangereux est le manque d'éducateurs qui ont la conscience catholique parce qu'on s'intéresse plutôt aux rémunérations qu'à la mission que l'Église leur a confiée[428]. Dans certaines écoles, la sagesse acquise reste au sein de l'école; il n'y en a pas de conséquence dans la vie familiale et dans la société. La conséquence est que les enfants sont loyaux en classe mais têtus en dehors.

Du point de vue de l'éducation, l'insuffisance de formations[429] est la cause de tous les problèmes. Elle englobe tous les cercles de la vie. Au niveau de la famille, le manque de repère et de modèle; au niveau de l'école, le manque des personnes à la fois éducateurs, enseignants et hommes de foi; au niveau de la société le manque de leaders avec leurs capacités d'expliquer et d'aider les gens d'être conscients de leurs situations et de s'en sortir. Mais quels sont les objectifs à atteindre en résolvant les problèmes de l'éducation?

Les objectifs sont de voir de plus près tout ce qui touche directement la vie de tous les hommes à savoir la famille, l'école, l'Église et la société.

Primo, au sein de la famille notre objectif est d'avoir un homme capable d'affronter les situations difficiles c'est-à-dire quelqu'un qui a la capacité de juger et de discerner ses actes. Homme de foi qui peut partager les grâces qu'il a reçues; qui a un travail pour la survie de son foyer et peut accomplir tous ses devoirs pour le bien de sa famille. Dans ce cas, la vie familiale sera en harmonie, cette famille où règne l'amour devient une terre fertile pour les générations futures.

Secondo, au sein de l'école notre vision est d'éduquer les jeunes et les enfants pour être croyants, et de progresser en taille, et en faveur auprès de

---

[428] Cfr. Ibidem, 4.
[429] Cfr. Ibidem, 4.

Dieu et auprès des hommes (Lc. 2, 52). C'est-à-dire des jeunes qui sont aptes à suivre les programmes scolaires et à pratiquer ce qu'ils ont reçu dans leur quotidien. Ainsi ils seront dignes de confiance et auront la capacité de discernement et la maîtrise de soi. Mais tout cela ne peut se réaliser sans éducateurs bien formés, c'est-à-dire un responsable compétent et ayant la conscience professionnelle; bref une personne imbibée de la foi catholique et prêt à accomplir un devoir pour le bien des générations mais non pas seulement pour son bien personnel. Parents d'élèves et écoles travailleront de concert et seront partenaires dans l'éducation pour devenir un levier de tout système éducatif. Pour parfaire les moyens et les manières d'atteindre l'objectif, le partage des expériences est nécessaire. Ainsi, l'école pourra être utilisée par l'Église comme pépinière des gens responsables et animés par la foi et par l'amour de Dieu dans l'accomplissement de leurs devoirs. Il faut tabler sur le long terme puisqu'il s'agit du bien des générations futures.

Tertio, au sein de la société, notre l'objectif semble facile à dire mais sa réalisation est très difficile. Il consiste à favoriser une société où règnent l'amitié, la justice, l'entraide et la paix. S'il en est ainsi, tous les citoyens se sentent responsables et la société devient une école de sagesse et de bonnes mœurs. L'aide de l'Église est nécessaire car elle doit aussi œuvrer pour avoir des chrétiens, vrais témoins du Christ ressuscité, sel de la terre et lumières du monde, c'est-à-dire témoins de l'amour proclamé par Christ, acceptant de vivre avec volonté cet amour.

Mais on ne peut pas atteindre ces objectifs si on n'a pas de solutions à suggérer et à accomplir. Pour résoudre les problèmes et atteindre les objectifs prévus, l'Église s'engage à voir des solutions à court terme et à long terme. Il s'agit d'approfondir les directives pastorales existantes pour la famille[430] et les écoles[431]. Tout cela dans le but de pouvoir vivre chrétiennement, et être responsable dans le quotidien et non seulement chrétien du dimanche. La

---

[430] Au niveau du Diocèse il y a au moins trois mouvements avec des responsables laïcs et un prêtre aumônier qui s'occupent la famille: la préparation au mariage (FIFAKRI), Association des foyers chrétiens(FTK), Mariage rencontre (week-end organisé pour les couples).
[431] Sous la direction diocésaine de l'éducation catholique (DIDEC) suivi d'une visite pastorale pour consolider la catholicité de l'éducation.

formation des responsables est prioritaire pour aider les autres à s'ouvrir. Nous pouvons prendre par exemple la formation des responsables de l'alphabétisation pour éradiquer les marginalisations et pour promouvoir l'idée d'une Église famille prête à recevoir tout le monde sans exception.

Une solution lointaine est l'édification d'une communauté de base[432] au niveau de chaque Église. Il est vrai qu'on a déjà commencé cela depuis 1979 mais sous diverses formes. Avec la communauté de base, les fidèles apprennent à prendre une certaine responsabilité et participe à la vie de l'Église.

3.2.2.2 Le développement et la lutte contre la pauvreté

Un grand défi que l'Église doit affronter est le développement et la lutte contre la pauvreté. Un développement qui conduit au développement intégral de l'homme pour vaincre la pauvreté[433]. Pour qu'on puisse lutter contre la pauvreté il est nécessaire de voir comment se manifeste-t-elle, quelle en est la cause, quelle en serait la conséquence, qu'en dit l'Église et quelle en seraient la méthode et la technique pour atteindre ce but. C'est sûr qu'on ne peut pas donner des solutions intactes mais au moins cela peut aider les gens à être conscients de la situation et à prendre sa vie en main.

3.2.2.2.1 La manifestation de la pauvreté.

La pauvreté se présente sous diverses formes: pauvreté individuelle, pauvreté familiale, pauvreté au sein de l'Église et au sein de la société. Et la majorité des malgaches vit dans ces états de pauvreté lamentable.

Pour chaque individu: la pauvreté matérielle c'est-à-dire qu'il manque de quoi à manger et parfois on ne mange rien. La maison, les habits ne sont pas dignes de l'être humain et la maladie arrive facilement et finit par la mort. La pauvreté intellectuelle: beaucoup ne savent pas lire, ni écrire, ni compter. Entre autres le problème de l'assistanat et la paresse entrainent le

---

[432] C'est une institution de base formée par 10 à 15 foyers, dans cette communauté toutes les familles se connaissent et il y a trois responsables pour diriger la prière commune une fois par mois, pour animer à la réception des sacrements, informer le prêtre si on a besoin de l'onction de malade ….
[433] Cfr. *Lineamenta* pour la préparation du synode Diocèse Antananarivo, 6.

contentement aux habitudes qui ne produisent rien. Pour d'autres ils sont orgueilleux c'est-à dire qu'ils pensent être indépendants, se suffisent à eux-mêmes et ne s'intéressent pas aux autres[434].

Au niveau de la vie familiale, certaines familles se disent agriculteurs mais ils n'ont qu'une petite surface et ne peuvent pas produire suffisamment. A cause de l'exode rural, beaucoup n'ont pas de logement, c'est pourquoi ils dorment au bord de la rue ou ils se concentrent dans une petite maison. Entre autres, il existe aussi ceux qui n'ont pas de travail fixe et se contentent de travailler dans des secteurs informels. A cause de la précarité de la situation financière, les enfants ne peuvent pas fréquenter l'école, ils restent à la maison pour aider leurs parents pour augmenter la capacité de survie ou pratiquent la mendicité. La question de santé n'est pas une priorité et l'espérance de vie diminue petit à petit.

Au niveau de l'Église, on voit surtout à la campagne des petites églises qui ne sont pas dignes d'être appelées Églises avec des matériaux inadaptés au culte divin. Les mouvements et les écoles catholiques sont en difficulté et les chrétiens n'arrivent plus à accomplir leurs devoirs envers l'Église.

Au niveau de la société, les nombres des mendiants et des sans abri ne cessent d'augmenter. Les infrastructures ne sont pas suffisants et sans entretien (la rue, les hôpitaux, les écoles). Les problèmes sociaux sont partout (vols, insécurité, corruption). Les désordres au niveau des organisations sociales entrainent le non respect de la loi. Beaucoup de jeunes sont chômeurs en ville et cette réalité favorise et augmente la délinquance juvénile. À la campagne, les parents n'arrivent pas à assumer leurs responsabilités d'inscrire leurs enfants à l'école. Le centre de santé de base n'existe pas ou il n'y a pas de médicaments ni des médecins pour soigner les malades. La dégradation et le non respect de l'environnement provoquent l'insuffisance de l'eau potable.

---

[434] Cfr. Ibidem.

3.2.2.2.2 La conséquence de la pauvreté

Telles sont, en général, les manifestations de la pauvreté et elles provoquent des conséquences dangereuses dans la vie quotidienne. La force en faveur de la production diminue, les maladies provoquées par la malnutrition sont nombreuses. Pas mal des gens sont désespérés et tendent vers la prostitution, la drogue, le vol et finissent par l'emprisonnement[435]. L'oubli de Dieu et de l'Église arrive spontanément ou le choix de suivre les sectes pour avoir des solutions à l'aide des miracles etc. La famille se disperse. Les conflits, les discriminations et l'individualisme règnent dans le foyer et les parents ne sont plus crédibles. Les devoirs envers la société ne sont plus effectués et les enfants ne sont plus comme biens de la famille, ils sont mêmes des sources de revenu de différentes formes ou des lourdes charges.

Dans la société, il y a les gens qui sont tentés d'avoir les biens d'autrui et veulent s'enrichir vite, alors ils pratiquent le kidnapping, assassinat, vols, escroquerie. Les pauvres sont soupçonnés comme des malfaiteurs ainsi, ils sont marginalisés et on s'en fout d'eux. La corruption ne peut pas être éradiquée. Au niveau de l'Église, l'évangélisation est très difficile. Il manque des responsables laïcs. La vie de l'Église s'affaiblit. Le conflit est né à cause de la recherche d'un profit personnel.

3.2.2.2.3 Les causes de la pauvreté

Les causes de la pauvreté dépendent des différentes réalités humaines. À l'échelle de la vie individuelle, on constate l'insouciance depuis la période de l'enfance, les dettes incontrôlées et les plaisirs. On quitte la campagne (l'exode rural) sans avoir les conditions requises pour avoir des emplois en ville[436]. Il y a aussi le manque de patience et de sacrifice pour avoir de bonne réussite.

---

[435] Cfr. Ibidem, 7.
[436] Cfr. Ibidem, 8.

Pour la famille, les parents sont pauvres et n'arrivent pas à aider leurs enfants pour continuer leurs études. Pour les uns, les couples se disputent et la vie de la famille toute entière est en désordre et pour les autres, le nombre des enfants est élevé et les revenus n'arrivent plus à nourrir ces derniers.

Au niveau de la société, les déséquilibres entre la démographie et la production pour vivre sont présents dans quelques régions. La création d'emploi est insuffisante. La recherche de l'argent et du pouvoir favorise l'insécurité et la vengeance. On a oublié la valeur de la personne. Dans la vie quotidienne, on n'écoute plus la voix de la conscience. Les biens communs ne sont pas respectés et les valeurs malgaches et chrétiennes sont piétinées.

Au niveau de l'Église, on ne prend pas au sérieux l'acte de charité; et aussi l'incompréhension de l'enseignement de l'Église sur l'idée de l'amour préférentiel pour les pauvres et l'insouciance à l'enseignement et à la méthode de l'Église sur la nouvelle technique de production pour le développement intégral de l'homme. Pour résoudre les problèmes de la pauvreté quelles sont les stratégies à entamer?

3.2.2.2.4 Stratégie pour le développement de la personne

La pauvreté est l'un des ennemis du développement intégral de la personne. Saint Augustin affirme qu'il est bon de donner à manger à ceux qui ont faim mais il est préférable qu'il n y ait pas des affamés c'est-à-dire que la famine représente l'existence de la pauvreté. La pauvreté peut introduire le fait de ne plus voir la bonté de Dieu. En cela Saint Irénée affirme que la pauvreté cache le visage de Dieu. Elle n'est pas digne d'être humain et d'être fils de Dieu. Elle étouffe et brise l'essence et la valeur de la personne et aussi la gloire de Dieu[437]. On peut dire que selon l'exemple donné par les pères de l'Église, la pauvreté pourrait nous priver de la grâce.

L'objectif est que tout homme et surtout les baptisés aient la capacité de dominer la terre (Gen. 1,28) selon le dessein de Dieu[438] et qu'ils soient dignes

---

[437] Traduction globale de l'affirmation de Saint Augustin et de Saint Irénée, in *Lineamenta* du synode du diocèse d'Antananarivo, 8.

[438] Cfr. Pape FRANÇOIS, *Loué sois-tu*, n° 66.

de son nom en tant que fils de Dieu[439]. Qu'ils puissent assumer leurs devoirs envers leurs familles, dans la société et dans l'Église. Et qu'ils puissent respecter et protéger la vie selon l'enseignement du Pape[440]. L'Église a un rôle indispensable pour inciter les chrétiens à lutter contre la pauvreté et les inégalités dans la société[441]. Pour ce faire, il faut comprendre et mettre en pratique la doctrine sociale de l'Église[442] c'est-à-dire qu'on pense à la primauté de l'homme en tant que première richesse. Il faut que tout le monde ait le courage de lutter contre la corruption, l'escroquerie, la drogue et l'endettement[443]. Au niveau de l'Église locale, on s'engage à aider les gens à avoir un cahier de gestion selon leurs responsabilités, à entrer dans les diverses associations chrétiennes[444] avec la participation active. Adhérer dans les mouvements pour le développement de tout l'homme et de tout homme au sein de la société est un des aspects de l'évangélisation et une continuation des œuvres du Christ.

La lutte contre l'analphabétisme est un des piliers du développement, il en est de même la protection des droits de la femme. De ce fait, il est nécessaire de persévérer dans ces domaines afin d'aider les gens notamment les ruraux, pour qu'ils puissent innover dans leurs métiers.

3.2.2.3 La mondialisation

La mondialisation est un grand défi pour l'Église pour l'évangélisation avec l'éducation et le développement humain. Elle est un phénomène international et aucun pays ne peut se passer de la mondialisation. L'évolution des relations internationales qui produisent cette mondialisation entraine un changement rapide au niveau de la technologie médiatique, du transport et l'investissement financier. D'une part, beaucoup sont les bienfaits apportés par la mondialisation dans la vie de la société; prenons à titre d'exemple la

---

[439] Cfr. Conc. Oecum. Vatican II, Cons. Past. *Gaudium et Spes*, n° 34.
[440] Cfr. JEAN PAUL II, *Evangelium Vitae*, 1995.
[441] Cfr. Ibidem, n° 65-66.
[442] Cfr. Ibidem, n° 53-93.
[443] Cfr. *Statut du diocèse d'Antananarivo*, Andohalo 2014, 55.
[444] Toutes les associations sont sous contrôle du Bureau de coordination des actions sociale (BUCAS) parce que le BUCAS assure l'organisation de toutes les formations au niveau de la pastorale sociale.

facilité de communication interpersonnelle (radio, télévision, téléphone, internet…), l'augmentation de la collaboration des différents pays, l'expansion de la connaissance scientifique, l'interdépendance entre nations et le rapprochement de tous les hommes[445]. D'autre part, il existe des méfaits qu'il ne faut pas minimiser avec la mondialisation, par exemple une société dominée par l'argent, le non respect de la dignité humaine, les abus direct ou indirect surtout devant les pays qui ne sont pas en mesure de s'insérer dans l'économie mondiale, la destruction de la culture des pays faibles devant la mondialisation culturelle. Et tout cela augmente l'inégalité entre les riches et les pauvres parce qu'ils ne sont pas sur le même pied d'égalité dans des diverses circonstances.

La mondialisation signifie l'inexistence des limites en vue des échanges entre tous les pays du monde. Cela se présente sous diverses formes mais ce qui est clair, c'est que la mondialisation vise surtout l'économique, le marché et les produits de consommation. D'un côté, c'est un moyen pour sortir de la solitude mais d'un autre côté, c'est la dissolution de la singularité d'un pays. Le but est d'être citoyen du monde.

Pour atteindre ce but, il y a quelques moyens à entreprendre. Sur l'économie, c'est la formation de l'organisation mondiale du commerce, la banque mondiale pour surveiller le mouvement monétaire mondial surtout pour les pays pauvres. Sur la politique, la mise en place du statut mondial sur le Droit de l'Homme, la démocratie comme un critère et modèle pour juger une nation avec laquelle on peut collaborer ou non, et l'organisation des nations unies pour harmoniser les différentes relations mondiales. Sur la religion, les gens cherchent à coïncider la religion selon leur guise pour débarrasser leur lutte intérieure de leur conscience. Toutes les religions deviennent égales et on introduit la culture de liberté de conscience et la liberté religieuse[446].

---

[445] Cfr. *Lineamenta* pour la préparation du synode Diocèse Antananarivo, 10.
[446] Cfr. Ibidem, 10.

Nous ne pouvons pas juger hâtivement le mécanisme de la mondialisation mais la manière de la mettre en pratique semble embarrassante parce que quoi qu'il en soit ce sont les pays riches qui dominent sur l'économie mondiale et ce sera la loi du plus fort, alors les pays pauvres deviennent de plus en plus pauvres. La justice n'est pas respectée. L'identité culturelle d'un pays pourrait être perdue parce que les pays riches avec leurs matériaux imposent petit à petit les leurs et la mentalité du relativisme règne inconsciemment. On voit aussi le droit de l'ingérence pour protéger les profits et cela devient une nouvelle forme de colonisation envers les pays pauvres.

L'Église quant à elle, elle est dans le monde mais n'est pas du monde. En tant que promoteur du salut, elle a ses messages et prête à s'engager pour que tous les hommes soient dignes de son être et puissent vivre librement comme enfant de Dieu.

Pour l'Église, elle insiste sur la nécessité d'une mondialisation sans marginalisation. Pour ce faire, elle encourage l'enseignement et la pratique de la doctrine sociale de l'Église. «*La vérité de la mondialisation comme processus et sa nature éthique fondamentale dérivent de l'unité de la famille humaine et de son développement dans le bien. Il faut donc travailler sans cesse afin de favoriser une orientation culturelle personnaliste et communautaire, ouverte à la transcendance, du processus d'intégration planétaire*[447]». L'Église souhaite que la mondialisation de la solidarité aille jusqu'à inscrire dans les relations marchandes le principe de gratuité et la logique du don, comme expression de la fraternité, évitant la tentation de la pensée unique sur la vie, la culture, la politique, l'économie, au profit du respect éthique et constant des diverses réalités humaines pour une solidarité effective[448].

Mais la déconstruction est aujourd'hui le maître de mot: il faut déconstruire le langage pour nous libérer des faux absolus; déconstruire la morale pour nous libérer des vieux tabous; déconstruire l'anthropologie pour

---

[447] BENOÎT XVI, *Caritas in Veritate*, n° 42 in Exh. Apost. post-synodal, *Africae Munus*, n° 86.
[448] Cfr. Ibidem.

nous libérer des contraintes de concepts vides tels que la nature ou la loi naturelle; déconstruire la société pour la libérer des schémas désuets et obsolètes tels que le primat de la famille monogamique, du contrat du mariage durable, du caractère hétérosexuel du couple... Cette culture commence à prendre place à Madagascar.

C'est dans ces diverses crises que l'on se repose sur la question de la famille. Cela signifie que la réflexion sur la famille est primordiale car tout dépend d'elle. Qu'il s'agisse de la reconnaissance d'une appartenance joyeuse, positive et sécurisante à la famille, ou bien du constat d'un lieu pesant voire destructeur; en tout cas, c'est bien dans les crises que l'on redécouvre l'esprit familial. On ne choisit pas sa famille, on naît dedans c'est-à dire que pour aider les gens à affronter la mondialisation, il faut briser la solitude entre membres de la famille et chercher tout ce qui humanise autrement dit, le respect de la dignité humaine comme un droit et un devoir. La dignité n'a aucun intérêt si elle n'est pas déclinée en termes de droit et de devoir. C'est la même notion que celle que la doctrine de l'Église développe à travers l'idée de biens communs. Et tout cela se fait sous le regard de toute la famille. Nous sommes renvoyés dans les lieux d'éducation, de la pédagogie, de la catéchèse ou de la culture générale.

Quant au diocèse d'Antananarivo, le premier engagement face à la mondialisation au niveau de l'Église c'est d'affermir que l'Église est une grande famille de Dieu unifiée par l'Eucharistie[449]. C'est à l'Église de promouvoir l'unité selon la prière de Jésus (Jn. 17), elle a le devoir de faire régner l'unité, la justice et la sainteté comme force de la vie chrétienne[450]. Elle fait appel à l'unité dans la diversité (1Cor. 12, 12-13.20.27) et à encourager les chrétiens à accomplir leurs missions au niveau de l'Église et au niveau de la société[451]. Tout cela est en vue du bien de la famille qui forme l'Église toute entière en pratiquant l'enseignement et la mission confiée à l'Église[452]. Un

---

[449] Cfr. Lettre pastorale de Cardinal A. RAZAFINDRATANDRA, *Fiangonana Fianakaviana atambatry ny Eokaristia*, Imprimerie Catholique Antanimena, Antananarivo 2003, n° 31-33, 47-54.
[450] Cfr. *Statut du diocèse d'Antananarivo*, 12.
[451] Cfr. Conc. Oecum. Vatican II, *Lumen Gentium*, n° 31 § 1. *Catéchisme de l'Église catholique* n° 897.
[452] La communion (*Koinonia*), La foi (*Leitourgia*), Le service (*Diakonia*), Le témoignage (*Marturia*).

autre moyen pour former une famille capable d'affronter la mondialisation est l'éducation[453]. Pour le bien des générations, l'éducation au sein de l'école catholique est une priorité selon l'enseignement du concile[454].

Par l'avènement d'une culture d'un monde nouveau «globalisation», le monde est considéré comme un «gros village» dans le sens malgache. Cette réalité est en train d'émerger. On entend parler de globalisation pour exprimer désormais tous les changements qui affectent presque tous les aspects de notre vie dans l'espace et le temps. Nous sommes propulsés dans un ordre mondial que personne ne comprend entièrement mais qui atteint tous. Cet ordre mondial n'est pas seulement nouveau mais il est aussi révolutionnaire. Il est politique, technologique et culturel aussi bien qu'économique. L'influence principale qui apporte ce nouvel ordre mondial est venue et provient encore du développement des systèmes rapides de communication qu'on appelle les réseaux sociaux. Ils affectent notre manière de vivre, de penser, de réagir, de nous organiser, de célébrer et de partager de la vie. Ils affectent notre manière d'être et finissent par changer les gens de leur emprise et de leurs adhésions à l'Evangile et à leurs valeurs[455].

Devant les difficultés qu'ils soient anthropologiques ou sociologiques ou ecclésiologiques ou d'autres encore, la première ressource de l'Église est toujours les gens, les personnes. Mais ce sont des gens bien formés pour vivre et témoigner en chrétiens dans ces situations nouvelles. Les synodes sur l'Afrique et Madagascar ont vu que la clé est la formation: «*L'ensemble du peuple de Dieu a besoin d'être formé, motivé, fortifié pour l'évangélisation, chacun selon son rôle spécifique dans l'Église[456]*». L'indétermination du sens

---

[453] Au sein de l'Église il y a des différents mouvements pour éduquer, conscientiser et aider les chrétiens à réfléchir sa vie quotidienne et bien vivre son baptême. Pour les adultes il y a au moins sept mouvements citons à titre d'exemple association des parents Malgache catholique ruraux (F.R.M.T.K), Garde d'honneur, Mariage rencontre, Action Catholique indépendante(A.C.I). Pour les jeunes il y a des mouvements spécialisé pour ceux qui habitent à la campagne, pour les étudiants, pour ceux qui habitent en ville. Pour les enfants il y a au moins quatre mouvements différents. Entre autre il y a aussi quelques commissions pour s'occuper de la vie politique comme la justice et paix (J.E.P), qui s'occupe de la préparation au mariage (FI.FA.KRI), la commission liturgie (VA.LI). Il est à noter que chacun de ces mouvements a un prêtre aumônier.
[454] Cfr. Concile œcuménique Vatican II, déclaration «*Gravissimum educationis*», n°8 § 1.
[455] Cfr. Message du Mgr. Benjamin Ramaroson, Archevêque d'Antsiranana, 24 Mai 20015.
[456] Cfr. Ibidem, n° 53.

de l'identité propre, avec les sentiments qui découlent d'incertitude et de confusion au sein de la culture globale moderne, indique la nécessité d'une forte formation humaine. Le matérialisme séculier qui se répand et l'absence de consensus sur les vraies valeurs appelle à une profonde inculturation de l'Évangile dans la nouvelle culture globale. L'Église universelle attend beaucoup de l'Église famille de Dieu comme souligne bien l'Exhortation apostolique *Africae Munus*[457].

Pour qu'on puisse aider la famille, il faut comprendre et interroger les contes, les proverbes, les rites, les mythes et les symboles en passant par la responsabilité au sein de la famille. Au sein de la famille malgache, on peut relever quelques idées essentielles: la vie est sacrée. Elle est la première valeur fondamentale. Elle est le principe fondateur du vivre ensemble. La première responsabilité de l'homme en tant qu'être humain est d'assurer la victoire de la vie sur la mort et tout ce qui peut y procurer. La fécondité est un des plus grands dons de Dieu fait pour l'homme, elle est l'une des valeurs sociales importantes. La femme, comme celle à qui revient la grâce de donner la vie est l'être sacré par excellence.

La méthode de destruction est le langage utilisé et trompe ceux qui l'écoutent. Les partisans de cette nouvelle culture utilisent des arguments séduisants: la théorie du genre, le mariage pour tous, ils ont un langage ambivalent. Avec la poussée sociale pour changer la définition du mariage, est venu un état d'esprit qui consiste à dire que la masculinité et la féminité, la paternité et la maternité sont totalement sans importance pour la formation d'un enfant. Ils cachent leurs objectifs radicaux dans une éthique trompeuse. La première victime est la famille cellule de base de la société. Or, le développement de l'homme et de tout homme, pour être stable, a besoin d'une famille stable.

---

[457] Cfr. Benoit XVI, Exh. Apost. post-Synodal, *Africae Munus*, n° 7.

Bilan

Au cours de ce troisième chapitre, nous avons montré l'engagement de l'Église en Afrique et à Madagascar. Nous avons parlé que pour plusieurs pays d'Afrique, l'Église demeure l'unique réalité qui fonctionne bien encore et permet aux populations de vivre et d'espérer des lendemains meilleurs. C'est la raison pour laquelle elle s'engage à faire face aux divers défis tels que les défis anthropologiques centrés sur la protection de la vie humaine et la considération du rôle fondamental de la famille dans la tradition et dans culture africaine; les défis socio-économique et politique orientés vers le développement économique, le respect de l'environnement et la formation des hommes politiques pour ne pas être tenté par le culte de l'argent; les défis ecclésiaux basés sur la redécouverte de la foi à commencer dans la famille en tant qu'Église domestique, première école de la vie chrétienne et une école d'enrichissement humain.

Pour Madagascar, dans le sillage de l'Église en Afrique, elle s'engage à promouvoir la famille avec trois défis qu'elle juge comme prioritaires: l'éducation, la mondialisation, le développement et la lutte contre la pauvreté. Mgr Odon Marie Arsène Razanakolona a synthétisé comme suit lors du synode du diocèse d'Antananarivo[458]:

«...Des efforts particuliers seront soutenus pour améliorer le suivi et le contrôle des activités pastorales et sociales au sein du diocèse. Création d'un cercle de réflexion pour pouvoir évaluer et améliorer les activités d'éducation et de développement dans le diocèse. L'ouverture, le discernement et la reconnaissance des signes des temps dans l'Église et dans le monde, seront à prioriser dans la méthodologie de travail des mouvements et des commissions. Renforcement des APV au sein du diocèse, car c'est un lieu d'échanges et de partage où le chrétien pourra vivre quotidiennement sa foi. C'est la foi soutenue par l'action qui nous pousse, nous chrétiens baptisés, à nous engager dans la société. Des efforts seront déployés pour associer ce levier aux us et coutumes et aux valeurs malgaches. Nous les malgaches nous serons les principaux

---

[458] Cfr. Message du synode de l'Archidiocèse d'Antananarivo dans FOI ET JUSTICE, *Église et société à Madagascar*, 2011, 107-117.

acteurs. L'Église s'engagera à mettre à disposition tous les moyens en sa possession pour atteindre les objectifs de former des chrétiens responsables, éduqués, convaincus et vivant pleinement leur foi[459]».

Conclusion

Au terme de cette première partie que pouvons-nous dire? De ces approches que nous avons effectuées, quelques idées méritent d'être retenues à propos du mariage et de la famille. Théologiquement, on peut affirmer que la famille est la première société humaine voulue par Dieu. Elle est une communauté de personnes, au moins on y trouve deux membres (un homme et une femme). La famille est liée à la condition proprement humaine car tout homme nait d'un père et d'une mère. Comme l'écrit Jean Paul II: «*La famille est une route commune, tout en étant particulière, absolument unique comme tout homme est unique; une route dont l'être humain ne peut s'écarter... Il doit à cette famille le fait même d'exister comme homme[460]*».

Mais comme nous avons vu, la structure de la famille ne cesse de changer au cours de l'histoire de l'humanité: de la famille patriarcale à la famille nucléaire. Et de nos jours, on a trouvé différentes formes de familles qui n'ont pas la même structure familiale traditionnelle (père, mère et enfant), mais pourtant elles sont des familles. Nous pouvons les citer: la famille monoparentale, la famille recomposée, la famille homoparentale (les couples du même sexe). Dans toutes les cultures et l'histoire de l'humanité, la famille est le chemin normal de l'homme. L'homme cherche toujours un bon chemin et aujourd'hui encore, la majorité des jeunes hommes et des femmes cherchent le bonheur au sein d'une famille stable.

---

[459] Cfr. Ibidem 115. 117.
[460] JEAN PAUL II, *Lettre aux familles*, n°2.

Nous pouvons affirmer que quelque soit la conception ou la définition donnée, nombreux sont les problèmes qui touchent le mariage et la famille. Ces problèmes viennent de l'extérieur ou de l'intérieur même de la famille. S'il s'agit du problème naturel, il devient un problème commun et pour alléger la situation l'entraide et la solidarité sont indispensables.

Nous vivons dans un monde changeant et ceci va de pair avec la précarisation des liens qu'ils soient intimes ou sociaux. C'est la vitesse et non la durée qui compte, et à cause de ce mouvement et cette évolution il n'y a plus des poteaux indicateurs stables. La famille la plus petite cellule de la société est la première victime.

Avec les nouvelles technologies, beaucoup sont les bienfaits qu'elles apportent mais il y a aussi les produits de recherches qu'il faut bien juger et maîtriser pour ne pas provoquer des conséquences néfastes à la vie de l'homme parce que démolir est très facile mais bâtir est très difficile. Le plus dangereux est la manipulation de l'être humain et l'homme devient esclave de ses inventions[461], sans parler de la solitude au niveau de la vie familiale.

En tant que première institution de l'existence humaine, il y a aussi des problèmes qui menacent la famille à l'intérieur d'elle-même avec les différentes idéologies et des pratiques qui défigurent la famille. On a presque oublié le sens spirituel de la vie familiale. Avec les lois qui acceptent une telle pratique sur la vie des couples (divorce, couple du même sexe,…), le problème qui pèse sur la famille s'alourdit.

Un autre grand problème que nous ne pouvons pas minimiser c'est le problème de la filiation parce qu'avec les divers changements provoqués par les problèmes soient interne ou externe, les enfants sont des victimes innocentes[462] de ces situations. L'enfant n'est plus réellement la richesse la plus grande et le bien le plus précieux de la famille. Avec la fécondation

---

[461] «*L'homme d'aujourd'hui semble toujours menacé par ce qu'il fabrique, c'est-à-dire par le résultat du travail de ses mains, et plus encore du travail de son intelligence, des tendances de sa volonté*» (JEAN PAUL II, *Redemptor Hominis*, n°15 § 2).

[462] Cfr. BENOIT XVI, *Pensée sur la famille*, 76.

artificielle par exemple, on peut accepter ou refuser un enfant, il n'est plus un don.

La famille est tiraillée, voire déchirée. On n'arrive plus à discerner les réalités de la vie. On détourne le vrai sens de la liberté et de l'égalité et on arrive jusqu'au refus de l'essence de l'être humain. Entre autres, la prétention d'assimiler de telles unions au mariage légal et les initiatives visant à rendre légale l'adoption d'enfants pour les couples du même sexe. Que fait l'Église face à ces situations?

Consciente de ces situations, l'Église toute entière s'engage à promouvoir la dignité de la famille et chacun de ses membres. À propos de cela, l'Église dénonce toute forme de discrimination qui déshumanise la personne humaine. Chaque pays a sa priorité contre les problèmes à résoudre, mais quoi qu'il en soit l'attention particulière à la vie familiale est la priorité des priorités. Il faut mettre au clair que le mariage qui fonde la famille n'est pas seulement une façon de vivre la sexualité en couple, ni non plus uniquement l'expression d'un amour sentimental entre deux personnes. Le mariage est plus que cela: il est union entre un homme et une femme, en tant que tels, dans la totalité de leur être masculin et féminin tout en tenant compte de la complémentarité, le don mutuel et la transmission de la vie. Et c'est pour cela que l'Église travaille sans cesse pour le bien de la famille et lutte contre tous ceux qui l'entravent quelle que soit la manifestation du problème.

À Madagascar, nous avons essayé de voir au fur et à mesure les phénomènes qui touchent la vie familiale et nous avons vu que nombreuses sont les réalités qui affectent la famille malgache. Ces réalités entrainent des grands défis car la famille liée par l'*aina* et le *fihavanana* est brisée; la famille animée par la solidarité, le respect mutuel, le respect de la vie est tiraillée. Avec les problèmes externes, des défis socio-économiques apparaissent; face aux problèmes à l'intérieur de la famille elle-même, des défis anthropologiques sont à relever. Quant aux pratiques et à l'idéologie liées à la vie familiale, nombreux sont les défis sociologiques et culturels à affronter. Pour faire face à ces défis, nous avons vu que l'Église à Madagascar s'est engagée. Elle a mis comme priorité: l'éducation, la lutte contre la pauvreté, le développement et la mondialisation.

Servir la famille est l'une des tâches essentielles de l'Église[463]. C'est la raison d'être de la pastorale familiale. La famille est un lieu d'expérience où l'on apprend ce qu'aimer veut dire. Elle est aussi le lieu où chacun fait l'expérience de la tentation, de ses fragilités, de sa capacité d'aimer mal, voire d'échecs, d'épreuves. Et cela demande une pastorale centrée à la promotion de la vie familiale; c'est à ce propos que nous allons continuer notre recherche.

---

[463] Cfr. JEAN PAUL II, *Lettre aux familles,* n° 17.

DEUXIÈME PARTIE: ÉLABORATION D'UNE PASTORALE AU SERVICE DE LA FAMILLE À MADAGASCAR

Introduction

Si nous regardons la famille en face, il y a des différentes réalités que nous pouvons constater: réalité de sa beauté, réalité de ses drames et réalité de ses souffrances. Les deux récents synodes (Octobre 2014 et Octobre 2015) sur la famille vécue à Rome, se voulaient dans ce réalisme-là. L'Église est appelée à un vrai engagement et à une vraie conversion concernant la famille[464]: cela ne doit pas être une pastorale parmi d'autres; cela ne doit pas être l'affaire de spécialistes pastoraux ou de la doctrine morale; cela ne doit pas être non plus un ensemble de programmes préétablis. La pastorale de la famille doit devenir, selon les vœux du Pape, une urgence de la nouvelle évangélisation[465].

Parler de l'évangélisation, le Pape Paul VI affirme que l'évangélisation est une démarche complexe, aux éléments variés: renouveau de l'humanité, témoignage, annonce explicite, adhésion du cœur, entrée dans la communauté, accueil des signes, initiative d'apostolat. Ces éléments peuvent paraître contrastes, voire exclusifs. Ils sont en réalité complémentaires et mutuellement enrichissants. Il faut toujours envisager chacun d'eux dans son intégration dans les autres éléments[466]. Pour Paul VI, ce qui est important c'est d'évangéliser, non pas d'une manière superficielle, comme un vernis mais vraiment en profondeur et jusqu'aux racines[467] même de la culture et des cultures de l'homme c'est-à dire de tout l'homme et de tous les hommes; et cela suppose l'annonce du royaume de Dieu offert à l'homme comme don et comme tâche[468].

Le 9 juin 1979, le Pape Jean Paul II employa pour la première fois l'expression «nouvelle évangélisation»[469]. Avec Jean Paul II, on peut affirmer que cette expression est l'expression phare qui le caractérise, voire en

---

[464] Cfr. *Relatio Synodi* 2014, nn°32-33. Cfr. Cardinal G. MÜLLER, *Le pouvoir de la grâce, l'indissolubilité du mariage, les divorcés remariés et les sacrements*, Parole et Silence, Paris 2013, 69.

[465] Cfr. *Relatio Synodi* 2014, n° 2. Cfr. C. BURGUN, *La famille c'est sacré*, 11.

[466] Cfr. PAUL VI, Exh. Apost. *Evangelii nuntiandi*, n° 24 § 3. Cfr. F. MANNS, *Qu'est-ce que la nouvelle évangélisation?* Bayard, Paris 2012, 62.

[467] Cfr. PAUL VI, Exh. Apost. *Evangelii nuntiandi*, n° 20 § 1.

[468] Cfr. F. MANNS, *Qu'est-ce que la nouvelle évangélisation?* 63.

[469] Cfr. *Documentation catholique* n° 1767 du 1ᵉ juillet 1979, 637-639 in J PHILIBERT, *La nouvelle évangélisation. De Jean Paul II à Benoît XVI*, EdB, [s.l] 2012, 11.

particulier dans les exhortations apostoliques post-synodales pour chacun des cinq continents[470]. Quant à Benoît XVI, il a créé le *Conseil pontifical pour la promotion de la nouvelle évangélisation* et annonce la tenue du synode des Évêques en 2012 sur le thème *«La nouvelle évangélisation pour la transmission de la foi»*. Les textes concernant l'évangélisation précisent que la nouvelle évangélisation doit se réaliser à partir de la pauvreté comme base sociale et qu'elle est la responsabilité de tous les peuples de Dieu[471].

Avec le Pape François, il affirme que l'évangélisation est une tâche de l'Église[472] en exhortant la nécessité d'une évangélisation qui éclaire les nouvelles manières de se mettre en relation avec Dieu, avec les autres et avec l'environnement, et qui suscite les valeurs fondamentales. Évangéliser c'est rendre présent dans le monde le royaume de Dieu[473] c'est pourquoi la dimension sociale de l'évangélisation est importante: *«L'évangélisation n'est pas complète si elle ne tenait pas compte des rapports concrets et permanents qui existent entre l'Évangile et la vie, personnelle, sociale, de l'homme[474]»*. Avec le dernier synode, la nouvelle évangélisation vise la famille en tant que cellule vitale de l'Église et de la société: *«le bien de la famille est déterminant pour l'avenir du monde et de l'Église[475]»*.

Dans cette deuxième partie, essayons de voir la perspective d'avenir pour la famille parce que le chantier est encore devant nous[476] pour la nouvelle évangélisation. Pour ce faire, faisons un rappel des fondements théologiques et les doctrines de l'Église du mariage et de la famille. Cela nous permet de comprendre que la pastorale familiale se coïncide à la volonté de Dieu auteur du mariage et de la famille. La pastorale familiale embrasse toutes les familles sans exception selon leurs situations; alors continuons notre travail aux

---

[470] *Ecclesia in Africa* en1995, *Ecclesia in America* et *Ecclesia in Asia* en 1999, *Ecclesia in Oceania* en 2001, *Ecclesia in Europa* en 2003.
[471] Cfr. F. MANNS, *Qu'est-ce que la nouvelle évangélisation?* 67. J PHILIBERT, *La nouvelle évangélisation. De Jean Paul II à Benoît XVI*, 30-41.
[472] Cfr. Pape FRANÇOIS, Exh.apost. *Evangelii Gaudium*, n° 111.
[473] Cfr. Ibidem, n° 176.
[474] Ibidem, n° 181.
[475] Idem, Exh. Apost. *Amoris Laetitia*, Rome 2016, n° 31.
[476] Cfr. htt://*www.zenit.org/synode-sur-la-famille* «Le chantier est encore devant nous...». Cons. 21/12/2015.

devoirs de l'Église en matière de l'évangélisation de la famille avant de terminer sur la contribution d'une pastorale au service de la famille Malgache

CHAPITRE IV: RAPPEL DES FONDEMENTS THÉOLOGIQUES DU MARIAGE ET DE LA FAMILLE

Peut-on parler d'une théologie de la famille ? Il n'y a pas à parler proprement de la théologie de la famille, mais plutôt d'une pensée puisante à l'ensemble des disciplines théologiques: qu'il s'agisse de la morale, de l'anthropologie chrétienne, de la théologie des sacrements, du droit canonique, de l'histoire de l'Église et de la liturgie. La famille était considérée plus comme une réalité d'ordre sociologique, morale ou juridique que proprement dogmatique. Pourtant, on parle de la théologie du mariage et la communauté familiale est fondée sur le mariage, alors par analogie, on peut parler de théologie de la famille[477]. Toute la révélation est ancrée dans des histoires familiales; ainsi, la théologie de la famille vise à renouveler et humaniser les liens familiaux. Même sans que nous le voulions, la famille est le lieu où nous apprenons à devenir ce que nous sommes et à vivre en relation avec les autres et où se vit et dévoile quelque chose de l'amour de Dieu pour les hommes. Dans la vision chrétienne, il n'existe un mariage sans la famille comme il n'existe de famille sans le mariage[478]. Fidèle à l'enseignement de Jésus, l'Église nous montre que la famille est un lieu théologique et une réalité d'ordre sacramentel. Ce que nous verrons dans ce chapitre.

---

[477] Cfr. C. ROCCHETTA, *Teologia della Famiglia*, Fondamenti e prospettive, EDB, Bologna 2011, 11.
[478] Cfr. Ibidem.

4.1 La famille selon les Écritures

La base de la théologie est la Sainte Écriture, dans cette section, essayons de voir ce que dit la Bible à propos de la famille. Nous ne prétendons pas dire tout ce qui est écrit mais prenons seulement quelques passages qui nous paraissent et nous permettent de voir la base, les caractéristiques et l'objectif de la vie familiale. Pour ce faire, voyons les données de l'Ancien Testament et celles du Nouveau Testament.

4.1.1 La famille selon l'Ancien Testament

L'histoire d'Adam et Ève et celle de leurs descendants sont mentionnées dès le début de la Bible. Dans l'Ancien Testament, la famille dont le souci principal est la perpétuation d'une lignée repose sur une structure patriarcale de parenté, essentiellement patrilinéaire et endogame[479]. Il est incontestable d'affirmer que Dieu est la source et est à la base de la famille car elle est une réalité que Dieu lui-même veut créer de sa propre volonté, de sa propre liberté et surtout de son amour. On peut réfléchir sur l'image de la Trinité en pensant à la famille. La Trinité elle-même est une famille, communauté des personnes. Dans les récits de la création[480], Dieu a créé l'homme à son image et à sa ressemblance : «*Faisons l'homme à notre image, comme notre ressemblance*». L'emploi de la première personne du pluriel (faisons) nous montre une conception complexe de la réalité divine mais aussi nous introduit l'existence des personnes c'est-à-dire que la création de l'homme se fait à partir de la délibération divine: être homme et femme à l'image de Dieu, et plus précisément à l'image de la Sainte Trinité, un seul Dieu et trois personnes divines puissamment unies par l'amour et dans la communion[481]. Dieu est Trinité et fonde ainsi la communion des êtres en Lui. La communion est le premier et le dernier mot du système trinitaire qui fonde la réalité du mariage et de la famille. La signification de cette communion nous montre que chaque membre de la famille n'existe que par rapport à l'autre.

---

[479] Cfr. «Famille». *Dictionnaire critique de théologie*, sous la direction de J.-Y. LACOSTE, Paris 2013, 549.
[480] Gen. 1, 26-28 ; 2, 7.18.21-24.
[481] Cfr. ALEX ET M.L. PREVOST, *Evangéliser le mariage*, le kérygme conjugal, Salvator, Paris 2013, 31.

«Homme et femme il les créa. Soyez féconds, multipliez» (Gen.1, 27c. 28a). Suivant la création, c'est tout de suite la bénédiction de se multiplier c'est- à-dire que la procréation est considérée comme étant le but premier du mariage. La famille idéale est celle qui avait le plus d'enfants. Cette affirmation nous montre que la vie humaine doit normalement se transformer en vie familiale. Compte tenu des explications précédentes nous pouvons affirmer que Dieu est la base de la famille, il est son auteur, plus précisément la famille est voulue par Dieu. Et Dieu veut que la famille soit belle[482].

Mais comment se caractérise la famille selon l'Ancien Testament? Tout d'abord elle est caractérisée par l'alliance entre Dieu et son peuple, c'est pourquoi la réflexion sur la famille dans l'Ancien Testament ne se sépare pas de l'analyse de la vie familiale des peuples élus. L'alliance entre Dieu et son peuple, l'amour qui lie Dieu à Israël symbolise une relation matrimoniale[483]. Dans l'Israël biblique, la famille est la cellule de base de la société mais ce terme englobe une réalité plus large que la notion de la famille de notre temps.

La «famille», dans l'Ancien Testament, est une «maison» (*bayit*) et «fonder une famille» se dit «construire une maison» (*banah bayit*; Deut. 25, 9; Né 7, 4)[484]. La famille n'échappe pas à cette règle. La famille de l'ancien Testament est fondée solidement sur l'alliance établie par Dieu (entre Lui et son peuple). Si le portrait familial se trouve dans le cadre de l'alliance, il faut comprendre quelle est la place de la famille dans la structure sociale de parenté. Cette structure s'organise à trois niveaux: tribu, clan et famille[485].

La tribu[486] est le niveau de parenté le plus étendu des trois. Elle constitue la charpente de la société israélite et de sa division territoriale. Comme nous le savons, les douze tribus et leurs territoires portent les noms des descendants d'Israël. Le clan est l'échelon intermédiaire de parenté entre la tribu et la

---

[482] Homélie du Pape Jean Paul II pendant le grand rassemblement mondial de Rio de Janeiro 1997, in Y. SEMEN, *Jean Paul II et la famille*, 2011, 65.

[483] Cfr. A. CARPI, *Indissolubilità del matrimonio*, la tradizione della chiesa antica, 39.

[484] Cfr. R. DE VAUX, *Les institutions de l'Ancien Testament*, 39.

[485] Cfr. Ibidem, 39-40. Le dénombrement des Israélites (Nb 1) et le relevé des prêtres (Nb 4) ont été faits selon la tribu, le clan et la famille.

[486] Cfr. *Ibidem*, 22. *Shebet ou Matteh*: deux noms d'emploi équivalent et qui désignent aussi le bâton de commandement et le sceptre royal, la tribu groupe tous ceux qui obéissent au même chef.

famille. Les clans se composent d'un nombre assez large de familles. De même, comme pour la tribu, les caractères fondamentaux du clan relèvent de la parenté et de l'identité territoriale[487]. La lignée de parenté est garantie par l'endogamie, c'est-à-dire le mariage à l'intérieur du clan pour préserver le système de tenure de terre. La «maison» (*bayit*) ou «la maison du père» (*bet-ab* ou «maison paternelle») constitue le niveau de parenté fondamentale. Même s'il s'agit d'une famille élargie, elle correspond au plus proche, à ce que nous appelons la «famille». Le P. Roland Guérin de Vaux précise que «*la famille se compose de ceux qu'unissent à la fois la communauté de sang et la communauté d'habitation*[488]».

Si la famille est l'élément essentiel de la vie sociale, elle est aussi la communauté religieuse de base; prenons comme exemple le repas de la pâque, on prend en famille ou entre proches (Ex. 12, 3-4). Il est donc nécessaire pour l'homme d'assurer la pérennité de la famille et voilà l'importance de se marier et de procréer. Le fait de se marier ou de procréer, même si le texte biblique ne l'interdit pas directement, est pratiqué entre les gens de la même race ou bien de la même tribu (Gn. 24,3-4; Jg. 11,2; Pr.2, 16.6, 24. 7,5). Mais dans d'autres textes, on voit le contraire et on encourage le mariage avec les étrangers, prenons comme exemple, le premier fils d'Abraham est issu d'une femme égyptienne (Gn. 16, 1-4), Moise a pris pour femme une fille du pays de Madian (Ex. 2, 15-21). En outre la famille dans l'Ancien Testament selon l'histoire des pentateuques a mis les trois types de relations familiales: la génération, le mariage et la fraternité[489].

Le deuxième récit de la création nous montre une autre position: «*...C'est l'os de mes os et la chair de ma chair...L'homme quitte son père et sa mère et s'attache à sa femme, et ils deviennent un seul corps*» (Gn. 2, 23a.24a). Ces deux versets mettent le caractère de la famille comme une alliance entre

---

[487] Nous pouvons voir les listes des recensements en Nb 1 et 26 où sont rapportés les noms des clans constituant les subdivisions principales des tribus et les listes des frontières des divisions de la terre en Josué 13 à 19, où l'allocutions de ces terres se faisait selon les clans.

[488] R. DE VAUX, *Les institutions de l'Ancien Testament*, 39.

[489] Cfr. J. GRANADOS, *Una sola carne in un solo spirito, teologia del matrimonio*, Cantagalli, Siena 2014, 92.

l'homme et la femme pour former un foyer. Et l'union charnelle[490] est la concrétisation de la bénédiction divine. Cette alliance est indissoluble comme nous avons déjà dit, la famille est à l'image de la Trinite. Sur l'alliance entre l'homme et la femme, nous pouvons présenter l'axiome suivant: 1+1=1, alors, si on veut séparer ou diviser, nous aurons 0,5 c'est-à-dire que ce sera une demi-personne. Cet exemple ne peut être pertinent mais pour attirer notre attention sur l'idée de l'indissolubilité et pour montrer que la vie de la famille est aussi caractérisée par la communion et la complémentarité. Même si le portrait familial se trouve dans le cadre de l'alliance caractérisée par la communion et la complémentarité, on trouve aussi l'idée de paternité c'est-à-dire que dans la famille le père est vraiment chef, sa femme l'appelle seigneur ou maitre[491].

Après avoir parlé des caractères de la famille, passons maintenant à l'objectif. Il semble que Dieu intervient dans l'histoire et promet de multiplier, voire la promesse faite à Abraham (Gn. 22, 17). La communion de vie entre l'homme et la femme est très importante mais cette idée se met à la seconde place par rapport à la nécessité de la procréation. La procréation et le nombre d'enfants occupent une place importante dans l'Ancien Testament parce que cela représente le trésor et la puissance de la famille.

La procréation était considérée comme étant le but premier du mariage dans l'Ancien Testament et la famille idéale était celle qui avait beaucoup d'enfants. Et ce motif favorise la polygamie lorsque la première femme est stérile ou n'a eu que des filles[492]. Dans ce cas, la stérilité devient une faiblesse et quelque chose d'anormal aux yeux des autres. Mais il est à noter que la présence de plusieurs épouses ne favorise pas la paix du foyer parce que la femme stérile est méprisée par son compagnon et la femme stérile est jalouse de l'épouse féconde[493]. L'Ancien Testament met l'accent sur la procréation

---

[490] La chair, dans certains contexte, désigne l'organe de procréation male ou femelle. La sexualité trouve son sens en traduisant dans la chair l'unité des deux êtres que Dieu appelle à s'entraider dans l'amour mutuel. «Mariage», *Vocabulaire Théologique Biblique*, sous dir. X.Léon Dufour, Paris 1988, 710.

[491] Cfr. R de Vaux, *Les institution de l'Ancien Testament*, 39.

[492] Cfr. Ibidem, 47.

[493] Par exemple Anna et Peninna (1Sam 1,6), Sara et Agar (Gen. 16,4-5), Rachel et Léa (Gen. 30,1).

mais nous pouvons constater aussi qu'en Israël la fidélité conjugale et l'éducation des enfants sont aussi prises en considération. Les prophètes, en particulier Osée, Isaïe et Jérémie, remettent en lumière le projet initial de Dieu sur le mariage. L'amour d'un homme pour sa femme devient l'image de l'amour fidèle et jaloux de Dieu pour son peuple (Os.2, 9-22). Ils voient dans l'union de l'homme et de la femme le symbole de l'alliance entre Dieu et son peuple. Indirectement ils remettent ainsi à la première place les valeurs de l'amour mutuel, de la fidélité et de l'indissolubilité qui caractérisent l'attitude de Dieu envers Israël[494]. Les rapports de Dieu et Israël deviennent le modèle exemplaire des rapports de l'homme et de la femme dans le mariage, autrement dit, l'archétype sacré du couple humain.

D'après ce dont nous avons parlé concernant la famille selon l'Ancien Testament, nous pouvons affirmer que la base de la famille est Dieu lui-même. Celui-ci est l'auteur du mariage comme créateur du premier couple humain. La famille est caractérisée par l'alliance entre Dieu et son peuple, et son objectif est de procréer tout en tenant compte de l'amour mutuel, l'indissolubilité conjugale, la fidélité et l'éducation des enfants[495]. Passons maintenant à ce dont parle le Nouveau Testament.

4.1.2 La famille selon le Nouveau Testament

L'aspect véritable et final de la famille, dont nous avons vu des images et des préfigurations dans l'Ancien Testament, n'est accompli que dans le Nouveau Testament par l'incarnation de Jésus. Jésus lui-même a affirmé qu'il est venu non pas pour abolir la loi ou les Prophètes mais pour accomplir (Mt 5, 17).

Comme dans de nombreux domaines, l'accomplissement effectué par Jésus en ce qui concerne le mariage et la famille implique une continuité ainsi qu'une nouveauté. L'enseignement de Jésus dans les Synoptiques[496] nous aide à comprendre ces deux aspects. Dans ces Évangiles, Jésus se réfère aux

---

[494] Cfr. R. CANTALAMESSA, *Mariage et famille selon la Bible*, EDB, Nouan-le-Fuzelier 2009, 16.
[495] Cfr. P. GRELOT, *Le couple humain dans l'Ecriture*, Lectio Divina n°31, Paris 1962, 63.
[496] Cfr. Mathieu 5,31-32; 19, 3-12; Marc 10,2-12; Luc 16,18. On ne répétera pas ces références dans les chapitres suivants.

origines c'est-à-dire à celles évoquées dans les deux chapitres de la Genèse. En citant les références de l'Ancien Testament, le Christ donne un sens normatif parce qu'il ne se limite pas à la citation elle-même mais ajoute: ceux que Dieu a unis, que personne ne les sépare[497].

Dans l'Ancien Testament, le lien familial est établi sur des liens raciaux, des tribus et des sangs c'est-à- dire du point de vue charnel. Il est vrai qu'il y a des imperfections du mariage (polygamie possible et divorce) dans l'Ancien Testament mais la doctrine sur la fidélité et l'unité du mariage évoluent petit à petit[498].

Le Christ confirme par cette norme dans le Nouveau Testament que la finalité des êtres humains (être homme et femme) est à l'image de Dieu, plus précisément à l'image de la Sainte Trinité, car l'image trinitaire comme communion des trois personnes représente tout ce que les époux recherchent finalement dans le mariage[499]. Ce lien commence à avoir un sens spirituel véritable c'est-à-dire que le lien est plus spirituel qu'uniquement charnel. Si on pensait que la stérilité était une anomalie auparavant, Jésus lui-même encourage la stérilité volontaire car la virginité ne supprime pas pour autant la famille[500]. Cette position nous oriente à une nouvelle conception de la famille selon l'enseignement de Jésus. Nous avons répété maintes fois que la famille comprend l'époux, l'épouse et leurs enfants en affirmant que le père tient la tête ou responsable de la famille; mais Jésus, par son incarnation, a révélé aux hommes que Dieu est leur père. Dieu n'est plus un juge ou magistrat, ni même un simple créateur mais il est le père véritable de tout homme et de toute la famille.

Dans la nouvelle alliance le mariage trouve sa pleine signification et entre dans une phase nouvelle: «*l'union du Christ avec l'Église[501]*». Le mariage

---

[497] Cfr. ALEX ET M.L. PREVOST, *Évangéliser le mariage*, le kérygme conjugal, 27.
[498] On peut voir le progrès du mariage dans Mal. 2,14-16. De même le mariage de Tobie et Sarah n'est pas une simple affaire humaine; on peut constater déjà le caractère du mariage comme unité, fidélité, fécondité et indissolubilité. In P. GRELOT, *Le couple humain dans l'Ecriture*, 60-63.
[499] Cfr. ALEX ET M.L. PREVOST, *Évangéliser le mariage*, le kérygme conjugal, 32.
[500] Cfr. P. GRELOT, *Le couple humain dans l'Ecriture*, 84.
[501] H. CAFFAREL, *Le mariage, aventure de sainteté*, Préface du Cardinal Philippe Barbarin, Parole et Silence, Paris 2013, 114.

contracté entre deux baptisés est la vivante image de l'union du Christ avec l'Église:

> *«Cette union de l'homme et de la femme, image et sacrement de l'union du Christ avec l'Église, est un signe, un symbole, ou plutôt un faisceau de symboles d'une extrême richesse: le mari est l'image du Christ et l'épouse celle de l'Église: le père fait entrevoir la paternité divine et la mère, la maternité féconde de l'Église; les enfants, la communauté familiale, la maison, le repas... sont autant des symboles révélateurs des multiples aspects et des divers éléments de l'union du Christ avec l'Église[502]».*

Cette nouvelle signification du mariage nous introduit dans une nouvelle conception de la famille comme famille spirituelle car le but du foyer chrétien n'est pas simplement d'avoir des enfants, mais d'avoir des enfants qui soient des fils de Dieu. Prenons quelques exemples de l'affirmation de Jésus indiquant que Dieu est le vrai père: quand vous priez, priez ainsi *«Notre Père qui es dans les cieux»* (Mt 6, 9); *«ne saviez-vous pas que je dois être dans la maison de mon Père»*? (Lc. 2, 49), c'est-à-dire que, s'il est fils de Marie, il est aussi le fils du Père. Par ailleurs, il définit publiquement qui sont sa mère et ses frères, quand il répond à ceux qui se sont adressés à Lui en disant « ta mère et tes frères t'attendent à l'extérieur». La réponse de Jésus passe au-delà de la conception habituelle: *«Qui est ma mère et qui sont mes frères? Quiconque fait la volonté de mon Père qui est aux cieux, celui-là m'est un frère et une sœur et une mère»* (Lc. 12, 48-49). L'enseignement de Jésus ne nie pas l'existence, le rôle et la place de la famille mais il veut nous introduire dans la famille spirituelle, laquelle est formée de Dieu le père et de la mère Église. Parler de la famille spirituelle ne veut pas dire que la famille naturelle est inutile, au contraire la famille spirituelle ne peut se réaliser sans le lien familial naturel. En effet, les familles naturelles forment des cellules[503] de la grande et unique famille où Dieu le Père occupe la place de père de la grande famille et la petite famille simultanément.

---

[502] Ibidem, 91-92.
[503] Cfr. Ibidem, 118. Le terme «cellule d'Eglise» est déjà employé par le Pape Jean XXIII en 1959 et nous rencontrerons ce terme plusieurs fois.

Voyons par exemple d'une manière brève l'attitude de Jésus devant les membres de sa famille naturelle. Jésus a confirmé le respect des parents décrit dans le quatrième commandement. Il descendit alors avec eux et revint à Nazareth; il leur [à Joseph et à Marie] était soumis (Lc. 2, 51a). Lors du mariage à Cana de Galilée, nous pouvons imaginer la familiarité et la force du lien familial naturel chez Jésus (Cfr. Jn. 2, 1-11). Jusqu'à la dernière minute, Jésus a pris soin de sa mère, la confiant à la charge de son disciple bien-aimé. En ce moment- là Jésus considère ce même disciple comme membre de sa famille en s'adressant à lui et disait «*Voici ta mère*» (Jn. 19, 27a).

Il est vrai que Jésus a parlé de la nécessité de ne pas se rattacher aux membres de la famille mais ces paroles s'adressent à ceux qui veulent le suivre: «*Si quelqu'un vient à moi sans haïr son père, sa mère, sa femme, ses enfants, ses frères, ses sœurs, et jusqu'à sa propre vie, il ne peut être mon disciple*» (Lc.14, 26). Jésus ne nous demande pas de haïr nos familles mais de ne pas les aimer au point de renoncer à le suivre à cause d'eux. Ces paroles concernent la priorité et l'urgence de l'évangélisation c'est-à-dire le renforcement de la famille spirituelle dans laquelle tous les hommes sont appelés à être ses membres. Jésus ne veut absolument pas minimiser les liens et les valeurs familiales mais au contraire les renforcer. Voyons les miracles qu'il a accomplis: soulager les pères (Jaire, le père de l'épileptique), les mères (la cananéenne, la veuve de Naïn), les sœurs de Lazare, honorant ainsi les liens de parenté et partageant la douleur des proches jusqu'à pleurer avec eux. Loin d'être un ennemi de la famille, Jésus est venu pour la remettre à sa beauté originelle.

En suivant l'enseignement[504] de l'Evangile, Saint Paul n'hésite pas à parler de la morale domestique c'est-à-dire les conduites à tenir pour les membres de la famille [père, mère, enfants, esclaves] (Ep. 5, 21-6, 1-9; Col. 3, 18-21). Il insiste sur le témoignage, le respect et l'obéissance en se référant toujours au Christ et à l'Église. Ici, Saint Paul continue l'édification de la famille

---

[504] Ce n'est pas «une loi de l'Eglise», comme on le dit et on le redit si souvent aujourd'hui, non sans arrière-pensée, car si c'est l'Eglise qui fait la loi, elle peut bien aussi la défaire. C'est la loi du Christ. Ni l'Apôtre, ni la communauté, ni quelque autorité que ce soit n'ont de pouvoir sur la parole du Seigneur.

spirituelle voulue par Jésus et cela s'explique sur le fait que Saint Paul encourage chacun des membres du foyer de ne pas agir selon ce qui plait aux hommes, mais selon l'exemple du Christ qui accomplit la volonté du Père. En outre, Saint Paul parle du rapport de l'Église au Christ en parlant du mariage: l'Église est l'épouse du Christ. Ce rapport signifie que le mariage répond à une vocation spécifique et doit être considéré comme une consécration de la vie[505]. Alors, la communion du Christ et de l'Église dans leur donation mutuelle devient un autre archétype des noces humaines.

Le Cardinal Tettamanzi fait part cette grâce aux fiancés: «*Votre amour, tout en restant humain, passe de votre cœur au cœur même du Christ. Et passant de vous à lui, il devient encore plus humain, et donc plus votre*[506]». Selon le Nouveau Testament l'enseignement sur la famille nous oriente à un sens et à une signification profonde. De ce fait la notion de famille devient très large parce que Jésus voudrait introduire tous les hommes comme membre d'une grande famille qu'est la famille de Dieu. D'ailleurs Saint Paul parle des différents concepts comme «la famille d'Abraham», «la descendance d'Abraham», «l'héritier»[507]. Cette perspective ne minimise jamais l'existence et le rôle de la famille naturelle mais la prolonge pour former la famille spirituelle.

Inévitablement, la vision que la Bible donne à propos de la famille reflète les structures sociales de l'époque. Mais la conception et la réflexion sur le mariage et la famille évolue petit à petit. Il est indéniable que la famille est une communauté de personnes formée d'un père, d'une mère et des enfants quelle que soit sa forme (spirituelle ou naturelle). La base de la constitution d'une famille est Dieu lui-même. Elle est caractérisée par l'alliance entre Dieu et son peuple en promouvant l'amour mutuel, la fidélité et l'éducation des enfants. Cette conception du mariage et de la famille dans l'Ancien Testament est prolongée et achevée par le Christ en se sacrifiant pour son épouse qui est

---

[505] Cfr. Papa FRANCESCO, *Udienza Generale* 2 Avril 2014.

[506] D. TETTAMANZI, *La bellezza della fede*, Vaticano 2009, 182. Cité par A. BANDELIER, *Le mariage chrétien à l'épreuve du divorce*, 85.

[507] Cfr. D. VON ALLMEN, *La famille de Dieu. La symbolique familiale dans le paulinisme*, Fribourg 1981, 104.

l'Église. En effet, la communion du Christ et de l'Église devient un autre archétype des noces humain.

4.2 Doctrine sur le mariage et sur la famille

4.2.1 Le mariage comme institution naturelle

Le mariage n'est pas un sacrement comme les autres puisque avant de l'élever à la dignité des sacrements, il se présente comme une institution terrestre suivant la loi des créatures[508]. L'avènement du sacrement n'annule pas l'institution naturelle du mariage mais le conduit à sa plénitude. Il n'y a pas de changement mais une élévation parce que la grâce ne détruit pas la nature mais l'élève[509]. Le sens du mariage et la famille comme institution naturelle s'enracine dans l'histoire et dans la société. Dans l'histoire, parce que le pacte matrimonial se réalise dans le temps et implique la liberté et la fidélité; et même si on n'est pas chrétien on peut agir ainsi. Dans la société, la communion de vie de deux personnes se présente comme un oui à la responsabilité d'accueillir des enfants[510].

La véritable origine du mariage prend son fondement dans les textes bibliques. Cela veut dire que la doctrine de l'Église n'est pas une théorie, elle repose sur la fidélité à la parole de Dieu. A partir de la lecture de Gn 2, 18-24, il ressort que le mariage est une réalité liée aux origines; de ce fait, il est propre à la nature humaine. De ce poème historique, se dégage une sainteté naturelle du mariage voulue par le Créateur. L'union stable de l'homme et de la femme qu'on désigne avec le nom mariage est une institution naturelle dérivée de la nature humaine. Il est conforme à l'inclination spontanée de cette nature et est nécessaire pour son bien. Et comme Dieu est l'auteur des natures et de leurs lois, en définitive, il est créateur du premier couple humain, c'est Lui qui est l'auteur du mariage[511]. Le mariage est une communauté de vie entre homme et femme, il est donc un mystère de communion et de

---

[508] Cfr. C. ROCCHETTA, *Teologia della famiglia. Fondamenti e prospettive*, 40.
[509] Cfr. Ibidem, 41.
[510] Cfr. Ibidem, 41.
[511] Cfr. P. ADNÈS, *Il matrimonio*, Desclée & C., Roma 1966, 117.

complémentarité à travers lequel l'homme assume sa solitude existentielle. Le mariage n'est pas un simple fait social, mais il est lié intrinsèquement à la volonté positive originelle de Dieu: «*Le mariage n'est pas œuvre de l'homme: c'est Dieu qui a créé l'homme et la femme, il les a créés pour qu'ils s'unissent. L'être humain, créé par Dieu, est homme et femme. Tel est le sens du récit sacerdotal de la création*[512]».

L'enseignement de Jésus cherche à restaurer dans toute son intégrité l'idéal primitif du mariage, ainsi, il insiste sur le caractère indissoluble et monogamique du mariage selon le dessein originel du Créateur devant les pharisiens (cfr. Mt 19, 4-6)[513]. Entre autre Saint Paul continue l'enseignement de Jésus en affirmant la possibilité à la seconde noce après la mort d'un des conjoints et il cherche à nous faire comprendre l'union du Christ et l'Église en la comparant à celle qui se vit dans le mariage (cfr. Eph. 5,21-33).

L'Église nous rappelle que la famille est une institution naturelle, fondée par Dieu, antérieure à toute autre institution humaine. Le texte conciliaire *Gaudium et Spes* a pris soin de souligner dès l'entrée de son chapitre sur le mariage et sur la famille ce caractère d'institution naturelle du mariage. La foi chrétienne maintient fermement la nature essentielle de cette institution parce que le mariage est voulu par Dieu au commencement de l'histoire humaine (Cf. *Rerum novarum* n°9), c'est une donnée naturelle. Mais comment l'Église entreprend-elle ces fondements pour transmettre, vivifier et renforcer la manière de vivre le mariage selon le dessein de Dieu?

4.2.2 Mariage et famille selon le Magistère de l'Église

En tant que fondement de la famille, le mariage concentre d'abord l'attention des théologiens. Pendant des siècles, la doctrine catholique se concentre sur les «biens» du mariage selon Saint Augustin. Pour lui le mariage est caractérisé par trois biens: les enfants, la foi et le sacrement[514]. Cette triade

---

[512] J.H NICOLAS, *Synthèse dogmatique. De la Trinité à la Trinité*, Fribourg 1986, 1139.
[513] Au début de la création, le mariage était monogamique. Aussi le divorce et la polygamie demeurent une déformation ou faiblesse du lien matrimonial. En effet ils contredisent le principe naturel de la création.
[514] Cfr. Saint AUGUSTIN, *Sur le bien du mariage*, 32 in P. ADNES, *Il matrimonio*, 56.

des biens du mariage: *proles, fides, sacramentum*[515] est devenue classique. Sa doctrine est tirée des deux chapitres de la Genèse (Gn 1,28. 2, 18).

Selon Saint Thomas d'Aquin, le mariage est caractérisé par ses «fins». Pour lui, les fins premières du mariage sont la procréation et l'éducation, et la fin secondaire est l'aide mutuelle[516]. En commentant la triade d'Augustin sur la signification du «*sacramentum*» comme symbole de l'unité et de l'indissolubilité, Saint Thomas affirme que: «*Des mariages existent sans qu'il y ait enfant; d'autres existent sans qu'il y ait fidèle amitié. Mais il n'y a pas de mariage sans sacramentum*[517]» c'est-à-dire sans lien sacré et indissoluble. Ainsi, l'unité et l'indissolubilité fait partie de la nature même du mariage.

D'après la doctrine du concile de Trente, le consentement constitue le mariage véritable en produisant le lien matrimonial, mais celui-ci n'est pas absolument indissoluble tant que la consommation n'a pas eu lieu. C'est encore la doctrine actuelle de la formation du mariage: le consentement mutuel forme le mariage dans son essence, la consommation lui confère l'absolue indissolubilité[518]. Quant à la sacramentalité du mariage, le concile de Trente, dans sa 24e session déclare que le mariage est vrai et véritable sacrement de la loi nouvelle, institué par le Seigneur Jésus Christ[519]. Pourtant, le Concile de Trente ne fait que confirmer la doctrine catholique en face de la réforme[520].

L'identification de la famille comme «communauté des personnes» arrive avec le Concile Vatican II. Il définit le mariage comme «*une communauté*

---

[515] Par «sacramentum», il ne faut pas entendre notre notion actuelle de sacrement, mais seulement le symbolisme sacré de l'union du Christ et de l'Église, symbolisme qui implique l'unité et l'indissolubilité du mariage. (B. AVES PEREIRA, *La doctrine du mariage selon saint Augustin*, Paris 1930, 1-25. 70-87 in in P. ADNES, *Il matrimonio*, 56).

[516] Cfr. Saint THOMAS D'AQUIN, *Somme théologique*, suppl., q.49, a. 3 in P. ADNES, *Il matrimonio*, 87.

[517] Ibidem.

[518] CEC n° 1626.

[519] Cfr. *La foi Catholique*, Traduction et présentation de G. DUMEIGE, n° 924.

[520] Cfr. A. GREINER, *L'enseignement de Luther sur le mariage*, 43: « *Le mariage est un affaire civil qui concerne Dieu. Le mariage n'est pas un sacrement. Il n'appartient pas à l'ordre du salut mais à celui de la création. Relation humaine profane, le mariage est en même temps une relation instituée et bénie par Dieu*». Disponible dans *flte.fr/wp-content/uploads/2015/08/FR16- Enseignement_Luther_sur_mariage.pdf*. Cons. 13/05/2016.

intime de vie et d'amour conjugal[521]» et ce Concile affirme que «*la santé de la personne et de la société aussi bien humaine que spirituelle est étroitement liée à l'état de prospérité de la communauté conjugale et familiale*[522]». Avec le Pape Jean Paul II, dans *Familiaris Consortio* et la *Lettre aux familles*, le thème du mariage communion de personnes et de la famille communauté des personnes, se développe abondamment[523]. En considérant la famille comme communion des personnes, le Pape Jean Paul II a introduit le thème de l'image Trinitaire[524]. Il est vrai que la tradition théologique, par exemple Saint Thomas à la suite de Saint Augustin[525], écarte cette interprétation parce que l'épouse ne procède pas du père et de l'enfant, comme l'Esprit Saint procède du Père et du Fils. Jean Paul II ne fait pas du père de famille, de l'enfant et de l'épouse l'analogue du Père, du Fils et du Saint Esprit; mais souligne que la famille doit être une communion des personnes comme Dieu est en lui-même communion de personnes. Et dans sa nature profonde, le lien qui unit les membres de la famille est une communion d'amour. Avec le sacrement du mariage la famille chrétienne n'est pas seulement l'icône externe de la Trinité, mais la Trinité habite en elle et seule la foi qui permet de saisir cette réalité mystérieuse c'est-à-dire que le modèle trinitaire ne reste pas extérieur à l'image de la famille, mais devient intérieurement présent en elle[526]. Ainsi, si la famille est la demeure de la Trinité, elle est appelée à se structurer comme une communion où on vit la relation des trois personnes divines: relation du don, d'accueil et de partage[527]. Puisque la vie familiale prend son modèle à la Trinité, on peut affirmer qu'elle vient de la Trinité en tant que communion de personnes; elle vit la Trinité à partir du sacrement du mariage et elle continue sa route vers la Trinité en tant que communauté en marche comme l'Église épouse du Christ[528].

---

[521] Conc. Oecum. Vatican II, Cons.Past. *Gaudium et Spes*, n° 48.

[522] Ibidem, n° 47.

[523] Prenons comme exemple: JEAN PAUL II, *Lettre aux familles* n° 8; *Familiaris consortio*, n° 18.

[524] Cfr. J. SILVIO BOTERO, *Per una Teologia della Famiglia*, Borla, Roma 1992, 37. ALEX et M.L PREVOST, *Évangéliser le mariage*, le kérygme conjugal, 31.

[525] Cfr. Saint THOMAS D'AQUIN, *Somme théologique*, Ia Q. 93.

[526] Cfr. P. ADNÈS, «Matrimonio e mistero trinitario» in *Amore e stabilità ne matrimonio*, Roma 1976, 22.

[527] Cfr. C. ROCCHETTA, *Teologia della famiglia*. Fondamenti e prospettive, 103.

[528] Cfr. Ibidem, 194-196.

La doctrine de l'Église sur la pratique du mariage au cours des siècles nous montre que le mariage est une réalité terrestre capable de traduire l'alliance de Dieu avec son peuple. Une réalité terrestre qui a l'amour de Jésus Christ pour mesure et les chrétiens se marient comme tout le monde. Le mariage est une affaire publique, et sur le mariage, l'Église précède l'État. Le mariage est un sacrement et un symbole de la relation surnaturelle. Sur ces affirmations, quelques réactions se produisent mais l'Église n'est pas fatiguée d'enseigner pour le bien de la famille.

4.2.2.1 Arcanum du Pape Léon XIII

Le contexte du rationalisme et naturalisme attaque le mariage au 18e siècle. Le débat sur le contrat-mariage tient une place et cela perturbe la vie de l'Église et son pouvoir en tant que promotrice du salut. Les théories des Régaliens[529] et certains Jansénistes[530] circulent et donnent le pouvoir en faveur de l'État sur le sacrement du mariage. Le raisonnement des Régaliens est le suivant: Dieu a institué le mariage aux origines de l'humanité comme contrat naturel. Jésus Christ s'est borné à rétablir la monogamie primitive et à rendre le mariage indissoluble. Jésus Christ ne s'est occupé que des caractères du mariage, il n'en a point changé la nature: c'est toujours un contrat naturel, un contrat civil. La seule prétention raisonnable de l'Église porterait sur les effets surnaturels du mariage, s'il était sacrement. Autrement dit, pour eux, c'est l'État qui juge la validité du mariage par le contrat civil tandis que l'Église n'est qu'un administrateur de la bénédiction nuptiale.

Pour certains Jansénistes, contrat et mariage se distinguent absolument. Le sacrement consiste tout entier dans la bénédiction nuptiale. La forme du sacrement est constituée par les paroles prononcées par le prêtre et la matière réside dans l'imposition des mains qui accompagnent ces paroles.

---

[529] Les Régaliens sont des juristes qui cherchaient à limiter les droits de l'Eglise sur le mariage en faveur de l'autorité royale.

[530] Le Jansénisme est un mouvement théologique très complexe à cause surtout de la diversité de ceux qui ont professé cette doctrine. Généralement, il s'agit d'une théorie sur les relations entre la grâce et la liberté humaine.

Cette théorie a ouvert la voie à l'avènement du mariage civil. Du fait le sacrement est relégué à la condition de rite purement extérieur et accessoire qui n'intéresse pas l'État, et qui est une affaire simplement privée.

Avec constance, le Pape Léon XIII a affirmé la doctrine de l'indivisibilité du contrat-sacrement[531]. Contre le socialisme, il rappelle aussi que le mariage est, de droit naturel, indissoluble et que cela a été élevé par Jésus Christ à la dignité de sacrement. Les problèmes que l'Église doit affronter c'est les perturbations provoquées par ces positions à savoir: le divorce, la polygamie et la polyandrie[532]. En outre, ces phénomènes sont les causes d'un extrême relâchement dans le lien conjugal. Des perturbations s'introduisent dans les devoirs des époux et l'homme répudie sa femme sans aucun juste motif. Le naturalisme[533] conduit facilement au divorce mais le divorce introduit des différents méfaits: cela sème des germes de discorde entre les familles, la dignité de la femme est amoindrie et abaissée[534]. Voilà pourquoi le Pape affirme dès le début de sa lettre: *«Nous voulons seulement parler de la société domestique dont le mariage est le principe de base»*. Et il ajoute que le mariage n'a pas seulement pour objet la propagation du genre humain, mais il rend meilleur et plus heureux la vie des époux, et cela de plusieurs manières: par la mutuelle assistance qui sert a alléger les nécessités de la vie, par l'amour constant et fidèle, par la communauté de tous les biens et par la grâce céleste que produit le sacrement. De plus, le mariage peut aussi apporter beaucoup de bien à la famille: concorde entre les parents, assure la bonne éducation des enfants et inspire l'obéissance des enfants envers les parents[535]. L'encyclique *«Arcanum Divinae Sapientiae»* du 10 Février 1880 condamne la distinction proposée par les régaliens:

---

[531] Cfr. *Matrimonio e famiglia nel magistero della chiesa*, a cura di P. Barberi e D. Tettamanzi, Massimo-Milano 1986, 61.

[532] Cfr. Léon XIII, L. Enc. *Arcanum*, n° 7-9.

[533] L'attitude "naturaliste" fut longtemps connue sous le nom de «théorie de double vérité» (*Dictionnaire critique de théologie*, sous la direction de JEAN-YVES LACOSTE, 945).

[534] Cfr. *Matrimonio e famiglia nel magistero della chiesa*, a cura di P. Barberi e D. Tettamanzi, Milano 1986, 65.

[535] Cfr. Cfr. LEON XIII, L. Enc. *Arcanum*, n° 32-33.

«Personne ne doit se laisser émouvoir par cette distinction, si fortement proclamé par les légistes régaliens, entre le contrat et le sacrement, dans le dessein de réserver à l'Église ce qui est un sacrement et de livrer le contrat au pouvoir et au vouloir des autorités civiles. Une telle distinction, une telle dissociation plutôt, ne peut être acceptée, puisqu'il est reconnu que, dans le mariage chrétien, le contrat n'est pas dissociable du sacrement et que, dès lors, il ne peut exister de contrat vrai et légitime qui ne soit par le fait même un sacrement. Il en résulte que tout mariage légitime entre chrétiens est en lui-même et par lui-même un sacrement. Rien n'est plus éloigné de la vérité qu'un sacrement qui serait un ornement ajouté ou une propriété venant du dehors, susceptible d'être dissociée et séparée du contrat par la volonté des hommes[536]».

L'Église a donc droit sur le mariage du fait même qu'il est une institution de droit divin et de droit naturel. Le mariage a été institué par Dieu, et il y a en cela quelque chose de sacré et de religieux qui suffirait de le soustraire aux règlements de la puissance séculière. Nous pouvons résumer comme suit l'enseignement essentiel d'Arcanum: la véritable origine du mariage prend son fondement dans le texte biblique Gen. 2,18-24. Le premier couple d'époux était le principe naturel de tous les hommes et à partir de cela le genre humain persiste jusqu'à aujourd'hui[537]. Le mariage est le principe et le fondement de la société familiale; il n'est pas seulement un contrat civil mais une institution divine remontée jusqu'à la création et le Christ a élevé le mariage à la dignité du sacrement. L'encyclique du Pape vise principalement à s'opposer à la législation du divorce et aux conceptions des philosophes des Lumières qui considèrent le mariage non pas comme un sacrement divin, mais comme un contrat social qui peut se créer et se défaire. Une mention particulière doit être faite de l'encyclique *Arcanum divinae sapientiae* du Pape Léon XIII: le Christ a restauré la dignité originelle de l'homme; le mariage est un lieu de sanctification pour les époux. Le mariage a été confié à l'Église, qui souhaite une collaboration équilibrée avec le pouvoir civil. Il ne manque pas d'intérêt

---

[536] *F C.*, n° 938-939, 490-491.
[537] Cfr. LEON XIII, L. Enc. *Arcanum*, n° 5.

de constater que l'abus du pouvoir de la part des autorités civiles en cette matière a pour corollaire la tiédeur des fidèles[538].

4.2.2.2 Casti Connubii de Pie XI

Il est vrai que cette encyclique ne concerne pas directement l'enseignement de l'Église sur le sacrement du mariage mais comme nous avons répété maintes fois que le mariage est le fondement de la famille, le Pape n'hésite pas de nous enseigner la chasteté de l'union conjugale.

Avant d'entrer dans les contenus de l'encyclique, il est judicieux de parler du contexte de cette époque. La fin du 19ème et le début du 20ème siècle sont marqués par l'essor du contrôle des naissances, avec la promotion du malthusianisme[539] tant au niveau théorique que par le développement des pratiques de contraception, principalement par la pratique du coït interrompu. Cette théorie se développe rapidement dans les pays anglo-saxons avec la diffusion des contraceptions, et même en France[540].

Entre autre, l'événement de la première guerre mondiale provoque la mort de millions de soldats en Europe et conduit à des situations catastrophiques. Le taux de natalité tombe à des niveaux très faibles. Face à cette situation, des lois sont promulguées pour lutter contre le malthusianisme et la vente d'objets contraceptifs[541]. Tous ces phénomènes désacralisent le sacrement du mariage et ne rendent compte du devoir sacré de procréation. C'est dans ce contexte que le Pape Pie XI publie son encyclique *Casti connubii*, portant en particulier en grande partie sur la contraception et l'avortement[542]. En outre, certains vices et erreurs vont à l'encontre du sacrement du mariage à savoir le courant de pensée affirmant que le mariage est inventé par les hommes selon son esprit et sa volonté, alors on peut le promulguer, changer et abroger. Par

---

[538] Cfr. J. LAFFITTE, *Les papes et la famille- de casti connubii à familiaris consortio*, in revue catholique international communion n° 40 (Janvier-Février 2015), 16.

[539] Le terme malthusianisme est souvent utilisé pour qualifier une politique de limitation des naissances avec la théorie de Thomas Malthus économiste anglais (1766-1834).

[540] Cfr. J.L Flandrin, *L'Eglise et la contraception*, Éd. Imago, Paris 2006, 77.

[541] Cfr. Ibidem, 80.

[542] Cfr. Ibidem, 81.

conséquent il y a le mariage temporaire, le mariage à l'essai et le mariage amical[543].

Cette encyclique est écrite à l'occasion du cinquantenaire de l'encyclique *Arcanum divinae Sapientiae* de Léon XIII. La position de Pie XI confirme les enseignements de Léon XIII. En suivant saint Augustin, le Pape insiste sur les biens véritables du mariage: les enfants, la fidélité conjugale (la foi) et le sacrement qui est le signe de son indissolubilité et des grâces intérieures spéciales par lesquelles les époux pourront se sanctifier dans leurs états. Par conséquent, la famille est fondamentale pour la vie humaine, raison pour laquelle Dieu a doté le mariage de lois qui sont une garantie pour l'amour des époux et l'union intime des époux engage tout leur être, leurs corps mais aussi leur volonté[544].

Pour prendre en main son rôle d'être un bon pasteur, le Pape affirme clairement dans son encyclique:

«Nos regards paternels embrassent l'univers entier, nous constatons chez beaucoup d'hommes, avec l'oubli de cette restauration divine, l'ignorance totale d'une si haute sainteté du mariage. On la méconnait cette sainteté, on la nie impudemment, ou bien encore s'appuyant sur les principes faux d'une morale nouvelle et absolument perverse, on foule cette sainteté aux pieds. Ces erreurs extrêmement pernicieuses et ces mœurs dépravées ont commencé à se répandre parmi les fidèles eux-mêmes, peu à peu, de jour en jour, elles tendent à pénétrer plus avant chez eux. Nous avons jugé qu'il appartenait à notre mission apostolique d'élever la voix afin détourner des pâturages empoisonnés les brebis qui nous ont été confiées, et, autant qu'il est en nous de les en préserver[545]».

Puisque ces erreurs attaquent la famille et la société humaine, l'Église ne cesse de fortifier et encourager les époux chrétiens afin qu'ils puissent assurer eux-mêmes et à leur famille le vrai bonheur et la paix. Ainsi, le Pape réaffirmait que le mariage est le principe et le fondement de la société

---

[543] Cfr. Pie XI, L. Enc. *Casti Connubii*, Vatican 1930, n° 48-50.
[544] Cfr. J. LAFFITTE, *Les papes et la famille- de casti connubii à familiaris consortio*, in revue catholique international communio 40 (Janvier-Février 2015) 17.
[545] Pie XI, L. Enc. *Casti connubii*, n° 3.

domestique et de la société toute entière. Jésus l'a élevé à la dignité d'un vrai et grand sacrement de la loi nouvelle, et, en conséquence il en a confié la discipline et toute la sollicitude à l'Église son épouse[546]. La préoccupation de l'Église ne se limite pas seulement de mettre en place la sacramentalité du mariage mais aussi de pointer les responsabilités de chacun en vue de prendre soin des biens du mariage. L'encyclique avait été écrite dans le but de réfuter certaines idées modernes sur le mariage: en particulier, les penseurs libéraux écrivaient que le mariage était seulement un vague contrat social et qu'en conséquence, le divorce était licite.

La réponse du Pape est claire en disant que le mariage est un sacrement et une institution divine et que par conséquent, il est indissoluble, en tenant compte des biens du mariage tels que la procréation, l'éducation des enfants, l'unité et la foi conjugale[547]. En cela, la famille est décrite comme une société domestique fondée sur l'unité, la chasteté, la dignité et l'obéissance; et les époux ont le devoir de la charité conjugale pour les fins de la sanctification.

Parmi les biens du mariage, les enfants tiennent la première place. Les enfants sont le fruit de la collaboration avec Dieu, alors les enfants appartiennent à Dieu. Du point de vue moral, la morale familiale est centrée sur l'enfant[548]. Quant aux parents, ils ont un grand rôle envers leurs enfants parce que les enfants sont subordonnés à eux. Ils doivent les accueillir avec amour et conférer une éducation religieuse à leurs enfants c'est-à-dire qu'il appartient aux parents d'aider leurs enfants à se tourner vers Dieu leur créateur et Père; à commencer par les faire baptiser le plus tôt possible[549]. Tous ces processus s'effectuent dans la fidélité conjugale ou la foi c'est-à-dire dans l'unité conjugale, dans la charité conjugale et dans l'ordre de l'amour. Unité conjugale (Unité): c'est une stricte unité entre un homme à une femme c'est-à-dire un refus catégorique à la polygamie et à toute forme de concupiscence[550].

---

[546] Cfr. Ibidem, n° 1.
[547] Cfr. Jean Laffitte, *Les papes et la famille- de casti connubii à familiaris consortio*, in revue catholique international communio 40 (Janvier-Février 2015) 17.
[548] Cfr. Pie XI, L. Enc. *Casti connubii*, n°12-15.
[549] Cfr. Ibidem, n° 16-18.
[550] Cfr. Ibidem, n° 20-21.

Charité conjugale (Chasteté): c'est un amour réciproque c'est-à-dire que par amour les époux réalisent une communauté d'amour[551].

L'ordre de l'amour (Obéissance): c'est la primauté du mari c'est-à-dire soumission et obéissance. Le mari, dans la famille est la tête, la femme est le cœur mais tous cela doit revendiquer la primauté de l'amour[552]. Et que l'unité, la chasteté et l'obéissance doivent s'allier avec le respect de la dignité de chacun d'eux.

Tout ce que nous venons de dire nous montre l'importance et la valeur du sacrement du mariage en tant que signe efficace de la grâce. Et la grâce apportée par le sacrement perfectionne l'amour naturel, confirme l'unité et sanctifie les époux. En outre, elle facilite aux époux l'accomplissement de leurs devoirs d'époux, de conjoints et d'éducateurs. Et pour que la grâce s'opère, il faut que les époux coopèrent. Et pour comprendre l'indissolubilité du mariage chrétien et la prohibition du divorce, il faut le placer dans sa signification mystique. Le motif de l'indissolubilité a pour nom amour, c'est-à-dire l'union parfaite qui doit régner entre les époux et ceci aussi en vue du bien des enfants[553].

D'après ce que nous avons vu jusqu'ici, nous pouvons affirmer sans hésitation, selon l'enseignement du magistère de l'Église, que le sacrement du mariage est la base et le fondement de la famille. Et pour continuer cette affirmation passons maintenant à l'enseignement du concile Vatican II et à l'Encyclique Humanae Vitae du Pape Paul VI.

4.2.2.3 Vatican II: la dignité du mariage et de la famille (*GS* n° 47-52)

La pédagogie de Vatican II a été celle de se configurer aux réalités du monde, à ses problèmes et de les transformer de l'intérieur. Effectivement, on ne peut pas sauver l'homme en dehors de lui-même, de son monde, de ce qui constitue son tissu social, culturel, de ses catégories mentales. La doctrine du

---

[551] Cfr. Ibidem, n° 23-25.
[552] Cfr. Ibidem, n° 26-30.
[553] Cfr. *F.C.*, n° 946.

mariage sera aussi présentée sous une nouvelle lumière de la dignité de l'homme d'aujourd'hui, de sa grandeur, du respect de tout l'humain qui l'anime. Cette redécouverte de la dimension personnaliste de la doctrine du mariage n'empêche pas les pères conciliaires de s'inscrire en faux contre tout ce qui dénigre les couples, les familles et la civilisation du siècle.

Le titre du premier chapitre de la deuxième partie de *Gaudium et Spes* est «Dignité du mariage et de la famille». Nous soulignons dès le début que cette partie consiste à la dignité de la famille fondée sur l'union d'un homme et d'une femme par le mariage, instituée par Dieu Créateur et élevée par Jésus Christ au rang de sacrement. Et aussi, comme le Pape Jean Paul II lui-même affirme que l'avenir de l'humanité passe par la famille[554]. Il est vrai que le concile a beaucoup parlé de la famille dans des différents domaines mais parlons davantage du *Gaudium et Spes* n° 47-52. Nous pouvons regrouper les idées maitresses de l'enseignement conciliaire en trois rubriques: confirmation de la doctrine traditionnelle, la valorisation de l'amour conjugal et de la fécondité, l'éveil de la paternité responsable.

4.2.2.3.1 Confirmation de la doctrine traditionnelle

L'aggiornamento du concile Vatican II ne consiste pas à dévaloriser la doctrine traditionnelle de l'Église, mais à reprendre la même doctrine avec une attention particulière en disant que *«la santé de la personne et de la société tant humaine que chrétienne est étroitement liée à la prospérité de la communauté conjugale et familiale[555]»*. Aux yeux de l'Église, la famille et le mariage sont et demeurent ainsi une institution fondamentale de l'humanité. Une institution nécessaire, signifiante par rapport à l'homme, positive pour sa réalisation[556]. Les pères du concile mentionnent les crises que traversaient les familles: polygamie, épidémie du divorce, amour soi-disant libre, autres déformations comme l'avortement, la contraception et tous cela favorise des

---

[554] Cfr. Y. SEMEN, *La famiglia secondo Giovanni Paolo II*, San Paolo, Milano 2012, 47.
[555] Conc. Oecum. Vatican II, Cons. Past. *Gaudium et Spes*. n° 47, §1.
[556] Cfr. J-Y. Calvez, *Une éthique pour nos sociétés: vues actuelles de l'Église sur la vie, la famille, le travail et l'économie, la culture, l'État, la paix, le tiers monde*, Nouvelle Cité, Paris 1988, 17.

problèmes sociaux[557]. Face à ces menaces, les évêques ont voulu rappeler avec autorité la doctrine de l'Église pour éclairer et encourager les chrétiens, mais aussi tous ceux qui s'efforcent de sauvegarder et de promouvoir la dignité originelle et la valeur privilégiée et sacrée de l'état de mariage.

En définissant la famille comme «*intime communauté profonde de vie et d'amour*[558]» formée par le couple, dotée de ses lois propres par le créateur, établie sur l'alliance des conjoints, sur leur consentement personnel et irrévocable, les Pères du concile entendent confirmer l'institution divine du mariage qui échappe à la fantaisie de l'homme. En mettant en évidence le caractère humain et divin qui spécifie cette communauté d'amour, le concile enseigne avec autorité que les lois du mariage et de la famille n'ont pas été promulguées par les hommes mais par Dieu. *«Car Dieu lui-même est l'auteur du mariage qui possède en propre des valeurs et des fins diverses; tout cela est d'une extrême importance pour la continuité du genre humain, pour le progrès personnel et le sort éternel de chacun des membres de la famille, pour la dignité, la stabilité, la paix et la prospérité de la famille et de la société humaine tout entière*[559]*»*.

Aucune autorité humaine ne peut changer les lois du mariage et de la famille. Nous n'avons pas peur de rappeler que lors de la célébration du mariage, c'est l'échange des consentements des conjoints qui établit l'institution familiale que la loi divine confirme. Et tout cela en vue du bien des époux, des enfants et de la société. Le mariage, pour l'Église, n'est pas un fardeau, il ne supprime pas la liberté des conjoints mais il protège leur vrai bien. Ainsi, nous pouvons affirmer aussi que la famille est la cellule de base de la société, et une société qui veut supprimer la famille née du mariage d'un homme et d'une femme s'autodétruit: *«Une société qui annihile la capacité de créer des cellules familiales est une société en train de se détruire*[560]*»*. L'Église reconnait la famille comme étant le fondement de la société humaine

---

[557] Cfr. Cfr. J. GRANADOS, *Una sola carne in un solo spirito, teologia del matrimonio*, 47.
[558] Cfr.Ibidem, 47.
[559] Conc. Oecum. Vatican II, Cons. Past. *Gaudium et Spes*, n° 48, §1. Ici le concile répète la position de Saint Thomas sur la continuité du genre humain.
[560] J.-M. Lustiger, *Autour de la famille*, 142.

c'est-à-dire que sans famille, il n'y a pas de vie sociale possible. Le mariage et l'amour conjugal sont ordonnés à la procréation et à l'éducation, il est un vrai cheminement de sainteté s'il est vécu avec Jésus Christ. Sans Jésus, il est bien difficile de l'être.

4.2.2.3.2 La valorisation de l'amour conjugal et de la fécondité

Quant à la valorisation de l'amour conjugal et da la fécondité, on notera un progrès dans l'enseignement de l'Église sur le mariage. La valorisation de l'amour conjugal reconnue par les Pères conciliaires a certainement sa source et son fondement dans la vision même de l'homme comme personne. C'est pourquoi le mariage, société de l'homme et de la femme, est aussi défini comme communion des personnes[561]. Pour que cette communion de personne puisse être en harmonie, les Evêques signalent certains points en affirmant que les fiancés doivent entretenir une affection chaste; les époux doivent être unis par un amour sans faille; l'amour conjugal est un amour éminemment humain, un sentiment volontaire, et il enveloppe le bien de la personne toute entière. L'amour conjugal va au-delà de la conception habituelle comme une satisfaction charnelle ou inclination simplement érotique.

L'amour conjugal, en tant que donation personnelle et réciproque, en tant que collaboration avec Dieu à la génération et à l'éducation des nouvelles vies, contient l'amour humain (sensible et spirituel), l'amour total (amitié personnelle sans réserve ni calcul égoïste), l'amour fidèle et exclusif jusqu'à la mort (Difficile mais possible et source du bonheur profonde et durable), l'amour fécond qui ne s'épuise pas dans la communion des époux mais destiné à se continuer (procréation et éducation)[562].

«Cet amour, par un don spécial de sa grâce et de sa charité, le Seigneur a daigné le guérir, le parfaire et l'élever. Associant l'humain et le divin, un tel amour conduit les époux à un don libre et mutuel d'eux-mêmes qui se manifestent par des sentiments et des gestes de tendresse et il imprègne toute leur vie; bien plus, il s'achève lui-même et grandit par son généreux exercice.

---

[561] Cfr. Conc. Oecum. Vatican II, Cons. Past. *Gaudium et Spes*, n° 12, §4.
[562] Cfr. M. Séguin, *La contraception et l'Eglise*, Bilan et prospective, Éd. Paulines, Paris 1994, 61-62.

[...] En conséquence, les actes qui réalisent l'union intime et chaste des époux sont des actes honnêtes et dignes[563]».

Mais pour que la valeur de l'amour conjugal puisse se tenir debout, les époux chrétiens doivent être témoins de la fidélité et l'harmonie entre eux. Ils doivent dépasser toute forme d'égoïsme et se livrent à assumer leur responsabilité en tant qu'éducateurs vis-à-vis de leurs enfants[564]. Et tout cela n'est rien d'autre qu'en faveur du bien du mariage et de la famille.

Après avoir parlé de l'amour conjugal, le concile continue son propos en affirmant que le mariage et l'amour conjugal sont eux-mêmes ordonnés à la procréation et à l'éducation, à ce propos il met une place importante aux enfants parce que les enfants sont le don le plus excellent du mariage et ils contribuent grandement au bien des parents eux-mêmes[565]. La procréation est une participation spéciale dans l'œuvre créatrice de Dieu. Cette mission exige de la générosité de la part des époux. Mais quelle belle et grande mission: Dieu veut passer par eux, pour agrandir et enrichir sa propre famille. La procréation est aussi un devoir parce qu'il existe un lien intrinsèque entre union intime des époux et union à la vie. L'amour conjugal est un amour fécond enrichissant personnellement les époux, et aussi ordonné à la transmission de la vie. Par l'amour conjugal pleinement signifié dans la chair, le couple humain entre dans le partage du pouvoir créateur. Ce partage est exaltant mais aussi onéreux, grandiose et pourtant modeste. Les époux sont les coopérateurs de l'amour de Dieu Créateur et comme ses interprètes[566].

4.2.2.3.3 L'éveil de la paternité responsable

L'amour conjugal est un amour ouvert à la transmission de la vie. Certes, le mariage n'est pas institué en vue seul de la procréation[567]. Mais il ne s'ensuit nullement que l'homme puisse changer le sens de l'expression de l'union conjugale. On se rappellera toujours qu'il faut donner à toute la vie

---

[563] Conc. Oecum. Vatican II, Cons. Past. *Gaudium et Spes*, n° 49, §1.2

[564] Cfr. G. Angelini, *La famiglia nelle città: gli affetti, la cultura, la fede*, Milano 2012. Cité par J.Granados, *Una sola carne in un solo spirito*, 53.

[565] Cfr. Michel et T. Bavaud, *Amour et sexualité*, Éd. Saint Paul, Fribourg 1975, 107.

[566] Cfr. Conc. Oecum. Vatican II, Cons. Past. *Gaudium et Spes*, n° 50, §2.

[567] Cfr. Ibidem, n° 50, §3.

conjugale et en particulier à toutes les unions sexuelles la pleine signification et la parfaite expression d'un amour qui rend les époux disponibles pour le service de la vie. Les Pères du concile n'ignorent pas les problèmes démographiques de ce temps et bien d'autres difficultés qui constituent des risques pour la stabilité et la fidélité des époux et qui compromettent également le bien des enfants. Mais ils rappellent que l'union conjugale ne doit pas contredire son but.

La paternité responsable implique la connaissance et le respect des processus biologiques et des fonctions de ces derniers, parce que les lois biologiques font parties de la personne humaine. De ce fait la raison et la volonté ont pour rôle de maitriser les instincts et les passions[568]. *«La vie doit donc être sauvegardée avec soin extrême dès la conception: l'avortement et l'infanticide sont des crimes abominables. [...]. En ce qui concerne les régulation des naissances, il n'est pas permis aux enfants de l'Église, fidèles à ces principes, d'emprunter des voies que les Magistères, dans l'explication de la loi divine, désapprouvent[569]»*. Le service de la vie doit être à coup sur assumé en pleine et consciente responsabilité. Et pour parvenir à une procréation qui soit à la mesure de l'homme, la vertu de chasteté conjugale est bénéfique et les parents ne doivent pas suivre des voies désapprouvées par les magistères de l'Église. La vraie procréation responsable passe objectivement à travers le recours aux méthodes naturelles, à travers la régulation naturelle de la fertilité[570]. Les couples n'assument pas leurs responsabilités fondamentales s'ils procréent instinctivement c'est-à-dire qu'ils n'arrivent pas à contrôler leurs instincts.

Dans cette dynamique de paternité responsable, les parents doivent prendre à cœur l'éducation de leurs enfants, ce qui exige une communion des âmes empreinte d'affection, une mise en commun des pensées entre les époux et aussi une attentive coopération des parents[571]. Dans cette perspective

---

[568] Cfr. M. Séguin, *La contraception et l'Eglise*, 63.
[569] Conc. Oecum. Vatican II, Cons. Past. *Gaudium et Spes*, n° 51, §3.
[570] Cfr. D.TETTAMANZI, *La famiglia via della chiesa*, Milano 1987, 103.
[571] Cfr. Conc. Oecum. Vatican II, *Gaudium et Spes*, n° 52, §1.

Tettamanzi nous parle de la responsabilité fondamentale, de la responsabilité générale et de la responsabilité particulière[572]. La famille est une école d'enrichissement humain, voilà pourquoi tout dépend de la famille[573]. Disons par exemple que ma sensibilité et mon attitude de chrétien commence au sein de ma famille et non au sein de ma paroisse. C'est dans ma famille que j'ai reçu ma première éducation humaine et chrétienne; et si je suis aujourd'hui prêtre, c'est bien parce que mes parents l'avaient désiré au plus intime de leurs prières pour l'un ou l'autre de leurs garçons.

Concernant l'éducation des enfants, *Gaudium et Spes* offre aux parents quelques leçons à suivre en les encourageant à être des parents éducateurs qui privilégient la joie dans l'Esprit, des époux et des parents témoins de l'espérance chrétienne. Ainsi les Pères du concile affirment qu'il faut garantir le droit de procréation des parents et le droit d'élever leurs enfants au sein de la famille[574]. C'est ainsi que la paternité cesse d'apparaitre comme une simple fonction biologique et se présente comme fonction éducative. La maternité pour sa part, dans sa mission toute d'intériorité, apprendra à sublimer l'instinct le plus primitif vers l'amour le plus désintéressé. Les parents, dans un rôle comme dans l'autre, seront invités à tout mettre en œuvre pour que les jeunes enfants ne deviennent pas nostalgiques de ce milieu familial au point d'atteindre l'âge adulte sans savoir affronter la vie. La vocation d'éducateur est une vocation d'amour, avec tout ce que ce mot véhicule: l'abnégation, la générosité et l'esprit de service, envers un tiers voulu par Dieu pour lui-même, l'enfant, pour lequel l'obéissance doit être une libération et non pas un asservissement. En conséquence, la famille n'est donc pas, pour l'individu, véhicule de fatalisme inéluctable, mais formatrice de sa liberté dans toutes ses dimensions, soit humaine soit spirituelle.

Le concile ouvre également une perspective purement pastorale qui permettra aux jeunes de bien se préparer au mariage et de bien assumer les exigences de la vie conjugale (préparation par les prêtres à travers une

---

[572] Cfr. D.TETTAMANZI, *La famiglia via della chiesa*, 105-108.
[573] Cfr. J-Y. Calvez, *Une éthique pour nos sociétés*, 25.
[574] Cfr. Conc. Oecum. Vatican II, Cons. Past. *Gaudium et Spes*, n° 52, §2.

catéchèse sur le mariage, la mise sur pied des associations pour aider les jeunes couples). Les familles peuvent se confier à des spécialistes de sciences humaines pour mettre au clair les diverses conditions favorisant une saine régulation de la procréation humaine. Le concile encourage[575].

D'après ce dont nous avons parlé sur l'enseignement du concile Vatican II, nous pouvons résumer comme suit: le mariage et la famille ont leur dignité. Le concile en donne une définition comme *«la communauté profonde de vie et d'amour que forme le couple a été fondée et dotée de ses lois propres par le créateur; elle est établie sur l'alliance des conjoints, c'est-à-dire sur leur consentement personnel irrévocable. Une institution que la loi divine confirme, naît ainsi, au regard même de la société, de l'acte humain par lequel les époux se donnent et se reçoivent mutuellement[576]»*. Le vrai amour entre époux-épouse implique le don de soi y compris la dimension sexuelle et affective que correspondent au dessein de Dieu[577]. Et cela pour confirmer clairement que de par leur nature, le mariage et la famille sont ordonnés à la procréation et à l'éducation des enfants[578]. Le Christ est le fondement, et lui-même vient à la rencontre des époux dans le sacrement du mariage. Il assume l'amour humain, le purifie et apporte à sa plénitude et donne aux époux la capacité de vivre le sacrement dans leur vie de foi, d'espérance et de charité.

4.2.2.4 Humanae vitae de Paul VI

L'Encyclique *Humanae Vitae* est écrite en 1968 quelques années après le concile Vatican II. Elle est apparue comme une confirmation ou continuité de la doctrine et la tradition de l'Église sur la responsabilité et l'apparition de la vie humaine. Cette doctrine concerne le problème du mariage et de la régulation des naissances déjà anticipé par le concile Vatican II, mais reste toujours un nouveau problème avec le développement et l'évolution de la découverte scientifique. L'enseignement qu'il va présenter est une doctrine

---

[575] Cfr. Ibidem, n° 52, §4-7.
[576] Cfr. Ibidem, n° 48 § 1.
[577] Cfr. *La vocazione e la missione della famiglia nella chiesa e nel mondo contemporaneo*, Relazione finale del sinodo dei vescovi al Santo Padre Francesco, XIV Assemblea Generale Ordinaria, Ottobre 2015, 55.
[578] Cfr. Conc. Oecum. Vatican II, Cons. Past. *Gaudium et Spes*, n° 50.

fondée sur la loi naturelle c'est-à dire la compréhension de ce qui fait qu'un être humain est un être humain en suivant la loi de la nature et de la loi physique qui conditionnent la vie humaine[579].

L'Église, en tant que mère, ne cesse de chercher les moyens d'aider et d'éduquer ses enfants pour pouvoir bien se comporter en vue de leur bonheur. Mais avec l'évolution de la société quelques problèmes touchent la vie de l'homme et arrivent à déstabiliser la vie familiale. De ce fait, l'Église ne peut pas en rester indifférente. Parmi ces problèmes l'Encyclique énonce le rapide développement démographique et le souci pour le bien de la famille dans des différents domaines (travail, économique, éducation). La considération de la femme et sa place dans la société par rapport à sa responsabilité primordiale dans le foyer en tant que cœur de la famille. Et enfin, l'homme devient esclave de ses inventions et arrive à pratiquer ses découvertes dans le domaine auquel il n'a la compétence[580]. Par conséquent, la signification des relations conjugales pour l'harmonie entre les époux et leur fidélité mutuelle s'affaiblit, et l'amour pleinement humain, c'est-à-dire à la fois sensible et spirituel n'est plus selon la volonté de Dieu.

Les conséquences de la pratique des méthodes de régulations des naissances artificielles dégradent et perturbent la vie de chacun et celle de la famille toute entière. Cette pratique illicite ouvre une voie large et facile à l'infidélité conjugale, laisse facilement aux jeunes de transgresser la loi de Dieu et l'amour conjugal n'aura plus de sens pour eux. Quant à la femme, elle devient comme un simple instrument de jouissance égoïste, et non plus comme une compagne respectée et aimée[581]. Ainsi, l'enseignement moral de l'Église est tout à fait piétiné.

Face à ces difficultés le Pape conscientise les chrétiens et leur fait appel pour se tourner aux exigences soit de l'amour conjugal, soit d'une paternité responsable suivant l'enseignement de *Gaudium et Spes*. Cet appel confirme clairement les notes et les exigences caractéristiques de l'amour conjugal: il

---

[579]Cfr. M. Séguin, *La contraception et l'Eglise*, 60.
[580] Cfr. PAUL VI, *Humanae Vitae*, Roma juillet 1968, n° 2.
[581] Cfr. Ibidem, n° 17.

est un amour total, un amour fidèle et exclusif jusqu'à la mort, un amour fécond[582], c'est-à-dire que l'Église revient à parler de la nature de la procréation et de la fidélité au dessein de Dieu.

Il est vrai que la solution technique apparait souvent le plus facile mais n'arrive pas à découvrir la question de fond concernant le sens de la sexualité humaine et la nécessité d'une maitrise responsable, pour que son exercice puisse devenir une expression de l'amour personnel. La technique ne peut pas substituer la maturation de la liberté lorsque l'amour est en jeu. Et d'ailleurs, comme nous savons bien, la raison elle-même ne suffit pas non plus: c'est avec le cœur qu'il faut voir. Seuls les yeux du cœur réussissent à saisir l'exigence propre d'un grand amour, capable d'embrasser la totalité de l'être humain. C'est pourquoi le service que l'Église donne dans sa pastorale matrimoniale et familiale devra savoir orienter les couples à comprendre avec le cœur le merveilleux dessein que Dieu a inscrit dans le corps humain, en les aidant à accueillir ce que comporte un authentique chemin de maturation. Et la grande et profonde différence entre la contraception et la continence périodique est que Dieu est présent dans cette dernière[583]. Si l'exercice de la sexualité se transforme en une drogue qui veut assujettir le conjoint à ses propres désirs et intérêts, il n'est plus le véritable concept d'amour. Le Pape Benoit XVI affirme dans son encyclique *Deus Caritas est*:

> *«L'homme devient vraiment lui-même, quand le corps et l'âme se trouvent dans une profonde unité [...] Mais ce ne sont ni seulement l'esprit ou le corps qui aiment: c'est l'homme, la personne, qui aime comme créature unifiée, dont font partie le corps et l'âme. En l'absence de cette unité, la valeur de la personne se perd et l'on tombe dans le grave danger de considérer le corps comme un objet que l'on peut acheter ou vendre[584]».*

Dans la fécondité de l'amour conjugal, l'homme et la femme participent à l'acte créateur du Père, donc aucune technique mécanique ne peut remplacer

---

[582] Cfr. Ibidem, n° 9.
[583] Cfr. M. Séguin, *La contraception et l'Eglise*, 194.
[584] BENOIT XVI, L. Enc. *Deus Caritas est*, Vatican, Décembre 2005, n° 5.

l'acte d'amour que deux époux s'échangent comme signe d'un mystère plus grand qui les voit comme les acteurs et les coparticipants de la création.

Au même sillage du concile Vatican II, Paul VI a approfondi la doctrine sur le mariage et sur la famille. En particulier avec l'encyclique *Humanae Vitae* il a mis en lumière le lien intrinsèque entre amour conjugal et génération de la vie: «*L'amour conjugal exige donc des époux une conscience de leur mission de paternité responsable, sur laquelle, à bon droit, on insiste tant aujourd'hui, et qui doit, elle aussi être exactement comprise*[585]». L'exercice responsable de la paternité implique donc que les conjoints reconnaissent pleinement leurs devoirs envers Dieu, envers eux-mêmes, envers la famille et envers la société, dans une juste hiérarchie des valeurs. Avec la définition de la famille comme Église domestique, le Pape affirme que la famille doit être une espace où l'Évangile est transmis et s'enracine[586].

4.2.2.5 *Familiaris consortio* de Jean Paul II

Dans les problématiques qui se vit dans des familles il y a quelques décennies, l'Église Catholique, à travers son Souverain Pontife et avec le collège épiscopal, ne cesse d'exhorter, d'interpeler, d'assister, d'accompagner et de guider les couples. Ils sont appelés à vivre selon les conseils évangéliques pour mener leur mission reçue de Dieu lors du sacrement du mariage. Ils ont à créer une famille selon la volonté divine en répondant dignement à leur vocation humaine, familiale et chrétienne avec gratuité et responsabilité. Cette exhortation apostolique se divise en quatre parties mais ce qui nous intéresse surtout c'est la deuxième partie qui est consacrée au dessein de Dieu sur le mariage et sur la famille. Dans cette partie, le Pape montre que la famille est une communion des personnes; puis, il met en relief ses finalités: le service de la vie c'est-à-dire la transmission de la vie et l'éducation des enfants[587]. Pourtant, cela ne nous empêche pas déjà de parler

---

[585] Paul VI, L. Enc. *Humanae Vitae*, n° 10 § 1.
[586] Cfr. Paul VI, Exh. Apost. *Evangelii nuntiandi*, n°71 in *La vocazione e la missione della famiglia nelle chiesa e nel mondo contemporaneo*, 57.
[587] Cfr. J.Laffitte, *Les papes et la famille- de casti connubii à familiaris consortio*, in revue catholique international «communion» n°40 (Janvier-Février 2015) 24.

en passage de la quatrième partie comme anticipation de la deuxième partie de notre recherche parlant de la pastorale familiale.

4.2.2.5.1 Confirmation des doctrines précédentes

Nous avons parlez maintes fois que Dieu lui-même est le fondement de l'amour et l'homme est crée à l'image de Dieu amour; homme et femme, Dieu les créa en vue du mariage stable, indissoluble et fécond. L'amour est la vocation fondamentale et innée de tout être humain, il embrasse aussi le corps humain et le corps humain est rendu participant de l'amour spirituel. Ainsi s'introduisait le lien unique voulu par le Dieu créateur qui rend possible la donation selon toute sa vérité qu'est le mariage c'est-à-dire: «*Ce pacte d'amour conjugal ou le choix conscient et libre par lequel l'homme et la femme accueillent l'intime communauté de vie et d'amour voulue par Dieu lui-même, et qui ne manifeste sa vraie signification qu'à cette lumière*[588] ».

Aussi, l'acte conjugal par lequel l'homme et la femme se donnent l'un à l'autre, au-delà de son acte biologique, concerne la personne humaine dans ce qu'elle a de plus intime. Et la donation physique ne devient vérité que dans la mesure où elle est le signe et le fruit d'une donation personnelle totale dans laquelle toute la personne, jusqu'en sa dimension temporelle est présente.

Les époux chrétiens doivent révéler au monde la communion d'amour entre Dieu et les hommes. Cette vérité théologique nous amène à dire que les époux sont tout à la fois témoins de Dieu et témoins du salut universel. Saint Jean Paul II affirme dans son exhortation qu'aucune réalité humaine ne révèle mieux aux hommes la profondeur de la communion d'amour entre Dieu et les hommes que l'alliance nuptiale entre l'homme et la femme[589].

Le mariage chrétien, dans sa luminosité évangélique, est, tout à la fois, rappel permanent du drame de la croix et symbole de cet événement. Voyons ce que dit saint Jean Paul II: «*Les époux sont pour l'Église le rappel*

---

[588] JEAN PAUL II, Exh. Apost., *Familiaris Consortio*, n° 11.
[589] Cfr. Ibidem, n° 12.

permanent de ce qui est advenu sur la croix. Ils sont l'un pour l'autre des témoins du salut dont les sacrements les rend participants[590]».

Le mariage d'amour des époux, parce qu'il est engagement mutuel, irréversible puisque le Christ a daigné le consacrer par son sacrement, fait de leurs personnes des êtres indissolublement liés l'un à l'autre, de corps et de pensée, pour le meilleur et pour le pire. Les époux chrétiens, consacrés par le sacrement du mariage, deviennent l'un pour l'autre des témoins du salut[591]. Et ils sont, dans un même mouvement et à leur manière, un symbole réel de cet événement du salut. En tant qu'époux, à deux, comme couple, à tel point que l'effet premier et immédiat du mariage n'est pas la grâce surnaturelle elle-même, mais que le lien conjugal chrétien soit une communion à deux, typiquement chrétienne, représentant le mystère de l'incarnation du Christ et son mystère d'alliance[592]. Le Verbe de Dieu, Jésus Christ, en assumant la nature humaine, a parachevé le don de son amour à l'humanité et aussi à l'Église, en consentant le sacrifice de la croix. Ce faisant le Christ se révèle comme la vérité originelle du mariage.

Quant au mariage et à la famille, le Pape Jean Paul II consolide tous les enseignements précédents en affirmant que le mariage est le fondement de la communauté familiale. Et l'institution même du mariage et l'amour conjugal sont ordonnés à la procréation et à l'éducation des enfants. L'enfant est, par définition, le don[593] de Dieu fait aux époux; c'est pourquoi ils devraient l'accueillir avec respect, et l'entourer de leur affection, afin que ce don qui leur est fait se développe et s'épanouisse. Puisque la procréation et l'éducation des enfants constituent la fin même de l'institution du mariage, alors l'enfant est considéré à juste titre comme le couronnement du mariage et de l'amour conjugal[594].

---

[590] Ibidem, n° 13.
[591] Cfr. Ibidem, n° 13.
[592] Cfr. Ibidem, n° 13.
[593] Conc. Oecum. Vatican II, Cons. Past. *Gaudium et Spes* définit l'enfant comme *«un don très précieux»*, n° 50.
[594] Cfr. JEAN PAUL II, Exh. Apost *Familiaris consortio*, n° 14, §1.

C'est bien parce que l'amour est essentiellement un don, don essentiel pour les époux et pour les enfants, il ne s'achève pas avec le couple bien que celui-ci ne fasse qu'une seule chair, dans son offrande réciproque. L'amour des conjoints peut et doit se développer en un don plus grand et plus profond, pour la simple raison qu'il établit les époux, afin qu'ils se disent leur amour: coopérateurs avec Dieu pour donner la vie à une autre personne humaine. Ainsi donc: «*Les époux, tandis qu'ils se donnent l'un à l'autre, donnent au-delà d'eux-mêmes un être réel, l'enfant, reflet vivant de leur amour, signe permanent de l'unité conjugale et* synthèse *vivante et indissociable de leur être père et mère*[595]».

Les enfants sont tout à la fois: signe et synthèse. Signe, ils ne sont pas *un* signe mais *le* signe permanent de l'unité conjugale. Bref, ils constituent l'union dynamique et indissociable de leurs parents. Ainsi, l'enfant produit une nouvelle responsabilité éducative tel le signe visible de l'amour de Dieu. De plus le Pape souligne que même s'il n'y a pas de procréation, la vie conjugale garde sa valeur.

Le père, la mère et les enfants constituent une communauté des personnes qui est la famille devenue un lieu d'apprentissage des relations interpersonnelles, des éducations à la vie chrétienne. En effet dans la famille on doit introduire la connaissance des réalités spirituelles mais non pas seulement sur le plan humain parce que la mission divine se réalise dans la famille; le mariage et la famille constituent l'Église[596].

En disant que la famille est indispensable pour l'édification de l'Église, passons maintenant d'une manière brève à l'importance de la pastorale familiale et celle du rôle d'accompagnante de l'Église.

4.2.2.5.2 Approche pastorale

Dans cette pastorale, la famille chemine vers sa réalisation selon le dessein de Dieu. Et comme nous avons déjà parlé auparavant, la famille est

---

[595] Ibidem, n° 14, §2.
[596] Cfr. Ibidem, n° 15.

dynamique et non statique dans le sens qu'elle est une cellule vitale de la société et de l'Église. La famille doit s'accroitre et se développer non seulement en nombre mais aussi et surtout du point de vue spirituel. Dans *Familiaris Consortio* la famille exerce son rôle de ciment de la société au développement de laquelle elle participe, et c'est la raison pour laquelle elle ne peut être dénaturée de son expérience des liens de communion et de solidarité[597].

La famille est comprise comme une structure de base de toute société où nait la vie et commence l'apprentissage de toute une vie. Dans ce sens, la pastorale de la famille doit bénéficier de façon prioritaire de l'attention de l'Église toute entière parce que la future évangélisation dépend en partie de l'église domestique[598]. Ainsi, nous voyons que la famille constitue le cœur même de la nouvelle évangélisation. Dans le plan de Dieu Créateur et Rédempteur, la famille découvre non seulement son identité, mais aussi sa mission de garder, révéler et communiquer la vie[599]. En tant que communauté de personnes caractérisée par l'unité et l'indissolubilité, la famille a pour mission de vivre, grandir et se perfectionner. Elle est le lieu privilégié pour la réalisation personnelle, auprès des êtres aimés. Elle est le sanctuaire de la vie, servante de cette vie puisque le droit à la vie est la base de tous les droits de l'homme. Ce service ne se réduit pas à la seule procréation, mais il constitue une aide efficace pour transmettre des valeurs authentiquement humaines et chrétiennes, et en assurant l'éducation. En outre, elle est la cellule première et vitale de la société; une église domestique qui accueille, vit, célèbre et annonce la parole de Dieu. La famille est le sanctuaire où s'édifie la sainteté à partir duquel l'Église et le monde peuvent être sanctifiés[600].

La pastorale de l'Église dans le secteur de la famille n'est pas exclusive, elle englobe les familles humaines sans distinction de race ou de statut social, sans catégorisation et sans hiérarchisation. Elle est ouverte à toutes: familles

---

[597] Cfr. J. LAFFITTE, *Les papes et la famille- de casti connubii à familiaris consortio*, 25.
[598] Cfr. JEAN PAUL II, Exh. Apost. *Familiaris Consortio*, n° 65, §4.
[599] Cfr. L. Santedi Kinkupu, *Les défis de l'évangélisation dans l'Afrique contemporaine*, Paris 2005, 123.
[600] Cfr. Ibidem.

régulières ou irrégulières, aux familles en situation difficiles ou aux familles de situation rare à définir. Cela marque l'aspect missionnaire des baptisés. Cette pastorale de l'Église s'adresse à toutes les familles avec un langage adéquat, adapté et équitable pour les accompagner et les amener à la maturité intégrale[601].

Cependant, d'une manière générale, les gens se marient après une préparation préalable. Alors ce travail de préparation au mariage et d'accompagnement des familles est un travail qui se fait de manière différente dans la mesure où la préparation est lointaine, immédiate ou prochaine. Tout cela varie selon les cultures, les sociétés et la religion. Durant des années passées, ce travail préparatif des jeunes aux fiançailles ou des jeunes couples qui veulent se marier, était réservé à la seule famille ou aux personnes initiées à la société, au clan ou au village. Mais aujourd'hui, ce travail est libéralisé dans le sens où on voit intervenir aussi la société et l'Église. Cette intervention a des côtés positifs et négatifs parce que chaque entité a ses propres vérités et croyances. C'est ainsi que pour se démarquer du monde postmoderne, l'Église promeut des programmes plus intensifs de préparation au mariage pour éliminer le plus possible les difficultés dans lesquelles se débattent tant de couples, en plus encore pour conduire positivement les mariages à la réussite et à la pleine maturité[602].

Dans son dynamisme comme étant une réalité et action de l'Église, la pastorale familiale s'organise comme suit:

La paroisse: parce qu'elle est à la fois sauvée et salvatrice. La foi chrétienne est un acte à la fois personnelle et communautaire. La communauté chrétienne est d'une part, la première responsable de cette pastorale et d'autre part, elle est le lieu par excellence de son expression, d'exemplification, de témoignage de vie selon l'Évangile pour matérialiser son union avec le Christ et son Église[603].

---

[601] Cfr. JEAN PAUL II, Exh. Apost. *Familiaris Consortio*, n° 65, §5.
[602] Cfr. Ibidem, n° 66, §2.
[603] Cfr. D.TETTAMANZI, *La famiglia via della chiesa*, 221.

La famille: c'est par le sacrement du mariage que la famille collabore et participe à la mission de l'Église. Celle-ci forme, prépare et accompagne les nouveaux couples et les jeunes fiancés pour la construction du royaume de Dieu dans l'histoire de l'humanité. C'est à partir du témoignage personnel et familial qu'elle peut stimuler d'autres familles. Ici, ce que nous voulons mettre en évidence est l'union et la communion spirituelle et matérielle de la famille avec l'Église qui transparaît dans son union avec le Christ dans l'amour du Père et la communion du Saint Esprit. Ainsi la famille devient un pont qui relie l'Église locale et l'église domestique[604].

Les associations des familles: à part l'Église et la famille, il y a aussi les associations des familles de bonne volonté qui dédient leurs temps et leurs vies au service de Dieu en accompagnant d'autres familles[605]. Et tout le monde a le devoir d'éviter tout ce qui peut blesser la famille dans son existence, sa stabilité, son équilibre et son bonheur. Toute atteinte aux valeurs fondamentales de la famille est une atteinte au vrai de l'homme.

Dans son exhortation, le Pape souligne des différents défis et les cas particuliers de la pastorale familiale et cela signifie que cette pastorale occupe une place prépondérante dans l'Église. Cette dernière la prend comme modèle de vie communautaire et d'organisation quand elle affirme maintes fois par ses pasteurs avec les expressions comme Église famille de Dieu ou la famille comme église domestique. A partir de cela, les deux s'acheminent vers la réalisation du dessein divin: l'avènement du Royaume de Dieu à travers le sacrement du mariage et l'éducation des enfants.

Dire que la famille est la base de la société et de l'Église nous amène à commencer de construire à la base et non à la crête. Il est temps de les remettre dans l'ordre normal, en occurrence, de réaffirmer la famille comme cellule vitale de la société et première communauté évangélisatrice. D'où les soins à apporter à la pastorale familiale, voulue progressive[606]. Nous pensons

---

[604] Cfr. Ibidem, 222.
[605] Cfr. JEAN PAUL II, Exh. Apost. *Familiaris Consortio*, n° 72.
[606] Cfr. JEAN PAUL II, *Les tâches de la famille chrétienne. Exhortation apostolique*, Kinshasa 1982, 101, cité par L. Santedi Kinkupu in *Les défis de l'évangélisation dans l'Afrique contemporaine*, 126.

que la famille est comme la sentinelle qui devrait garder les idéaux sur lesquelles se fonde la vie sociale en tant que vie humaine et cultivée, éloignée des instincts animaux. Il s'agit des idéaux de tolérance, de dialogue, de partage, d'universalité et d'humanité.

4.2.2.6 Amoris Laetitia du Pape François

Comme tous ces prédécesseurs, le Pape François s'occupe de la question de la famille. Dès le premier numéro de l'exhortation le Pape affirme que le désir de famille reste vif, spécialement chez les jeunes, et motive l'Église. Et comme réponse à cette aspiration, l'annonce chrétienne qui concerne la famille est vraiment une bonne nouvelle[607]. Comme toute réflexion théologique est basée sur la Sainte Ecriture, le Pape nous donne dans le premier chapitre une base de citations bibliques suivie d'une synthèse de la situation actuelle de la famille et de ses principaux défis. Dans les chapitre suivants (Chapitre 3, 4, 5), le Pape a exposé un certain nombre d'éléments essentiels de l'enseignement de l'Église concernant le mariage et la famille. Pour la mise en pratique de l'enseignement de l'Église, le Pape nous trace quelques perspectives pastorales à savoir la formation de celui qui s'occupe de la famille (cfr. Chapitre 6), le renforcement de l'éducation des enfants (cfr. chapitre 7), l'accompagnement, le discernement et l'intégration de ceux qui sont en difficulté (cfr. chapitre 8). Avant de conclure son exhortation le Pape nous met en évidence la spiritualité matrimoniale et familiale (cfr. Chapitre 9).

Mais comme nous sommes dans le cadre du rappel des fondements théologiques du mariage et de la famille, nous tâchons de présenter les doctrines rappelées dans *Amoris Laetitia* avant de voir la pastorale familiale qui fera en partie des débats surtout face aux situations dites irrégulières.

4.2.2.6.1 Doctrines sur le mariage et la famille

L'exhortation apostolique *Amoris Laetitia* n'a pas la vocation de changer la doctrine de l'Église sur le mariage et la famille. Lors de la présentation du texte, le cardinal Christoph Schönborn, archevêque de Vienne, affirme que

---

[607] Cfr. Pape FRANÇOIS, Exh. Apost. *Amoris Laetitia*, Rome 2016, n° 1.

ceux qui attendaient une nouvelle norme de type canonique aux différentes situations familiales du XXIe siècle seront déçus[608].

Le nouveau document du pape ne modifie pas la doctrine de l'Église sur le mariage et la famille. Il vise plutôt à la "recontextualiser". Il s'agit d'inculturer les principes généraux de l'enseignement de l'Église pour être bien compris et mis en pratique par chacun. *Amoris Laetitia* n'est pas un document doctrinal au sens strict du terme, déclare l'évêque de Bayonne, notant toutefois que le pape assume l'enseignement de l'Église en grande cohérence avec ses prédécesseurs[609].

Le pape François reconnait l'existence d'autres unions, mais rappelle qu'il n'y a pour l'Église que le mariage d'un homme et d'une femme qui puisse être reconnu comme seul chemin qui correspond pleinement à la révélation et au vrai bien de l'être humain. Il rappelle la doctrine sur l'indissolubilité du mariage et affirme que la famille assure la survie de la société:

> *«Seule l'union exclusive et indissoluble entre un homme et une femme remplit une fonction sociale pleine, du fait qu'elle est un engagement stable et permet la fécondité. Nous devons reconnaître la grande variété des situations familiales qui peuvent offrir une certaine protection, mais les unions de fait, ou entre personnes du même sexe, par exemple, ne peuvent pas être placidement comparées au mariage. Aucune union précaire ou excluant la procréation n'assure l'avenir de la société[610]».*

À propos des violences faites aux femmes le pape François insiste sur l'égale dignité dans le couple: «L'égale dignité entre l'homme et la femme nous pousse à nous réjouir que les vieilles formes de discrimination soient dépassées, et qu'au sein des familles un effort de réciprocité se réalise. Même si des formes de féminisme, qu'on ne peut juger adéquates, apparaissent, nous

---

[608] Cfr. «Amoris Laetitia, les lignes de François sur la famille du XXIe siècle» in *https://www. letemps.ch /societe/2016/04/08/amoris-laetitia-lignes-francois-famille-xxie-siecle*. Cons. 11/07/16.

[609] Cfr. C. Chaland. «Amoris Laetitia diversement commentée par cardinaux et évêques» in *http:// www. Lacroix.com/Urbi et Orbi/Vatican/Amoris-Laetitia-diversement-commentée-cardinaux-évêques/ 12/04/16*. Cons.11/07/16.

[610] Pape FRANÇOIS, Exh. Apost. *Amoris Laetitia*, n° 52.

admirons cependant une œuvre de l'Esprit dans la reconnaissance plus claire de la dignité de la femme et de ses droits[611]»

À propos de la sacramentalité du mariage, le Pape rappelle que le mariage est un engagement religieux, de l'ordre d'une vocation:

> «*Le sacrement de mariage n'est pas une convention sociale, un rite vide ni le simple signe extérieur d'un engagement. Le sacrement est un don pour la sanctification et le salut des époux. Le mariage est une vocation, en tant qu'il constitue une réponse à l'appel spécifique à vivre l'amour conjugal comme signe imparfait de l'amour entre le Christ et l'Église. Par conséquent, la décision de se marier et de fonder une famille doit être le fruit d'un discernement vocationnel[612]* ».

Et le sacrement du mariage est intimement lié à l'éducation des enfants[613].

Comme tous ces prédécesseurs, le pape François condamne toute atteinte à la vie et évoque, dans cette exhortation consacrée à la famille, la valeur inaliénable de l'existence humaine:

> «*La valeur d'une vie humaine est si grande, et le droit à la vie de l'enfant innocent qui grandit dans le sein maternel est si inaliénable qu'on ne peut d'aucune manière envisager comme un droit sur son propre corps la possibilité de prendre des décisions concernant cette vie qui est une fin en elle-même et qui ne peut jamais être l'objet de domination de la part d'un autre être humain. La famille protège la vie à toutes ses étapes, y compris dès ses débuts[614]*».

La doctrine n'a pas changé: en tant que telle, une situation irrégulière, comme celle du remariage, ferme l'accès aux sacrements[615]. C'est très précisément sur ce point qu'est sauvegardée la continuité d'*Amoris laetitia* avec *Familiaris consortio* et les autres prises de position magistérielles qui ont suivi. L'éventuel accès aux sacrements de certaines personnes en situation d'irrégularité est fondé par Amoris laetitia, non pas sur un droit (même par

---

[611] Ibidem, n° 54.
[612] Ibidem, n° 72.
[613] Cfr. Ibidem, n° 80.
[614] Ibidem, n° 83.
[615] Cfr. Cardinal C. Schönborn, " Amoris Laetitia" in *http://.la-croix.com/Religion/Amoris-laetitia-entretien-avec-cardinal-Schönborn-2016-07-07-1200774175*. Cons. 19/07/2016.

mode d'exception objective), mais sur une économie miséricordieuse (donc purement gracieuse) en fonction d'un discernement dans le for interne de la personne[616]. Et cela ne peut se faire que sous l'angle de la vision pastorale.

4.2.2.6.2 Approche pastorale

La pratique pastorale que le Pape aborde dans son exhortation vise à construire une famille solide et féconde selon le plan de Dieu. La famille n'est pas principalement un problème pastoral à résoudre entre bien d'autres, mais un sujet vivant et présent. Elle est sujet et non simplement objet de l'évangélisation. L'évangélisation de la famille est importante parce que la famille est un bien pour l'église comme l'Église est un bien pour la famille[617]. Pour atteindre cet objectif, le Pape aborde un certain nombre de pratiques pastorales comme la nécessité d'une formation adéquate aux ministres ordonnés pour traiter les problèmes complexes actuels des familles[618]. La préparation au mariage et l'accompagnement dans les premières années de vie conjugale[619]. Sur l'éducation des enfants, le Pape nous montre que la famille qui nécessite une préparation attentive n'est pas seulement sanctuaire de l'amour et de la vie, mais le lieu d'éducation des enfants. Il y insiste non seulement sur la formation morale et l'éducation sexuelle, mais aussi sur la transmission de la foi[620].

Dans le huitième chapitre de l'exhortation, le Pape nous ouvre une nouvelle orientation et y cherche à poser les bases d'une pastorale de la miséricorde en direction des situations dites irrégulières, en particulier les fidèles divorcés et engagés dans une nouvelle union civile. Ce chapitre s'intitule «Accompagner, discerner et intégrer la fragilité». Cette orientation provoque des différentes réactions. Ces réactions se présentent sous deux formes distinctes: les réactions contre et les réactions en accord avec l'orientation du Pape.

---

[616] Cfr. Ibidem.
[617] Cfr. Ibidem, n° 87.
[618] Cfr. Ibidem, n° 202.
[619] Cfr. Ibidem, n° 223. L'accompagnement doit encourager les époux à être généreux dans la communication et dans le respect de la dignité de son partenaire.
[620] Cfr. Ibidem, n° 287-290.

Parmi les figures de ceux qui sont contre l'orientation du Pape, prenons quelques exemples. Robert Spaemann philosophe et théologien allemand affirme que cette orientation est une rupture à l'enseignement traditionnel de l'Église et provoque l'incertitude et la confusion, des conférences épiscopales au petit curé dans la forêt vierge. Et il continue, le Pape aurait dû savoir qu'avec une telle démarche, il allait diviser l'Église et la diriger vers un schisme[621].

De même le Cardinal C.Caffarra, archevêque émérite de Bologne a dit qu'il y a de confusion dans l'exhortation, en plus cette exhortation abroge et contredit les doctrines précédentes. Selon lui, le Pape doit clarifier cette affaire. Et il continue que quand quelqu'un dit que la doctrine demeure mais il ne s'agit que de tenir compte de quelques rares cas, je réponds que la norme morale «Tu ne commettra point d'adultère» est une norme absolument négative qui ne tolère aucune exception[622].

La réaction du cardinal Burke et Mgr. A.Schneider est la même: il y a confusion dans *Amoris Laetitia*. Le premier affirme que la vision du document est à la fois source d'étonnement et de confusion pour les fidèles et constitue potentiellement une source de scandale non seulement pour les fidèles mais pour d'autres personnes de bonne volonté qui attendent du Christ et de son Église qu'ils enseignent et reflètent dans la pratique de la vérité concernant le mariage son fruit, la vie de famille, la première cellule de la vie de l'Église et de toute société[623]. Et le second signale les conclusions logiques ruineuses qui découlent des pratiques nouvelles introduites par le Pape François[624].

L'Abbé C. Thouvenot a vu que l'exhortation introduit une dichotomie entre doctrine et pastorale. Il affirme que dès que le Pape aborde les défis pastoraux de la famille dans le contexte de l'évangélisation, il semble mettre

---

[621] Cfr. *Amoris Laetitia*: l'analyse critique de Robert Spaemann in *http://lesalonbeige.blogs.com/my weblog /2016/05/05 amoris-laetitia-lanalyse-critique-de-robert-spaemann.html*. Cons. 19/07/2016.

[622] Cfr. Amoris Laetitia: le cardinal Caffarra interpelle le Pape et dénonce la confusion dans l'Église in *http://reinformation.tv/amoris-laetitia-cardinal-carlo-caffarra-villiers-57604-2/*. Cons. 19/07/2016.

[623] Cfr. Réaction du cardinal Burke à «Amoris Laetitia», in *http://www.nd-chretiente.com/ dotclear/ index.php?post/2016/04/23/ Reaction-du-cardinal-Burke-a-Amoris-laetitia*. Cons. 19/07/2016.

[624] Cfr. Documentation Information Catholique Internationale, *Sévères critiques de l'exhortation Amoris Laetitia*, 05 mai 2016.

de côté la doctrine et la discipline qui en découle pour favoriser une praxis délétère[625].

À la lecture de ces réactions, il semble que le Pape ait changé la doctrine et qu'il soit trop laxiste pour l'admission au sacrement de l'eucharistie pour ceux qui sont en situation irrégulière, on laisse entendre que le Pape fait un choix pastoral trompeur.

Face à ces différentes réactions, voyons quelques réponses qui affirment que le Pape est fidèle à la doctrine et apporte un renouveau pastoral. Pourtant, la question est légitime: le texte représente-t-il vraiment un changement dans la discipline traditionnelle de l'Église, permettant finalement aux divorcés « de revenir à la maison » et d'y recevoir la communion, au moins à certaines occasions?

Selon L. Melina, après avoir lu le chapitre 8, dans lequel cette question est examinée, il y a une seule conclusion possible: l'exhortation apostolique *Amoris Laetitia* ne change pas la discipline de l'Église, qui s'appuie sur des raisons doctrinales, comme l'indique *Familiaris Consortio* n° 84, et le confirme *Sacramentum Caritatis* n° 29. En effet, le texte du chapitre 8 ne mentionne en aucune façon l'Eucharistie. Dans aucune partie de la nouvelle exhortation post-synodale, le pape François ne dit que les divorcés de retour à la maison peuvent accéder à l'Eucharistie sans l'exigence de vivre comme frère et sœur. Cette exigence de *Familiaris Consortio* n° 84 et de *Sacramentum Caritatis* n° 29 reste totalement valide, comme point de référence pour le discernement. Le minimum que l'on devrait demander pour légitimer le changement d'une discipline enracinée dans la Tradition et la doctrine de l'Église, établie fermement par le Magistère (cf. *Mt* 5, 37), est une clarification, libre de toute ambiguïté. En effet Jean-Paul II, dans *Familiaris Consortio* et Benoit XVI dans *Sacramentum Caritatis*, se sont exprimés avec une clarté limpide[626]. Et le Pape François lui-même affirme qu'il y a une

---

[625] Cfr. Documentation Information Catholique Internationale, n° 334 du 22 Avril 2016.
[626] Cfr. L. Melina, «Amoris Laetitia": fidélité à la doctrine et renouveau pastorale le 2 mai 2016 in *http://www.didoc.be/fr/papers/413-amoris-laetitia-fidelite-a-la-doctrine-et-renouveau-pastoral*. Cons. 11/07/16.

question qui doit toujours être prise en compte, de manière qu'on ne pense jamais qu'on veut diminuer ou réduire les exigences de l'Évangile[627].

De même, le philosophe Rocco Buttiglione souligne que l'exhortation apostolique *Amoris Laetitia* suit la direction tracée par Jean Paul II. Il rappelle l'invitation de Jean Paul aux divorcés remariés à entrer dans l'Église car ils peuvent et même ils doivent, comme étant baptisés, participer à la vie de l'église. Jean Paul II les invite à écouter la Parole de Dieu, à assister au Sacrifice de la messe, à persévérer dans la prière, à apporter leurs contributions aux œuvres de charité et aux initiatives de la communauté en faveur de la justice, à élever leurs enfants dans la foi chrétienne, à cultiver l'esprit de pénitence et à en accomplir les actes, afin d'implorer, jour après jour, la grâce de Dieu[628]. Mais sans réadmettre à la communion à moins qu'ils prennent l'engagement de vivre en complète continence, c'est-à-dire en s'abstenant des actes réservés aux époux[629].

Et il continue que le Pape François fait un pas en cette direction. Le Pape ne dit pas que les divorcés remariés peuvent recevoir la communion. Le divorce et la nouvelle union sont objectivement un mal et on ne peut pas accepter un acte sexuel en dehors du mariage. Cet enseignement moral ne change pas. Le Pape dit que les divorcés remariés peuvent se confesser pour commencer le processus du discernement avec un prêtre, et c'est à ce dernier d'évaluer si les conditions sont complètes pour qu'un péché soit un péché mortel ou non[630].

Ce que je vois, certes, affirme Buttiglione, les opposants du Pape ont la volonté de rester sur l'objectivité[631]; il y a des risques pastoraux[632] mais pour cela il faut expliquer et enseigner. Tout cela a besoin d'une décision pastorale. En effet, *Amoris Laetitia* nous invite à évaluer les conditions subjectives et les

---

[627] Cfr. Pape FRANÇOIS, Exh. Apost. *Amoris Laetitia*, n° 301.

[628] Cfr. JEAN PAUL II, Exh. Apost. *Familiaris consortio*, n° 84. Dans le même sens *Amoris Laetitia*, n° 299.

[629] Cfr. Ibidem, § 5.

[630] Cfr. Pape FRANÇOIS, Exh. Apost. *Amoris Laetitia*, nn° 296-298.

[631] Cfr. *http://www.lastampa.it/2016/05/30/vaticaninsider/ita/inchieste-e-interviste/amoris-laetitia-fa-un-passo-nella-direzione-segnata-da-wojtyla-tV67gzuneHy7DWhxzrVWOI/pagina.html*. Cons.23/06/ 2016.

[632] Certains pourraient penser que le divorce et la nouvelle union ne sont plus des maux; certains d'autres qui restent dans son état séparé se sentent trompés.

situations parce qu'il n'existe pas de recettes simples[633]. Les Pères synodaux ont affirmé que le discernement des Pasteurs doit toujours se faire en distinguant attentivement les situations, d'un regard différencié[634]. Un Pasteur ne peut se sentir satisfait en appliquant seulement les lois morales à ceux qui vivent des situations ''irrégulières'', comme si elles étaient des pierres qui sont lancées à la vie des personnes. C'est le cas des cœurs fermés, qui se cachent ordinairement derrière les enseignements de l'Église pour s'asseoir sur la cathèdre de Moïse et juger, quelquefois avec supériorité et superficialité, les cas difficiles et les familles blessées[635]. Buttiglione rappelle que le Pape suit la doctrine traditionnelle pour définir le péché mortel en accord avec le catéchisme de Pie X et le catéchisme de l'Église Catholique (CEC n° 1857).

Le cardinal C. Schönborn explique que l'exhortation pour la famille est nouvelle, puisqu'elle montre qu'il n'y a pas de norme générale qui puisse couvrir tous les cas vécus par les familles. C'est un document pontifical d'une très grande qualité, une véritable leçon de *sacra doctrina* qui nous reconduit à l'actualité de la parole de Dieu. Le regard ouvert à la réalité et à la fragilité ne nuit pas la fermeté de la doctrine mais participe à sa colonne vertébrale: il y a la doctrine sur la foi et les mœurs, il y a la discipline fondée sur la sacra doctrina, et il y a la praxis personnellement et communautairement conditionnée[636].

Quant au cardinal Müller, il ne s'est pas opposé à l'affirmation du Pape François, au contraire il affirme qu'il fallait éviter de voir ou plutôt d'inventer des contradictions entre les papes successifs. De toute façon a-t-il expliqué, le Pape demande à l'Église de penser la manière dont on peut intégrer ces personnes qui savent qu'elles vivent dans une situation incorrecte mais qui désirent se rapprocher de l'Église.

La directive pastorale que le Pape François veut nous transmettre c'est l'accueil et l'accompagnement à long terme avec un discernement surtout pour

---

[633] Cfr. Pape FRANÇOIS, Exh. Apost. *Amoris Laetitia*, n° 298.
[634] Cfr. Ibidem.
[635] Cfr. Ibidem, n° 305.
[636] Cfr. La Croix, *Entretien sur Amoris laetitia avec Antonino Spadaro* s.j, Éd. Parole et Silence, Paris 2016.

ceux qui sont en difficulté. Cet accompagnement doit former et éclairer la conscience dans un discernement pastoral qui ne pourra jamais s'exonérer des exigences de vérité et de charité de l'Évangile proposées par l'Église[637]. Certes, *Amoris Laetitia* dit bien que nous sommes appelés à former les consciences, mais non à prétendre nous substituer à elles[638].

L'invitation du Pape à s'engager dans l'action pastorale avec le mot d'ordre accompagner, discerner et intégrer est valable dans toutes les situations[639]. Cette invitation insiste sur un travail pastoral pour assurer la croissance dans l'amour en cheminant sur la route de l'Église c'est-à-dire la route de la miséricorde et d'intégration, et ne condamne personne éternellement[640]. Personne ne peut être condamné pour toujours parce que ce n'est pas la logique de l'Évangile[641]. Sans doute, la miséricorde n'exclut pas la justice et la vérité, mais avant tout, nous devons dire que la miséricorde est la plénitude de la justice et la manifestation la plus lumineuse de la vérité de Dieu[642].

L'Église s'ouvre à toutes les familles, elle se veut plutôt accueillante à toutes les personnes. Voilà pourquoi, notre tâche pastorale envers les familles est de renforcer l'amour et d'aider à guérir les blessures, c'est-à-dire que nous devons continuer et renouveler notre tâche d'enseigner, de gouverner et de sanctifier parce qu'aucune famille n'est une réalité céleste et constituée une fois pour toute[643].

D'après ce que nous avons vu sur le fondement doctrinal sur le mariage, nous pouvons affirmer que le parcours de l'ensemble des textes magistériels montre que les papes ont toujours jugé extrêmement importante la question familiale et le sacrement du mariage. L'Église n'a jamais cessé de revendiquer la nécessité de voir de plus près la vie de la famille. Dieu est la source du

---

[637] Cfr. Ibidem, n° 300.

[638] Cfr. Ibidem, n° 37.

[639] Nous pouvons citer par exemple le phénomène de la migration, l'attention aux personnes âgées, la violence faite aux femmes…

[640] Cfr. Pape FRANÇOIS, Exh. Apost. Amoris Laetitia, n° 296.

[641] Cfr. Ibidem, n° 297.

[642] Cfr. Ibidem, n° 311.

[643] Cfr. Ibidem, n° 325.

mariage et c'est Jésus Christ qui le met au rang des sacrements. Il est le fondement de la famille et cette dernière n'est autre que la cellule vitale de l'Église et la société. En parlant du mariage comme fondement de la famille, les magistères ne cessent de répéter l'indissolubilité, la fidélité, la chasteté de l'union conjugale. Le Pape Benoît XVI a repris le thème de la vérité de l'amour entre l'homme et la femme qui s'illumine pleinement à la lumière de l'amour du Christ. En outre, dans l'Encyclique *Caritas in veritate*, il met en évidence l'importance de l'amour familial comme principe de vie dans la société, lieu dans lequel on apprend l'expérience du bien commun[644]. Avec le Pape François, dans l'Encyclique *Lumen Fidei*, il affirme que le premier lieu dans lequel la foi illumine la cité des hommes se trouve dans la famille, surtout dans l'union stable de l'homme et de la femme par le sacrement du mariage[645].

4.3 L'essence du mariage et de la famille

4.3.1 Mariage sacrement

L'amour entre l'homme et la femme est une réalité de tous les jours, inscrite dans la culture de tous les peuples depuis l'origine. Il n'existe pas de peuples ou civilisations qui n'aient cherché à organiser les liens conjugaux et familiaux. Divers modèles existent. Ici nous parlons du mariage chrétien, un signe efficace de l'alliance du Christ et de l'Église. Le mariage entre baptisés qui désigne et communique la grâce de cette alliance[646]. Le mariage est une forme d'amour qui vient de Dieu parce que l'amour des époux est une des formes de la charité qui vient de Dieu[647]. Dans l'ancienne alliance, le mariage se présente comme mariage d'amour entre Dieu et son peuple; mais c'est dans la nouvelle alliance que le mariage trouve sa pleine signification: contracté entre deux baptisés, il est la vivante image de l'union du Christ avec

---

[644] Cfr. *La vocazione e la missione della famiglia nella chiesa e nel mondo contemporaneo*, Relazione finale del sinodo dei Vescovi al Santo Padre Francesco, Paoline, ottobre 2015, n° 58.

[645] Cfr. Pape FRANÇOIS, L. Enc. *Lumen fidei*, n°52 in *La vocazione e la missione della famiglia nella chiesa e nel mondo contemporaneo*, 59.

[646] Cfr. Cardinal G. MÜLLER, *Le pouvoir de la grâce*, l'indissolubilité du mariage, les divorcés remariés et les sacrements, 21.

[647] Cfr. J-M. LUSTIGER, *Autour de la famille*, 62.

l'Église[648]. Le mariage, «*l'alliance matrimoniale, par laquelle un homme et une femme constituent entre eux une communauté de toute la vie, ordonnée par son caractère naturel au bien des conjoints ainsi qu'à la génération et à l'éducation des enfants, a été élevé entre baptisés par le Christ à la dignité de sacrement[649]*».

Le sacrement du mariage sanctifie l'union d'une femme et d'un homme, et situe l'amour des époux au cœur de l'amour de Dieu pour l'humanité. Le mariage est un appel divin par lequel un homme et une femme se donnent l'un à l'autre dans une alliance pour toute la vie. Il y a donc deux caractères ou propriétés essentiels du mariage: l'unité et l'indissolubilité, c'est la raison pour laquelle le sacrement de mariage n'est pas réitérable. On ne se marie qu'une seule fois[650]. C'est un engagement pris devant Dieu. La dignité de cet engagement s'articule sur les quatre piliers que scelle l'échange de consentements: la liberté du consentement, la fidélité de l'engagement, l'indissolubilité du lien et la fécondité de l'amour.

4.3.1.1 La liberté de consentement

Le premier de ces piliers est la liberté de consentement. Selon l'enseignement de l'Église, le consentement fait le mariage[651] : c'est le fait, pour un homme et une femme, de se marier sans qu'aucune des deux parties n'y sont forcée. Que le «oui» soit un acte libre et responsable[652] c'est-à-dire que l'amour n'est possible que dans le respect de la liberté de chacun parce que l'homme se définit par sa liberté et sa conscience[653]. Donc s'engager dans le mariage catholique doit se faire en toute liberté. On parle de communion de deux personnes et leur projet est bien de former une communauté de vie et non une fusion passionnelle. Et pour que le choix de conjoint soit libre il faut le temps de découvrir l'autre avec tout ce qui le concerne. Pour qu'il y ait sacrement de mariage, l'homme et la femme doivent se choisir et décider

---

[648] Cfr. H. CAFFAREL, *Le mariage aventure de sainteté*, 91.
[649] CEC n°1601, CIC 1055 §1.
[650] Cfr. J.-P. VESCO, *Tout amour véritable est indissoluble*, Cerf, Paris 2015, 57. CIC can. 1056.
[651] CEC n°1626.
[652] CEC n°1632.
[653] Cfr. J-M. LUSTIGER, *Autour de la famille*, 29.

librement de former ce couple. Ce n'est pas simplement un sentiment qui peut être fugace comme tout sentiment, ni un pacte économique qui peut être rompu, ni un accord de contractuels avec des clauses de résignation. Mais la volonté de Dieu se manifeste dans ce choix de libertés humaines pleinement engagées dans un amour irrévocable[654]. Le respect de la liberté est important car l'homme est à l'image de Dieu et Dieu nous aime en nous laissant libres. Durant la célébration du sacrement de mariage, la première question du célébrant est la question de liberté: *vous allez vous engager, est-ce librement et sans contrainte?* L'Église souhaite que chacun dans le couple puisse s'épanouir sans souffrir d'interdits qui paralysent la vie du couple. Les couples doivent exercer leur liberté à aimer en passant de l'union affective à la communion de vie totale fondée sur l'affirmation de la valeur de l'un et de l'autre en tant que personnes, car la liberté chrétienne est à la fois un don de Dieu et une œuvre à réaliser.

4.3.1.2 La fidélité à l'engagement

L'amour se conjugue avec la fidélité de l'engagement. S'aimer, continuer à s'aimer comme le Christ aime l'Église. Les époux s'engagent dans la durée grâce à la fidélité, en s'appuyant sur le pardon et la réconciliation[655]. Etre fidèle signifie persévérer dans l'amour, renouveler son propre «oui» même dans les moments difficiles[656]. C'est une promesse qui engage, une promesse que les mariés se font le jour du mariage. En prononçant cette déclaration devant Dieu et son Église, dans le cadre d'un mariage sacramentel, les époux demandent la grâce surnaturelle dont ils ont besoin pour vivre fidèlement leur vocation. Ils professent non seulement leur amour, mais aussi leur foi et leur espérance. La fidélité conjugale n'est pas quelque chose qu'on ajoute de l'extérieur du mariage-sacrement mais son contenu profond.

La fidélité que propose l'Église signifie une espérance de bonheur durable. Il n'y a qu'un seul Dieu fidèle, toujours fidèle, qui fait alliance avec

---

[654] Cfr. Ibidem, 38.

[655] Cfr. H. CAFFAREL, *Le mariage, aventure de sainteté*, 98.

[656] Cfr. A. Cattaneo con Franca & Paolo Pugini, *Matrimonio d'Amore*. Tracce per un cammino di coppia, Milano 2005, 38.

son peuple. Ainsi, la fidélité du couple est un signe qui manifeste la fidélité divine, c'est-à-dire un message vivant de la proximité de Dieu à l'humanité et du Christ à l'Église[657]. La fidélité se présente alors comme la mesure de l'amour et de la donation. «*Le motif le plus profond se trouve dans la fidélité de Dieu à son peule, du Christ à son Église. Par le sacrement de mariage les époux sont habilités à représenter cette fidélité et à en témoigner[658]*».

Les époux ont fait une promesse de fidélité en se donnant l'alliance durant la célébration du mariage; ils disent: reçois cette alliance, signe de mon amour et de ma fidélité. Nous pouvons interpréter la fidélité comme la confirmation de l'unité du mariage et l'idée de la monogamie. Cette fidélité n'est autre que la participation à la fidélité de Dieu[659]. La fidélité conjugale est donc le lieu possible de l'expérience de la transcendance[660].

En parlant de la fidélité, le Pape Jean Paul II met l'accent sur la fidélité conjugale parce qu'il l'estime comme l'un des principaux moyens par lesquels le mariage chrétien s'accomplit et couronne le sacrement de création c'est-à-dire que par l'engagement à une éternelle fidélité, l'homme et la femme prouvent leur maitrise du langage du corps[661]. Mais il n'y a pas d'existence qui puisse échapper au malheur. Il n'y a pas de vie conjugale parfaite. Ce malheur peut être causé par des circonstances extérieures ou par la volonté des hommes ou par la mauvaiseté et par la faiblesse de la liberté des époux qui se sont promis fidélité et qui se trahissent. La vie du couple n'est pas une lune de miel permanente. Les infidélités sont l'image de celles d'Israël. Mais Dieu est fidèle et prêt à la réconciliation car l'amour éternel provoque la pitié[662].

---

[657] Cfr. C. ROCCHETTA, *Il sacramento della coppia*, saggio di teologia del matrimonio cristiano, EDB, Bologna 1996, 244.

[658] CEC n°1647.

[659] Cfr. C. ROCCHETTA, *Il sacramento della coppia*, saggio di teologia del matrimonio cristiano, 245.

[660] Cfr. W. KASPER, *Il matrimonio cristiano*, Queriniana, Brescia 2014, 32.

[661] Cfr. C. ANDERSON-J. GRANADOS, *La beauté de l'amour & La splendeur du corps*, Éd. de l'Emmanuel, Paris 2014, 165.

[662] Cfr. P. GRELOT, *Le couple humain dans l'Ecriture*, 57.

4.3.1.3 L'indissolubilité[663] de lien du mariage

L'indissolubilité du mariage se rapporte à la notion sacramentelle de l'union. Ce n'est pas un contrat mais un pacte d'alliance, à l'image de l'union de Dieu avec son peuple et du Christ avec son Église. L'échange des deux «oui» devant un ministre de l'Église et le peuple chrétien rassemblé qui est la matière du sacrement et cet échange qui scelle l'indissolubilité du lien matrimonial entre les nouveaux époux[664]. Le sacrement du mariage catholique apporte la grâce, accompagnant les époux dans les temps et leur permettent de s'aimer pour la vie. «*En échangeant leurs consentements, les époux reçoivent l'Esprit Saint qui scelle le don mutuel de leurs personnes dans l'indestructible, l'indissoluble amour entre le Christ et l'Église. Le mari et la femme prennent part à l'indestructible union entre le Christ et l'Église, qui est le véritable fondement de leur fidélité[665]*».

«Ce que Dieu a uni, que l'homme ne le sépare pas». Chaque mariage est le fruit du libre consentement de l'homme et de la femme. Mais il est à noter que l'indissolubilité du mariage ne dérive pas de l'engagement définitif des contractants, mais elle est intrinsèque à la nature du «*puissant lien établit par le Créateur[666]*». Cette préexistence du projet de lien indissoluble entre l'homme et la femme est voulue par Dieu dès l'origine[667]. Cet enseignement du Concile confirme l'indissolubilité du mariage naturel (échange de consentement de deux personnes non-baptisés devant une autorité civile quel que soit son statut). Aux yeux de l'Église, cela vaut un mariage indissoluble. L'indissolubilité d'un mariage non sacramentel est dite intrinsèque, c'est-à-dire que l'Église se reconnait le pouvoir d'annuler le mariage dans certains cas rares. L'indissolubilité du mariage sacramentel est dite intrinsèque et extrinsèque car l'Église ne se reconnait aucun pouvoir d'annuler un mariage sacramentel[668]. D'où le Cardinal Müller a écrit: «*L'Église catholique a*

---

[663] Doctrine formulée par le concile de Trente (1545-1563).

[664] Cfr. J.-P. VESCO, *Tout amour véritable est indissoluble*, 48.

[665] Cfr. C. Anderson-J. Granados, *La beauté de l'amour & La splendeur du corps*, 171.

[666] JEAN PAUL II, *Catéchèse du 21 novembre 1979*, n°2 in Benoit XVI, *Pensées sur la famille*, 33.

[667] Cfr. Conc. Oecum. Vatican II, *Gaudium et Spes*, n° 48, §1.

[668] Cfr. J.-P. VESCO, *Tout amour véritable est indissoluble*, note n°1, 51.

défendu l'indissolubilité absolue du mariage, même au prix de grands sacrifices et souffrances[669]».

L'Église s'oppose au divorce. Elle n'accepte jamais que soit rompu ce lien de l'homme et la femme comme un signe qui étaye son espérance[670]. La promesse du couple pendant son mariage où l'homme et la femme reçoivent mutuellement *«je te prends comme ma femme, je te prends comme mari[671]»* correspond à l'idée que l'un et l'autre veulent s'aimer, se respecter jusqu'à ce que la mort les sépare. À travers le sacrement du mariage, l'indissolubilité du mariage renferme une signification nouvelle et plus profonde, elle devient l'image de l'amour constant de Dieu pour son peuple et de la fidélité irrévocable du Christ à son Église. C'est pourquoi l'indissolubilité du mariage sacramentel est une norme de droit divine qui n'est pas à la disposition du pouvoir discrétionnaire de l'Église[672]. Mais par la perte des raisons fondamentales de la foi chrétienne dans un milieu sécularisé par exemple, l'incompréhension de la doctrine de l'indissolubilité devient de plus en plus floue. C'est à l'Église d'enseigner et rappeler que les époux s'aiment désormais dans l'amour qui est le prolongement de l'amour de Dieu.

4.3.1.4 La fécondité de l'amour

La parole donnée crée la vie en introduisant la notion de procréation, d'éducation des enfants et d'ouverture vers les autres. On attribue souvent à la tradition biblique ou catholique le point de vue selon lequel, parmi les fins du mariage, la procréation tient la première place[673]. Saint Jean Paul II a fait une distinction entre procréation et production. La procréation est la condition de la réalisation de l'amour tandis que la production reste dans le domaine biologique.[674] Ainsi, l'amour conjugal se déploie dans cette fécondité qu'est la descendance en donnant la vie et la vie trouve son épanouissement dans

---

[669] G. MÜLLER, *Le pouvoir de la grâce*, l'indissolubilité du mariage, les divorcés remariés et les sacrements, 27.

[670] Cfr. H. CAFFAREL, *Le mariage aventure de sainteté*, 96.

[671] Cfr. CEC n° 1627.

[672] Cfr. G. MÜLLER, *Le pouvoir de la grâce*, l'indissolubilité du mariage, les divorcés remariés et les sacrements, 62.

[673] Cfr. Y. SEMEN, *Jean-Paul II et la famille*, EDB, Perpignan 2011, 43.

[674] Cfr. K. Wojtyla, *Amore e Responsabilità*, Marietti, Genova 2013, 167.

l'amour[675]. Cet amour invite les époux à s'aimer et à s'ouvrir à l'accueil de la vie de façon responsable avec générosité. L'amour conjugal ne s'arrête pas dans le couple. Ils deviennent coopérateurs avec Dieu pour donner une vie à une autre personne humaine[676]. Aimer et donner la vie sont une seule et même vocation parce que l'amour entre l'homme et la femme ainsi que la transmission de la vie sont inséparables[677]. Le don de la vie est un acte d'amour, on ne calcule pas, on s'en remet à la providence. «L'homme s'attache à sa femme et ils deviennent une seule chair» (Gn2, 24). S'attacher[678], c'est s'engager envers l'autre de tout son cœur[679], de toute sa force, de tout son esprit, de tout son être. Pour les époux chrétiens, leur attachement est sacramentel. Il reçoit en quelque sorte de l'attachement du Christ et de l'Église[680].

En ce qui concerne la procréation des enfants, le pape Benoit XVI affirme dans son discours du 6 juin 2005 qu'il est contraire à l'amour humain, à la vocation profonde de l'homme et de la femme, de fermer systématiquement sa propre union au don de la vie, et encore plus de supprimer ou de manipuler la vie qui nait[681]. En ce sens, la tache fondamentale du mariage et de la famille est d'être au service de la vie[682], et le refus de la fécondité détourne la vie conjugale de son don le plus excellent, l'enfant[683]. Etre au service de la vie nous renvoie à penser et à assumer la maternité et la paternité responsable.

L'Écriture nous parle que «l'homme connut Eve, sa femme» (Gnu 4,1). Le verbe «connaitre» souligne que le premier couple découvre son identité à

---

[675] Cfr. J-M Lustiger, *Autour de la famille*, 68.

[676] Cfr. O. BONNEWIJN, *Parents aux lendemains du divorce*, Éd. de l'Emmanuel, Paris 2010, 16.

[677] Cfr. Cardinal W. KASPER, *L'Évangile de la famille*, Cerf, Paris 2014, 23.

[678] S'attacher pour la bible c'est constituer un lien affectif très fort, un lien fidèle et institué. Ce verbe est également utilisé pour qualifier la relation qui doit unir Israël à son Dieu, en rapport avec d'autres verbes comme «aimer, marches dans ses voies, garder ses commandement».

[679] «L'Hébreu conçoit le cœur comme le "dedans" de l'homme en un sens beaucoup plus large. En plus des sentiments, le cœur contient aussi les souvenirs et les idées, les projets et les décisions. Dieu a donné aux hommes un cœur pour penser. [...] Il faut remonter par-delà les distinctions psychologiques jusqu'au centre de l'être, là où l'homme dialogue avec lui-même, assume ses responsabilités, s'ouvre ou se ferme à Dieu». (J. de Fraine et A. Vanhoye, art. «cœur», *Vocabulaire de théologie biblique*, Paris 1988, 176).

[680] Cfr. O. BONNEWIJN, *Parents aux lendemains du divorce*, 17.

[681] Cfr. Discours du Pape Benoît XVI, 6 juin 2005 in Benoit XVI, *Pensées sur la famille*, 59.

[682] Cfr. JEAN PAUL II, Exh. Apost. *Familiaris Consortio*, n° 28.

[683] Cfr. Conc. Oecum. Vatican II, Cons. Past. *Gaudium et Spes*, n° 50 §1.

travers l'union conjugale. Mais il fait plus encore: il relie cette découverte à la fécondité charnelle dans laquelle le couple cimente son union en participant à l'acte divin de création d'une nouvelle vie[684].

Pour comprendre la fécondité du mariage, il est préférable de réfléchir à la distinction fondamentale entre fruit et produit. Le produit est le résultat de notre effort délibéré et calculé tandis que l'engendrement du fruit est toujours au-delà de nos capacités naturelles, c'est-à dire cela n'est jamais à l'abri de nos choix et de nos calculs. De même dans l'union conjugale, la procréation ne dépend pas du choix du couple mais elle est enracinée en Dieu et elle participe à son pouvoir créateur. L'amour conjugal atteint sa fécondité ultime à travers sa participation à la procréation, transmission divine du don de la vie[685].

La fécondité de l'union des époux parle, elle aussi, de l'union du Christ et de l'Église. En tant qu'image de la fécondité de l'union du Christ et de l'Église, la fécondité des époux leur fait entrevoir un plus haut mystère encore, c'est celui de la Trinité où surgit l'Esprit Saint du don mutuel du Père et du Fils[686].

4.3.2 Mariage, fondement de la famille

Entre chrétiens, le mariage est une réalité sacrée, un «sacrement», un signe efficace de l'amour et de la fidélité de Dieu, qui divinise l'union naturelle du mariage. C'est aussi le début d'une famille, la cellule de base de la société et de la communauté chrétienne. La famille nait de la communion conjugale, que le Concile Vatican II qualifie d'«*alliance, dans laquelle l'homme et la femme se donnent et se reçoivent mutuellement*[687]». L'acte conjugal exprime l'intimité d'esprit et de corps, l'unité de deux personnes qui se donnent et se reçoivent mutuellement et la promesse de fidélité à ce don.

---

[684] Cfr. C. Anderson-J. Granados, *La beauté de l'amour & La splendeur du corps*, 77.
[685] Cfr. Ibidem, 171.
[686] Cfr. H. CAFFAREL, *Le mariage, aventure de sainteté*, 99.
[687] Conc. Oecum. Vatican II, Cons. Past. *Gaudium et Spes*, n°48.

Le Pape Jean Paul II a enseigné que le mariage est le fondement de la famille et la famille est le sommet du mariage[688]. La famille qui nait de l'amour de l'homme et de la femme, est fondamentalement issue du mystère de Dieu[689]. Ainsi le couple a le pouvoir de dire l'amour et de faire l'amour, il a aussi le pouvoir de dire la vie et de faire la vie.

Les quatre piliers susdits fondent la vraie communion parce que le mariage est une communion de deux personnes reliées par l'amour. L'amour est la véritable source de l'unité et la force de la famille. «*La famille, communauté de personnes, est donc la première société humaine. Elle nait au moment où se réalise l'alliance du mariage, qui ouvre les époux à une communion durable d'amour et de vie et se complète pleinement et d'une manière spécifique par la mise au monde des enfants: la communion des époux fait exister la communauté familiale[690]*».

Le sacrement du mariage donne aux époux la grâce de renforcer et de perfectionner leur amour, d'affermir leur unité indissoluble et de se sanctifier dans leur vie familiale. La famille fondée sur le mariage constitue un patrimoine de l'humanité, une institution fondamentale; elle est la cellule vitale et le pilier de la société et cela concerne les croyants et les non croyants[691]. «*L'institution du mariage, fondement de la famille, échappe à la fantaisie de l'homme; le mariage plonge ses racines dans la réalité la plus profonde de l'Homme et de la femme, il est l'union de l'homme et de la femme[692]*». Le mariage est ainsi l'acte fondateur de la famille, et maintenant que pouvons- nous dire encore à propos de la famille?

4.3.3 Famille comme sanctuaire de la vie

En continuant l'œuvre de Dieu, l'amour conjugal est, par nature, ouvert à l'accueil de la vie[693]. C'est dans l'appel à la procréation que se révèle de façon

---

[688] Cfr. Homélie du Pape Jean Paul II 15 Mai 1982 à Portugal in Y. SEMEN, *Jean-Paul II et la famille*, 61.

[689] Cfr. Jean Paul II, *Lettre aux familles*, n°8.

[690] Ibidem, n°7.

[691] Cfr. Discours du Pape Benoît XVI le 13 Mai 2006, in BENOIT XVI, *Pensées sur la famille*, 42.

[692] Discours du Pape Benoît XVI le 20 Février 2007.

[693] Cfr. CEC 1652.

imminente la dignité de l'être humain, appelé à se faire l'interprète de la bonté de Dieu et de la fécondité qui descend de Dieu[694]. *«Aucun des êtres vivants, en dehors de l'homme, n'a été créé à l'image de Dieu, selon sa ressemblance[695]»*. Ainsi la vocation fondamentale de la famille est d'être le premier et principal lieu d'accueil de la vie[696]. Cette vie est le don gratuit de Dieu et qui ne dépend jamais de notre capacité humaine.

La famille fondée sur le mariage est véritablement le sanctuaire de la vie, elle est le lieu où la vie, don de Dieu, peut être convenablement accueillie et protégée contre les nombreuses attaques auxquelles elle est exposée; le lieu où elle se développe suivant les exigences d'une croissance humaine authentique[697]. Le rôle de la famille est déterminant et irremplaçable pour le soin de la vie. Il s'agit de lutter pour l'épanouissement de la personne humaine à chaque étape du chemin, depuis la conception jusqu'à la naissance, pendant l'enfance, l'âge adulte, jusqu'à la mort naturelle. Il s'agit de promouvoir et de bâtir une culture de la vie[698] c'est-à-dire qu'il faut lutter contre la diffusion d'une *«contre civilisation[699]»*, une civilisation dans laquelle les personnes sont utilisées comme on utilise les choses.

Pour promouvoir la culture de la vie, le Magistère de l'Église fait appel à la paternité et à la maternité responsables à propos de la procréation. Quant aux moyens de réaliser la procréation responsable, la stérilisation et l'avortement, avant tout, doivent être refusés comme étant moralement illicite[700]. Ce dernier, en particulier, constitue un délit abominable et toujours un désordre moral particulièrement grave[701]. Pendant la cinquième assemblée mondiale de la famille à Valence en juillet 2006, le Pape Benoit XVI affirme que la famille est sanctuaire de la vie et de l'amour. *«Être comme le*

---

[694] Cfr. Conc. Oecum. Vatican II, Cons. Past *Gaudium et Spes*, n°50.

[695] JEAN PAUL II, *Lettre aux familles*, n°6.

[696] Cfr. Discours du Pape benoît XVI le 30 Décembre 2005, in Benoit XVI, *Pensées sur la famille*, 41.

[697] Cfr. JEAN PAUL II, L. Enc. *Centesimus annus*, Roma 1991, n°39.

[698] Cfr. JEAN PAUL II, *Evangelium Vitae*. Encyclique sur la valeur et l'inviolabilité de la vie humaine, DDB, Paris 1995, n°92.

[699] Cfr. JEAN PAUL II, *Lettre aux familles*, n°13.

[700] Cfr. PAUL VI, L. Enc. *Humanae vitae*, n°14.

[701] Cfr. JEAN PAUL II, L. Enc. *Evangelium Vitae*, n°58. Conc. Oecum. Vatican II, Cons. Past. *Gaudium et spes*, n° 51. CEC n°2271-2272.

sanctuaire de la vie, servante de cette vie, puisque le droit à la vie est la base de tous les droits de l'homme. Ce service ne se réduit pas à la seule procréation, mais il constitue une aide efficace pour transmettre des valeurs authentiquement humaines et chrétiennes, et en assurer l'éducation[702]».

Loin d'être un droit, l'empêchement de la fécondité ou de la procréation est plutôt un triste phénomène qui contribue gravement à la diffusion d'une mentalité contre la vie, en menaçant dangereusement la vie sociale, le bien commun et la civilisation toute entière[703]. Le recours aux contraceptifs sous leurs différentes formes, pour empêcher la fécondité, doit également être réfuté[704]. Ce refus prend sa racine sur la conception correcte et intégrale de la personne et de la sexualité humaine. Il revêt la valeur d'une exigence morale pour défendre le véritable développement des peuples[705]. L'Église ne refuse pas bêtement, mais elle enseigne et propose une méthode digne de la personne humaine en tant que coopérateurs de Dieu en transmettant la vie. Refuser la contraception et recourir aux méthodes naturelles[706] (abstinence périodique durant les périodes de fertilité féminine) de régulation des naissances signifie choisir de baser les rapports interpersonnels des époux sur le respect réciproque et sur l'accueil total, avec des conséquences positives aussi pour la réalisation d'un ordre social plus humain.

En tant que ministres de la vie, les parents ne doivent jamais oublier que la dimension spirituelle de la procréation mérite une considération supérieure à tout autre aspect. *«La paternité et maternité responsable représentent une tâche de nature non seulement physique mais spirituelle, car la généalogie de la personne, qui a son commencement éternel en Dieu et qui doit conduire à lui, passe par elles[707]».* Il faut que tous les deux, homme et femme, prennent en charge ensemble, vis-à-vis d'eux-mêmes et vis-à-vis des autres, la responsabilité de la vie nouvelle qu'ils ont suscité. Ainsi, ils ont le devoir de

---

[702] JEAN PAUL II, Exh. Apost. *Familiaris consortio*, n°22.55.

[703] Cfr. Idem, *Lettre aux familles*, n° 21. L. Enc. *Evangelium vitae*, n° 72. CEC n° 2273.

[704] Cfr. Conc. Oecum. Vatican II, Cons. Past. *Gaudium et spes* n° 51. PAUL VI, L. Enc. *Humanae vitae* n° 14. Jean Paul II, *Familiaris consortio*, n° 32. CEC n° 2368.

[705] Cfr. PAUL VI, L. Enc. *Humanae vitae* n° 17.

[706] Cfr. Ibidem n° 16. JEAN PAUL II, Exh. Apost. *Familiaris consortio*, n° 32. CEC 2370.

[707] JEAN PAUL II, *Lettre aux familles*, n° 10.

l'accueillir avec tendresse parce que l'enfant lui-même est un être de tendresse; il a le droit à la tendresse comme une possibilité à son bonheur[708]. Et tout son développement intégral en tant que personne commence avec la tendresse comme droit premier et fondamental.

4.3.4 Famille: lieu de formation intégrale de la personne humaine

L'environnement le plus propice à l'épanouissement de la personne humaine est la famille humaine composée d'un homme et d'une femme unis dans une union de vie appelée mariage. La famille constitue la cellule fondamentale de la société[709] et la société dans son ensemble est issue de la famille. La famille est le berceau de la société dans son ensemble et son rôle consiste simplement à devenir ce qu'elle est déjà la matrice du bien commun[710]. Puisque la famille est le lieu où les enfants font l'apprentissage des comportements sociaux indispensables à leur maturation et à leur croissance, accueil, amour, confiance, pardon, reconnaissance…, le milieu familial est irremplaçable[711]. Dans ce milieu, la qualité de relation du couple est essentielle. L'avenir de l'humanité et le plan divin du salut passe par la famille, elle est la première et la plus importante parmi les routes de l'existence humaine[712]. Nous pouvons dire alors que, en tant qu'une école irremplaçable du bien commun, fondement de toute vie sociale, la famille est le lieu d'éducation et de formation où les enfants apprennent avec les parents la complexité de la vie car les parents sont les premiers et les principaux éducateurs de leurs enfants et ils ont aussi une compétence fondamentale dans ce domaine. Le parcours éducatif mène jusqu'à la phase de l'auto-éducation à laquelle on parvient lorsque, grâce à un niveau convenable de maturité psychique et physique, l'homme commence à s'éduquer lui-même[713]. Pour les

---

[708] Cfr. C. ROCCHETTA, *Teologia della famiglia. Fondamenti e prospettive*, 568-569.
[709] Cfr. JEAN PAUL II, *Lettre aux familles*, n°13.
[710] Cfr. C. Anderson-J. Granados, *La beauté de l'amour & La splendeur du corps*, 219.
[711] Cfr. Ibidem, 219. Cfr. CEC n°221.
[712] Cfr. Y. SEMEN, *Jean Paul II et la famille*, 61.70.
[713] Cfr. JEAN PAUL II, *Lettre aux familles*, n°16.

parents le droit et le devoir d'éducation sont quelque chose d'essentiel, quelque chose d'irremplaçable et d'inaliénable[714].

À propos de l'affirmation disant que la famille est un lieu d'amour, d'éducation et de liberté pour le bien de l'enfant, Fabrice Hadjadj[715] a dit que à trop se préoccuper du bien de l'enfant, on oublie l'être de l'enfant et à trop s'attarder sur les devoirs des parents, on oublie la réalité du père et de la mère. Ces éléments sont incontournables mais il faut savoir que les parents sont les parents et que l'enfant est leur enfant[716]. Il ajoute qu'en prétendant fonder la famille parfaite sur l'amour, l'éducation et la liberté, ce qu'on fonde, en vérité, ce n'est pas la perfection de la famille mais l'excellence de l'orphelinat. En effet il faut voir le bien de l'enfant en tant qu'enfant et le devoir des parents en tant que parents: *«L'enfant est d'abord un enfant, que l'individu est d'abord un fils, et qu'il tient son origine de l'union d'un homme et d'une femme, son père et sa mère[717]»*

La famille noue ainsi trois types de liens: le lien conjugal (de l'homme et de la femme), le lien filial (des parents aux enfants) et le lien fraternel (des enfants entre eux). S'il en est ainsi, dans la famille, il ne s'agit pas d'abord de projet d'éducation mais de réalité de la filiation[718]. Et cela revient à l'affirmation du Pape Jean Paul II dans sa lettre aux familles: les parents sont éducateurs parce qu'ils sont parents[719]. Tout cela nous aide à voir l'enfant et les parents en tant que tel. Tout homme nait d'un père et d'une mère avec lesquels l'enfant établit une relation singulière. Du point de vue biologique de la filiation, il n'y a aucun être humain qui ne soit inscrit dans cette chaine des vivants: *«La famille est une route commune, tout en étant particulière, absolument unique comme tout homme est unique; une route dont l'être*

---

[714] Cfr. O. BONNEWIJN, *Parents aux lendemains du divorce*, 30.

[715] Il est directeur de l'institut européen d'étude anthropologique *«Philanthropos»* (Fribourg) et membre du Conseil pontifical pour les laïcs.

[716] Cfr. F. HADJADJ, *Qu'est-ce qu'une famille?*, 28.

[717] Ibidem, 30.

[718] Cfr. Ibidem, 41.

[719] Cfr. JEAN PAUL II, *Lettre aux familles*, n°16.

humain ne peut s'écarter...Il doit à cette famille le fait même d'exister comme homme[720]».

En tant que lieu d'éducation et de formation, c'est dans la famille que les enfants apprennent avec leurs parents la complexité de la vie c'est-à dire que les parents ont le droit et le devoir inaliénable de transmettre à leurs enfants la capacité de découvrir leurs identités, d'initier à la vie sociale et à l'exercice responsable de leur liberté morale[721]. Si on éduque un enfant en lui permettant d'identifier le bien et le mal et former sa conscience morale, il ne mènera pas une vie perverse. Eduquer un enfant, c'est l'aider à construire sa personnalité en lui permettant de s'éduquer lui-même, de se former dans sa liberté en s'ouvrant à autrui[722] parce que l'éducation permet le déploiement de la liberté qui caractérise l'intelligence humaine et la personnalité: *«Loin d'être un conditionnement, l'éducation permet le nécessaire éveil de sa liberté, en apprenant à l'enfant à être lui-même, à choisir ce qui est digne de sa condition d'homme[723]»*.

Il n'y a pas de morale que là où il y a la liberté, celle de l'homme qui choisit le bien et résiste au mal[724]. La vraie liberté ne condamne jamais l'individu et la liberté authentique s'éprouve comme réponse définitive au «oui» de Dieu à l'humanité qui nous appelle à choisir librement tout ce qui est bon, vrai et beau[725]. Alors c'est aux parents d'être fermes et donner le style et le courage du véritable éducateur en aidant leurs enfants à distinguer avec clarté le bien du mal et à se construire à leur tour de solides règles de vie qui les soutiennent dans les épreuves de la vie future. Tout cela dans le but que les générations sachent juger et discerner leurs vies avec prudence. *«C'est alors que les parents, comme gardiens de cette liberté, tout en donnant*

---

[720] Ibidem, n°2.
[721] Cfr. BENOIT XVI, *Pensées sur la famille*, 63.
[722] Cfr. J-M. LUSTIGER, *Autour de la famille*, 22.
[723] Ibidem, 22-23.
[724] Cfr. Ibidem, 25.
[725] Cfr. BENOIT XVI, *Pensées sur la famille*, 70.

progressivement à leurs enfants une plus grande liberté, les initient à la joie profonde de la vie[726]».

La famille n'est pas donc une chose parmi d'autres, mais c'est un foyer. Elle n'est pas un foyer clos mais un foyer rayonnant qui s'ouvre à d'autres perspectives. De la famille nait la paix malgré le péché[727], la famille est la première et irremplaçable éducatrice à la paix[728]. En cela elle devient ainsi un moyen pour l'humanisation et la personnalisation de la société. Et dans ce point de vue, elle est vraiment comme la communauté de base pour un développement intégrale de la société[729].

4.3.5 Mariage comme vocation et voie de sainteté[730]

«Vous donc, soyez parfaits comme votre Père céleste est parfait» (Mt 5,48). Dans la tradition catholique, on a beaucoup valorisé le célibat comme chemin de sainteté. Et les couples croyants ont tendance à développer un sentiment d'infériorité par rapport aux célibataires, surtout lorsque ces derniers sont dans l'état de vie consacré (religieux ou religieuses, prêtres ou moines…). Mais l'appel de Jésus à la perfection ou à la sainteté s'adresse à tous les chrétiens comme nous rappelle l'Église dans le chapitre V de la constitution dogmatique *Lumen gentium*[731]: *«tous les membres de l'Église, tant ceux qui appartiennent à la hiérarchie que ceux qui sont dirigés par elle, sont appelés à la sainteté»*. *«Pour tous que chacun des fidèles, peu importe son état ou son rang est appelé à la plénitude de la vie chrétienne et à la perfection de la charité»*. Les sacrements de l'initiation chrétienne (le baptême, l'eucharistie et la confirmation) inaugurent et *«fondent la vocation commune de tous les disciples du Christ, vocation à la sainteté et à la mission*

---

[726] Ibidem, 70.

[727] Cfr. Y. SEMEN, *Jean Paul II et la famille*, 63.

[728] Cfr. BENOIT XVI, *Pensées sur la famille*, 47.

[729] Cfr. C. ROCCHETTA, *Teologia della famiglia*. Fondamenti e prospettive, 482. JEAN PAUL II, Exh. Apost. *Familiaris consortio*, n°43.

[730] Le nouveau Testament emploie le mot *«parfait»* selon La TOB et la Bible de Jérusalem (Mt 5,48) tandis que l'Ancien Testament emploie le mot *«Saint»* (Lv. 19, 2). Mais ces deux concepts nous invitent à nous rattacher entièrement au Seigneur notre Dieu (Cf. Dt 18, 13).

[731] Cfr. Conc. Oecum. Vatican II, Const. Dogm. *Lumen gentium*, n° 39-40.

d'évangéliser le monde[732]*»*. L'Église reçoit la mission de témoigner, d'enseigner, de vivre et de suivre cette vocation par deux voies: la vocation au célibat et celle du sacrement du mariage. Les deux s'éclairent mutuellement. Nous parlons ici de ce qui concerne le mariage parce que les époux chrétiens sont appelés à la sainteté au cœur de leur vocation conjugale et familiale[733]. À la fin de nos propos, nous essayons de faire apparaitre que l'amour conjugal est un chemin authentique de sanctification personnelle des époux.

4.3.5.1 Charité conjugale et appel à la sainteté

Il est certain que tout chrétien est appelé à la sainteté quelque soit son état de vie: les Écritures, là-dessus, ne laissent aucun doute (Mt 5, 48). Aussi bien, la question qui puisse se poser au sujet des chrétiens mariés, peut être celle-ci: puisqu'ils sont appelés à la perfection chrétienne, y accéderont-ils en dépit du mariage, ou dans le mariage, ou grâce au mariage?

Nous avons déjà parlé maintes fois que le mariage est un sacrement institué par Dieu pour le salut des autres: «*avant tout pour le salut de l'autre, de l'époux, de l'épouse, mais également des petits, des enfants, et enfin de toute la communauté*[734]*»*. Nous pouvons penser alors que les chrétiens mariés se sanctifieront grâce au mariage; d'ailleurs c'est cela que l'Église nous enseigne au cours des siècles. Mais à quelles conditions et comment le chrétien progressera-t-il vers la sainteté grâce à sa vie conjugale et familiale?

L'amour conjugal et parental est un chemin de sanctification des époux. Cet appel à la sainteté matrimoniale et à son témoignage concerne la vie conjugale et la famille ordinaire. Tous les couples, selon le dessein de Dieu, sont appelés à la sainteté dans le mariage[735]. Dans ce sens-là, le mariage est un moyen positif pour se rapprocher de Dieu[736], un sacrement qui comporte une vocation véritable à la sainteté[737]. Mais il faut souligner, selon l'affirmation de

---

[732] CEC, n° 1533.
[733] Cfr. H. CAFFAREL, *Le mariage aventure de sainteté*, 7.
[734] Ibidem, 31.
[735] Cfr. JEAN PAUL II, Exh. Apost. *Familiaris consortio*, n° 34 et 56.
[736] Cfr. H. CAFFAREL, *Le mariage, aventure de sainteté*, 75.
[737] Cfr. BENOIT XVI, *Pensées sur la famille*, 43.

Amour et responsabilité, que l'amour est la norme du mariage[738], c'est-à-dire que le mariage est une œuvre de donation mutuelle des personnes. Mais comment les chrétiens mariés peuvent-ils acheminer vers la sainteté?

Le mariage est une vocation. Il est la réponse à un appel spécifique[739]. L'homme et la femme sont invités à donner une expression adulte à leur vocation chrétienne et à la vie du Christ en chacun d'eux[740]. Le mariage fondé sur la fidélité, l'indissolubilité, la liberté et la fécondité est un chemin vers Dieu. En tant que tel, c'est aussi le chemin vers la sainteté car la sainteté est précisément la communion avec le seul Saint c'est-à-dire que l'appel à la sainteté n'est autre que l'appel à la communion[741] de vie avec Dieu. L'homme et la femme appelés à s'unir jusqu'à devenir une seule chair sont à l'image de Dieu. Là, les époux ont leur propre vocation pour l'un à l'autre et pour les enfants afin d'être témoins de la foi et de l'amour de Dieu. L'image a pour fonction de refléter le modèle, de produire son prototype: «*l'homme devient image de Dieu moins au moment de la solitude qu'au moment de la communion*[742]». La sainteté est, en réalité, la ressemblance à Dieu, et cette ressemblance grandit à mesure que nous marchons vers la plénitude de l'amour en tant qu'enfants, époux et parents[743]. Dans le mariage, comme dans tout sacrement, le Christ touche une réalité humaine pour en faire une réalité sainte. L'homme et la femme, ensemble y deviennent image de son union avec l'Église. L'homme, image du Christ, n'est pas seulement celui qui reproduit dans ses attitudes, ses activités, les façons de faire du Christ; c'est celui en qui le Christ est présent et vivant. De même, le couple image de l'union du Christ et de l'Église, c'est en qui le mystère de la vie de l'union du Christ et de l'Église sont présents et vécus[744]. Et pour bien répondre à cet appel à la sainteté, à la communion avec le Saint; le couple humain doit vivre la charité conjugale. À l'existence de l'Église sont liées les deux dimensions de la

---

[738] Cfr. Y. SEMEN, *Jean Paul II et la famille*, 43.
[739] Cfr. Alex et M. L. Prévost, *Évangéliser le mariage*, 34.
[740] Con. Oecum. Vatican II, Cons. Dogm. *Lumen Gentium*, n° 11 §1.
[741] Cfr. J. LAFFITTE/L. MELINA, *Amour conjugal et vocation à la sainteté*, 45.
[742] ALEX ET M. L. PREVOST, *Évangéliser le mariage*, 32.
[743] Cfr. C. ANDERSON - J. GRANADOS, *La beauté de l'amour & La splendeur du corps*, 183.
[744] Cfr. H. CAFFAREL, *Le mariage, aventure de sainteté*, 117.

communion: la communion entre Dieu et l'homme, et la communion des hommes entre eux[745].

Il n'est pas facile d'aimer une personne dont on connait les défauts, les manies, les faiblesses. Pour apprendre à s'aimer comme le Christ, les conjoints sont constamment interpellés à se dépasser. Autrement dit, le simple fait de chercher à s'aimer de manière pleine et authentique met les couples en mouvement, en cheminement. Dieu est source de tout amour. Il nous en révèle à travers sa parole et à travers la personne même du Christ. Pour certains, le critère de l'amour est à rechercher dans la volonté d'appartenance à son conjoint et dans la fidélité à la foi jurée; pour d'autres, il est dans une ferveur sensible qui, lorsqu'elle disparait, entraine la mort de l'amour[746]. Mais notre propos concerne l'amour conjugal, la charité conjugale chrétienne. Il est l'engagement de deux personnes se donnant l'une à l'autre totalement, exclusivement, définitivement. Dans sa *Lettre aux familles* Jean Paul II définit cet amour comme le don désintéressé de soi-même à autrui[747]. C'est-à dire que chacun des époux s'épanouit dans le don désintéressé de lui-même pour le bonheur de l'autre. L'homme et la femme sont donnés l'un à l'autre par Dieu comme un don l'un pour l'autre. Ils doivent se compléter et se soutenir mutuellement, se complaire et se réjouir l'un de l'autre[748].

L'amour vient de Dieu et va à Dieu, il est source de grâce[749]; ainsi pour vivre cet amour par la charité conjugale et que celle-ci soit une réponse à la sainteté, il est nécessaire de prendre en charge le bonheur d'un autre, c'est le mouvement d'un authentique amour car aimer c'est prendre en charge.

Aimer, c'est donner et accueillir, c'est-à-dire ne pas donner seulement quelque chose mais surtout le don de soi comme le Christ lui-même, et aussi accepter le don de l'autre[750].

---

[745] Cfr. J. LAFFITTE/L. Melina, *Amour conjugal et vocation à la sainteté*, 46.

[746] Cfr. H. CAFFAREL, *Propos sur l'amour et la grâce*, 1956, 32-45 in H. CAFFAREL, *Le mariage aventure de sainteté*, 43.

[747] Cfr. JEAN PAUL II, *Lettre aux familles*, n°11.

[748] Cfr. Cardinal W. KASPER, *L'Évangile de la famille*, 21.

[749] Cfr. H. CAFFAREL, *Le mariage, aventure de sainteté*, 50.

[750] Cfr. Ibidem, 62-64.

Parler de la charité conjugale n'est pas facile. En parlant de la communion ou de l'unité, celle-ci se vit dans toutes les dimensions de l'être: celles du corps et de l'esprit. Du point de vue du corps c'est aimer le corps de l'autre comme son propre corps: «*Si les maris doivent aimer leur femme comme leur propre corps, cela signifie que le corps de la femme n'est pas le propre corps du mari mais il doit être aimé comme son propre corps*[751]». Du point de vue spirituel, le couple s'efforce de s'appartenir spirituellement l'un à l'autre: «*Le moi devient en un certain sens toi et le toi devient moi. L'amour non seulement unit les sujets, mais il leur permet aussi de se pénétrer l'un l'autre, appartenant spirituellement l'un à l'autre*[752]». Cette appartenance réciproque coïncide aux paroles de Saint Paul affirmant que la femme ne dispose pas de son corps mais son mari. De même, le mari ne dispose pas de son corps mais sa femme (1Co 7, 3-4).

Pendant leur vie sur la terre, les époux représentent ainsi de manière permanente la donation mutuelle du Christ et son Église. Le don spirituel et charnel des époux chrétiens jaillit du don du Christ à son Église. Quand les époux se donnent sacramentellement l'un à l'autre, l'union du Christ et de son Église est attestée, fortifiée. Ils sont don l'un pour l'autre. La chasteté conjugale comporte donc l'intégrité de la personne et l'intégralité du don[753]. La charité conjugale rend le Christ présent dans la vie conjugale concrète et en fait un signe permanent pour ceux et celles qui partagent la vie des époux.

4.3.5.2 Mariage, route de sainteté

La vocation à l'amour est la vocation fondamentale et innée de tout être humain. La révélation chrétienne connait deux façons de réaliser la vocation à l'amour de la personne humaine, dans son intégrité: le mariage et la virginité[754]. Ces deux charismes (mariage et célibat ou virginité) s'inscrivent dans une logique de service mutuel et l'édification du Royaume[755].

---

[751] Alex et M. L. Prévost, *Évangéliser le mariage*, 86.
[752] Ibidem, 87.
[753] Cfr. CEC n°2337.
[754] Cfr. O. BONNEWIJN, *Étique sexuelle et familiale*, Paris 2006, 51.
[755] Cfr. JEAN PAUL II, *Vita consacrata*, n°31.

L'édification du Royaume de Dieu nous demande le don de soi, le renoncement et la croissance de la charité dans notre état de vie. Mais comment pouvons-nous montrer que le mariage est une voie vers la sainteté?

L'amour conjugal et parental est un chemin de sanctification des époux. Cet appel à la sainteté matrimoniale et à son témoignage concerne la vie conjugale et familiale ordinaire. En tant que représentant de la donation mutuelle du Christ et de son Église; l'amour conjugal, par le don de l'Esprit, permet aux époux de vivre en union étroite avec Jésus. Cette union au Christ amène chacun des conjoints au seuil de la rencontre personnelle avec Lui, vrai départ en direction de la sainteté[756].

Selon l'enseignement du Concile Vatican II, le mariage est une communauté conjugale de vie et d'amour[757], il a un caractère sacré et indique l'ouverture du mariage à la transcendance[758]. Cela s'explique par le fait que le Christ est source et modèle[759] de toute vie conjugale. Par le don total de sa vie à l'autre à l'image du don radical du Christ, qui livre sa vie pour l'Église, les époux consentent de tout quitter pour l'autre, de se donner l'un à l'autre sans aucune possibilité de retour. A partir de ce point de vue christocentrique du mariage nous pouvons affirmer qu'il est le chemin de sanctification qui conduit les époux vers Dieu[760]. Si cela est correct, les couples mariés n'ont pas à chercher leur chemin de sainteté en dehors de leur relation conjugale. Comme Jean Paul II ne se lasse jamais de nous le rappeler, l'amour mutuel des époux est leur chemin vers Dieu. *«Le don total que le mariage requiert des époux est leur moyen spécifique de vivre l'Évangile et de prendre part à la nature divine*[761]*»*. Mais il faut dire que cela n'est possible que dans le seul cadre du mariage indissoluble avec l'union intime et chaste des époux qui sont des actes honnêtes et dignes[762]. À un certain moment de la vie, l'amour est

---

[756] Cfr. H. CAFFAREL, *Le mariage, aventure de sainteté*, 81.
[757] Cfr. L. Vela, «El matrimonio, *communitas vitae et amoris*», in Estudios Eclesiásticos 51 (1976) 183-222 in J. Granados, *Una sola carne in un solo spirito*. Teologia del matrimonio, 49. CEC, *Compendium*, n°337.
[758] Cfr. J. Granados, *Una sola carne in un solo spirito*. Teologia del matrimonio, 48.
[759] Cfr. Alex et M. L. Prévost, *Évangéliser le mariage*, 87.
[760] Cfr. J. Granados, *Una sola carne in un solo spirito*. Teologia del matrimonio, 50.
[761] C. Anderson - J. Granados, *La beauté de l'amour & La splendeur du corps*, 184.
[762] Cfr.CEC n° 2362.

source de joie et les raisons en sont diverses au gré de l'affectivité. À d'autres moments, il fait entrer dans l'épreuve. *«L'enfer, c'est les autres»*. On a critiqué justement cette formule de Sartre en lui opposant: *«Le bonheur, c'est les autres»*[763]. Mais le bonheur peut devenir un enfer, étant donné la condition pécheresse de tout homme. Alors, que devons faire tout au long du chemin pour arriver là où le vrai bonheur règne?

4.3.5.2.1 Faire face à la réalité

Il n'y a pas de vie conjugale sans crise. Il n'y a pas d'histoire commune sans affrontement, sans moment de doute, de tentations ou de déception. La vie de couple n'est pas une lune de miel permanente. Les crises, c'est la vie[764]. Il n'y a pas d'être humain qui n'ait sa somme d'égoïsme, de mesquinerie, de veulerie. Chacun (époux, épouse, enfants, membre de la parenté) peut découvrir et laisser découvrir à autrui, la face obscure comme la face éclairée de sa personnalité. Cela signifie d'abord accepter les limites: limites de l'autre, de soi-même, du couple. Pour chaque couple, pour chacun, la liste en serait longue[765]. Ce sont des réalités inévitables mais il faut les assumer parce que *«Aimer est une école du réel, une merveilleuse et rude école*[766]*»*. Pour ce faire, on a besoin de dépasser les illusions car l'autre est autre c'est-à-dire autre que tout ce qu'on peut voir, prévoir, vouloir, concevoir, désirer, imaginer. On a besoin de réajustements permanents, ceci engendre le progrès et la croissance commune[767]. Tout cela se fait dans le courage de prendre le risque de parler, de communiquer dans toutes les circonstances de la vie et l'histoire du couple parce que la communication avec tendresse entre les époux est un instrument pour réchauffer[768] leur vie commune.

Il n'y a pas d'existence qui puisse échapper au malheur. Le malheur peut être causé par des circonstances extérieures ou bien les problèmes qui touchent chacun de nous. Mais le malheur est aussi provoqué par la volonté de

---

[763] J-M. LUSTIGER, *Autour de la famille*, 52.

[764] Cfr. X. LACROIX, *Le mariage*. Coll. «Tout simplement», Éd. Ouvrières, Paris 1994, 97.

[765] Voir Cfr. Ibidem, 96.

[766] A. BANDELIER, *Le mariage chrétien à l'épreuve du divorce*, 21.

[767] Cfr. X. LACROIX, *Le mariage*, 98.

[768] Cfr. A. Cattaneo con Franca & P. Pugni, *Matrimonio d'Amore*, Tracce per un cammino di coppia, 84.

l'homme: mauvaiseté ou faiblesse de la liberté des époux qui se sont promis fidélité et qui se trahissent. Nul ne peut traiter les engagements de sa vie comme une bande magnétique qu'il effacerait, un papier qu'il déchirerait pour recommencer à zéro. Ce qui importe c'est d'affronter le malheur et accepter l'épreuve[769], de le voir et de le nommer[770] parce que l'amour est plus grand que le refus de l'autre. La charité prend patience, la charité rend service... Elle excuse tout, elle croit tout, elle espère tout, elle endure tout (Cf. 1Cor 13).

Une autre grande réalité que les époux ne doivent jamais oublier c'est la sexualité comme dimension et expression de la personne. Elle marque profondément toute la capacité relationnelle de la personne: *«C'est du sexe […] que la personne humaine reçoit les caractères qui, sur le plan biologique, psychologique et spirituel, la font homme et femme, conditionnant par là grandement son acheminement vers la maturité et son insertion dans la société*[771]*»*. C'est dans l'union conjugale des deux sans se référer seulement aux lois de la biologie que les époux sont des coopérateurs de Dieu Créateur dans la conception et la génération d'un nouvel être humain[772]. Étant donné que la sexualité implique les valeurs qui sont exigées par la rencontre interpersonnelle, elle est soumise à la responsabilité personnelle de l'homme et de la femme c'est-à-dire la volonté de se donner l'un à l'autre et de rester fidèles à ce don qui assure la communion des personnes, laquelle témoigne de la création de l'homme à l'image de Dieu[773]. L'union du corps, le rapport à autrui et la procréation révèlent à l'homme et à la femme les pouvoirs que ni l'un ni l'autre ne peut agir seul. Personne n'est mère, personne n'est père tout seul. L'un par l'autre, les conjoints sont promus à une existence où ils ont part à l'œuvre créatrice de Dieu[774]. Mais personne n'est maitre absolu de son affectivité ni ne dispose arbitrairement de son propre corps, il y a les

---

[769] Cfr. Cfr. H. CAFFAREL, *Le mariage, aventure de sainteté*, 265.
[770] Cfr. J-M. LUSTIGER, *Autour de la famille*, 86.
[771] Congrégation pour la Doctrine de la foi, *Persona humana*, Déclaration sur quelques questions d'éthique sexuelle (1976), 1 in J.Laffitte/L.Melina, *Amour conjugal et vocation à la sainteté*, 34.
[772] Cfr. JEAN PAUL II, Exh. Apost. *Familiaris consortio*, n°28.
[773] Cfr. J.Laffitte/L.Melina, *Amour conjugal et vocation à la sainteté*, 37.
[774] Cfr. A.Chapelle, s.j. *Sexualité et sainteté*, Bruxelles 1977, 173.

perversions de la relation à l'autre, les perversions du lien conjugal[775], en cela on fait appel à la miséricorde et au pardon.

4.3.5.2.2 Savoir pardonner

Parler du pardon ou de la miséricorde est très difficile. La vie familiale, comme toute aventure, est traversée par des conflits, par des ratés, par des offenses qui suscitent la rancune et qui exigent le pardon[776]. Le thème du pardon est d'une exceptionnelle importance dans le contexte de la vie conjugale car il touche l'institution du mariage et les réalités sacramentelles. Nous ne minimisons pas les problèmes comme les problèmes économiques, de santé, la vieillesse…ils font partie de la vie humaine. Mais c'est très difficile quand la fidélité et la confiance entre les époux se mettent à l'épreuve. Même si nous ne savons pas pardonner comme Dieu, la dimension pénitentielle fait partie de la communauté familiale parce que l'amour dans la famille est une réalité fragile comme l'être de l'homme et de la femme est fragile[777]. Quand Dieu pardonne, la faute est tout à fait effacée; nous les hommes, nous n'avons pas la capacité d'agir comme Lui. Mais notre amour, en tant que chrétiens, et surtout l'amour conjugal doit s'inspirer de l'amour que Dieu nous accorde, l'amour qui se présente dans le pardon[778] et pardonner toujours. Au cours de l'histoire du salut la miséricorde, le pardon et la réconciliation est omniprésent. Prenons quelques exemples: l'histoire de Joseph et ses frères (Gn. 45), l'attente du Messie est l'attente de celui qui réconcilie les frères et qui amènera le cœur des pères vers leurs fils et le cœur des fils vers leurs pères (Ml 3, 24), entre autres le fameux Evangile de la miséricorde de saint Luc (Lc. 15). Malgré les difficultés rencontrées, les époux ne doivent pas mettre en doute le pardon du Christ, ayant eux-mêmes appris à se pardonner mutuellement[779]. L'offense entre les époux blesse le mariage. Elle est dirigée contre l'alliance établie entre l'homme et la femme, signe de l'union entre le Christ et l'Église et le lieu où Dieu sacramentellement continue à faire alliance

---

[775] Voir Ibidem, 296.

[776] Cfr. F. HADJADJ, *Qu'est-ce qu'une famille*, 49.

[777] Cfr. C. ROCCHETTA, *Teologia della famiglia*. Fondamenti e prospettive, 334.

[778] Cfr. A. Cattaneo con Franca & Paolo Pugni, *Matrimonio d'Amore*, Tracce per un cammino di coppia, 155.

[779] Cfr. H. CAFFAREL, *Le mariage, aventure de sainteté*, 98.

avec les époux[780]. Qui pardonne l'autre, pardonne lui-même. La voie de s'engager sur la voie de réconciliation est la voie de surcroît de l'amour. Pardonner, c'est déchirer la page sur laquelle on inscrivait, avec malice ou rage, le compte débiteur du conjoint et retrouver devant lui l'attitude du don sans réserve[781]. Il est vain de chercher d'autres remèdes tant qu'on n'a pas obtenu la grâce de savoir pardonner. L'acte de pardonner est gratuit parce qu'il est un acte d'amour et de foi: «*Tout acte de réconciliation est aussi formellement un exercice de la fides, parce qu'il a pour but de réparer les offenses qui contredisent l'amour conjugal*[782]».

La conséquence du pardon est de redonner la joie pour reconstruire une nouvelle confiance et une nouvelle alliance. La demande du pardon est la suite logique de la connaissance de la faute commise, quelle preuve d'amour dans cette démarche d'humilité. Quand un conjoint pardonne l'autre une offense, il agit comme le Dieu fidèle à l'égard de son peuple c'est-à-dire qu'un conjoint qui pardonne, fait acte de fidélité à l'égard de l'alliance conjugal. Dans un sens plus étroit, pardonner est un acte de fidélité à la promesse faite devant Dieu et devant les hommes[783]. Leurs échanges journaliers et leurs dialogues apprennent aux époux bien des choses sur l'union du Christ et de l'Église, du Christ et l'âme chrétienne.

De toute évidence, pour que la famille soit le premier lieu de la miséricorde, il faut que ses misères ne puissent être surmontées par des solutions techniques. C'est alors à travers cette miséricorde, que les faiblesses des parents, leurs échecs mêmes, deviennent une force et une victoire, parce qu'ils leur permettent de tourner leurs enfants avec eux vers le Père éternel, et qu'ils manifestent alors une vie plus forte que leurs réussites, plus haute que leurs plans[784]. Toute réconciliation vraie exige de l'un la demande du pardon, de l'autre le consentement du pardon sans réticence, un surcroît, un renouveau

---

[780] Cfr. J.Laffitte/L.Melina, *Amour conjugal et vocation à la sainteté*, 159.
[781] Cfr. H. CAFFAREL, *Le mariage, aventure de sainteté*, 263.
[782] J.Laffitte/L.Melina, *Amour conjugal et vocation à la sainteté*, 168.
[783] Cfr.Ibidem, 169.
[784] Cfr. F. HADJADJ, *Qu'est-ce qu'une famille*, 50.

d'amour qui entraînera et favorisera un nouveau départ du couple et de la famille vers une communion plus parfaite.

4.3.5.2.3 Prier en famille

La prière est la source de l'identité permanente de la famille. Jésus lui-même a dit: «Sans moi vous ne pouvez rien faire» (Jn 15, 5). Appuyé sur cette certitude, le Pape Jean Paul II affirme que l'Église est profondément convaincue que c'est seulement en accueillant l'Evangile que l'on peut assurer la pleine réalisation de toute espérance que l'homme met légitimement dans le mariage et de la famille[785], sans quoi les couples courent indubitablement un grave danger[786]. De même, le Pape Benoit XVI affirme que le mariage est lié à la foi car il se fonde sur la grâce qui vient de Dieu, Un et Trine, qui, dans le Christ nous a aimés d'un amour fidèle jusqu'à la croix[787]. Sans la grâce de Dieu, même avec la meilleure bonne volonté nous ne pouvons pas avancer plus loin à la vie de sainteté. Parce qu'il est choisi et consacré par Dieu, le couple peut approcher Dieu pour le servir. C'est une notion fondamentale, dans l'Ancien comme dans le Nouveau Testament, que pour approcher Dieu, il faut être «saint»[788], c'est-à-dire consacré. Tout comme la sainteté de l'Église, la sainteté de la famille n'est pas une réalité statique. Elle doit chercher sans cesse le chemin de la conversion, du renouvellement et de la maturation[789]. Selon Jean Paul II, la prière dans la famille présente deux contenus originaux: elle est faite en commun (tous les membres de la famille) et elle est une prière qui puise la vie même de la famille dans des diverses circonstances (joie et douleur, espérance et tristesse, naissance et anniversaire)[790]. La prière alimente et aide la famille à réaliser sa vocation fondamentale de devenir une communauté de grâce[791].

---

[785] Cfr. JEAN PAUL II, *Les tâches de la famille chrétienne*, 1982, § 3.

[786] Cfr. JEAN PAUL II, *Lettre aux familles*, n° 19.

[787] Cfr. Homélie d'ouverture du synode sur la nouvelle évangélisation, 7 Octobre 2012 cité par Alex et M.L Prévost, *Evangéliser le mariage. Le kérygme conjugal*, 71.

[788] Cfr. H. CAFFAREL, *Le mariage, aventure de sainteté*, 304.

[789] Cfr. Cardinal W. KASPER, *Evangile de la famille*, 41.

[790] Cfr. JEAN PAUL II, Exh. Apost. *Familiaris consortio*, n°59.

[791] Cfr. C. ROCCHETTA, *Teologia della famiglia*, 335.

La famille se dégrade quand elle ne puise pas habituellement l'Evangile, c'est par un retour à l'Evangile qu'un renouveau s'opère. Puisque l'Evangile c'est Jésus Christ qui parle. C'est la fonction priant du couple et de la famille qui rend le foyer une maison de prière ou église domestique[792]. A noter que la prière conjugale est un grand stimulant pour la vie chrétienne personnelle[793].

Le mariage entre un homme et une femme baptisés, vivant de la foi chrétienne, est un sacrement s'il est décidé librement, voulu comme unique et définitif, c'est-à-dire jusqu'à la mort et ouvert à l'accueil des enfants. Le sacrement du mariage donne aux époux la grâce de renforcer et perfectionner leur unité indissoluble et de se sanctifier dans leur vie familiale. Le sacrement est un don de Dieu, l'Église ne se reconnait donc pas le pouvoir d'annuler ce don. C'est au rythme imprévisible du quotidien partagé que les couples peuvent vivre l'Evangile et accéder pas à pas à une plus grande qualité d'amour, une plus grande qualité d'être, bref à la sainteté.

---

[792] Voir Cardinal W. KASPER, *Evangile de la famille*, 45-52 et Cardinal W. KASPER, *Il matrimonio cristiano*, 148-151.

[793] Cfr. H. CAFFAREL, *Le mariage, aventure de sainteté*, 243.

Bilan

La doctrine de l'Église sur le mariage et sur la famille est claire. La famille dont parle l'Église est la famille fondée sur le mariage; et le caractère définitif du mariage (un et indissoluble) trouve son fondement dans le lien d'amour qui existe entre Dieu et l'homme. Et Jésus lui-même a élevé le mariage au rang des sacrements sources efficaces de la grâce. Et comme le Pape Benoit XVI a dit durant son discours le 6 Avril 2006: «*Le mariage a été le premier institué par Dieu...au début de l'histoire et avant tout histoire. Il s'agit d'un sacrement du créateur de l'univers..., dans lequel l'homme abandonne ses parents et s'unit à sa femme pour former une seule chair, afin que les deux ne deviennent qu'une seule existence*[794]». Le sacrement du mariage prend sa source dans l'alliance entre Dieu et son peuple; il est l'expression de la relation du Christ et l'Église (Eph. 5). Alors, le couple qui forme une famille par le sacrement du mariage témoigne l'amour de Dieu envers son peuple et celui du Christ à son Église. Un amour fidèle et indissoluble car *tout amour véritable est indissoluble*[795]. Accepter de contracter un mariage sacrement signifie une réponse à l'appel de Dieu à l'amour. Cette vocation est une route vers la sainteté, un chemin vers la communion avec le seul Saint car la sainteté n'est autre que celle-là. Donc, tous sont invités à participer à l'édification d'une famille stable et digne de cette vocation car *la famille c'est sacré*[796].

Il est vrai que toute existence va de paire avec tant de difficultés mais cela ne nous empêche pas d'avancer parce que la prière et le pardon tiennent aussi leur place dans la vie de la famille. Dans le chapitre suivant, nous présenterons quels sont les devoirs de l'Église envers l'évangélisation de la famille.

---

[794] Discours du Pape Benoît XVI le 6 Avril 2006, in BENOIT XVI, *Pensées sur la famille*, 26.

[795] Titre de l'ouvrage de J.-P. VESCO, *Tout amour véritable est indissoluble*: plaidoyer pour les divorcés-remariés, Paris 2015.

[796] Titre de l'ouvrage de C. BURGUN, *La famille c'est sacré*, Paris 2015.

CHAPITRE V: DEVOIR DE L'ÉGLISE EN MATIÈRE DE L'ÉVANGÉLISATION DE LA FAMILLE

La famille est une structure de base de toute société où naît la vie et commence l'apprentissage de toute une vie. En ce sens, la pastorale de la famille doit bénéficier de façon prioritaire de l'attention de l'Église toute entière parce que la future évangélisation dépend en partie de l'église domestique[797]. Nous constatons alors que la famille constitue le cœur même de la nouvelle évangélisation. L'évangélisation dans le secteur de la famille n'est pas exclusive, elle englobe les familles humaines sans distinction de race ou de statut social, sans catégorisation et sans hiérarchisation sociale. Il est vrai que nous n'arrivons pas à éliminer toutes les difficultés dans lesquelles se battent tant de couples, mais nous tâchons de les réduire le plus possible et en plus encore de conduire positivement les mariages à la réussite et à la pleine maturité[798].

Dans ce chapitre, nous commencerons par les différentes tâches d'évangélisation comme: l'évangélisation de la relation de l'homme et de la femme; du mariage et le célibat; de l'amour conjugal et la relation parents-enfants; du corps et la sexualité. Et pour terminer ce chapitre, nous parlerons de l'évangélisation des situations difficiles en mettant en évidence la nécessité de pratiquer la loi de gradualité, l'accompagnement et le discernement pour faire face à ces situations.

5.1 Évangéliser la relation de l'homme et de la femme

La famille, cellule de base de la société, est fondée sur la relation d'un homme et d'une femme[799]. Nous commençons par là, non dans la relation du couple, mais dans la relation homme-femme de tous les jours, qui appartient à la vie sociale. À la base de l'évangélisation de la famille il y a l'évangélisation

---

[797] Cfr. JEAN PAUL II, Exh. Apost. *Familiaris consortio*, n° 65 § 4.
[798] Cfr. Ibidem, n° 66 § 2.
[799] Cfr. *www.zenit.org/synode-sur-la-famille* «Le chantier est encore devant nous…».Cons. 15/05/15. Cfr. JEAN PAUL II, *Lettre aux familles*, n° 17.

de la relation homme-femme avant même le moment du mariage. La rencontre de l'homme et de la femme fait partie de notre vie humaine. Elle est voulue par Dieu comme dimension de l'humanité, c'est-à-dire l'homme et la femme sont donnés l'un à l'autre par Dieu comme un don l'un pour l'autre, mais elle n'est pas spontanément chrétienne.

Cette relation, comme toutes les relations, a besoin d'être évangélisée. Elle peut être le lieu de la grâce, mais elle est aussi peut être le lieu du péché. Cette évangélisation commence dès la petite enfance, au travers des relations garçons-filles entre enfants, adolescents, jeunes[800]. Capital est de ce point de vue la manière, dont les adultes vivent cette relation homme-femme devant les enfants. L'intimité entre le mari et sa femme imprègne le reste des relations familiales. Si l'intimité fait défaut entre les époux, les relations entre parents et enfants seront faussées ainsi que celles entre frères et sœurs. Dans une famille en bonne santé, les époux accordent la priorité à la relation conjugale, sachant que celle-ci ne répond pas seulement à leurs propres besoins, mais qu'elle garantit la plus grande sécurité émotionnelle aux enfants[801]. Capitale est la relation et intimité mari-épouse dans une famille car la manière dont le père et la mère vivent leurs relations mutuelles a une influence considérable sur l'enfant. Le garçon va se situer vis-à-vis des filles, et réciproquement, selon qu'il a vu vivre par ses parents c'est-à-dire que le témoignage des parents est très important. Les parents ne peuvent pas faire n'importe quoi devant les enfants, par exemple vivre nus ou exercer leur sexualité devant eux.

Nous avons à aider les parents à prendre conscience de leur rôle évangélisateur simplement par la manière dont ils vivent entre eux car l'enfant n'est pas seulement marqué par le père comme individu, par la mère comme individu, mais par la relation même du couple. Il s'inspire au modèle que les parents offrent, il observe la façon d'agir et de vivre de ses parent[802]. L'enfant n'a pas besoin seulement d'un homme et d'une femme, mais il a besoin d'un couple dont la relation est évangélisée.

---

[800] Cfr. D. BOURGEOIS, *La pastorale della chiesa*, volume 11, Jaca Book, Milano 2001, 549.
[801] Cfr. G.CHAPMAN, *Une famille qui s'aime*, 67.
[802] Cfr. Ibidem, 105.

Évangéliser cette relation homme-femme, en dehors même de la famille, c'est permettre à l'homme et à la femme de rejoindre la volonté de Dieu créateur sur l'homme et la femme et sur leurs relations. Cette évangélisation consistera à faire grandir entre eux le sens de l'égalité mais non pas l'égalitarisme[803]. Cette évangélisation doit aussi mettre en lumière la reconnaissance que chacun, homme et femme, est une personne c'est-à-dire un être qui dépasse infiniment l'animalité[804] et qui a une dimension spirituelle, qui a une destinée à la fois personnelle et communautaire dans l'humanité et devant Dieu. Homme et femme sont des personnes, ils ont une vocation. Dieu les appelle à vivre ensemble sans jamais perdre de vue ce qu'ils ont de proprement personnel. Cette vocation les ordonne à une vie non seulement temporaire, passagère, enclose dans les limites de l'histoire humaine, mais à une vie éternelle, participation à la vie de Dieu, vie en plénitude sur laquelle la mort n'a pas de prise. Cette évangélisation doit en fin de compte éduquer à «l'amour vrai»[805]; nous ne parlons pas encore de l'amour conjugal.

Cet amour est de convoitise certes. Il nous marque profondément. Cet amour de convoitise ne doit pas être, non nié, ni refoulé, mais assumé dans un amour qui s'adresse à la personne elle-même[806]; non seulement en considération de ce qu'elle peut apporter à l'autre, mais pour elle-même, à l'exemple de cet amour qui culmine dans la relation que Dieu a établie avec nous et que le Christ établit avec chacun et avec l'Église son épouse. C'est une relation d'amour qui est le don de soi réciproque, un désir que l'autre ait ce qu'on désire pour soi. Ils doivent se compléter et se soutenir mutuellement, se complaire et se réjouir l'un de l'autre[807]. La relation de l'homme et de la femme est d' être évangélisée, et cette évangélisation n'est jamais finie.

Il n'est pas sûr que les relations entre hommes et femmes, entre chrétiens et chrétiennes, entre prêtres et femmes, soient vraiment chrétiennes. Cette

---

[803] La recherche de l'égalitarisme marquant nos sociétés modernes vise à supprimer toute référence au schéma ancien de la différence homme/femme. Cfr. C. BURGUN, *La famille c'est sacré*, 39.

[804] Cfr. L'exclamation d'Adam devant Eve (Gen. 2, 23).

[805] Titre donné par Jean Laffitte à son chapitre sur la chasteté, dans L. MELINA et J. LAFFITTE, *Amour conjugal et vocation à la sainteté*, 97-117.

[806] Cfr. J-M. LUSTIGER, *Autour de la famille*, 123.

[807] Cfr. Cardinal W.KASPER, *L'Évangile de la famille*, 21.

évangélisation est à la base de tout le reste, à la base de l'amour conjugal, à la base des autres problèmes qui marquent la vie familiale, la vie conjugale, comme aussi la vie dans le célibat consacré ou non consacré. Nous avons sans cesse à progresser dans cette évangélisation de la relation homme-femme qui retombe toujours ou dans l'inégalité ou dans la possessivité ou dans la domination de l'un par l'autre, de la femme par l'homme ou de l'homme par la femme. Celà risque de retomber dans la transformation de l'autre en simple bien de consommation ou objet de service. L'égale dignité entre l'homme et la femme nous pousse à nous réjouir que les vieilles formes de discrimination soient dépassées et qu'au sein des familles, un effort de réciprocité se réalise[808].

Les deux, homme et femme, ont la même dignité en tant qu'image de Dieu, il n'y a dans le texte de la création aucune raison pour une discrimination quelconque de la femme. Leur égalité dans la dignité comme différence sont fondées dans la création. Mais non pas, comme l'affirment certaines partisanes du féminisme[809]. Dans le sens global, l'homme et la femme sont créés pour l'amour et s'aimant pour être images de Dieu qui est amour. En effet, l'évangélisation de la relation de l'homme et de la femme vise la relation d'amitié. L'amitié éduque profondément à la gratuité, au désintéressement, à la réciprocité vraie, à l'échange, à la fidélité et à la charité[810].

5.2 Évangéliser le mariage et le célibat

L'Évangélisation de la relation homme-femme passe en particulier par le sens du sacrement du mariage et du célibat vécu dans la chasteté chrétienne. Et cette chasteté s'exprime notamment dans l'amitié pour le prochain[811]. Le mariage est d'abord à évangéliser. C'est une grande tâche de la pastorale familiale. Le Pape Benoît XVI affirmait avec force qu'en raison de la

---

[808] Cfr. Pape FRANÇOIS, Exh. Apost. *Amoris Laetitia*, n° 54.
[809] Avant d'être homme ou femme nous serions des êtres humains, il n'y a pas de sexe inné, c'est pourquoi le sexe comme le genre est une construction culturelle. Cfr. *Gender, qui es-tu?* Présenté par P. Clavier, 141.
[810] Cfr. O. BONNEWIJN, *Éthique sexuelle et familiale*, 98.
[811] Cfr. CEC n° 2347 § 2.

puissance évangélisatrice du mariage chrétien, celui-ci est appelé à être non seulement l'*objet*, mais *sujet* de la nouvelle évangélisation. L'Église ne doit pas simplement évangéliser le mariage et tout ce qui y est rattaché, mais elle doit également engager en première ligne, comme missionnaire, des couples mariés devenus indispensable dans cette évangélisation[812]. Cela peut paraître étrange puisque le mariage est un sacrement. Nous savons que cela n'est pas si étrange; notre grande plainte est justement que ceux qui viennent nous rencontrer en vue du mariage ne semblent pas avoir conscience d'un acte tout entier marqué par la lumière du Christ. En effet le récent synode sur la famille a souligné, dans la première partie, le fait relatif au refus ou tout simplement à l'ignorance du mariage chez de nombreuses personnes vivant en concubinage. Ils peuvent être fidèles l'un à l'autre ou décider de se séparer sans que cela ne leur pose trop de problème[813].

La préparation au mariage est aujourd'hui un moment d'évangélisation. Nous le savons tous. Mais il n'est pas possible de fixer des règles permettant de dire à coup sûr quand il faut accepter de célébrer le mariage ou quand il faut, non pas refuser brutalement, mais amener les personnes à différer la célébration du mariage religieux. Par contre, quel que soit le résultat, il nous revient de faire des rencontres avant le mariage des moments forts dans l'évangélisation. Puisque le sacrement du mariage est la base de la famille, il faut bien le préparer. Cette préparation pourrait se faire à deux niveaux: la préparation à long terme et la préparation à court terme[814] c'est-à-dire que l'Église doit offrir aux adolescents et aux jeunes qui voudraient fonder une famille et recevoir le sacrement du mariage, des approfondissements du sens chrétien du mariage et de la famille ainsi que les devoirs des époux; et aussi une pastorale de la préparation immédiate[815]. Ces temps de préparation doivent permettre d'organiser une sorte de parcours catéchétique qui

---

[812] Cfr. Messe d'ouverture du synode sur la nouvelle évangélisation in ALEX et M-L PREVOST, *Évangéliser le mariage*. Le kérygme conjugal, 111.

[813] Cfr. Interview, Mgr T. ANATRELLA in *www.zenit.org/ synode-sur-la-famille* «Le chantier est encore devant nous...».

[814] Cfr. *Soridalana ho an'ny Pretra mitondra ny vahoakan'Andriamanitra Diosezin'Antananarivo*, 2008, 25. (Directive pour les prêtres qui gouverne les peules de Dieu Diocèse d'Antananarivo).

[815] Cfr. D. BOURGEOIS, *La pastorale della chiesa*, Volume 11, 549.

s'organise à la fois autour du sens profond du mariage pour que les futurs parents puissent assumer leurs engagements en fondant une famille et autour des données essentielles de la foi chrétienne.

Le mariage est une réalité humaine. Dans toutes les civilisations et les cultures, on se marie sous une forme ou sous une autre. On se met en couple dans la société, soit avec passage à la mairie pour le mariage civil, soit sans rite institutionnel. Évangéliser ces unions, ce n'est pas tout de suite les bénir ou les approuver, mais c'est leur faire découvrir qu'en demandant le mariage, ils vont dans le sens du projet créateur de Dieu. C'est leur faire comprendre la grandeur de leur union en leur montrant comment Dieu s'est servi de leur unité et de leur fidélité pour exprimer son propre désir d'être uni et fidèle à l'humanité[816]. C'est les conduire à se réjouir de la grandeur de leur démarche en présentant Jésus se disant l'époux de l'humanité et élevant le mariage à la grandeur de son amour pour l'humanité dont il fait son épouse. (Eph. 5).

Ainsi, le sacrement du mariage n'abolit pas la réalité humaine de la rencontre de l'homme et de la femme. Il ne lui enlève pas le réalisme charnel. Il appelle ce réalisme à être habité par le salut de Dieu. Dans son réalisme, il devient le signe d'un autre amour, la relation de l'homme et de la femme prend place alors dans l'histoire de l'amour de Dieu[817] et dans la mission que l'Église a à vivre au sein du monde. Mais quel est le dessein de Dieu sur le mariage et sur la famille? Le texte de *Familiaris consortio* répond en articulant rigoureusement et successivement les dimensions de l'amour, de la sexualité, de la fécondité et de l'institution[818]. Le mariage devient alors une réalité porteuse du mystère du Christ, une réalité chargée de la bonne nouvelle du Christ. Cette christianisation du mariage n'est jamais terminée. La célébration du mariage n'est que l'histoire d'évangélisation à laquelle les époux ont toujours à se référer jusqu'à la fin de leur vie.

---

[816] On peut prendre en ce moment-là le récit du livre de la Genèse 3, 9. Note f «*Le seigneur intervient comme un juge dans le cadre d'un procès. Il interroge les coupables, établit les responsabilités et fixe les sanctions. Par là même, le récit laisse entendre que Dieu ne se désintéresse pas de sa créature et ne l'abandonne pas au pouvoir de la force qui la séduite*». Dieu est toujours à la recherche de l'homme, voire ce qui est écrit dans Osée 2 parlant de la justice, le droit, l'amour et la tendresse, la fidélité.

[817] Cfr. Alex et M.-L. Prévost, *Évangéliser le mariage. Le kérygme conjugal*, 78.

[818] Cfr. Jean Paul II, Exh. Apost. *Familiaris consortio*, n° 11.

En même temps, une des tâches de la pastorale familiale est d'aider à la compréhension du célibat consacré et même du célibat accepté dans la souffrance et pourtant dans le don de soi à Dieu et aux autres. Le célibat n'est pas une absence de la relation de l'homme et de la femme. Le célibataire n'est pas un être asexué qui appartiendrait à une autre espèce du genre humain que la personne mariée. Il est une autre manière de vivre cette relation. Cette autre manière consiste au renoncement à cette relation homme-femme qui a lieu dans le mariage. Le célibat est d'abord le choix ou l'acceptation d'une pauvreté[819] car la relation de l'homme et de la femme dans le mariage est une richesse humaine et chrétiennement une richesse spirituelle.

Cette pauvreté veut être le signe de ce qui doit animer toutes les autres relations hommes-femmes, à savoir l'amour de Dieu qui, dans le Christ, se communique dans la pauvreté. C'est le Christ qui a été non seulement obéissant et pauvre, mais encore célibataire et chaste, qu'on doit imiter. Comme tout naturellement, presque obligatoirement, au point que dans les évangiles, on ne parle pas du célibat du Christ tant cela semble aller de soi. C'est pourquoi l'évangélisation du couple a besoin de comprendre certains renoncements au mariage c'est-à-dire le célibat[820].

En revanche, les célibataires consacrés ou non, ont besoin de voir des époux vivre chrétiennement leurs relations[821]. Il est évident que le célibat consacré a aussi constamment besoin d'être évangélisé car il risque de devenir une routine, un découragement, un dessèchement du cœur, un isolement stérile[822]. On n'est jamais célibataire consacré ou non une fois pour toutes. Comme le mariage, il doit être sans cesse repris au sein de reculs et de reprises car le célibat aussi a sans cesse besoin d'être sauvé. Dans le choix du célibat, quatre dimensions doivent être assumés, ordonnés et reprises sans cesse: l'amour de soi, l'inclination vers l'autre sexe, la nuptialité et la paternité[823]. Le

---

[819] Cfr. Conc. Oecum. Vatican II, *Presbyterorum ordinis*, Décret sur le ministère et la vie des prêtres, n° 17 § 4.

[820] Cfr. D. BOURGEOIS, *La pastorale della chiesa*, Volume 11, 404.

[821] Cfr. O. BONNEWIJN, *Éthique sexuelle et familiale*, 61.

[822] Cfr. Con. Oecum. Vatican II, *Presbyterorum ordinis*, n° 22.

[823] Cfr. O. BONNEWIJN, *Éthique sexuelle et familiale*, 69.

célibat est une œuvre de longue haleine. Il ne peut se servir qu'à travers des combats et des débats qui ne sont pas nécessairement liés à des fautes ou des troubles[824].

5.3 Évangéliser l'amour conjugal

Avec la préparation au mariage et aussi après la célébration du mariage, la pastorale de la famille a comme tâche d'évangéliser l'amour entre le mari et la femme. L'amour conjugal, quand il est vrai, participe au projet de Dieu sur le couple dès l'origine. Il est étonnant pourtant que, dans la Genèse, il ne soit pas question d'amour entre l'homme et la femme. Il est question d'égalité, d'admiration de l'homme pour la femme, d'unité et de connaissance[825]. Peu à peu, il sera fait une plus grande place à l'amour, tout spécialement quand il s'agit de l'amour de Dieu, époux pour son peuple, épouse (Osée, Ezéchiel) et bien sûr dans les cantiques des cantiques, long poème d'amour à la fois de l'homme et de la femme, et de Dieu pour son peuple et l'humanité. Cette place de l'amour dans le mariage culminera avec Saint Paul dans les lettres aux Ephésiens et aux Colossiens[826], toujours en référence à l'amour du Christ pour l'Église, un amour qui va jusqu'à donner sa vie comme l'a fait Jésus époux. Dans le Christ, l'amour devient celui dont Dieu nous aime, dont le Christ nous aime et dont nous devons nous aimer les uns les autres. C'est pourquoi cet amour prend un caractère définitif, indissoluble, fidèle comme l'est celui de Dieu pour nous. Il est un amour fécond, non seulement de la fécondité qui transmet la vie, mais de la fécondité spirituelle qui veut partager la foi, la prière, l'appartenance à l'Église, toutes les richesses dont l'Évangile est porteur pour nous. Il devient participant de la fécondité même de Dieu. Ainsi, le sacrement de mariage devient la source d'un amour apostolique, missionnaire. Il fait du couple un foyer d'évangélisation: des époux l'un par l'autre, des époux pour les enfants, des enfants pour les époux, de la famille

---

[824] Cfr. A.Chapelle, *Sexualité et chasteté*, 44.

[825] Il les créa home et femme. Il tire la femme de l'homme: elle est chair de ma chair. Une seule chair: unité dans la diversité. L'enfant fruit des deux qui inclut l'amour mais plus fort que l'affectivité.

[826] On prend souvent ces deux lettres pendant la célébration du mariage pour renforcer les catéchèses faites durant la préparation.

envers les autres familles, envers la société, envers l'Église elle-même. L'amour évangélisé devient évangélisateur, constructeur de l'humanité sauvée, édificateur de l'Église. L'amour évangélisé n'est pas replié sur lui-même, enfermé dans le petit monde de la famille, mais ouvert à l'Église et au monde.

> *«Le mariage est en lui-même un Évangile, une bonne nouvelle pour le monde d'aujourd'hui, particulièrement pour le monde déchristianisé. L'union de l'homme et de la femme, le fait de devenir une seule chair dans la charité, dans l'amour fécond et indissoluble, est un signe qui parle de Dieu avec force, avec une éloquence devenue plus grande de nos jours... Ce n'est pas un hasard: le mariage est lié à la foi, comme union d'amour fidèle et indissoluble (qui) se fonde sur la grâce qui vient de Dieu, Un et Trine[827]».*

Il est important de souligner que l'amour évangélisé ne se réduit pas à l'affectivité à laquelle est souvent réduit aujourd'hui l'amour conjugal. C'est ce qui rend fragile les foyers. Si l'amour est identifié à l'affectivité, il est forcément condamné à disparaître à un moment ou l'autre. Dès lors, la réaction est claire: nous ne nous aimons plus, donc nous devons nous séparer et fonder un autre foyer. C'est pourquoi il faut oser dire aux couples qui se préparent au mariage ou qui sont déjà mariés: plus qu'une affaire d'amour, le couple est une affaire de foi, de parole donnée, gardée, vécue, donc de fidélité. L'amour est essentiel mais il n'est pas tout, il est nécessaire mais il n'est pas suffisant. L'unicité et l'harmonie sont aussi le fruit d'actes de paroles qui donnent forme au don mutuel[828]. L'amour conjugal est avant tout le don de l'homme à la femme et de la femme à l'homme[829]. Il est l'accueil de l'autre comme un don, il est tout autre que la possessivité. Quand les deux amours, s'étant appelés, se répondront, c'est dans une attitude de reconnaissance émerveillée que chacun s'ouvrira au don de l'autre[830]. L'homme ne devient pas la propriété de la femme, ni la femme celle de l'homme. Il est accueil

---

[827] Discours du Pape Benoît XVI le 7 octobre 2012 dans Alex et M.-L. Prévost, *Évangéliser le mariage. Le kérygme conjugal*, 110.

[828] Cfr. X. LACROIX, *Le mariage*, 41.

[829] Cfr. Cardinal W. KASPER, *L'Évangile de la famille*, 21.

[830] Cfr. H. CAFFAREL, *Le mariage, aventure de sainteté*. Préface du Cardinal Philippe Barbarin, 33.

réciproque d'un don gratuit. Et ce don gratuit se fait sur le fondement de la foi à une parole, sur une parole donnée, sur une parole engagée, sur une fidélité à la parole[831]. Le mariage est tout entier construit sur une parole: «oui», j'accueille la parole par laquelle tu te donnes à moi, et je te donne ma parole par laquelle je me donne à toi.

Évangéliser l'amour, c'est lier l'amour à un don fait par une parole à laquelle on accorde. L'amour évangélisé dépasse l'affectivité spontanée et immédiate forcément allergique à la durée. Par l'amour habité par la foi, les conjoints peuvent se dire entre eux: je te donne mon amour, tu peux y accorder ta foi, tu peux te fier au don que je te fais de moi-même. Par ailleurs, dans notre monde où la séparation est souvent considérée comme un remède naturel aux difficultés d'un couple, la fidélité recommandée par l'Église est assurément un défi. Cette fidélité dans le temps s'appuie sur la valeur fondamentale de la promesse échangée, et sur la conviction qu'au-delà des apparences d'échec, la vie peut reprendre son souffle[832]. L'Église croit que, en Jésus Christ, l'amour a vaincu la haine, l'amour est plus fort que tout. Certes, le sacrement de mariage n'a rien de magique, il ne garantit pas le succès de l'union mais il y encourage.

L'Église demande de se dire un oui libre et définitif devant Dieu, et le mariage religieux est appelé sacrement. Cela veut dire que par leur oui, l'homme et la femme accueillent un don spécial de Dieu (une grâce reçue dans la foi) qui change leurs cœurs et leur donne une plus grande capacité de s'aimer, capacité de recevoir l'autre chaque jour comme un don, et de s'aimer fidèlement par-delà les limites de chacun[833]. C'est ainsi que peut se construire, jour après jour, une nouvelle communauté de vie et d'amour avec la reconnaissance, l'aveu, la promesse et le pardon. Le don de Dieu, dans ce sacrement, est une véritable espérance pour le couple. Le premier miracle, que

---

[831] *«C'est en étant capable de promettre et, ensuite, de tenir ses promesses que l'homme se construit. Sur le roc de la parole donnée pourra se construire une histoire unifiée où tout ne sera pas constamment susceptible d'être remis en question. Dans la promesse, non seulement je fais confiance à l'autre mais encore je m'engage à devenir moi-même fiable c'est-à-dire digne de foi. C'est ainsi que l'on grandit. Si nous tenons parole, la parole nous tiendra».* X. LACROIX, *Le mariage*, 40.

[832] Cfr. *Pèlerin Magazine*. Hors Série «50 clés pour comprendre le christianisme», Bayard, Paris 2004, 48.

[833] Cfr. *Il est vivant*, «50 questions sur la vie et l'amour»- Hors Série, Juillet 2007, 29.

Jésus a fait, nous dit l'Évangile, c'est de renouveler la joie dans le mariage[834]. Et c'est ce qu'il nous propose dans le sacrement du mariage: transformer l'eau de notre mariage humain en vin, le vin des Noces de l'Agneau.

Il y a donc une dimension de volonté, d'engagement, de respect de la parole donnée. C'est pourquoi la parole est si importante dans le foyer et la famille. Malheur aux époux qui ne se parlent pas ou ne se parlent plus. Malheur aux enfants à qui les parents ne parlent pas ou qu'ils n'écoutent pas[835]. C'est par là que la famille est le centre de la première socialisation et de l'évangélisation ou éducation religieuse[836]. L'évangélisation de l'amour conjugale touche surtout l'engagement des couples en tant que ministres du sacrement. C'est en particulier par la parole que la sexualité humaine prend sa dimension humaine et chrétienne.

5.4 Évangéliser le corps et la sexualité

Une des tâches de la pastorale familiale est de promouvoir l'évangélisation du corps et de la sexualité. Contrairement à ce que nous pouvons penser parfois, l'évangélisation ne concerne pas seulement l'esprit, l'âme, l'intériorité, le cœur; comme si l'esprit, l'âme, l'intériorité étaient séparés du corps. L'homme est esprit, âme et corps, intériorité et extériorité, liberté et biologie. En effet, les lois biologiques inscrites dans la matérialité humaine ne sont pas et ne peuvent être des lois purement animales[837]. L'homme tout entier a besoin de devenir chrétien, y compris dans sa partie que nous appelons corporelle. Il y a, certes, une vision comme la science qui réduit le corps comme objet matériel mais en réalité, notre corps est autre que les conceptions habituelles. C'est par le corps que nous pouvons être ouverts au monde et aux autres hommes et avoir la capacité de comprendre l'infini. Notre corps ne contraint pas notre liberté, au contraire il nous rend

---

[834] Cfr. Jn 2, 1-11.

[835] Cfr. G. CHAPMAN, *Une famille qui s'aime*: «Parler, écouter, comprendre», 45-50.

[836] Cfr. *GS*, n° 52.

Cfr. C. ROCCHETTA, *Teologia della famiglia. Fondamenti e prospettive*, 571.

[837] Cfr. Y. Floucat, *Liberté de l'amour et vérité de la loi: l'enseignement moral de Jean Paul II*, Éd. Pierre Téqui, Paris 1998, 174.

parfaitement libres[838]. C'est précisément l'homme tout entier qu'on doit évangéliser et plonger dans la vie du Christ.

Le corps n'est pas étranger à nous-mêmes, comme un objet sans importance et sans signification, dont nous pouvons faire ce que nous voulons, et qui n'a rien à voir avec notre liberté et notre spiritualité. Il a besoin d'être mis en relation avec le Christ qui est le Fils de Dieu devenu chair avec tout le réalisme de ce mot et qui est ressuscité[839], c'est-à-dire qui demeure toujours homme au sein de la Trinité. À propos de notre corps et notre existence, le livre de la Genèse affirme clairement: «*Dieu créa l'homme à son image, à l'image de Dieu il le créa; mâle et femelle il les créa*»[840]. Et avec Saint Paul cette vision va de plus en plus profonde: «*Ne savez-vous pas que vous êtes un temple de Dieu, et que l'Esprit de Dieu habite en vous?*»[841]. Cette évangélisation de notre corps consiste à mettre peu à peu sous l'influence de la liberté, guidée par l'Esprit Saint. Elle consiste à vivre cela comme notre manière chrétienne d'être présent dans le monde et avec les autres, de nous unir au Christ dans les sacrements, spécialement l'Eucharistie qui est le corps du Christ, de vivre en relation avec les autres. Ainsi, les puissances du corps ne doivent pas nous dominer, mais elles doivent coopérer avec notre humanité devenant chrétienne. Soulignons que le corps présente trois niveaux de signification: d'abord la signification filiale, dans la mesure où le corps exprime la relation de l'homme à son créateur; également le corps est à la fois sponsale (ordonné à l'union entre les époux) et procréateur (ouvert au don d'une nouvelle vie)[842].

Ainsi qu'en est-il précisément pour la sexualité? Il ne s'agit pas seulement du sexe. La sexualité concerne tout notre être spirituel et corporel; notre intelligence et notre manière d'aimer; notre manière de voir le monde, d'y travailler; nos relations avec les autres. Il s'ait de nous-mêmes[843]. Pour rester

---

[838] Voir Cfr. C. Anderson - J. Granados, *La beauté de l'amour & La splendeur du corps*, 35-39.
[839] Cf. Luc 24, 37-39 «*... un esprit n'a ni chair ni os, comme vous voyez que j'en ai*».
[840] Genèse 1, 27.
[841] 1 Cor. 3, 16.
[842] Cfr. C. Anderson - J. Granados, *La beauté de l'amour & La splendeur du corps*, 177.
[843] Cfr. CEC n° 2332.

cohérent avec sa vie spirituelle, le chrétien catholique conduit à rattacher sa vie sexuelle à sa vie spirituelle. Vivre en cohérence avec la foi implique avant tout que la relation sexuelle s'inscrive dans une relation qui respecte l'autre, en tant qu'être spirituel et qui ne risque pas de le rabaisser à l'état d'objet. Mais c'est vrai, la sexualité prend tout simplement la forme de notre sexe. On l'a présentée parfois comme le lieu par excellence du péché. Elle ne l'est pas plus que le reste. Elle fait partie de nous-mêmes, et nous ne pouvons pas y renoncer. Elle marque profondément notre être et notre vie d'homme et de femme: *«La sexualité [...] n'est pas quelque chose purement biologique, mais concerne la personne humaine dans ce qu'elle a de plus intime. Elle ne se réalise de façon véritablement humaine que si elle est partie intégrante de l'amour dans laquelle l'homme et la femme s'engagent entièrement l'un vis-à-vis de l'autre jusqu'à la mort»*[844].

En effet, l'Église considère que l'acte sexuel comporte deux significations[845] qu'il convient de ne pas séparer à savoir la signification unitive, c'est-à-dire que l'acte sexuel renforce l'unité des conjoints et leur communion, notamment par le plaisir partagé; et la signification procréative, c'est-à-dire que l'acte sexuel est susceptible de donner naissance à un enfant. L'acte sexuel représente un acte d'échange puisque l'homme et la femme mettent leur intimité en commun. Il devient le lieu du don par excellence[846]. Vécu d'une manière humaine, cela signifie et favorise le don réciproque par lequel les époux s'enrichissent tous les deux dans la joie et la reconnaissance[847]. La ligne de crête adoptée par l'Église l'amène donc à refuser l'instrumentalisation de la sexualité, tant en vue du plaisir seul qu'en vue de la procréation seule[848]. L'intimité sexuelle suppose que les deux époux comprennent leur différence et en tiennent compte. Le mari doit apprendre à combler le besoin de tendresse de sa femme, et celle-ci doit accepter l'aspect

---

[844] JEAN PAUL II, Exh. Apost. *Familiaris consortio*, n° 11 § 5.
Catéchisme de l'Église catholique n° 2361.
[845] Cfr. C. Burgun, *La famille c'est sacré!*, 131.
[846] Cfr. J.- L. Bruguès, *La fécondation artificielle* au crible de l'éthique chrétienne, Fayard, Paris 1989, 111.
[847] Cfr. Conc. Oecum. Vatican II, Cons. Past. *Gaudium et spes*, n° 49 § 2.
[848] Cette position se coïncide à l'enseignement de *Humanae vitae* de PAUL VI sur la régulation de naissance encourageant la méthode naturel et non à la contraception ou fécondation in vitro.

physique de la sexualité de son mari. Si les époux s'efforcent de faire de l'expérience sexuelle un acte d'amour réciproque et prennent le temps d'apprendre à se procurer du plaisir l'un à l'autre, ils parviendront à l'intimité sexuelle. Mais s'ils obéissent seulement à l'instinct naturel, ils éprouveront de la frustration dans leur vie sexuelle[849]. La sexualité est source de joie et de plaisir: «*Le créateur lui-même [...] a établit que dans cette fonction de génération, les époux éprouvent un plaisir et une satisfaction du corps et de l'esprit. Donc les époux ne font rien de mal en cherchant ce plaisir et en en jouissant. Ils acceptent ce que le créateur leur a destiné. Néanmoins les époux doivent savoir dans les limites d'une juste modération*»[850].

Nous avons à apprendre à vivre la sexualité en chrétiens et chrétiennes et en relation avec le Christ. Elle a à entrer dans le projet de grâce de Dieu en nous. A l'inverse, elle peut entrer dans notre refus de Dieu par le péché. Elle peut être marquée par la grâce comme par le péché. Elle peut être l'expression de notre rencontre avec les autres et de notre vérité devant Dieu, mais elle peut tout autant être marquée par l'égoïsme, le mensonge, la possessivité, la domination et l'esclavage. L'Église croit que la sexualité est belle et fragile, et qu'elle est indissociable de l'amour comme un moyen de trouver le bonheur en couple[851]. Donc, elle a besoin d'être évangélisée et sauvée. Nous avons à la vivre selon l'Esprit de Dieu, soit par le mariage, soit par le célibat consacré ou non, porté dans la chasteté[852] car les fidèles du Crist sont appelés à mener une vie chaste selon leurs états de vie particulier. Christianiser notre vie sexuelle, c'est en faire l'expression d'un amour vrai, de la rencontre des autres, du don de soi, de la communion[853], de la fécondité humaine et chrétienne. Pour les époux, l'union sexuelle vécue de manière humaine et sanctifiée par le sacrement, est en retour un chemin de croissance dans la vie de grâce[854].

---

[849] Cfr. G. CHAPMAN, *Une famille qui s'aime*, 63.

[850] Pie XII, *Allocutio Conventui Unionis inter Obstetrices*, 29 octobre 1951, dans AAS 43 (1951), 835-854; cité par le CEC n° 2362.

[851] Cfr. Discours de Mgr di Falco, ancien porte-parole de la Conférence des Évêques de France le 20 avril 1995.

[852] Cfr.CEC n° 2348-2349.

[853] Cfr. Y. SEMEN, *La sessualità secondo Giovanni Paolo II*, San Paolo, Milano 2005, 101.

[854] Cfr. Pape FRANÇOIS, Exh. Apost. *Amoris Laetitia*, n° 74.

Le Christ a été un homme vrai, et il l'est toujours. Il a eu une sexualité d'homme, il n'a pas été une femme. Cela caractérise le christianisme et le Fils de Dieu soit devenu un homme, et non une femme, ni un ange, ni tous les sexes. Il a vécu en homme célibataire chaste, totalement en dépendance de Dieu son Père, tourné vers son Père, donné à l'universalité des hommes. À son exemple et en union avec Lui, nous avons à vivre notre sexualité en chrétien. C'est toujours vrai pour les gens mariés, pour les célibataires consacrés ou non. Et pour nous tous, cela n'est jamais fait une fois pour toutes, c'est toujours à reprendre. Nous avons à nous y aider les uns des autres, gens mariés et célibataires.

5.5 Évangéliser la relation parents-enfants

L'Église a aussi pour tâche d'évangéliser les relations parents-enfants, parents-jeunes. Dans une famille saine, le père reconnaît que son rôle est aussi important que celui de la mère dans le développement de la féminité de la fille et de la masculinité du garçon[855]. Notre époque actuelle tend à dissocier de plus en plus l'amour conjugal de l'apparition et de l'éducation des enfants. Dans le passé, toute la vie chrétienne des époux était centrée sur la fécondité, on se mariait pour avoir des enfants et la procréation est au premier rang des biens du mariage[856]; la sexualité avait sa valeur par la génération. L'amour nuptial passait après l'amour fécond.

Pour les Malgaches, le concept du *zanaka* (enfant ou fils) répandu essentiellement et adopté généralement au sein du foyer et de la grande famille, comprend les aspects fondamentaux suivants: l'existentiel, le religieux, l'économique, l'éthique et le social[857]. En ce qui concerne les deux premiers, le *zanaka* porte en lui la vie des ancêtres. Cela constitue le don le plus précieux provenant de Dieu (*Andriamanitra Andriananahary*)[858], par

---

[855] Cfr. G. CHAPMAN, *Une famille qui s'aime*, 175.
[856] Cfr. Pie XI, L. Enc. *Casti connubii*, n°12-21. O. BONNEWIJN, *Éthique sexuelle et familiale*, 116.
[857] Cfr. M. Ravelonantoandro, *La conception du zanaka pour comprendre le sens de l'homme fils de Dieu*, Étude d'anthropologie théologique à partir de la culture malgache, Roma 2014, 15.
[858] Cfr. P. LUPO, *Dieu dans la tradition malgache*, 63-74.

lequel la famille assure dans le temps sa pérennisation[859], en la vivifiant, l'enrichissant de diverses manières, mais surtout en la protégeant dans la vie de l'enfant. C'est pour cette raison que les cultures malgaches et africaines considèrent la stérilité comme une terrible malédiction[860]. Dans le système de valeur ou hiérarchie des valeurs malgaches, l'enfant se trouve effectivement en tête de liste parce que sans aucun doute, il est considéré comme étant la première richesse[861], mais surtout parce qu'il représente et actualise le don de la vie.

Quant à l'aspect éthique[862], d'une part la bonne conduite de l'enfant reflète les capacités et la qualité de ses éducateurs à savoir les parents, la famille et l'entourage social; et d'autre part, l'agir de la famille tend à tout mettre en œuvre en vue du succès de l'enfant garant d'un bel héritage pour elle. De ce fait, le Pape François nous exhorte que la tâche des parents inclut une éducation de la volonté et un développement de bonnes habitudes et de tendances affectives au bien. La formation morale devrait toujours se réaliser par des méthodes actives et par un dialogue éducatif qui prend en compte la sensibilité et le langage propres aux enfants afin qu'ils puissent arriver à découvrir par eux-mêmes la portée de certaines valeurs, principes et normes, au lieu de se les voir imposées comme des vérités irréfutables[863].

---

[859] Le *Zanaka* comprend une dimension existentielle: «*ny zanaka sombin'ny aina*», «*menaky ny aina*» (Littéralement, l'enfant est un morceau de la vie biologique des parents). On parle ici de la descendance. La famille se sent maudite quand sa continuité est menacée par manque d'enfants: «*lany taranaka*» (la descendance terminée) signifie le plus grand malheur familial. Pour y remédier, elle cherche tout de suite à adopter les enfants des parents.

[860] Beaucoup de proverbes expriment le sort malheureux des femmes stériles. Cfr. J.A Houlder, *Ohabolana ou proverbes malgaches*, 160.

[861] «*Ny zanaka no harena*» (l'enfant est une richesse). Il s'agit ici de la richesse non pas au terme de l'avoir, mais en tant que don émanant de Dieu créateur. Cette idée nous conduit à affirmer que si pour Albert Camus ou Jean Paul Sartre, la liberté est la seule valeur impérissable de l'histoire, pour le Malgache ce sera plutôt le *zanaka*.

[862] On y met en exergue le savoir-vivre et le savoir-être ce qui permet à l'enfant de distinguer le permis et le défendu et de respecter le tabou. Quand l'enfant est dit «*adala*» (insensé, délinquant), ses parents ont le devoir non pas de le rejeter, mais de le corriger et de le protéger: « *ny adalan'ny olona ihomehezana fa ny an'ny tena tafian-damba*» (Les idiots et fous des prochains nous font rire mais ceux de la famille sont à couvrir ou on pourrait rire du délinquant du prochain, mais le tien, c'est toujours à toi de l'habiller). Pour prévenir, «*ny zanaka tiana tsy itsitsiana rotsan-kazo*» (on corrige ou on frappe un enfant que l'on aime).

[863] Cfr. Pape FRANÇOIS, Exhortation Apostolique *Amoris Laetitia*, n° 264.

Sous l'aspect socio-économique, il y a généralement deux éléments: d'abord la réussite des enfants qui indique le sens du succès économique dans la vie; ensuite, la reconnaissance qui montre les charges obligatoires des *zanaka* envers les parents âgés, la grande famille et le patrimoine familial. Il s'agit à la fois du devoir de l'enfant majeur envers ses parents et du souci de l'*anaran-dray*[864], soit le devoir de porter haut le patrimoine moral et la renommée de la famille. L'estime sociale des parents repose sur la sagesse et le succès de leurs enfants. C'est la raison pour laquelle l'enfant ne doit jamais abandonner ses parents. Le proverbe dit: «*On ne peut jamais donner un coup de pied à la pirogue par laquelle on a pu traverser l'océan de la vie*[865]».

Les mentalités, liées en partie aux conditions nouvelles et au progrès des techniques de la génération (contraception, avortement, …), se sont totalement renversées. Le bonheur des époux prime la venue de l'enfant. Les parents ont droit de refaire leur vie et chercher leur bonheur avant de faire la vie et le bonheur des enfants[866]. Il y a là quelque chose de très préjudiciable au sens de la famille. Même s'il est bon de ne pas centrer toute la vie conjugale sur la venue et l'éducation des enfants, il faut redire que la venue de l'enfant est l'un des premiers objectifs du mariage. Le projet du créateur demeure: croissez et multipliez. Ils seront une seule chair c'est-à-dire une seule personne; l'un des sens de ce texte porte sur l'enfant grâce auquel les deux époux deviennent une seule personne.

Par ailleurs, une des exigences de la permanence et de l'indissolubilité des époux est le bonheur, l'équilibre, la maturation des enfants[867]. Il s'est avéré que la plus grande partie des mineurs en prison ou auteurs de violence ou suicidaires sont des enfants sans famille stable. Les responsables politiques qui en sont informés devraient en tirer les conclusions aussi pour la politique de la famille. Le lien entre le mariage et l'enfant est à remettre en lumière.

---

[864] Littéralement le *nom du père*.

[865] G. NAVONE, *Ny atao no miverina. Ethnologie et proverbes*, 102. «*Tsy azo atao ny mitsipa-doha ny laka-nitàna*» ou «Ne repoussez pas du pied la pirogue grâce à laquelle vous avez passé l'eau».

[866] Cfr. H. CAFFAREL, *Le mariage aventure de sainteté*, 256.

[867] Cfr. JEAN PAUL II, Exh. Apost. *Familiaris Consortio*, n° 14. Cfr. PAPE FRANÇOIS, *Amoris Laetitia*, n° 165.

Encore faut-il, pour la famille fondée sur le mariage sacrement, que les relations parents-enfants soient évangélisées?

Ces relations sont d'abord humaines, quoi de plus naturel que les relations entre une mère, un père et leurs enfants et réciproquement. Ces relations sont vécues, et différemment dans toutes les cultures, toutes les sociétés. Pour les chrétiens, ces relations doivent être pénétrées par la foi. Ces relations immensément humaines deviendront des relations qui existent entre fils de Dieu situées différemment les uns par rapport aux autres. Ces relations sont fondées sur la conviction de la foi que l'enfant est un don, qu'il n'appartient aux parents[868] et que ces derniers ont à adopter chaque enfant qui vient au monde. Plus que désiré, il est important que l'enfant soit engendrés mais non pas adopté. Les parents n'ont pas à vouloir un enfant simplement pour leur bonheur mais surtout celui de l'enfant lui-même; ils ont alors à l'accueillir tel qu'il est, même s'il ne correspond pas à leur projet. Vouloir des enfants sur mesure est une catastrophe pour l'enfant si cela ne correspond pas au désir des parents[869]. Ils ont au contraire à l'accueillir tel qu'il est et à l'éveiller à sa vocation propre. De ce point de vue, l'attitude de Jésus enfant est significative: il a ainsi éduqué sa mère à le laisser libre d'être le Fils du Père, à obéir à l'heure du Père, à accepter qu'il veut fonder une nouvelle famille ayant priorité par rapport à sa famille, à accepter de souffrir par lui et d'être dépouillé de lui[870].

S'enracinant dans la transmission de la vie, dans le même sang, dans l'amour, ces relations des parents avec leurs enfants doivent devenir des relations d'éducation humaine et chrétienne, de partage de la foi, d'éveil de la vocation chrétienne, de consentement des parents à voir leurs enfants prendre en main leurs propres vies, à devenir à leur tour, des adultes responsables. Il est vrai que certains parents abusent de leur autorité. Toutefois, un plus grand danger réside dans une éducation dépourvue de ces limites dont l'enfant a

---

[868] «*Ny ray aman-dreny dia toy ny mpiandry omby volavinta, tsy tompony fa mpamerin-doha*». (Les parents sont comme des bouviers d'un roi, ils ne sont pas propriétaires mais seulement des conducteurs)».
[869] Cfr. Pape FRANÇOIS, Exh. Apost. *Amoris Laetitia*, n° 166.
[870] Cfr. Jésus au temple à 12 ans (Lc. 2, 41-52); les noces de Cana (Jn. 2, 1-11); Qui est ma mère (Lc. 8, 21).

cruellement besoin. «*Dans une famille qui fonctionne bien, les parents exercent leur autorité pour le bien de l'enfant. Ils s'engagent à mener une vie hautement morale. Ils défendent les vertus de bonté, d'amour, d'honnêteté, de pardon, d'intégrité, de travail et de respect d'autrui. Les enfants qui obéissent à de tels parents récolteront les avantages d'une vie vécue sous cette saine autorité*[871]». Les enfants eux-mêmes peuvent devenir éducateurs de leurs parents[872]. Si les relations chrétiennes entre parents et enfants assument l'affection et l'amour humain qui les constituent, elles doivent aussi devenir amour de charité où parents et enfants se reconnaissent frères, également dépendants de Dieu et faits pour lui. Cela ne va pas sans la croix, qui parfois est la croix de l'échec. Recevant de Dieu le don de transmettre la vie, les parents ont à se défaire de toute possessivité, comme Dieu Père donnant son Fils, son Unique pour le salut du monde. Ils deviennent ainsi des images de la paternité de Dieu qui seul peut être appelé pleinement Père.

En ce qui concerne les enfants, il faudrait insister sur la fratrie, c'est-à-dire sur la vie entre frères et sœurs, ou entre cousins et cousines, et le rôle que joue cette vie dans l'évangélisation des enfants. De plus, les parents doivent s'impliquer dans la vie de leurs enfants, leur consacrer du temps, dialoguer et jouer avec eux, les protéger et pourvoir à leurs besoins d' enfants, et les aimer de façon inconditionnelle[873]. La grande famille de ce point de vue-là est un secours précieux pour la famille conjugale.

5.6 Évangéliser les situations difficiles relevant de la vie des familles

Nous avons déjà parlé longuement des difficultés ou des blessures de la famille. C'est dans cette nécessité d'évangéliser la famille que doivent être remises les positions de l'Église catholique par rapport aux situations difficiles que rencontrent les familles. En même temps il faut aborder les personnes qui se trouvent dans ces situations, avec une attitude compatissante en se comportant comme disciple de Christ qui évangélise. En effet le Pape François

---

[871] G. CHAPMAN, *Une famille qui s'aime*, 124-125.
[872] Cfr. Ibidem, «Découvrez les langages d'amour de vos enfants», 78-81.
[873] Cfr. Ibidem, «Les caractéristiques d'un père aimant», 176-184.

considère les dispositions subjectives de chacun. Il s'appuie sur le fait qu'il n'est *«plus possible de dire que tous ceux qui se trouvent dans une situation dite irrégulière vivent dans une situation de péché mortel[874]»* et que ces personnes peuvent recevoir *«l'aide de l'Église[875]»*.

5.6.1 L'avortement

C'est en fidélité à sa mission évangélisatrice que l'Église refuse l'avortement[876]. Évangéliser la fécondité humaine, c'est montrer la grandeur de l'être issu de l'union d'un homme et d'une femme ainsi que la grandeur de l'acte qui est à l'origine de cet être humain dès la fécondation. Le germe d'être humain qui commence à être est déjà englobé dans la relation avec le Christ, dans l'amour de charité dont Dieu aime chacun. Il n'est pas possible de détruire ce germe d'être humain. L'Église ne peut pas accepter que l'avortement soit une manière, surtout une manière qui devient courante et s'identifie à un droit, de vivre en société[877] et de régler les problèmes de la rencontre sexuelle entre l'homme et la femme.

Mais en prenant cette position ferme, l'Église ne condamne pas les personnes qui sont dans certaines situations de détresse. Elle ne s'en prend pas aux femmes se trouvant face à des conditions de vie difficiles[878]. Ce que

---

[874] Pape FRANÇOIS, *Amoris Laetitia*, n° 301. Nous rappelons que pour qu'un péché soit mortel trois conditions sont ensemble requises: *«Est péché mortel tout péché qui a pour objet une matière grave, et qui est commis en plein conscience et de propos délibéré».* (JEAN PAUL II, *Reconciliatio et Paenitentia*, n° 17. CEC, n° 1857). Ici le Pape rappelle la doctrine établie dans le catéchisme et attire notre attention à savoir distinguer entre la situation objectivement désordonnée et péché mortel. La question est de savoir si l'on peut commettre un péché mortel sans le savoir pleinement ou le vouloir pleinement. Le Pape François considère les dispositions subjectives de chacun.

[875] Ibidem, n° 305. Par le biais notamment d'un examen de conscience avec un prêtre selon une logique d'intégration et non pas d'exclusion. Cela ne se fait pas une fois pour toute d'où la nécessité d'un accompagnement sur la durée. *Amoris laetitia* a bien précisé que *«Nous sommes appelés à former les consciences, mais non à prétendre nous substituer à elles».* (n°. 37). Un tel accompagnement est bien présenté comme nécessaire parce que devant une telle situation difficile le prêtre est toujours un père, un médecin et un juge: *«Les prêtres ont la mission d'accompagner les personnes intéressées sur la voie du discernement selon l'enseignement de l'Église et les orientations de l'évêque [...] ce discernement ne pourra jamais s'exonérer des exigences de vérité et de charité de l'Évangile proposées par l'Église»* (n° 300); *«il faut encourager la maturation d'une conscience éclairée, formée et accompagnée par le discernement responsable et sérieux du pasteur»* (n° 303).

[876] Cfr. Conc. Oecum. Vatican II, Cons. Past. *Gaudium et Spes*, n° 51. JEAN PAUL II, L. Enc. *Evangelium vitae*, sur la valeur et l'inviolabilité de la vie humaine, n° 58-59.

[877] Cfr. JEAN PAUL II, L. Enc. *Evangelium vitae*, n° 73.

[878] Cfr. Ibidem, n° 99.

l'Église demande, est que la société ne se contente pas d'aider financièrement l'avortement, mais qu'elle aide financièrement les femmes ou les jeunes filles qui attendent un enfant en les aidant aussi moralement et psychologiquement à recevoir l'enfant.

Comme cette pratique n'est pas légalisée à Madagascar, les actes sont pratiqués clandestinement et pire encore, souvent il n'y a aucune formation sanitaire ni assistance médicale. En cela l'Église affirme:

«Il y a des valeurs qui caractérisent les Malgaches, ainsi affirmées: la vie est sacrée; la vie est unique; ce ne sont ni l'argent ni la richesse qui priment mais la vie. L'Église aime et protège toujours la vie. Assi malgré les tentations engendrées par la pauvreté et les diverses idéologies, son enseignement reste le même; elle défend la vie et rejette l'avortement en général. Il s'ensuit que l'Église catholique n'est pas d'accord avec la dépénalisation de l'avortement (projet du protocole de Maputo n° 14, 1c et 2c). Nous savons que notre président de la république n'admet pas l'avortement, et nous sommes convaincus que nos législateurs sont des personnes de sagesse. Alors qu'une loi qui méprise ainsi la vie humaine ne voie jamais le jour dans notre chère patrie; car seul Dieu est maître de la vie[879]».

À la suite des diverses rencontres et sessions, les membres engagés de la commission épiscopale Justice et Paix ont tenu un congrès national en vue de poursuivre, d'intensifier et d'améliorer ses activités pastorales à Madagascar. Concernant l'avortement, ils rejettent radicalement tout projet de loi visant à détruire la vie[880].

5.6.2 Le divorce avec le remariage

Christianiser la relation de l'homme et de la femme, l'amour humain et la sexualité, c'est mettre la sexualité en relation avec l'amour de Dieu qui est définitif, fidèle et indissoluble. Rompre l'alliance que constitue le mariage, sacrement de l'alliance, c'est en quelque sorte revenir sur cet amour de

---

[879] Message du conseil permanent de la conférence épiscopale de Madagascar in *Fiangonana sy ny fiarahamonina eto Madagasikara- Église et société à Madagascar*, préface Mgr Rabemahafaly Fulgence, collection «Foi et Justice», tome 7 (2006-2010), Antananarivo 2011, 93.95.
[880] Cfr. Conseil Pontifical «Justice et Paix», *Compendium de la doctrine sociale de l'Église*, Mame 2007, 312.

charité, sur ce don, sur la parole donnée, sur la foi engagée. C'est surtout vrai lorsqu'il y a remariage. Dans certains cas, l'Église accepte une séparation qui ne rompt pas le lien, mais elle ne voit pas comment accepter le remariage car le remariage veut annuler en quelque sorte la parole engagée. Beaucoup sont les manières de s'exprimer pour les malgaches: il serait donc fort probable que les proverbes reflètent l'idéal tandis que d'autres décriraient la pratique à un moment donné[881]. Aux yeux de l'Église, il y a une contradiction entre la conception de l'union chrétienne dans le mariage et le remariage. Pourtant, l'Église ne condamne pas les personnes dans cette situation alors il est nécessaire de rectifier notre attitude à leur égard[882]. Nous avons tous le devoir de leur permettre de prendre la place dans l'Église[883]. Cela se fait d'après un entretien personnel pour faire comprendre l'enseignement de l'Église à propos de son cas en affirmant que l'Église marche toujours avec eux.

5.6.3 La cohabitation hors mariage

Nombreux sont les motifs de cette choix de vie, mais pour l'Église, l'usage évangélisé de la sexualité est source d'un engagement total, définitif, fidèle, tel qu'il est créé par le mariage chrétien. Il est tellement honteux qu'elle peut aboutir à un enfant. L'usage de la sexualité, comme dit Saint Paul (1 cor. 6), est bien différent d'autres usages dans les relations entre hommes et femmes. Il ne relève pas du provisoire ni de l'essai, comme l'a dit Jean Paul II: «*On ne peut pas vivre à l'essai, mourir à l'essai, aimer à l'essai, se lier à*

---

[881] L'idéal c'est: «*Lamban'akoho ny fanambadiana ka faty no isarahana*» ou Le mariage est comme les plumes des poules, elles ne les quittent qu'à la mort. «*Ny vady renianaka ka tandra enti-mihantitra*» ou une épouse qui a des enfants, c'est comme un point de beauté, elle vieillit avec son mari. À un moment donné: «*Ny fanambadiana tsy nafehy fa nahandrotr*» ou le mariage n'est pas indissoluble, mais un nœud coulant. «*Zaza fito tsy mahafehy trano fa ny fanahy fito no mahafehy trano*» ou Sept enfants ne suffisent pas à tenir unie la maison, mais il faut sept âmes. Les deux derniers pourraient être considérés comme le reflet d'une situation de fait: le mariage n'est pas stable; même des enfants nombreux ne peuvent pas empêcher le divorce. P. G. NAVONE, *Ny atao no miverina ou Ethnologie et proverbes malgaches*, 57.

[882] Pour ce qui est de la question du divorce, la doctrine de fond de l'Église catholique du mariage indissoluble demeure. En cela le Pape François exploite des ressources d'accompagnement pastoral ainsi de la loi de gradualité qu'il emprunte à Jean Paul II pour accompagner, dans la ligne d'une «*Église hôpital de campagne*», ceux qui sont «*plus fragiles et marqués par un amour blessé et égaré*» (Cfr. Pape FRANÇOIS, *Amoris Laetitia* n° 291).

[883] La mesure prise par le diocèse d'Antananarivo dans ce cas c'est de les responsabiliser dans des commissions mais non pas premier responsable, car dans certains cas les fidèles dans une situation difficile sont assidus à la vie de l'église pour le bien de ses enfants. Cette mesure correspond à ce qui est écrit dans *Familiaris consortio* n° 84.

l'essai[884]». Le lien de l'union définitive et durable dans le mariage et l'Eucharistie amène aussi l'Église à ne pas admettre à la communion à ceux qui vivent en concubinage.

En ce moment-là, nous avons à christianiser la situation et la relation des personnes qui vivent en cohabitation. Sans approuver ni bénir leur union, nous avons à les respecter, à les aimer, à leur faire comprendre le sens de la position de l'Église[885], à les inviter à envisager le mariage pour avoir une vie meilleure. Une question se pose parfois touchant le baptême d'un des deux partenaires d'une cohabitation dans le cas où l'un n'est pas baptisé. Pour que le baptême soit possible, il faut au minimum qu'il ait engagement des deux à préparer le mariage. Et pour le baptême de leurs enfants: pour le diocèse d'Antananarivo, si les parents sont baptisés le baptême de leurs enfants attend le jour de la célébration de leur mariage. Dans le cas où il n'y a pas de possibilité pour soigner le mariage, on accorde le baptême des enfants en encourageant les parents à fréquenter l'Église pour l'éducation. Et pour la fille-mère on accorde le baptême pour le premier avec un bon conseil mais s'il y aura un autre, il faut qu'elle attende l'âge de raison[886]. Pour la pratique pastorale, il y a chaque année une opération du sacrement du mariage pour régulariser ceux qui pratiquent la cohabitation sans mariage civil ni mariage religieux. L'Église prend en main la formation catéchétique pendant une année (catéchèse pour la préparation au mariage et aussi pour le baptême de leurs enfants), puis après, on fixe une date pour célébrer ensemble le mariage des parents et le baptême de leurs enfants.

5.6.4 La régulation des naissances

L'opinion parle en général de contraception. Il est préférable de parler de régulation des naissances. Le mot contraception indique une attitude

---

[884] *http://www.fiancailles.org/index.php/sexualité-et-chasteté/506-place-amour-comportement-sexuel*, 12 février 2012, consulté le 25/04/2016.

[885] Cfr. Ibidem, 138. «*Saonjo iray lohasaha tsy ilaozan'izay hamarara*» ou parmi les gouets qui remplissent une vallée, il y en a toujours des mauvais. «*Miandry ondry zato, miambina omby arivo ka tsy ilaozan'izay mania*» ou garder cent moutons, surveiller mille bœufs, il y en a toujours qui s'égarent. C'est à l'intérieur du cosmos que l'homme doit se situer et vivre sa liberté. On ne va pas rêver d'un monde sans imperfections.

[886] Cfr. Cfr. *Soridalana ho an'ny Pretra mitondra ny vahoakan'Andriamanitra Diosezin'Antananarivo*, 15. (Directive pour les prêtres qui gouverne les peules de Dieu Diocèse d'Antananarivo).

d'opposition à la fécondité, et la plupart du temps avec les moyens techniques. La régulation des naissances indique au contraire une maternité et une paternité responsables par une attitude responsable des deux époux et non seulement de la femme[887]. Il implique une recherche commune qui fait grandir la qualité de l'amour. Ce qui est sous-jacent à la position de l'Église refusant la contraception par des moyens techniques, il est conforme à la vocation de l'homme et de la femme d'arriver à vivre chrétiennement l'amour sans qu'ils recourent à des moyens extérieurs à eux-mêmes, c'est-à-dire à des moyens qui ne sont pas le fruit de l'amour responsable.

Par là, l'Église rejoint des courants d'idées et de vie qui se manifestent en bien des domaines. On souligne par exemple que pour vivre en bonne santé physique et psychique, l'idéal n'est pas de recourir à des médicaments, nécessaire à certains moments, mais de devenir capable d'assumer nos propres limites, nos propres angoisses, dans la responsabilité et dans la liberté. La vraie solution à beaucoup de problèmes humains n'est pas le moyen technique utilisé à longueur de vie, mais la capacité de nous assumer, de nous prendre en main et de vivre en responsable avec nos limites, nos pauvretés et nos souffrances. Avec la contraception, les époux ne se donnent plus totalement l'un à l'autre. Il en découle non seulement le refus positif de l'ouverture à la vie, mais aussi la falsification de la vérité intérieure de l'amour conjugal, appelé à être un don de la personne tout entière[888]. L'acte contraceptif introduit objectivement un mensonge au plus intime de la communion des époux, quelles que soient par ailleurs les intentions ou la sincérité de ces derniers[889]. C'est un peu dans cette ligne qu'il faut comprendre la position de l'Église vis-à-vis de certaines méthodes de contraception qui tendent de plus en plus à relever du domaine médical.

La pratique de la régulation des naissances est connue aussi sous le nom de planning familial. On peut définir le planning familial ou planification familiale comme étant l'ensemble des méthodes permettant aux parents de

---

[887] Cfr. PAUL VI, L. Enc. *Humanae vitae*, n° 14.
[888] Cfr. JEAN PAUL II, Exh. Apost. *Familiaris consortio*, n° 32.
[889] Cfr. O. BONNEWIJN, *Éthique sexuelle et familiale*, 125.

décider du nombre et l'espacement des naissances et en particulier des méthodes permettant d'éviter la grossesse; c'est également l'utilisation ou organisation de ces méthodes[890]. À Madagascar, en 1967 l'ONG FISA ou «*Fianakaviana Sambatra*[891]», association membre de l'IPPF[892], a commencé à dispenser des activités de planification familiale dans le pays.

5.6.4.1 La régulation des naissances et valeur culturelle de l'enfant

Dans la culture malgache, les progénitures sont considérées comme une richesse précieuse. Cette culture est d'ailleurs reflétée dans plusieurs proverbes et expressions montrant que la finalité du mariage c'est d'avoir des enfants. Et même autrefois, des hommes ont préféré avoir d'enfants avec une fille ou femme avant de se marier avec elle pour s'assurer qu'elle n'est pas stérile. «*Tokan'anaka ka sarin'ny momba*» textuellement: n'avoir qu'un seul enfant c'est presque être stérile[893]. Ce qui traduit l'importance d'avoir plusieurs enfants dans la culture malgache. «*Miteraha fito lahy fito vavy*» ou ayez sept garçons et sept filles, bénédiction annoncée aux nouveau mariés auparavant, mais qui n'est guère utilisée sûrement à cause de la constatation de la difficulté de subvenir à quatorze enfants. Par ailleurs, les enfants sont réputés être des richesses pour certaines familles dans la mesure où ils constituent des mains d'œuvres qui vont aider les parents dans leurs activités (travaux aux champs, travaux ménagers…) et seront ainsi des sources de revenus pour eux. On pourrait dire alors que culturellement parlant, les malgaches ne tiennent pas compte de la régulation des naissances. Cela s'explique par le fait que le sujet autour de la sexualité est un tabou dans la société malgache.

---

[890] Cfr. Le petit Larousse illustré, 2012.

[891] Littéralement: famille heureuse.

[892] *International Planned Parenthood Federation* qui a eu l'initiative d'assainir le cadre juridique du planning familial.

[893] J. A. Houlder, *Ohabolana ou Proverbes Malgaches*, n°1880, 162.

5.6.4.2 Régulation des naissances et développement

La régulation des naissances ou planning familial est parmi les facteurs clés de développement[894]. Pour les filles, la prévention de la grossesse par le biais des informations et services de planning familial leur permet avant tout d'être plus en bonne santé. Ainsi, elles pourront ajourner leurs grossesses et éviter par exemple les maladies sexuelles transmissibles. De plus, elles pourront continuer leurs études et avoir de meilleur avenir. Et enfin, ceci les épargne de commettre des crimes comme l'avortement, qui auront toujours d'impact sur leurs futurs. Pour les femmes, la prévention de la grossesse trop fréquente leur permet d'être plus en bonne santé et ainsi de corroborer leur développement professionnel. De plus, elles auront plus d'énergies pour prendre soin de leurs familles et participer pleinement à la vie économique et sociale de la communauté. Pour les familles, des enfants moins nombreux leur permettent de faire plus d'économie, au moins d'assurer convenablement les besoins et les droits élémentaires en alimentation, santé, éducation de tous leurs membres. Donc, il y a plus de chance et de probabilité d'échapper à la pauvreté[895]. Entre autres, cette pratique est faite pour lutter contre l'avortement souvent pratiqué dans des conditions dangereuses et contre le VIH Sida.

5.6.4.3 Régulation des naissances et Religions

Plus de la moitié de la population malgache est chrétienne dont les quatre principales religions sont: l'Église Catholique Apostolique Romaine, l'Église Réformée Protestante de Jésus Christ à Madagascar (FJKM), l'Église Luthérienne (FLM) et l'Église Anglicane (EEM). Toutefois, la pratique de l'une ou de l'autre de ces religions n'empêche pas les malgaches de respecter le culte des Ancêtres ou religion traditionnelle et de croire aux prédictions des divins et autres voyants. On estime les musulmans à un peu moins de 10%.

---

[894] Cfr. L. RAKOTOMALALA RANDRIANANDRAISANA, *Le planning familial à Madagascar*, Antananarivo 2009.
[895] Cfr. Ibidem.

D'une manière générale, la religion n'est pas un obstacle à la régulation de naissances ou contraception selon ses formes à Madagascar[896]. Mais une mention spéciale mérite d'être faite pour l'Église catholique, vu le nombre important de la population qui pratique cette religion (environ 30% de la population). La position de cette religion est claire face au planning familial. Ainsi, la seule contraception admise par l'Église catholique, lorsque le couple traverse des circonstances justifiant un espacement des naissances est l'observation des rythmes naturels de la fertilité de la femme c'est-à-dire l'abstinence en période féconde[897]. Cette position a de nouveau été réitérée par le Pape Benoît XVI le 2 Octobre 2008, lors de son audience hebdomadaire sur la place de Saint-Pierre au Vatican. Les contraceptifs désactivent la signification procréatrice de l'union conjugale. En un mot, la contraception est le refus de donner et de recevoir la fécondité; c'est le refus, par conséquent, de la totalité du don[898]. La planification familiale, par contre, n'est pas une simple technique. Elle inclut toute une éducation à la sensibilité de la vérité de l'amour, éducation qui exige l'engagement de toute la personne. La pratique des méthodes naturelles de régulation des naissances transforme les époux et leur amour, les aide à se respecter davantage et à mieux apprécier leur vocation[899]. Toutefois, la réalité pratique des gens à Madagascar n'arrive pas à suivre complètement cet enseignement; c'est pourquoi la nécessité d'évangélisation et d'éducation à la dignité de la personne humaine est indispensable pour qu'elle ne puisse pas être un objet de plaisir et supporte les graves conséquences des méthodes de régulation artificielle de la natalité[900].

---

[896] Dans certaines congrégations religieuses comme le SAF/FJKM (*Sampan'Asa Fampamdrosoana* pour l'Église FJKM) ou la SALFA (*Sampan'Asa Loterana momban'ny Fashasalamana* pour l'Église FLM), les services de planning familial sont des services de santé courants. Seules les méthodes recommandées par chaque congrégation diffèrent selon l'entité.

[897] Cfr. Pie XII, AAS 43 (1951), 816 cité par PAUL VI, L. Enc. *Humanae Vitae*, n° 16 § 3. Cette méthode s'appelle «Planification familiale naturelle» qui respecte la nature de l'amour humain. Elle est une éducation à la sensibilité de la vérité de l'amour.

[898] Cfr. C. ANDERSON - J. GRANADOS, *La beauté de l'amour & La splendeur du corps*, 179.

[899] Cfr. Ibidem, 182.

[900] Cfr. PAUL VI, L. Enc. *Humanae Vitae*, n° 17.

5.7 Loi de la gradualité et gradualité de la loi

Il est évident que l'évangélisation de la famille ne se fait pas d'un seul coup. C'est une histoire, une longue histoire parfois, une histoire personnelle et communautaire, une histoire vécue à deux. L'Église nous indique là où il faut aller. Nous sommes appelés à y avancer pas à pas. Nous avons à devenir chrétiens et nous devenons chrétiens pas à pas, grâce à l'action conjointe de l'Esprit Saint, de nos efforts, de l'aide fraternelle que nous portons de l'Église. Nous n'avons pas le droit de nous arrêter parce que le chantier est encore devant nous.

La notion de gradualité fit sa première apparition officielle dans l'enseignement de l'Église à l'occasion du Synode des Évêques sur la famille en 1980[901]. Cette notion fut reprise par le pape Jean Paul II dans l'exhortation apostolique *Familiaris consortio*[902]. Cependant, en l'adoptant, le Pape a proposé pour la première fois la distinction entre la gradualité de la loi, qui doit être rejetée tant qu'elle réduit la valeur de la loi à un simple idéal; et la loi de la gradualité, qui peut être accueillie comme l'expression de la progressivité du cheminement vers la perfection[903]. La loi ne peut être comprise comme un simple idéal à atteindre dans le futur, mais doit l'être au contraire comme un commandement du Christ Seigneur qui exige de surmonter les difficultés avec détermination. Ainsi, la pédagogie de la gradualité n'est acceptable que dans la mesure où elle n'élimine ni la doctrine ni la force obligatoire de la loi. C'est ce qu'on appelle ainsi «la loi de gradualité» ou voie graduelle qui ne peut s'identifier à «la gradualité de la loi», comme s'il y avait, dans la loi divine, des degrés et des formes de préceptes différents selon les personnes et les situations diverses[904]. C'est la prise en compte des limites humaines : nous sommes des êtres historiques, faibles et habités par le péché ! Ce qui signifie que l'on peut exiger du chrétien

---

[901] Cfr. Synode des Évêques sur la famille. «Les quarante-trois propositions», proposition n° 7 in J. LAFFITTE/ L. MELINA, *Amour conjugal et vocation à la sainteté*, 210.
[902] Cfr. JEAN PAUL II, Exh. Apost. *Familiaris consortio*, n° 9 et 34.
[903] Cfr. J. LAFFITTE/ L. MELINA, *Amour conjugal et vocation à la sainteté*, 211.
[904] Cfr. Ibidem, 220.

l'application de toute la loi morale, entièrement et d'un coup, mais il faut l'aider à avancer sur un chemin de croissance, dans la durée[905].

Le chrétien est donc appelé à poursuivre continuellement sa démarche de conversion jusqu'à ce qu'il atteigne le détachement complet du mal et la pleine adhésion au bien.

Au numéro 9 de *Familiaris consortio*, le Pape parle du concept de la gradualité par rapport à la conversion chrétienne, qui implique deux moments logiquement distincts: le rejet et l'éloignement total du péché et le processus graduel dynamique de la croissance vers le bien, qui va peu à peu de l'avant et conduit toujours plus loin. Au numéro 34, le Pape exprime l'exigence du bien de la personne. Il est certain que la personne est un être historique, qui accomplit la vérité à travers des choix libres, dans un cheminement incessant et suivant des étapes de croissance. Mais l'authentique pédagogie exige qu'on accepte dès le début le caractère normatif et obligatoire de la loi de Dieu, à toutes les étapes de croissance. Le commandement permet de reconnaître le péché et la nécessité de s'en détacher pour une conversion authentique. La pédagogie chrétienne authentique est celle qui ouvre l'espace intérieur à la croix et au sacrifice, en accueillant la valeur obligatoire de la loi et en reconnaissant le péché[906]. «*Dans certaines situations, l'observation de la loi de Dieu peut être difficile, très difficile, elle n'est cependant jamais impossible[907]*».

---

[905] Cfr. Pape FRANÇOIS, Exh. Apost. *Amoris Laetitia*, n° 3 : «*Le temps est supérieur à l'espace*». Ce postulat est cher à Pape François. Nous trouvons ce principe dans *Lumen Fidei*, dans lequel il affirme que «*Le temps projette vers le futur et pousse à marcher avec l'espérance*» (n° 57). Dans *Evangelii Gaudium*, le Pape l'indique comme «*un premier principe pour avancer dans la construction d'un peuple*» (n° 222); «*Ce principe permet de travailler à long terme, sans être obsédé par les résultats immédiat. Il aide à supporter avec patience les situations difficiles et adverses, ou les changements des plans qu'impose le dynamisme de la réalité. [...] Le temps ordonne les espaces, les éclaire et les transforme en maillons d'une chaine en constance croissance, sans chemin de retour*» (n° 223). Ce critère est très adapté à l'évangélisation, ajoute-t-il, qui demande d'avoir présent l'horizon, d'adopter les processus possibles et larges chemin (n° 225). Devant le drame de l'immédiateté politique soutenue aussi par des populations consuméristes qui conduit à la nécessité de produire de la croissance à court terme, le Pape a dit qu'on a oublié que le temps est supérieur à l'espace (*Loué sois-tu*, n 178). A propos de l'éducation le Pape réaffirme l'importance et la nécessité de patienter avec le temps (*Amoris Laetitia*, n° 261).
[906] Cfr. J. LAFFITTE/ L. MELINA, *Amour conjugal et vocation à la sainteté*, 221.
[907] JEAN PAUL II, *Veritatis splendor*, Encyclique sur la question morale, texte complet présenté et annoté par les jésuites des *Cahiers*, Octobre-Novembre 1993, n° 102 § 2.

Cette marche en avant ne peut se faire qu'en ayant conscience que nous avons besoin du pardon de Dieu car les piliers d'une pédagogie chrétienne pourraient être la conversion et la croissance dans la charité[908]. Un foyer où chacun se croit parfait, ne veut pas reconnaître ses fautes, prétend de ne pas avoir besoin du pardon de l'autre, est un foyer qui souvent va à la catastrophe. Il en est de même dans l'évangélisation de la vie conjugale et familiale, comme du reste de la vie. Cela s'explique par le fait que la prière doit prendre une place dans la vie conjugale et familiale. Cette prière n'est pas d'abord faite pour obtenir une aide extérieure de la part de Dieu, mais pour entrer dans une transformation de notre propre volonté en la volonté de Dieu[909]. Cette marche ne peut se faire aussi qu'en nous appuyant les uns sur les autres, mariés entre eux, célibataires entre eux, et aussi célibataires et mariés entre eux. Nous avons besoin de nous appuyer les uns sur les autres car les progrès des uns favorisent ceux des autres. Une évangélisation de la famille, déjà dans la petite enfance, dans l'adolescence, et aussi dans la jeunesse, suppose ces appuis divers. Mais il est nécessaire d'aborder cela aussi dans la préparation au mariage. Et, lorsque c'est possible, il est indispensable de le reprendre sans cesse avec les couples et les familles.

Reste valable ce que Jean Paul II a enseigné concernant les situations difficiles et irrégulières: «*Par le discernement qu'elle opère, l'Église propose une orientation permettant de sauver et de réaliser toute la vérité et la pleine dignité du mariage et de la famille*[910]». Concernant les divorcés remariés civilement la directive du Pape est claire:

«La réconciliation par le sacrement de pénitence - qui ouvrirait la voie au sacrement de l'Eucharistie - ne peut être accordée qu'à ceux qui se sont repentis d'avoir violé le signe de l'Alliance et de la fidélité au Christ, et sont sincèrement disposés à une forme de vie qui ne soit plus en contradiction avec l'indissolubilité du mariage. Cela implique concrètement que, lorsque l'homme

---

[908] Cfr. Pape FRANÇOIS, *Amoris Laetitia*, n° 310. Parce que « *Ny heloka ibabohana mody rariny* » ou une faute dont on se repent devient rariny (justice).

[909] Parce que mieux vaut être coupable aux yeux des hommes qu'être coupable aux yeux de Dieu ou « *Aleo meloka amin'olombelona toy izay meloka amin'Andriamanitra* ».

[910] JEAN PAUL II, Exh. Apost. *Familiaris Consortio*, n° 5.

et la femme ne peuvent pas, pour de graves motifs - par l'exemple l'éducation des enfants -, remplir l'obligation de la séparation, «ils prennent l'engagement de vivre en complète continence, c'est-à-dire en s'abstenant des actes réservés aux époux[911] ».

Dans *Sacramentum Caritatis*, le Pape Benoît XVI avait repris cette directive avec une formulation différente :

«...là où la nullité du lien matrimonial n'est pas reconnue et où des conditions objectives rendent de fait la vie commune irréversible, l'Église encourage ces fidèles à s'engager à vivre leur relation selon les exigences de la Loi de Dieu, comme amis, comme frère et sœur; ils pourront ainsi s'approcher de la table eucharistique, avec les attentions prévues par la pratique éprouvée de l'Église». [...]. «Toutefois, les divorcés remariés, malgré leur situation, continuent d'appartenir à l'Église, qui les suit avec une attention spéciale, désirant qu'ils développent, autant que possible, un style de vie chrétien, par la participation à la Messe, mais sans recevoir la Communion, par l'écoute de la Parole de Dieu, par l'adoration eucharistique et la prière, par la participation à la vie de la communauté, par le dialogue confiant avec un prêtre ou un guide spirituel, par le dévouement à la charité vécue et les œuvres de pénitence, par l'engagement dans l'éducation de leurs enfants[912] ».

En ce qui concerne la résolution des questions difficiles l'Église recourt aussi à ce qu'on appelle «*Épikie*[913] » ou application équitable de la loi. Elle est une méthode pour résoudre des questions difficiles dans lesquelles l'application d'une loi semblait inacceptable. Elle regarde les casuistiques ou les exceptions[914]. En effet, elle prend sa source dans la dignité de la conscience, qui ne consiste pas à décider souverainement du bien ou du mal,

---

[911] Ibidem, n° 84 § 5.

[912] BENOÎT XVI, Exh. Apost. *Sacramentum Caritatis*, Roma 2007, n° 29.

[913] Cfr. L. MELINA - J. NORIEGA - J.J. PÉREZ SOBA, *Camminare nella luce dell'amore. I fondamenti della morale cristiana*, Cantagalli, Siena 2008, 623. L'épikie est une bénigne interprétation de la loi, à l'encontre de la lettre mais selon l'intention du législateur. Elle relève de la justice générale quant à sa nature, et de la prudence quant à sa mise en œuvre. Elle est donc une vertu.

[914] Saint Alphonse écrit: «*L'épikie est une exception dans un cas ou des circonstances dans lesquelles nous jugeons avec certitude ou avec une très grande probabilité que le législateur ignorait ce cas tombant sous la loi. Cette épikie a lieu non seulement dans les lois humaines, mais aussi dans les lois naturelles, où une action peut être débarassée de sa malice par les circonstances*». (*Theologia moralis*, Lib. I Tract. II, III de Epikeia Legis). L'épikie ne concerne donc que les lois humaines, en raison de leur imperfection, ou les lois divines, en raison de ne pas lister les exceptions possibles. (*Somme Théologique*, Ia IIae, q. 96 art. 6).

mais à obéir au langage de l'être et aux exigences que nous pouvons, avec notre intelligence, y découvrir. Elle nous aide à ne pas être trop rigoristes ou trop laxistes devant une telle situation. D'où la nécessité du discernement que ce soit au for interne ou au for externe.

Tout en tenant compte de la loi de croissance, le Pape François continue le cheminement tracé par ses prédécesseurs en parlant d'un discernement dynamique qui doit rester ouvert à la nouvelle étape de croissance[915]. Il affirme qu'il faut accompagner avec miséricorde et patience les étapes possibles de croissance des personnes qui se construisent jour après jour[916] car la miséricorde est le pilier qui soutient la vie de l'Église; et dans son annonce et le témoignage qu'elle donne face au monde, rien ne peut être privé de miséricorde[917]. Sans doute, par exemple, la miséricorde n'exclut pas la justice et la vérité, mais avant tout, nous devons dire que la miséricorde est la plénitude de la justice et la manifestation la plus lumineuse de la vérité de Dieu[918]. En effet, l'Église est la maison paternelle où il y a de place pour chacun avec sa vie difficile[919]. La route de l'Église est celle de ne condamner personne éternellement ; de répandre la miséricorde de Dieu sur toutes les personnes qui la demandent d'un cœur sincère car la charité véritable est toujours imméritée, inconditionnelle et gratuite ! Donc, «*il faut éviter des jugements qui ne tiendraient pas compte de la complexité des diverses situations; il est également nécessaire d'être attentif à la façon dont les personnes vivent et souffrent à cause de leur condition*[920]».

Que pouvons-nous faire pour pouvoir affronter de manière satisfaisante les cas difficiles de la vie conjugale et familiale? Avant tout, il est important de reconnaître franchement les difficultés[921]. Quand les circonstances et les difficultés sont prises au sérieux, la personne se sent accueillie, comprise dans ce qu'elle vit, et non pas jugée et rejetée. Ainsi, s'établit cette confiance

---

[915] Cfr. Pape FRANÇOIS, Exh. Apost. *Amoris Laetitia*, n° 303.
[916] Cfr. Ibidem, n° 308.
[917] Cfr. Bulle *Misericordiae Vultus*, n° 10 in Pape FRANÇOIS, Exh. Apost. *Amoris Laetitia*, n° 310.
[918] Cfr. Pape FRANÇOIS, Exh. Apost. *Amoris Laetitia*, n° 308.
[919] Cfr. Idem, Exh. Apost. *Evangelii gaudium*, n° 47.
[920] Idem, Exh. Apost. *Amoris Laetitia*, n° 296.
[921] Cfr. JEAN PAUL II, Exh. Apost. *Familiaris consortio*, n° 33.

réciproque qui est nécessaire pour dialoguer et commencer ensemble un cheminement[922]. En second temps, il est important d'identifier le but à atteindre. Pour les époux, c'est la vérité de leur amour conjugal selon le projet de Dieu. Ils doivent reconnaître cette vérité, non pas comme un idéal abstrait mais comme un idéal s'imposant également dans les comportements concrets[923]. Les comportements qui violent les préceptes moraux négatifs sont des pas dans la direction opposée au but, des pas qui éloignent du chemin. Par exemple pour les couples qui pratiquent la contraception, il s'agit d'admettre que cette dernière est toujours une déformation de la vérité de leur amour mutuel et qu'elle n'est jamais une aide. En troisième temps, il est nécessaire de poser les conditions permettant de se situer dans les perspectives du but. Il ne suffit pas d'une bonne intention générale, mais sont également nécessaires certains gestes même minimes, mais continuels et progressifs dans la juste direction. De même qu'un arbre sans racines ne produit pas de fruits, de même sans les conditions humaines et surnaturelles d'un chemin de conversion et de croissance, on ne peut pas atteindre le but[924]. Et tout cela va de paire avec une croissance progressive dans la compréhension et la réalisation de la loi de l'Évangile qui est la loi de liberté[925].

À l'exemple de ce que Jésus a fait envers ses disciples, la loi de gradualité nous invite à mettre en œuvre un projet éducatif. L'accompagnement humain est décisif sur cette voie. Certes, il y a sans doute des limites à ne pas franchir, mais il est parfois opportun de tolérer certains maux, sous peine d'en amener de plus grave encore. D'après les Évangiles, le cheminement des disciples à la suite de Jésus est plein de rupture et de chutes. Les textes montrent, comment Jésus conduit ses disciples à reconnaître leur incapacité à observer la loi par leurs seules forces. *«Ce n'est que dans la grâce, dans l'humble accueil du don de la présence du Seigneur, que le commandement de Jésus n'apparaît plus*

---

[922] La manière de voir les choses au sérieux c'est de dialoguer et poser des questions: «*Ny mandalo mahita ny raviny, ny manontany mahita ny fotony*» (Qui passe voit les feuilles, qui interroge voit les racines». G. NAVONE, *Ny atao no miverina ou Ethnologie et proverbes Malgaches*, 36.

[923] Cfr. J. LAFFITTE/ L. MELINA, *Amour conjugal et vocation à la sainteté*, 227.

[924] Cfr. A. YOU, *La loi de gradualité- une nouveauté en morale: fondement théologique et application*, Paris 1991, 169-170.

[925] Cfr. Cardinal W. KASPER, *L'Évangile de la famille*, 41.

comme une terrible exigence qui fait mourir, mais comme un don de vie[926]» hautement désirable. La loi de gradualité se présente alors comme la pédagogie divine.

---

[926] J.-M. LUSTIGER, «Gradualità e conversione», dans COLLECTIF, «*Familiaris consortio*», Vatican 1982, 31-57 cité par O.BONNEWIJN, *Éthique sexuelle et famille*, 232.

Bilan

Nombreuses sont les tâches pastorales de l'Église aujourd'hui mais il faut y mettre une priorité. Nous voyons que la pastorale de la famille est l'une des plus urgentes car d'elle relèvent beaucoup d'autres secteurs de la vie sociale et de la vie ecclésiale. Nous avons souligné déjà certains aspects de cette tâche au niveau de la vie familiale par les différentes formes d'évangélisation.

Nous ne pouvons pas négliger les mouvements qui aident à l'éducation des enfants et des jeunes parce que la famille ne peut pas tout faire. Les enfants et les jeunes ont besoin d'autres dimensions; de plus, sociologiquement parlant, la famille est une réalité humaine influencée par le contexte social où elle vit.

Ce qui nous intéresse dans notre action pastorale, ce sont ces relations entre les personnes qui constituent cette communauté qui est la famille. C'est ces relations homme-femme, parents-enfants, membres de la famille conjugale, membres de la grande famille qui intéressent la foi. L'originalité du christianisme se situe dans l'évangélisation de ces relations de manière à ce qu'elles deviennent chrétiennes c'est-à-dire vécues en union avec le Christ, dans la communion de l'Esprit Saint, comme une communauté réalisant les relations à l'intérieur de l'Église, Corps du Crist. La pastorale de la famille a pour but d'insérer l'Évangile au sein de ces relations humaines originales qui constituent la famille sans oublier ceux qui sont en difficulté en les prenant avec soin et accompagnement. C'est par là que les familles chrétiennes demeurent un élément primordial de l'évangélisation du monde. C'est ce que le synode extraordinaire sur la famille en 2014 a rappelé en l'intitulant: *Les défis pastoraux sur la famille dans le contexte de l'évangélisation*[927]. Et comme le Cardinal Scola a affirmé, ces défis contiennent le rapport intrinsèque entre la doctrine du mariage et de la famille, et l'action pastorale[928].

---

[927] Cfr. *Relatio synodi 2014* «Les défis pastoraux sur la famille dans le contexte de l'évangélisation».
[928] Cfr. Cardinal A. SCOLA, *La famille sujet de l'évangélisation*, in RTLu, 102.

CHAPITRE VI: CONTRIBUTION D'UNE PASTORALE AU SERVICE DE LA FAMILLE MALGACHE

C'est par l'éducation de la famille au respect de la vie et de l'amour que l'on peut garantir l'avenir de la nation et de l'Église. La famille est à la base de l'élaboration et du développement des valeurs telles que le respect de la vie et de l'amour vrai. Donc, nous devons travailler ensemble à la promotion et l'amélioration de ces valeurs humaines et des Droits de l'Homme.

Il est inquiétant de voir que divers phénomènes menacent d'asphyxier la famille à savoir: la pauvreté et le coût de la vie ne cesse d'augmenter; l'insécurité que des hommes sans conscience mettent à profit pour s'accaparer des biens d'autrui, la sécheresse et l'insuffisance de la production, la dévaluation des produits agricoles, l'exploitation des paysans par ceux qui détiennent l'argent, l'arrivée en masse des marchandises étrangères non maîtrisée ni planifiée[929].

Concernant l'aspect culturel: la culture malgache s'éveille et cet éveil pourrait être avantageux pour le rassemblement des familles, des clans, des régions de notre Île. Mais cette culture a besoin d'être rénovée; comme le Pape François a proposé dans *Amoris Laetitia*: «*Dans chaque pays ou région, peuvent être cherchées des solutions plus inculturées, attentives aux traditions et aux défis locaux*[930]»; sinon elle deviendrait occasion de libertinage et d'indécence au grand détriment du foyer et de la famille[931]. Il est nécessaire d'agir ainsi parce que le changement anthropologique et culturel influence aujourd'hui tous les aspects de la vie[932]. Les idées d'une assemblée peuvent

---

[929] Cfr. Message de la Conférence des Évêques de Madagascar, «Réfléchir sur la vie de la nation et de l'Église», Moramanga le 17 Novembre 2006 dans FOI & JUSTICE, *Église et société à Madagascar*, Antananarivo 2011, 19.

[930] Pape FRANÇOIS, Exh. Apost. *Amoris Laetitia*, n° 3.

[931] Cfr. Message de la CEM, «Réfléchir sur la vie de la nation et de l'Église», dans Foi & Justice, *Église et société à Madagascar*, 21.

[932] Cfr. *Relatio synodi* 2014, n° 5. Cfr. Pape FRANÇOIS, Exh. Apost. *Amoris Laetitia*, n° 32.

atteindre le lointain[933], alors tâchons d'apporter notre contribution au service de la famille malgache.

Dans ce chapitre nous présenterons ce que l'Église peut apporter pour parfaire son action pastorale envers la famille. Pour ce faire, nous parlerons de l'importance de l'éducation et de la formation avant d'entamer la lutte pour les droits humains. Et pour finir, avec la nouvelle orientation pour le bien de la famille nous tâcherons de voir les manières et les moyens que Madagascar devra avoir pour lutter contre la pauvreté.

6.1 Primauté de l'éducation et de la formation

La formation et l'éducation sont les deux piliers qui aident à l'épanouissement intégral de la personne humaine[934]. Elles nécessitent de méthodes adaptées pour atteindre les objectifs souhaités. Ce défi ne peut se réaliser qu'en promouvant les différents lieux primordiaux de l'éducation et de la formation au sein de la société malgaches et en promouvant la tâche de l'inculturation[935]. L'éducation ne peut se réduire uniquement à la formation académique mais à de différents lieux et entités comme la famille, les établissements scolaires, les mouvements et associations ecclésiales, l'APV[936]. Ces lieux permettent à l'Église de former ses enfants, de les responsabiliser afin qu'ils puissent vivre conformément à leur dignité en tant qu'être humain et fils de Dieu.

6.1.1 Éducation et formation au niveau de la famille elle-même

Comme nous avons déjà vu auparavant, il n'est pas facile de donner une définition précise à la famille parce que chaque institution qu'elle soit étatique ou ecclésiale, tente d'en donner une définition. Pour l'Église, nous avons donné quelques définitions et attributions à la famille[937], elle est le lieu

---

[933] *"Ny hevitry ny maro mahataka-davitra"*.
[934] Cfr. BENOÎT XVI, Exh. Apost. *Africae Munus*, nn° 74-76. 134.
[935] Cfr. Ibidem, n° 136.
[936] *Ankohonam-Piangonana Velona* (Communauté ecclésiale vivante). Elle est formée de 10 à 15 foyers.
[937] Cfr. Supra 2.2.2, 2.2.2.1, 2.2.2.2: communauté de personnes, petite cellule sociale, sanctuaire de la vie, une communauté éducative, une communauté d'amour.

primordial et indispensable pour l'éducation et la formation de la personne humaine. La famille est la première communauté éducatrice[938]. Dans le cadre de l'éducation, les premiers responsables sont les parents parce que l'accueil et l'éducation des enfants sont des fins principales de la famille. La mission des parents ne s'arrête pas à la naissance de leur enfant; il faut que l'enfant grandisse et soit éduqué au sein de la famille[939]. Ainsi, les parents sont appelés à jouer des rôles différents dans le cadre de l'éducation de l'enfant. Et selon l'affirmation du pape Jean Paul II, l'éducation peut être considérée comme un véritable apostolat[940] et aide l'enfant à grandir dans la liberté. *«Les parents sont les premiers et les principaux éducateurs de leurs enfants et ils ont aussi une compétence fondamentale dans ce domaine: ils sont éducateurs parce que parents[941]»*.

De même, le message du Pape François pour le premier congrès d'Amérique latine de pastorale de la famille est centré sur la prise en considération de la valeur de la famille. Au-delà de ses problèmes les plus pressants d'aujourd'hui disait-il, *«la famille est un centre d'amour, où règne la loi du respect et de la communion, capable de résister aux forces des manipulations et des dominations venant des centres de pouvoirs mondains[942]»*. Et dans son exhortation apostolique *Amoris Laetitia*, le Pape François a écrit que l'*«un des défis fondamentaux auquel doivent faire face les familles d'aujourd'hui est à coup sûr celui de l'éducation[943]»* […] Il me semble ajoute-t-il très important de rappeler que *«l'éducation intégrale des enfants est à la fois grave devoir et un droit primordial des parents[944]»*. Dans

---

[938] Cfr. JEAN PAUL II, Exh. Apost. *Familiaris consortio*, n° 40 § 1.

[939] Cfr. C. ANDERSON - J. GRANADOS, *La beauté de l'amour & La splendeur du corps*, 183.

[940] Cfr. JEAN PAUL II, *Lettre aux familles*, n° 16.

[941] Ibidem. Il s'agit d'une éducation totale, personnelle et sociale de leurs enfants. La famille est donc la première école des vertus sociale dont aucune société ne peut se passer. Le droit et le devoir d'éducation est alors quelque chose d'original et primordiale; quelque chose irremplaçable et inaliénable. Sans oublier l'éducation morale en particulier l'éducation sexuelle comme droit et devoir fondamentaux des parents. (*Familiaris Consortio*, n° 37 § 3. *Amoris laetitia*, nn° 280-286).

[942] Pape FRANÇOIS, *Le message pour le premier Congrès d'Amérique latine de pastorale de la famille*, Panama 9 août 2014, dans F. RAKOTOMALALA, *Église catholique à Madagascar et bien commun à la lumière du compendium de la doctrine sociale*, Fribourg 2015. Disponible dans https:// doc.rero.ch/record/256329/files/RakotomalalaF.pdf.Von F.Rakotomalala.2015.Cons. 19/11/2015.

[943] *Relatio synodi* 2014, n° 60. Pape FRANÇOIS, *Amoris Laetitia*, n° 84.

[944] Pape FRANÇOIS, Exh. Apost. *Amoris Laetitia*, n° 84. *Code de droit canonique*, c.1136.

cette perspective, la deuxième assemblée spéciale pour l'Afrique du synode des Évêques a mentionné que la famille, en tant que premier lieu où commence l'éducation, doit être reconnue et mérite d'être soutenue[945]. Elle n'est pas seulement le premier lieu d'éducation et de la formation mais aussi, ajoute-t-elle, le sanctuaire de la vie et la cellule fondamentale de la société et de l'Église[946].

Quant à la famille Malgache, son rôle est de former et éduquer un malgache chrétien c'est-à-dire un homme qui a la capacité de maitriser la culture malgache et vivre chrétiennement. Ainsi, la famille est à l'avant-poste pour enraciner la vie de l'homme dans la société. En terme d'éducation et de formation, la famille africaine en général prépare et forme les enfants à cultiver et à développer les sens d'appartenance et de participation à la vie familiale. Les enfants sont éduqués et formés à cultiver les capacités d'entraide, d'hospitalité, de responsabilité dans le bien et dans le mal afin de partager tout avec tous. Le partage et l'accueil constituent la parole clé dans l'éducation africaine traditionnelle en vue de la solidarité[947]. De même, la famille malgache dispose d'un héritage culturel le plus précieux: le *fihavanana*, source de solidarité et d'unité[948].

La famille est considérée comme une institution primaire dans laquelle la croissance humaine se réalise. C'est dans la famille qu'on apprend à aimer, à faire l'expérience du partage, à être une communauté de personnes, à entrer en relation et à communiquer avec les autres et où on acquiert les vertus[949]. Au sein de la famille malgache, chaque membre de la famille, en tant qu'individu plongé dans la culture, est appelé à vivre la gratuité, c'est-à-dire l'accueil, le dialogue, le service dans la mise en place de la valeur du *fihavanana*. Celui-ci est basé sur le respect profond du lien vital qui unit l'homme malgache à son

---

[945] Cfr. *Deuxième assemblée spéciale du synode des Évêques pour l'Afrique*, Rome 1994, n° 19.
[946] Cfr. Ibidem, n° 38. Cfr. JEAN PAUL II, *Lettre aux familles*, n° 13.17.
[947] Cfr. A.V. MUKENA KATAY, *Dialogue avec la religion traditionnelle africaine*, Karthala, Paris 2007, 110.
[948] Cfr. H.A.M. RAHARILALAO, *Église et fihavanana à Madagascar*, 129.
[949] Cfr. Ibidem, 148. Cfr. Pape FRANÇOIS, Exh. Apost. *Amoris Laetitia*, n 276.

prochain[950]. Cela veut dire que le *fihavanana* déteste la séparation due à l'isolement, à la solitude et à la discrimination. La séparation prive celui qui s'en va de toute force et enthousiasme, de tout soutien et amitié de la force de l'union. C'est dans le respect de la culture malgache du *fihavanana* que chacun se respecte d'une manière exemplaire: respect de la personnalité de l'autre, respect en parole, respect qui conduit à être tolérant, indulgent, calme; respect qui pousse à la réciprocité en affection[951]. Le rôle des parents est, en effet, de créer une atmosphère familiale, animée par l'amour et la piété envers Dieu et les hommes, qui favorisent l'éducation intégrale, personnelle et sociale de leurs enfants[952].

Ce qu'il faut reconnaître chez les Malgaches, c'est que l'esprit de communion, de solidarité, d'entraide et de soutien mutuel est tellement profond et ancré; et que le sens de la famille ne peut être limité à une seule dimension nucléaire. La famille est conçue dans un sens large si bien que le *fihavanana*, comme lien vital entre les enfants et parents, s'étend aux époux, aux frères et sœurs; aux membres plus ou moins proche de la famille: grands-parents, oncles, cousins et cousines et autres apparentés; aux personnes en relation d'autorité, de subordination, de service, d'affaires, de voisinages etc.:

> *«Tout homme avec qui on vit est un havana (lié par le sang et l'affection), et toute relation avec lui, ne se conçoit et ne se règle que comme un acte de fihavanana. Relation entre gouvernants et sujets, relation entre marchand et client, relation entre étranger et habitants, relation entre tous en tout: tout est, pour les Malgaches acte de fihavanana! Ainsi pour eux, tout chef est un ray aman-dreny (père et mère), tout marchandage est une occasion d'entretenir le fihavanana par de bonnes paroles et des bénédictions abondantes, tout étranger est reçu cordialement et respectueusement, et tout le monde s'interpelle comme des membres d'une même famille (papa ou maman et mon fils ou ma fille, mon frère ou ma sœur...). C'est ce qui donne cette allure d'abandon et de*

---

[950] Cfr. A. RAHAJARIZAFY, *Sagesse malgache et théologie chrétienne*, in personnalité africaine et catholicisme, Paris 1962, 104 cité par H.A.M. RAHARILALAO, *Église et fihavanana à Madagascar*, 143-144.

[951] Cfr. Mgr Cardinal A.G. RAZAFINDRATANDRA, *Inculturation de la catéchèse*. Les méthodes de la proclamation de la bonne nouvelle du salut (intervention lors de l'assemblée spéciale du Synode des Évêques pour l'Afrique, Rome 1994, n° 44-63).

[952] Cfr. Conc. Oecum.Vatican II, Déclaration sur l'éducation chrétienne. *Gravissimum educationis*, n° 3 §1.

familiarité, ce ton chaud et bruyant à toutes les relations des Malgaches, dès que s'établit le courant du fihavanana[953] ».

Les membres de la famille, surtout les parents, veillent à ce que soit respecté le sens du *fihavanana*. L'apostolat confié par Vatican II à la famille en tant que cellule vitale de la société, en ce qui concerne l'hospitalité, les bons services à l'égard des frères nécessiteux, l'accueil des étrangers, la bienveillance envers les vieillards[954], trouve dans la famille malgache un terrain favorable à sa réalisation. La famille est véritablement école d'humanité.

La famille malgache participe activement au rétablissement de la valeur culturelle du *fihavanana* car en elle, la personne est toujours au centre, en tant que fin et jamais comme moyen. L'engagement responsable de la famille dans le cadre de l'éducation et de la formation joue un rôle très important pour la prise en compte de la dignité de la personne humaine. La mission éducative de la famille chrétienne est un vrai ministère, grâce à ce dernier l'Évangile est transmis et diffusé, à tel point que la vie familiale dans son ensemble devient chemin de foi et en quelque sorte initiation chrétienne ou école de vie à la suite du Christ[955]. La famille qu'elle soit nucléaire ou élargie, a une place et une responsabilité indispensable à l'éducation et à la formation parce qu'elle est la première école, où on apprend l'utilisation correcte de la liberté[956]. Et une tâche très importante des familles est d'éduquer à la patience[957]. Cela s'explique par le fait que notre société actuelle voudrait avoir des résultats dans l'immédiateté dans tous les domaines. Au service de cette mission, de quels lieux dispose l'Église pour assurer et continuer l'éducation et la formation humaine?

---

[953] A. RAHAJARIZAFY, *Sagesse malgache et théologie chrétienne*, 104-105.
[954] Cfr. Conc. Oecum. Vatican II, Décret sur l'apostolat des laïcs. *Apostolicam actuositatem*, n° 11 §4.
[955] Cfr. BENOIT XVI, Exh. Apost., *L'engagement de l'Afrique*, Paris 2011, n° 46.
[956] Cfr. Pape FRANÇOIS, Exh. Apost. *Amoris Laetitia*, n° 274.
[957] Cfr. Ibidem, n° 275.

6.1.2 Éducation et formation au niveau de l'établissement catholique

Le Pape Benoît XVI souligne que l'éducation est un réel laboratoire de l'humanisation[958], et les écoles catholiques sont de précieux instruments pour apprendre à tisser dans la société, dès l'enfance, des liens de paix et d'harmonie par l'éducation aux valeurs africaines et malgaches[959]. Avec le Pape François, il affirme qu'éduquer est un acte d'amour, et les institutions de formation catholiques offrent à tous une éducation qui a pour but le développement intégral de la personne et qui répond au droit de tous à accéder au savoir et à la connaissance[960].

Devant les membres de l'association des parents d'élèves de l'enseignement catholique d'Italie, le Pape appelle à un nouvel humanisme et une éducation inclusive en exhortant l'importance de promouvoir une éducation à la plénitude de l'humanité, une éducation inclusive, une éducation intégrale et ouverte aux plus authentiques valeurs humaines et chrétiennes: « *Ne bradez jamais les valeurs humaines et chrétiennes dont vous êtes les témoins dans la famille, dans l'école et dans la société. Donnez généreusement votre contribution pour que l'école catholique ne devienne jamais un lieu de repli ou une alternative insignifiante aux autres institutions de formation. [...] Engagez-vous afin que les écoles catholiques soient véritablement ouvertes à tous*[961] ». Et nous sommes tous convaincus que pour développer un pays, la mise en place de l'éducation et de la formation est à la fois indispensable et incontournable. En conséquence, l'Église catholique donne la priorité aux établissements scolaires catholiques avec lesquels elle peut s'occuper de l'éducation et de la formation.

À Madagascar, les établissements scolaires catholiques tiennent une place importante dans le domaine de l'éducation. Dans le diocèse d'Antananarivo

---

[958] Cfr. BENOÎT XVI, Exh. Apost., *L'engagement de l'Afrique*, n° 77.
[959] Cfr. Ibidem, n° 134.
[960] Cfr. Séance plénière de la congrégation pour l'éducation catholique, Vatican 13 février 2014.
[961] Cfr. Discours prononcé pendant l'audience du 5 Décembre 2015 devant les membres de l'association des parents d'élèves de l'enseignement catholique d'Italie.

par exemple, ils tiennent la troisième priorité dans la directive pastorale[962]. Ces établissements sont des lieux qui forment les élèves et les étudiants sur le plan physique, intellectuel et spirituel. Ils sont ainsi préparés à prendre leur part de la nouvelle évangélisation. Toutes les étapes de la formation scolaire sont concernées: les écoles primaires, les collèges d'enseignement secondaire, les écoles techniques et professionnelles, les écoles supérieures telles que les universités et les instituts[963]. L'école en général contribue à l'éducation:

> *«...elle est spécialement, en vertu de sa mission, le lieu de développement assidu des facultés intellectuelles, en même temps elle exerce le jugement, elle introduit au patrimoine culturel hérité des générations passées, elle promeut le sens des valeurs, elle prépare à la vie professionnelle; elle fait naître entre les élèves de caractère et d'origine sociale différents un esprit de camaraderie qui forme à la compréhension mutuelle. De plus, elle constitue comme un centre où se rencontrent pour partager les responsabilités de son fonctionnement et de son progrès, familles, maîtres, groupements de tous genres créés pour le développement de la vie culturelle, civique et religieuse, la société civile et toute la communauté humaine[964]».*

Pour les écoles catholiques, il est recommandé la sauvegarde de la liberté des consciences et des droits des parents, ainsi que le progrès de la culture[965]. Mais pour aider les jeunes d'être responsables à leurs vies futures l'Église à Madagascar ajoute un programme dans les écoles catholiques à tous les niveaux.

6.1.2.1 Éducation à la Vie et à l'Amour (EVA)

L'école n'est pas seulement un lieu où les élèves ne font qu'acquérir des connaissances en vue de réussir à des examens. Elle cherchera toujours à mieux outiller les apprenants pour qu'ils puissent faire face à des situations

---

[962] Cfr. *Sata ho an'ny Disezin'Antananarivo* (Statut du Diocèse d'Antananarivo), 48.

[963] Lors du synode du diocèse d'Antananarivo en 2008 : 850.000 catholiques baptisés dans le diocèse, 1.007 centre de formation et d'enseignements catholique (145.000 apprenants et 8.000 enseignants), 28 instituts d'enseignement supérieur, 72 centres d'action sociales et développement. Dans Foi & Justice, *Église et société à Madagascar*, 107.

[964] Conc. Oecum. Vatican II, Déclaration sur l'éducation chrétienne. *Gravissimum educationis*, n° 5 §1.

[965] Cfr. Ibidem n°8 §2.

réelles de plus en plus complexes et diversifiées. Mais cela ne se fait pas une fois pour toute; on a besoin de suivre les étapes jusqu'à l'âge adulte.

L'éducation à l'amour constitue encore un devoir indispensable pour les parents. Ils sont appelés à donner à leurs enfants une éducation sexuelle claire et délicate[966] c'est-à-dire une éducation pleinement axée sur la personne tout entière: corps, sentiments et âme. L'éducation sexuelle, droit et devoir fondamentaux des parents, doit toujours se réaliser sous leur conduite attentive, tant à la maison que dans les centres d'éducation choisis et contrôlés par eux[967]. Dans un autre document, le Conseil Pontifical pour la famille se propose d'aider les familles dans leurs devoirs de former leurs enfants dans le domaine de la sexualité[968].

À Madagascar, depuis 2012, l'éducation à la vie et à l'amour est un programme d'éducation intégrale de l'homme introduit dans les cycles primaire, secondaire et lycée. Ce programme se soucie surtout de l'avenir en mettant comme mot d'ordre: l'aujourd'hui est l'avenir mais non pas le demain[969] c'est-à-dire que l'aujourd'hui qui respecte la vie fait vivre le demain et favorise l'épanouissement de la société; l'aujourd'hui qui respecte l'altérité et la diversité permet de construire une société où règne le vrai *fihavanana* et procure la vraie sécurité et la paix; et l'aujourd'hui qui respecte l'environnement ouvre un avenir plein d'espérance. À ce propos la C.E.M a écrit une lettre concernant la famille et encourage tous et chacun à promouvoir l'éducation à la vie et à l'amour[970]. Les objectifs sont d'aider les générations dès les bas âges à: croire en Dieu et vivre l'éducation catholique; savoir distinguer le bien et le mal; savoir et vivre la vérité; oser faire face à la vie quotidienne selon sa place; savoir vivre au sein de la société; savoir respecter

---

[966] Cfr. Ibidem, n° 5.

[967] Cfr. JEAN PAUL II, Exh. Apost. *Familiaris consortio*, n° 37 § 3 et 4.

[968] Cfr. Conseil Pontifical pour la famille, *Vérité et signification de la sexualité humaine: des orientations pour l'éducation en famille*, Rome, 8 décembre 1995.

[969] Cfr. CEEEC (Commission Épiscopale pour l'Éducation et l'Enseignement Catholique), *Éducation à la vie et à l'amour*, Antananarivo 2012, 2.

[970] Cfr. Lettre de la CEM, *Je suis le chemin, la vérité et la vie*, 14 novembre 2008 in FOI & JUSTICE, *Église et société à Madagascar*, vol.7 (2006-2010), Antananarivo, 123.

le bien commun; être créatif; aimer et protéger l'environnement[971]. Quant aux jeunes qui fréquentent le collège et le lycée, il faut les aider aussi à l'éducation à la vie et à l'amour parce que durant la jeunesse émergent de façon irrépressible et sincère les questions sur le sens de la vie et sur l'orientation à donner à sa propre existence[972]. L'objectif général de l'enseignement est d'avoir des jeunes: responsables et respectueux envers les autres; conscients qu'il faut réfléchir avant d'agir; capables de formuler une vision dans la vie et de préparer l'avenir; qui ont une bonne connaissance de soi, des autres et puis de la différence[973]. Dans le cadre de la préparation à la vie du couple, l'objectif est d'avoir des jeunes qui connaissent les droits de l'homme et acceptent l'égalité de l'homme et de la femme en dignité[974]. Des jeunes qui comprennent les impacts positifs de l'abstinence sexuelle avant le mariage. Des jeunes conscients du fait que le foyer d'un couple marié est un haut lieu de l'amour[975] avec les conditions pour être parents responsables[976].

En adoptant ce programme, on peut se détacher petit à petit de l'idée du tabou et on peut découvrir la valorisation du corps dans sa féminité ou dans sa masculinité pour se connaître soi-même[977]. On peut aussi espérer d'avoir un homme capable de vivre son éducation chrétienne et se comporter vraiment en Malagasy et fier de l'être: simple, tolérant, honnête et droit[978]. Capable de vivre et respecter les valeurs culturelles, sociales et économiques malagasy; connaître ses droits et ses devoirs en tant que citoyen responsable de son avenir et de celui de la nation; en plus, être capable de maintenir ses compétences acquises sur le marché du travail.

6.1.3 Au niveau des mouvements et commissions ecclésiaux

L'Église est une et universelle c'est pourquoi sa mission n'est pas résumée en une seule et unique mais adaptée nécessairement à ses diverses

---

[971] Cfr. CEEEC, *Éducation à la vie et à l'amour*, 6.

[972] Cfr. BENOIT XVI, Exhortation apostolique *Africae Munus*, n° 61.

[973] On peut voir cette idée dans Pape FRANÇOIS, Exh.Apost. *Amoris Laetitia*, n° 285.

[974] Cfr. Ibidem, n° 57.

[975] Cfr. A. CHAPELLE, *Sexualité et chasteté II* in O. BONNEWIJN, *Éthique sexuelle et familiale*, 263.

[976] Cfr. O. BONNEWIJN, *Éthique sexuelle et familiale*, 122.

[977] Cfr. Pape FRANÇOIS, Exh. Apost. *Amoris Laetitia*, n° 285.

[978] Cfr. CEEEC, *Éducation à la vie et à l'amour*, 12.

composantes. Pour cela, des mouvements, commissions ou autres travaillent pour développer les besoins de l'Église afin qu'elle puisse accomplir sa mission. Les domaines de l'éducation, de la famille, des jeunes, de la solidarité, de la santé, de la vie économique, de la spiritualité, ont tous besoin d'un travail spécifique. Le document conciliaire *Apostolicam actuositatem* sur l'apostolat des laïcs définit l'apostolat comme toute activité du Corps mystique visant à étendre le règne du Christ sur toute la terre, pour la gloire de Dieu le Père et à faire participer tous les hommes à la rédemption et au salut. L'Église exerce cette activité avec tous ses membres. Ainsi la vocation chrétienne est aussi par nature vocation à l'apostolat. Mais dans l'Église il y a diversité de ministères, il y a unité de mission. *«Le propre de l'état des laïcs étant de mener leur vie au milieu du monde et des affaires profanes ; ils sont appelés par Dieu à exercer leur apostolat dans le monde à la manière d'un ferment, grâce à la vigueur de leur esprit chrétien*[979]. A ce sujet, nombreux sont les possibilités, les formes et les modalités par lesquelles les laïcs peuvent vivre, assumer et accomplir leurs responsabilités politiques au sein de l'Église et dans le monde[980]. Ils jouissent d'une certaine liberté dans leurs actions et peuvent prendre des initiatives qui répondent aux exigences de l'Évangile.

Cette vocation à l'apostolat qui découle de leur union même avec le Christ de par le baptême et la confirmation se réalise dans les communautés ecclésiales où ils s'insèrent en prenant une part active à la vie liturgique et aux œuvres apostoliques. Au sein de leurs familles, ils sont les coopérateurs de la grâce et les témoins de la foi; dans leur milieu social, ils s'efforcent de pénétrer d'esprit chrétien la mentalité et les mœurs, les lois et les structures. Sur ce terrain, ils peuvent mener l'apostolat du semblable envers le semblable[981].

À Madagascar, sous l'impulsion et la coordination de la commission épiscopale, les mouvements de l'action catholique embrassent toutes les

---

[979] Conc. Oecum. Vatican II, Décret sur l'apostolat des laïcs. *Apostolicam actuositatem*, n° 2 §2.
[980] Cfr. Ibidem, n° 5.
[981] Cfr. Ibidem, n° 10.11.13.

256

catégories d'âges[982] et les divers lieux. Ils sont présents aussi bien dans les campagnes que dans les villes. Tous ces mouvements grâce à l'animation de la commission épiscopale pour l'apostolat des laïcs, ont reçu une formation et une éducation tant humaine que spirituelle en vue de la promotion intégrale de la personne humaine et l'instauration de la justice et la paix à commencer dans la vie familiale. Les laïcs sont exhortés à prendre leurs responsabilités dans les milieux respectifs, et à s'engager dans la vie sociale[983] c'est-à-dire que tous les laïcs, particulièrement ceux qui sont engagés dans les mouvements, les associations ou commissions ou autres, sont invités à la construction d'une société de justice, de liberté, de solidarité et de fraternité. Les mouvements de l'action catholique unis aux autres groupes, associations et commissions sont appelés les forces vives de l'Église[984]. En tant que tels, ils sont les premiers responsables de la réalisation de la mission de l'Église dans le monde et surtout dans le domaine socio politique et économique. En conséquence, la conférence épiscopale ne cesse d'exhorter les laïcs à avoir le courage et la volonté de travailler pour le bien commun de tous. *«L'Église catholique ne s'isole pas. Elle est prête à dialoguer et à collaborer avec tous ceux qui cherchent le bien commun. Innombrables sont les œuvres qu'elle assume dans les diocèses; qu'elle entre encore davantage avec toute la nation. Donnons comme priorité à tous nos efforts la solidarité, le refus de l'égoïsme exagéré et de l'esclavage de l'argent[985]»*. Former et instruire font partie de la tâche de l'Église par les responsabilités confiées aux laïcs. Un engagement fructueux implique des laïcs formés et instruits, à la fois humainement et spirituellement.

---

[982] Pour les adultes: M.D.M.K (*Mpiray Dinidinika Miara-miaina amin'i Kristy*), F.R.M.T.K (*Fikambanan'ny Ray aman-dreny Tantsaha Katolika*), SASEM (*Sakaizan'ny Seminera*), F.T.K (*Fivondronan'ny Tokatrano Kristianina*), *Mariazy Mirindra*, Garde d'Honneur, A.C.I (Action Catholique indépendante).
Pour les jeunes: A.I.M (*Antilin'i Madagasikara*), F.I.M (*Fanilon'i Madagasikara*), E.K.A (*Ekipa Kristianina Ankehitriny*), F.T.M.T.K (*Fikambanan'ny Tanora Malagasy Tantsaha Katolika*), TAMPIKRI (*Tanora Mpianatra Kristianina*), T.A.K (*Tanora Mpiasa Kristianina*).
Pour les enfants: I.K/V.K (*Irak'i Kristy sy Vavolombalon'i Kristy*), Ibalita, Lovitao (A.I.M), Hanitriniala (F.I.M). Cfr. *Statut du diocèse d'Antananarivo*, 43-44.
[983] Cfr. G. NAVONE, *Enseignement sociale de l'Église et pratique pastorale*, in ACM, n° 4(2004), 144.
[984] Cfr. *Statut du diocèse d'Antananarivo*, 42.
[985] Lettre de la Conférence épiscopale de Madagascar, 14 novembre 2008 in FOI ET JUSTICE, *Église et société à Madagascar*, 123.

Ces deux aspects sont indissociables pour un engagement équilibré et en même temps complémentaires.

Dans cet engagement «*les laïcs peuvent organiser leur action apostolique soit individuellement soit groupés en diverses communautés ou associations*[986]» selon les circonstances. L'homme est un être social par nature et [qu'] il a plu à Dieu de rassembler ceux qui croient au Christ pour en faire le peuple de Dieu et les unir en un seul corps[987]. En effet, l'apostolat organisé correspond bien à la condition humaine et chrétienne des fidèles; il présente en même temps le signe de la *communion* et de l'*unité* de l'Église dans le Christ qui a dit : là où deux ou trois sont réunis en mon nom, je suis au milieu d'eux[988] (*Mt* 18, 20). Ces passages du texte conciliaire indiquent clairement que l'Église non seulement invite ses membres à l'apostolat mais aussi les encourage à s'associer et à agir collectivement et de manière organisée afin d'atteindre tous les buts de l'apostolat d'aujourd'hui et d'en protéger les fruits.

Tout en reconnaissant une grande variété dans les associations le Concile considère en premier lieu «*ceux qui favorisent et mettent en valeur une union plus intime entre la vie concrète de leurs membres et leur foi*» car les organisations «*doivent servir la mission de l'Église envers le monde. Leur valeur apostolique dépend de leur conformité aux buts de l'Église, ainsi que de la qualité chrétienne de leur témoignage et de l'esprit évangélique de chacun de leurs membres et de l'association tout entière*[989]».

La place et le rôle des mouvements, commissions et associations de laïcs dans l'église et dans la société se trouvent implicitement dans les critères de leur ecclésialité. Pour répondre aux exigences de leur vocation chrétienne qui les députe à l'apostolat, les fidèles chrétiens doivent s'y engager. Ils doivent prendre leur part de responsabilité dans le ministère apostolique pour évangéliser et sanctifier les hommes. Ils doivent le faire partant du témoignage personnel de la vie, mais surtout ils doivent, par l'action, pénétrer d'esprit

---

[986] Conc. Oecum. Vatican II, Décret sur l'apostolat des laïcs. *Apostolicam actuositatem*, n° 5.
[987] Cfr. 1P 2, 5-10 et 1Cor. 12, 12.
[988] Cf. Conc. Oecum. Vatican II, Décret sur l'apostolat des laïcs. *Apostolicam actuositatem*, n° 18.
[989] Ibidem., Décret sur l'apostolat des laïcs. *Apostolicam actuositatem*, n° 19.

évangélique dans l'ordre temporel. Pour réussir cette tâche, ils ont besoin de se constituer en associations diverses d'apostolat pour s'investir dans les communautés ecclésiales et dans le monde.

6.1.4 Au niveau des communautés ecclésiales de base vivante[990]

L'originalité des communautés ecclésiales vivantes de base, c'est de permettre aux baptisés de vivre «*l'Église-famille de Dieu*[991]». Cela nous invite à reconnaître que toutes les personnes présentes y trouvent leurs places. Les participants et les participantes développent des liens profonds au point de se dire «*frères ou sœurs*[992]». Cette petite communauté est le lieu d'approfondissement et de partage de la foi.

À Madagascar, une paroisse, soit en ville ou à la campagne, se divise en quartier, et chaque quartier se divise en APV. Cela veut dire que l'APV est l' institution de base de la communauté paroissiale. Les responsables de l'APV, des quartiers, des mouvements, des commissions, une délégation d'une communauté religieuse et les responsables de la paroisse forment les conseils paroissiaux et se réunissent une fois par mois pour voir la vie de l'Église en général[993].

Quant à l'APV, il est formé par 10 familles au moins et 15 familles au plus (Famille au sens restreint ou nucléaire)[994]. Ce n'est pas étonnant d'observer le nombre élevé de communautés ecclésiales vivantes de base dans une paroisse car même ceux qui n'ont pas l'assiduité à fréquenter la paroisse arrivent à la réunion de l'APV. Dans une grande paroisse en ville, on compte une centaine d'APV. La vie de l'Église se développe vraiment à la base dans ces petites communautés.

---

[990] Le nom ou l'appellation peut être varié par exemple CEV (Communauté ecclésiale vivante) ou CEB (Communauté ecclésiale de base) ou APV (*Ankohonam-Piangonana Velona*) à Madagascar mais l'objectif est le même: édifier l'Église famille de Dieu.

[991] Ce concept du Lumen Gentium est l'idée-force de la nouvelle évangélisation en Afrique. JEAN PAUL II, Exh. Apost. *Ecclesia in Africa*, n° 63.

[992] Cette image met l'accent sur l'attention à l'autre, la solidarité, les relations, le dialogue et la confiance. Ibidem.

[993] Cfr. *Statut du diocèse d'Antananarivo*, 65-66.

[994] Cfr. Ibidem, 79.

La communauté tient son rassemblement une fois par mois à la maison de l'un de ses membres ou en plein air[995]. Après un temps d'accueil chaleureux, les personnes s'assoient. On débute par une prière et un chant. Ensuite, le président de l'APV présente le thème de la rencontre. Puis, une personne lit le texte de la Parole de Dieu (un des textes du dimanche avant la réunion). Après un temps de silence, chacun et chacune s'expriment pour partager le lien qu'ils voient entre le récit évangélique et leur vie ou un catéchiste de l'APV fait une petite homélie[996]. Puis, on continue à la quête[997] pour le fonctionnement de l'APV. Avant la prière finale, on fait l'annonce liée à la vie de la paroisse suivie d'une réunion et on fixe la date et le lieu de la prochaine rencontre.

Les communautés vivantes de base à Madagascar nous présentent une façon de faire Église autrement. Elles nous montrent une Église-famille de Dieu qui valorise toute personne et qui crée des liens entre des frères et des sœurs de Jésus Christ. Au niveau de l'Église tous les processus pour recevoir les sacrements passent aux responsables de l'APV, et après les célébrations, ce sont eux qui enregistrent dans le liber status animarum. Ils ont aussi le devoir de visiter les familles et facilitent l'accès des chrétiens à la rencontre avec le curé pour résoudre les problèmes ou pour les sacrements des malades[998]etc.

Pour faire face à la vie quotidienne, la communauté ecclésiale vivante est le lieu où le chrétien peut apprendre à pratiquer la politique de la justice, de la charité et de l'amour. Comme disait Benoît XVI, la politique est le champ dans lequel le chrétien peut vivre la charité[999]. C'est toujours dans la communauté ecclésiale vivante qu'on peut faire en sorte de vivre la solidarité de base. Celle-ci est la manifestation dans le quotidien de l'amour du prochain, de l'attention que l'on porte aux besoins des nécessiteux. Cet esprit

---

[995] Cfr. *Satan'ny Ankohonam-Piangonana Velona* ou *Le statut des communautés ecclésiales vivantes*, Antananarivo, 2005.

[996] Il essaie de résumer le message et l'idée essentielle de l'homélie du curé lors de la messe paroissiale.

[997] Cette quête est destinée aux malades, aux nouveaux nés, aux condoléances et autres devoirs ou événements au sein de la petite communauté.

[998] Cfr. *Satan'ny Ankohonam-Piangonana Velona* (Statut des communautés ecclésiales vivantes), Antananarivo 2005.

[999] Cfr. BENOIT XVI, L. Enc. *Caritas in veritate*, n° 7.

de partage et de solidarité est déjà encré dans la conception traditionnelle malgache et africaine. Chaque personne doit cultiver le sens du recevoir et du donner, c'est-à-dire que tu as reçu, tu dois aussi le partager[1000]. Vatican II nous rappelle à cet effet: «*Partout où se trouvent ceux qui souffrent du manque de nourriture et de boisson, de vêtements, de logement, de remèdes, de travail, d'instruction, de moyens de mener une vie vraiment humaine, ceux qui sont tourmentés par les épreuves ou la maladie, ceux qui subissent l'exil ou la prison, la charité chrétienne doit les réconforter avec empressement et les soulager par une aide adaptée[1001]*». À Madagascar, il est de la tradition des chrétiens, surtout des petites communautés ecclésiales vivantes, de faire des visites à domicile aux malades pour prier avec eux, les soulager et les réconforter[1002]. Cela englobe aussi le fait de présenter les condoléances aux familles frappées par un deuil, d'accueillir les nouveau-nés et les nouveaux venus dans la communauté[1003]. Tout cela se fait toujours au nom du *fihavanana* pour consolider davantage la fraternité et la solidarité chrétienne.

Dans la campagne, où la paroisse possède des champs cultivables, les chrétiens s'adonnent parfois à des travaux collectifs pour soutenir leurs enseignants, pour assurer le denier de culte et pour contribuer aux œuvres de la paroisse. Certains ont même entrepris à des travaux d'intérêt commun, consentis généreusement pour le bien de tous[1004]: aménagement des voies de communications locales, création de coopératives, etc. La solidarité se traduit ainsi en actes dans le cadre habituel de la vie sociale pour lutter contre la misère et le sous-développement. C'est dans ce sens que la petite communauté ecclésiale vivante peut raffermir la pratique de la politique de la charité, la solidarité, la collaboration et la puissance communautaire. Ces différents aspects et organisations confirment nos efforts pour développer une éducation et une formation à l'annonce de l'Évangile. Pour que l'Église famille puisse

---

[1000] Cfr. A.-V. MUKENA, *Dialogue avec la religion traditionnelle africaine*, 111.

[1001] Vatican II, Décret sur l'apostolat des laïcs. *Apostolicam actuositatem*, n° 8 §4.

[1002] Cfr. *Statut du diocèse d'Antananarivo*, 80. Cfr. Is 61, 1-3.

[1003] Cfr. Cardinal V. RAZAFIMAHATRATRA, *Satan'ny komitim-piangonana*, (Statut de comité paroissiale), Antananarivo 1985.

[1004] Cfr. J. TIERSONNIER, *Au cœur de l'île rouge. 50 ans de vie à Madagascar*, Ambozontany, Fianarantsoa 1992, 106.

vivre à tous les niveaux de la communauté chrétienne: au niveau de la famille chrétienne, au niveau de l'APV, de la paroisse, du district ecclésial, du diocèse et de la communauté chrétienne nationale, il est nécessaire dans le monde d'aujourd'hui de partir d'une pastorale de proximité en approchant les petits groupes.

6.1.5 Les objectifs attendus dans ces lieux de formation

Il va de soi que l'Église de Madagascar a été sublimement conforté par les deux exhortations apostoliques post-Synodal[1005] qui ont souligné *l'Ecclesia in Africa* et sa notion d'Église famille avec *Africae Munus* et son image d'une Église solidaire des hommes. L'Afrique, malgré ses grandes richesses naturelles, reste dans une situation économique de pauvreté[1006]. Elle est toutefois dotée d'une vaste gamme de valeurs culturelles et de qualités inestimables qu'elle peut offrir aux Églises et à toute l'humanité. Dans les cultures et les traditions africaines, le rôle de la famille est universellement considéré comme fondamental. Ouvert à ce sens de la famille, de l'amour et du respect de la vie, l'Africain aime les enfants qui sont accueillis joyeusement comme un don de Dieu.

> *«Les fils et les filles de l'Afrique aiment la vie. De cet amour de la vie découle leur grande vénération pour leurs ancêtres. Ils croient instinctivement que les morts ont une autre vie, et leur désir est de rester en communication avec eux. Ne serait-ce pas, en quelque sorte, une préparation à la foi dans la communion des saints ? Les Africains respectent la vie qui est conçue et qui naît. Ils apprécient la vie et rejettent l'idée qu'elle puisse être supprimée, même quand de soi-disant civilisations progressistes veulent les conduire dans cette voie. Des pratiques contraires à la vie leur sont toutefois imposées par le biais de systèmes économiques qui ne servent que l'égoïsme des riches[1007]».*

Les Africains manifestent leur respect pour la vie jusqu'à son terme naturel et, au sein de la famille, ils gardent une place aux anciens et aux

---

[1005] JEAN PAUL II, Exh.Apost. *Ecclesia in Africa* 1995. BENOIT XVI, Exh. Apost. *Africae Munus* 2011.
[1006] Cfr. JEAN PAUL II, Exh. Apost. *Ecclesia in Africa*, n° 42.
[1007] Homélie du Pape Jean Paul II à l'ouverture de l'assemblée spéciale pour l'Afrique le 10 avril 1994 in *Ecclesia in Africa* n° 43.

parents. Les cultures africaines ont un sens aigu de la solidarité et de la vie communautaire[1008]. On ne conçoit pas en Afrique et à Madagascar une fête sans partage avec tout le village[1009]. De fait, la vie communautaire dans les sociétés africaines est une expression de la famille élargie. L'objectif de l'éducation dans la famille est donc de préserver toujours ces précieux héritages culturels et pour qu'elle ne succombe jamais à la tentation de l'individualisme si étrange à ses meilleures traditions.

Dans tous les secteurs de la vie de l'Église, la formation est d'une importance capitale. Quant aux communautés ecclésiales vivantes, elles devront être d'abord les lieux de leur propre évangélisation pour porter ensuite la Bonne Nouvelle aux autres; elles devront donc être des lieux de prière et d'écoute de la Parole de Dieu, lieux de responsabilisation des membres eux-mêmes, d'apprentissage de la vie en Église, lieux de réflexion sur les divers problèmes humains à la lumière de l'Évangile. Et surtout, on s'y efforcera de vivre l'amour universel du Christ, qui surpasse les barrières des solidarités naturelles des clans, des tribus ou d'autres groupes d'intérêt[1010]. L'objectif en est d'abord de vivre chrétiennement ainsi que de promouvoir la solidarité, le sens et la concrétisation du bien commun. Les CEV ou APV, les mouvements et les associations peuvent être des lieux propices au sein des paroisses pour accueillir et pour vivre le don de la réconciliation offert par le Christ notre paix. Chaque membre de la communauté doit devenir le gardien de l'autre[1011], et que tout le monde prenne l'engagement et la responsabilité de protéger la personne humaine et ses biens ainsi que la paix[1012]. C'est-à-dire qu'on essaie d'introduire petit à petit la doctrine sociale de l'Église parce que celle-ci vient en soutien à la promotion humaine.

[1008] Selon le proverbe malgache: «*Izay iray vatsy iray aina*», littéralement: Ceux qui ont même viatique ont même vie.

[1009] On entend toujours le dicton «*Nofon-kena mitam-pihavanana*», la viande destinée à renforcer la communion de vie.

[1010] Cfr. JEAN PAUL II, *Ecclesia in Africa*, n° 89.

[1011] Cfr. BENOIT XVI, *Africae Munus*, n° 133.

[1012] Cfr. Lettre de la Conférence épiscopale de Madagascar le 4 février 2009 in Foi & Justice, *Église et société à Madagascar*, 147.

Quant aux écoles catholiques, elles sont à la fois lieux d'évangélisation, d'éducation intégrale, d'inculturation et d'apprentissage du dialogue de vie entre jeunes de religions et de milieux sociaux différents[1013]. Aussi, l'Église en Afrique et à Madagascar s'emploiera à promouvoir l'école pour tous sans négliger l'éducation chrétienne des élèves des écoles non catholiques[1014]. Tout cela suppose la formation humaine, culturelle et religieuse des éducateurs eux-mêmes car une école catholique en tant qu'«…*établissement confessionnel est créé avant tout pour promouvoir les valeurs culturelles et notamment celles qui s'appartiennent aux valeurs évangéliques*[1015]». Cependant, tout le monde est conscient du fait qu'il n'est pas facile de parvenir à cet objectif. La formation et l'éducation intégrale embrassent tous les aspects de la vie de l'homme. Ainsi, celles-là doivent s'orienter vers le sens du bien commun par le souci de l'éducation civique, du sens du discernement humainement et chrétiennement, et à la formation des personnes dignes et responsables.

6.2 Lutter pour les droits humains

Madagascar est signataire de la charte internationale des Droits de l'Homme, donc il est tenu à respecter la déclaration universelle des droits de l'homme proclamé par l'assemblée générale des Nations Unies comme idéal commun à atteindre par tous les peuples et toutes les nations. Tous les individus et tous les organes de la société, ayant cette déclaration constamment à l'esprit, s'efforcent par l'enseignement et l'éducation de développer le respect de ces droits et d'en assurer. Cela se fait par des mesures progressives d'ordre national et international pour la reconnaissance et son application universelle et effective. C'est la raison pour laquelle la Charte Internationale des Droits de l'Homme fait partie intégrante de la constitution malgache[1016]. Malgré cela, quand il s'agit des droits humains à Madagascar, le

---

[1013] Cfr. JEAN PAUL II, *Ecclesia in Africa,* n° 102 et Cfr. BENOIT XVI, *Africae Munus,* n° 134.

[1014] Pour les écoles catholiques à Madagascar les élèves non catholiques qui peuvent s'inscrire sont limités à 15% des élèves. Cfr. *Statut du Diocèse d'Antananarivo,* 50).

[1015] B. GANTIN, *Devoir d'État et conscience professionnelle,* in R. Goudjo, *Discours social des évêques du Bénin.* De 1960-2000, 38 cité par F. RAKOTOMALALA, *Église catholique à Madagascar et bien commun.*

[1016] Cfr. *Constitution de la quatrième République de Madagascar*, 11 Décembre 2010, préambule.

chemin est encore long. Des violations des droits humains persistent encore jusqu'à nos jours.

En parlant du non-respect des droits humains à Madagascar, par rapport aux pays voisins d'Afrique et même de certains pays d'Asie, la situation de la Grande Île n'est pas pire qu'ailleurs, comme en témoignent notamment les données statistiques et les commentaires du *Human Rights Report Madagascar* 2008, le Bureau de la démocratie, des Droits de l'Homme et du travail[1017], et le rapport 2007 du comité de l'ONU pour les Droits de l'Homme civils et politiques. Pourtant, ces rapports des organismes internationaux confirment l'existence des violations des droits humains constatées dans la Grande Île. Ces violations concernent surtout des droits fondamentaux de la personne humaine à savoir: droit à la vie, à la liberté d'expression, au travail, à la dignité humaine et à la justice[1018]. Par rapport à tout cela, comment l'Église catholique à Madagascar réagit-elle pour la promotion de ces droits?

6.2.1 La lutte pour le respect du droit à la vie

L'Église, en tant qu'expert en humanité, s'engage toujours pour le respect des droits humains et demande aux chrétiens de s'engager au respect de ces droits[1019]. Jean Paul II, dans son encyclique *Centesimus annus* et autre[1020], met l'accent sur la mise en valeur incontournable du droit à la vie. Celle-ci suppose son respect absolu dès sa conception; et ensuite son plein épanouissement physique, intellectuel et moral.

[1017] Cfr. Human Rights Report 2008, *Madagascar*, Bureau of Democracy, Human Rights and labor, February 25, 2009.

[1018] Cfr. Nations Unies, Pacte international relatif aux droits humains, session du 12-30 mars 2007 à New York, examens des rapports présentés par les États parties, Madagascar.

[1019] Cfr. Lettre pastorale de la Conférence épiscopale de Madagascar, «Les droits de l'homme», in Foi & Justice, *Église et Société à Madagascar*, vol. IV (1990-1995), Antananarivo, 125.

[1020] JEAN PAUL II, *Centesimus annus*, Vaticana 1 Mai 1991, n° 54 § 2. *Evangelium Vitae*, n° 60 § 2. Cfr. Pape FRANÇOIS, *Amoris Laetitia*, n° 83. L'affirmation du Pape François est claire: «*La valeur d'une vie humaine est si grande, et le droit à la vie de l'enfant innocent qui grandit dans le sein maternel est si inaliénable qu'on ne peut d'aucune manière envisager comme un droit sur son propre corps la possibilité de prendre des décisions concernant cette vie qui est une fin en elle-même et qui ne peut jamais être l'objet de la part d'un autre être humain. [...]. De même l'Église sent non seulement l'urgence d'affirmer le droit à la mort naturelle, en évitant l'acharnement thérapeutique et l'euthanasie, mais elle rejette fermement la peine de mort*».

L'Église catholique à Madagascar, face au projet de loi sur l'avortement proposé à l'approbation de l'Assemblée nationale malgache en 2008, n'a cessé de rappeler que la loi divine défend l'homicide[1021], et selon l'enseignement social de l'Église, l'enfant, dès sa conception dans le sein de sa mère est déjà une personne. Donc, sa vie est à respecter comme tel. Le *Compendium* renforce cette affirmation: «*La promotion de la dignité de la personne implique avant tout l'affirmation du droit inviolable à la vie, depuis le moment de la conception jusqu'à la mort naturelle[1022]*». Cela signifie que l'Église s'engage résolument dans la défense du droit à la vie et elle ne se limite pas seulement à la vie naissante ou à la mort mais en appel avec vigueur au droit à la vie tout au long de l'existence[1023]. Par rapport à ce projet de loi, la commission épiscopale «Justice et Paix» prend officiellement position en disant: «*Nous rejetons radicalement tout projet de loi, ainsi que toute idéologie visant à détruire la vie; et l'avortement en fait partie[1024]*». L'Église est consciente que cette lutte pour le respect de la vie ne peut pas se contenter de faire des déclarations. Elle doit s'engager à fond à travers la création des associations ou des mouvements chrétiens rattachés à l'Église. Ceci doit assumer la tâche ecclésiale dans l'objectif non seulement de former, d'éduquer et de sensibiliser la population mais de conscientiser aussi tous les responsables ou les dirigeants politiques à respecter le sens de la valeur de la dignité de la vie humaine. Et il faut revenir à considérer la famille comme le sanctuaire de la vie c'est-à-dire qu'elle est sacrée; elle est le lieu où la vie, don de Dieu, peut être convenablement accueillie et protégée contre les nombreuses attaques auxquelles elle est exposée. Elle est le lieu où la vie de l'homme peut se développer suivant les exigences d'une croissance humaine authentique. Contre ce qu'on appelle la culture de la mort, la famille constitue le lieu de la culture de la vie[1025]. Autrement dit la lutte pour le droit à la vie

---

[1021] Cfr. Déclaration de la commission épiscopale «Justice et Paix» le 24 janvier 2008, *Concernant le projet de loi sur l'avortement*, in FOI & JUSTICE, *Église et société à Madagascar*, vol. 7 (2006-2010), 81.

[1022] Conseil Pontifical «Justice et Paix», *Compendium de la doctrine sociale de l'Église*, Mame 2007, n° 553. Cfr. Pape FRANÇOIS, Exh. Apost. *Amoris Laetitia*, n° 83.

[1023] Cfr. F. SOULAGE, *Justice et charité*, Paris 2012, 97.

[1024] Foi & Justice, *Église et société à Madagascar*, vol. 7 (2006-2010), 81.

[1025] Cfr. JEAN PAUL II, L. Enc. *Centesimus annus*, n° 39 § 2.

doit commencer au niveau du foyer lui-même par l'intermédiaire des enseignements de l'Église.

La lutte pour le droit à la vie est une tâche incontournable: «*L'Église en Afrique et les îles voisines doit s'engager à aider et à accompagner les femmes et les couples tentés par l'avortement, et à être proche de ceux qui en ont fait l'expérience afin de les éduquer au respect de la vie*[1026]», mais cela ne suffit pas: il faut aussi protéger la vie. Cela touche différents phénomènes et faits sociaux. Au nom de la vie, il est devoir de l'Église de la défendre et de la protéger. Elle doit prendre en main aussi la vie des hommes détruite par les prises de la drogue et les abus de l'alcool qui affectent les potentiels humains et affligent surtout les jeunes. Entre autres, l'Église ne doit pas rester indifférente aux maladies comme le paludisme, la tuberculose et le sida qui affectent la population et compromettent gravement la vie socio-économique. Le problème du sida en particulier exige une réponse médicale mais ce problème revêt un problème éthique, donc l'Église doit s'engager à promouvoir l'éducation sexuelle, la fidélité dans le mariage comme prévention de ce fléau[1027].

La valeur d'une vie humaine est si grande, et le droit à la vie de l'enfant innocent dans le sein maternel est si inaliénable donc la famille a le devoir de protéger la vie à toutes ses étapes y compris dès le début. Et même dans le cas où l'enfant est handicapé, il a le droit de vivre et être bien accueilli avec affection dans une famille. En effet, l'Église ne cesse d'affirmer le droit à la mort naturelle et rejette fermement la peine de mort[1028]. La lutte pour le respect des droits fondamentaux de la personne humaine ne se limite pas seulement au niveau du respect du droit à la vie mais elle donne également beaucoup d'importance au droit au travail.

[1026] BENOIT XVI, *L'engagement de l'Afrique*, n° 70.
[1027] Cfr. Ibidem n° 72.
[1028] Cfr. *Relatio finalis* 2015, n° 64.

6.2.2 La lutte pour le droit au travail

Les familles souffrent en particulier des problèmes liés au travail[1029] en sachant que c'est par le travail que l'homme doit se procurer le pain quotidien. Le travail est non seulement un droit fondamental mais aussi un bien pour l'homme[1030] : un bien utile, digne de lui car apte précisément à exprimer et à accroître la dignité humaine. L'Église enseigne la valeur du travail non seulement parce qu'il est toujours personnel, mais aussi en raison de son caractère de nécessité[1031]. Le travail est nécessaire pour fonder et faire vivre une famille[1032], pour avoir droit à la propriété[1033] et pour contribuer au bien commun de la famille humaine. La considération des implications morales que comporte la question du travail dans la vie sociale conduit l'Église à qualifier le chômage de « *véritable calamité sociale*[1034] », surtout pour les jeunes générations.

Or, la situation à Madagascar est alarmante[1035] quand on parle du droit de travail. La majorité du peuple malgache, durant plusieurs décennies jusqu'à nos jours, a subi le manque d'emploi. Même si Madagascar prend sienne la déclaration universelle des Droits de l'Homme affirmant que: «*Toute personne a droit au travail, au libre choix de son travail, à des conditions équitables et satisfaisantes de travail et à la protection contre le chômage*[1036]», le problème concernant le travail persiste encore. De plus le Compendium amplifie la valeur du travail en disant: «*Le travail est le fondement sur lequel s'édifie la vie familiale, qui est un droit naturel et une*

[1029] Cfr. Pape FRANÇOIS, Exh. Apost. *Amoris Laetitia*, n° 44.

[1030] Cfr. Conseil Pontifical «Justice et Paix», *Compendium de la doctrine sociale de l'Église*, n° 287. Vatican II, Cons. Past. *Gaudium et Spes*, n° 26. JEAN PAUL II, L. Enc. *Laborem exercens*, n° 9.

[1031] Cfr. Léon XIII, L. Enc. *Rerum Novarum*, n° 11.

[1032] Cfr. JEAN PAUL II, L. Enc. *Laborem exercens*, n° 10.

[1033] Cfr.Idem, *Centesimus annus*, n° 31. Idem, *Laborem exercens*, n° 14. LÉON XIII, *Rerum Novarum*, n° 11.

[1034] JEAN PAUL II, *Laborem exercens*, n° 18.

[1035] Selon un rapport de l'INSTAT (Institut National de la Statistique de Madagascar), 80,5% de la population active exerce une activité de subsistance, c'est-à-dire moins productive et de moindre rendement. Officiellement, 42,5% des travailleurs sont en situation de sous-emploi puisqu'ils exécutent des travaux qui ne correspondent pas à leurs diplômes (inadéquation entre formation et emploi). Disponible dans *http://www.madaplus.info/* Madagascar-taux-de chômage-alarmant-chez-les-jeunes_a7518html. Cons. 10/05/2016.

[1036] *Déclaration universelle des droits de l'homme*, art. 23, 1.

vocation pour l'homme[1037]». Il assure les moyens de subsistance et garantit le processus éducatif des enfants[1038]. Famille et travail, si étroitement interdépendants dans l'expérience de la grande majorité des personnes, méritent finalement une considération plus adaptée à la réalité. Tout cela nous permet de dire que le travail a une importance particulière. Il ne vise pas seulement le bien individuel mais celui de la communauté. Il assure à la fois l'épanouissement de la personne et de la société. En raison de son importance, quelle contribution doit être apportée par l'Église en vue d'améliorer la création d'emplois pour réduire le taux du chômage et les conditions du travail des travailleurs?

Il est évident que les situations de chômage ont des répercussions matérielles et spirituelles sur les familles, de même que les tensions et les crises familiales influent négativement sur les comportements et sur le rendement dans le domaine du travail. Il n'appartient pas à l'Église d'analyser scientifiquement les conséquences possibles de tels changements sur la vie de la société humaine[1039]. Mais l'Église estime de son devoir de rappeler toujours la dignité et les droits des travailleurs, de stigmatiser les conditions dans lesquelles ils sont violés, et de contribuer pour sa part à orienter ces changements vers un authentique progrès de l'homme et de la société[1040]. Face aux problèmes du travail très élevé au sein de la société malgache, l'Église catholique ne peut pas rester dans l'indifférence, il faut qu'elle s'engage et qu'elle lutte, soit d'une manière directe soit indirecte pour que les gens aient du travail. En outre, pour la promotion du droit au travail, en tant que droit naturel et vocation pour l'homme, l'Église catholique à Madagascar doit sensibiliser tous les citoyens et surtout les jeunes diplômés, sans distinction à ne pas attendre tout de l'État[1041] mais avoir un esprit d'entreprise qui soit capable de créer des emplois.

[1037] Cfr. Conseil Pontifical «Justice et Paix», *Compendium de la doctrine sociale de l'Église*, n° 294. JEAN PAUL II, *Laborem exercens*, n° 10.

[1038] Cfr. JEAN PAUL II, Exh. Apost. *Familiaris consortio*, n° 23.

[1039] Cfr. Idem, L. Enc. *Laborem exercens*, n° 10 §1.

[1040] Cfr. Ibidem.

[1041] Cfr. H. MAIER, *Droit de l'homme et dignité humaine à Madagascar*, Antananarivo 2010, 119.

À part cela, l'Église catholique doit commencer par encourager l'État à avoir une volonté politique de promouvoir les politiques générales de création d'emplois pour que le droit de chaque citoyen soit assuré[1042]. Car néanmoins c'est à l'État le rôle de facilitateur, c'est-à-dire de créer des conditions et un climat favorables qui permettent l'activité des entreprises afin de favoriser la création d'emplois, en la stimulant dans le cas où elle reste insuffisante ou en la soutenant dans les périodes de crises[1043]. Par exemple, à Madagascar, les taxes, les impôts et les frais de fonctionnement comme l'électricité sont très élevés. Cela empêche la création de petites et moyennes entreprises. Pour résoudre ces problèmes, il faut que l'Église interpelle l'État pour qu'il trouve des réponses afin de faciliter la création d'emplois dans ces catégories.

Le travail est, d'une certaine manière, la condition qui rend possible la fondation d'une famille, puisque celle-ci exige les moyens de subsistance que l'homme acquiert normalement par le travail[1044]. Le travail et l'ardeur au travail conditionnent aussi tout le processus d'éducation dans la famille, précisément pour la raison que chacun «devient homme», entre autres, par le travail, et que ce fait de devenir homme exprime justement le but principal de tout le processus éducatif. C'est ici qu'entrent en jeu, dans un certain sens, deux aspects du travail: celui qui assure la vie et la subsistance de la famille, et celui par lequel se réalisent les buts de la famille, surtout l'éducation[1045]. Ainsi, l'Église doit aussi encourager les jeunes à suivre et à renforcer leurs formations professionnelles, car on constate que ce qui manque et fait obstacle pour les jeunes qui cherchent du travail à Madagascar c'est leur manque de professionnalisme c'est-à-dire le manque d'expérience. Pour renforcer cette capacité, il ne faut pas que l'Église se contente de sensibiliser ou encourager les jeunes mais il faut qu'elle mette comme priorité dans chaque paroisse, district ou diocèse la construction des centres pour la formation professionnelle à travers laquelle les jeunes puissent renforcer leur capacité et leur compétence.

[1042] Cfr. *Relatio Synodi* 2014, n° 6.
[1043] Cfr. JEAN PAUL II, L. Enc. *Centesimus annus*, n° 48.
[1044] Cfr. Conseil Pontifical pour la Famille, *Charte des droits de la famille*, Rome Octobre 1983, Introduction.
[1045] Cfr. JEAN PAUL II, L. Enc. *Laborem exercens*, n° 10.

Lorsqu'on parle du droit au travail, par exemple de sécurité sociale, il est encore difficile pour les travailleurs malgaches d'avoir accès à la sécurité sociale. Il est vrai qu'il y a ce qu'on appelle CNAPS[1046] (Caisse National de la Prévoyance Sociale), un organisme formé pour assurer la sécurité sociale des travailleurs, mais jusqu'à maintenant, une minorité de la population jouit d'une sécurité pour la maladie, la vieillesse, ou d'autres situations de précarité. La sécurité sociale reste inaccessible à la grande majorité des Malgaches. Ceci vaut également pour la grande partie des employés: non seulement ils sont mal payés mais leur employeurs ne veulent pas verser leurs parts d'allocations pour la sécurité sociale. On voit hélas, le non payement de la participation des employeurs même au niveau de l'Église surtout les plus éloignés de la ville, de plus l'embauchage se fait par des simples contrats non formels.

Pour remédier à cette faille au niveau de la lutte pour le droit au travail, l'Église, par le biais de la Conférence épiscopale, devra prendre l'initiative d'interpeller l'État en plaidant pour les droits au travail en faveur des employés et pour le bien de tous. Il est aussi du devoir de l'Église de motiver, soutenir et éclairer les laïcs, dans leurs engagements au sein de la société. En raison de l'importance de la sécurité sociale, il est aussi du devoir de l'Église de travailler avec l'État afin de mettre en place un système de sécurité sociale pour l'ensemble de la population soit en ville, soit à la campagne.

Dans l'ensemble, on doit se souvenir et affirmer que la famille constitue l'un des termes de référence les plus importants, selon lesquels doit se former l'ordre social et éthique du travail humain. La doctrine de l'Église a toujours réservé une attention spéciale à ce problème et il faudra que nous y revenions encore car la famille est à la fois une communauté rendue possible par le travail et la première école interne de travail pour tout homme[1047]. À ce combat s'ajoute encore la lutte pour le droit de la femme et de l'enfant.

[1046] Cfr. H. MAIER, *Droit de l'homme et dignité humaine à Madagascar*, 115.
[1047] Cfr. JEAN PAUL II, L. Enc. *Laborem exercens*, n° 10 § 2.

6.2.3 La lutte pour les droits de la femme et de l'enfant.

Quand nous parlons des droits de la femme au sein de la société malgache, nous pouvons dire qu'au niveau de la législation, celle-ci accorde à la femme l'entière égalité devant la loi. La constitution malgache confirme le respect du principe d'égalité des droits entre hommes et femmes[1048]. De même, le Pape François affirme également que les revendications des droits légitimes des femmes reposent sur le principe d'égalité en dignité[1049]. La prise en considération des droits de la femme au sein de la constitution malgache est donc raisonnable car les femmes africaines ou malgaches apportent une grande contribution à la famille, à la société et à l'Église avec leurs nombreux talents et leurs dons irremplaçables[1050]. Alors, l'Église et la société ont besoin que les femmes aient toute leur place dans le monde afin que l'être humain puisse y vivre sans se déshumaniser complètement[1051]. Toutefois, non seulement leur dignité et leur contribution ne sont pas pleinement reconnues et appréciées, mais encore leurs droits sont bafoués[1052]. Cette violation des droits de la femme se manifeste dans les différents secteurs de la vie sociale. Quand il s'agit, tout d'abord, de l'accès des femmes à la propriété foncière, nous voyons que dans de nombreuses régions à Madagascar, les mœurs et les coutumes n'accordent pas aux femmes le droit d'hériter de leurs parents, et surtout en matière foncière. C'est pour cette raison que le comité des droits de l'homme présent à Madagascar est très préoccupé par les usages et les coutumes qui font obstacle à l'égalité entre homme et femme et entravent les efforts visant à la promotion de la femme et à sa protection[1053].

[1048] Cfr. Constitution de la quatrième République Malagasy, art. 6: «*Tous les individus sont égaux en droit et jouissent des mêmes libertés fondamentales protégées par la loi, sans discrimination fondée sur le sexe, le degré d'instruction, la fortune, l'origine, la croyance religieuse ou l'opinion. La loi favorise l'égal accès et la participation des femmes et des hommes aux emplois publics et aux fonctions dans le domaine de la vie politique, économique et sociale*».

[1049] Cfr. Pape FRANÇOIS, Exh. Apost. *Evangelii gaudium*, n° 104.

[1050] Cfr. BENOIT XVI, *L'engagement de l'Afrique*, n° 55.

[1051] Cfr. Idem, *Rencontre avec les associations catholiques pour la promotion de la femme*, Luanda 22 mars 2009.

[1052] Cfr. BENOIT XVI, *L'engagement de l'Afrique*, n° 56.

[1053] Cfr. H. MAIER, *Droit de l'homme et dignité humaine à Madagascar*, 73.
Cfr. Pape FRANÇOIS, Exh. Apost *Amoris Laetitia*, n° 54.

En outre, la loi malgache affirme que l'État assure la protection de la famille pour son libre épanouissement ainsi que celle de la mère et de l'enfant par une législation et des institutions sociales appropriées[1054]. Pourtant, on constate encore la discrimination de la femme dans la société. Cela s'explique par exemple par le fait que le nombre de femmes juges et avocates ou la participation féminine à la vie politique est en régression[1055]. Jusqu'à maintenant, le nombre de femmes qui participent directement à la vie politique, que ce soit à l'Assemblée nationale ou au Sénat, reste autour du 20%[1056]. Parmi les causes du déséquilibre, on relève le faible niveau d'instruction des femmes, les facteurs socioculturels qui déterminent la place de l'homme et de la femme au sein de la société. Autrement dit, l'obstacle majeur à l'égalité effective de la femme se trouve, encore une fois, dans la mentalité et les modes de comportement imprégnés par des traditions ancestrales qui attribuent à la femme un rôle inférieur à l'homme[1057]. Il est vrai qu'il existe des associations qui font des efforts pour la promotion de la femme[1058], mais l'évolution des mentalités en ce domaine est malheureusement trop lente. L'Église se doit de contribuer à cette reconnaissance et à cette libération de la femme en suivant l'exemple donné par le Christ qui la valorisait[1059]. Alors, que doit faire l'Église à Madagascar?

D'abord, nos suggestions doivent partir de la proposition donnée par *Africae Munus*: «*il faut reconnaître, affirmer et défendre l'égale dignité de l'homme et de la femme, tous les deux sont des personnes*[1060]». Il faut créer pour la femme un espace de prise de parole et d'expression de ses talents par des initiatives qui affermissent sa valeur, son estime de soi et sa spécificité, lui permettrait alors d'occuper dans la société une place égale à l'homme, sans

---

[1054] Cfr. *Constitution de la quatrième République Malagasy*, art. 21.

[1055] Cfr. H. MAIER, *Droit de l'homme et dignité humaine à Madagascar*, 73.

[1056] Cfr. *www.ipu.org/wmn-f/classif.htm* «Les femmes dans les parlements nationaux». À Madagascar dans la chambre basse 20,5% et dans la deuxième chambre 19,0%. État de situation 01 février 2016. Cons. 19/03/2016.

[1057] Cfr. Supra 3.1.3. Cfr. H. MAIER, *Droit de l'homme et dignité humaine à Madagascar*, 73. Cfr. Pape FRANCOIS, Exh. Apost. *Amoris Laetitia*, n° 54.

[1058] Cfr. Supra 3.3.1.1, p.86.

[1059] Cfr. BENOIT XVI, Exh. Apost. *Africae Munus*, n° 57.

[1060] Ibidem. Cfr. Idem, *Rencontre avec les associations catholiques pour la promotion de la femme*, Luanda 22 mars 2009.

confusion ni nivellement de la spécificité de chacun. Et selon le *Compendium*, pour sauvegarder les droits de la femme, le premier pas indispensable est de donner la possibilité concrète d'accès pour la femme à la formation professionnelle[1061]. Par rapport aux fonctions habituelles de l'Église, comme la fonction critique de dénonciation et de condamnation[1062], tous les actes de violence contre les femmes quelles que soient ses formes doivent être condamnés. L'Église catholique, en tant que mère éducatrice, doit créer dans toutes les paroisses, tous les districts ou au moins dans tous les diocèses de Madagascar, un centre pour la formation des jeunes filles et des femmes (intellectuelle, professionnelle, morale et spirituelle). Enfin, elle doit se donner comme priorité la mise en place de commission au niveau de la paroisse, du diocèse pour prendre en charge les problèmes des femmes afin de les aider à mieux accomplir leurs missions dans l'Église et dans la société: *«vous les femmes vous êtes pour les Églises locales comme leur colonne vertébrale[1063]»* affirme le Pape Benoît XVI.

En ce qui concerne les droits de l'enfant, la Constitution de la République Malagasy affirme: *«Tout enfant a droit à l'instruction et à l'éducation sous la responsabilité des parents dans le respect de leur liberté de choix[1064]»*. Elle stipule également que l'éducation de base est à la fois obligatoire et gratuite[1065]. Malgré l'existence de cette législation, on constate que, sur l'ensemble du pays, notamment au milieu rural, l'abolition officielle des frais de scolarité a été très peu appliquée[1066]. L'obstacle des frais d'entrée (frais d'inscription, frais généraux) reste encore en entier. La pauvreté ainsi que des conditions de vie difficiles constitue la réalité quotidienne pour beaucoup d'enfants à Madagascar. En cela, il y a encore des parents qui veulent faire

---

[1061] Cfr. Conseil Pontifical «Justice et Paix», *Compendium de la doctrine sociale de l'Église*, n° 295.

[1062] Cfr. Lettre de la CEM in Foi & Justice, *Église et société à Madagascar*, «Réfléchir sur la vie de la nation et de l'Eglise», «Appel à la voix de conscience», 17-25.156-169.

[1063] BENOIT XVI, Exhortation apostolique *Africae Munus*, n° 58.
Deuxième Assemblée du Synode des Évêques pour l'Afrique, *Message final*, 23 Octobre 2009, n° 25.

[1064] *Constitution de la quatrième République Malagasy*, art. 23.

[1065] Cfr. Ibidem, art.24.

[1066] Depuis 2009 la majorité des enseignants aux Écoles Primaires Publiques (EPP) sont payés par les FRAM (Associations des parents); à partir de 2013 le ministère de l'enseignement a recruté ses enseignants comme fonctionnaire mais c'est encore une longue histoire.

274

travailler leurs enfants au lieu de les envoyer à l'école parce qu'ils participent à la lutte quotidienne pour la survie de la famille. De plus, un certain nombre de parents qui n'ont pas été scolarisés eux-mêmes, ont facilement tendance à empêcher leurs enfants d'aller à l'école parce qu'ils pensent que la scolarisation de leurs enfants ne sert à rien et ne donne ni travail ni pain[1067]. C'est à cause de cette mentalité que les enfants souffrent de situations difficiles qui les empêchent de se développer[1068].

Ensuite, le non-respect des droits de l'enfant n'est pas seulement dans le domaine de l'instruction et de l'éducation mais il affecte également d'autres domaines tels que celui du travail comme nous l'avons déjà souligné[1069]. À Madagascar, le cas le plus dangereux parmi d'autres c'est la violation des droits de l'enfant telle la prostitution enfantine[1070]. On considère la prostitution des enfants comme source de revenus pour la famille. En outre, il y a aussi la traite humaine malgré l'interdiction de la loi. Enfants et jeunes filles sont vendus pour prostitution, tourisme sexuel[1071], travail forcé comme domestique et petit commerce dans les rues[1072]. Ce genre de travail par les enfants ou les jeunes filles démontre l'incapacité et l'irresponsabilité des parents à s'occuper de leurs enfants[1073]. D'ailleurs, des violations des droits de l'enfant et surtout de ceux des filles ont lieu en raison de la pauvreté.

Face aux différentes formes de violation des droits de l'enfant, le Pape Benoît XVI affirme que les enfants sont des dons de Dieu à l'humanité, ils doivent donc être l'objet d'un soin particulier de la part de leurs familles, de l'Église, de la société et des gouvernements car ils sont une source d'espérance et de renouvellement dans la vie[1074]. Cela signifie qu'en vertu de

---

[1067] Cfr. H. MAIER, *Droit de l'homme et dignité humaine à Madagascar*, 101.

[1068] Cfr. E. JOVELIN, *Le travail social face à l'interculturalité, comprendre la différence dans les pratiques d'accompagnement social*, l'Harmattan, Paris 2013, 219.

[1069] Cfr. Supra 3.2.3.1 Madagascar et la filiation.

[1070] Cette prostitution enfantine se trouve surtout dans la ville portuaire de Tamatave et sur l'île de Nosy-Bé. D'après les enquêtes faites, l'UNICEF a constaté qu'entre 30 et 50% des prostituées ont moins de 18 ans. (Cfr. H. MAIER, *Droit de l'homme et dignité humaine à Madagascar*, 77).

[1071] Cfr. Pape FRANÇOIS, Exh. Apost. *Amoris Laetitia*, n° 45. Cfr. *Relatio finalis* 2015, n° 17.

[1072] Cfr. H. MAIER, *Droit de l'homme et dignité humaine à Madagascar*, 79.

[1073] Cfr. E. PRIEUR, *Quel social pour quelle société au XXIème siècle*. La société change, le social bouge, l'Harmattan, Paris 2001, 228.

[1074] Cfr. BENOIT XVI, Exh. Apost. *Africae Munus*, n° 65.

leur dignité propre, leurs droits méritent d'être respectés tels qu'ils sont. Et tous les membres du corps social, y compris l'Église, sont responsables. Aucun vrai développement intégral de l'homme n'est possible sans tenir compte de l'éducation et de l'instruction des enfants. En raison de cette importance particulière, l'Église à Madagascar a le devoir de trouver des réponses aux problèmes présents.

Il nous semble que la première chose que l'Église doit faire, par le biais de la Conférence épiscopale, c'est de recommander aux paroisses de forger un projet pastoral pour les enfants en général et pour les enfants en situation difficile. Il revient également à l'Église de mobiliser toutes les écoles catholiques pour qu'elles donnent plus d'importance à l'éducation intégrale, c'est-à-dire intellectuelle, morale[1075] et spirituelle des enfants afin qu'ils puissent devenir de bons citoyens chrétiens. Et pour ceux qui ne fréquentent pas l'école catholique, l'Église doit les occuper par la catéchèse et les faire entrer dans des mouvements destinés aux enfants. Et enfin, l'Église doit établir dans son activité pastorale un programme de sensibilisation et de formation des parents pour qu'ils prennent leur responsabilité envers leurs enfants parce qu'ils sont irremplaçables en cette matière[1076].

6.2.4 La lutte pour le droit d'expression et des médias

Le respect du droit à la liberté d'expression, d'opinion et de la presse joue un rôle très important dans la réalisation du développement intégral de la personne humaine. Selon l'affirmation du Pape Benoît XVI: *«les médias peuvent constituer une aide puissante pour faire grandir la communion de la famille humaine et l'éthos des sociétés, quand ils deviennent des instruments de promotion de la participation de tous à la recherche commune de ce qui est juste*[1077]*»*. Et pour ce droit et cette liberté d'expression, la Constitution et la législation malgache garantissent la liberté d'opinion, d'expression, de

---

[1075] Le Pape François a écrit sur la nécessité de la formation morale des enfants. Voir Pape FRANÇOIS, Exh. Apost. *Amoris Laetitia*, nn° 263-267.

[1076] Cfr. Conc. Oecum.Vatican II, Cons. Dogm. *Lumen Gentium*, n° 10-11. Cfr. Conc. Oecum.Vatican II, Cons. Past. *Gaudium et Spes*, n° 52. CEC nn° 1656-1657. Cfr. JEAN PAUL II, *Ecclesia in Africa*, n° 92 § 2.

[1077] BENOÎT XVI, L. Enc. *Caritas in Veritate*, n° 73.

communication, de la presse et de réunion[1078]: toute forme de censure est interdite. Malgré l'existence de ces lois, leur mise en œuvre est toujours remise en cause par les gouvernants. Le respect de la liberté d'expression est malmené à Madagascar[1079]. Prenons un exemple: sur l'ensemble de Madagascar, il y a une grande diversité de médias dont plus de 15 journaux privés, plus de 200 stations de radio et plus de 30 chaînes de télévision. Mais seules la radio et la télévision privée du président en place et la radio et télévision nationale peuvent émettre sur l'ensemble du territoire[1080]. C'est-à-dire qu'il essaie de faire taire les opinions critiques à travers la suspension des stations ou les programmes à la disposition des publiques. Par ailleurs, les Malgaches apprécient les échanges d'idées, le dialogue et l'écoute réciproque. Il n'est pas dans nos mœurs d'imposer le silence à qui veut parler, d'agir en despote, incapable d'entendre ni critiques ni voix dissonantes car celui qui coupe la parole tue la vie[1081].

On sait que les mauvaises pratiques n'apportent pas de bien au pays. Il est difficile pour une nation de se développer si elle ne connaît pas ses droits. Leur respect est une force vitale pour chaque citoyen, une invitation à être responsable de son développement et du développement de la société toute entière. Nous savons que les médias peuvent devenir de puissants instruments de cohésion et de paix ou bien des promoteurs efficaces de destructions et de division. Ils peuvent servir ou desservir sur le plan moral, propager le vrai comme le faux, proposer le laid comme le beau. Les médias peuvent promouvoir une humanisation authentique, mais ils peuvent tout autant entraîner une déshumanisation[1082]. Donc l'Église doit être davantage présente dans les médias afin d'en faire non seulement un instrument de diffusion de l'Évangile mais aussi un outil pour la formation des peuples à la réconciliation dans la vérité, à la promotion de la justice et la paix[1083]. De plus, les médias

---

[1078] Cfr. *Constitution de la quatrième République Malagasy*, art. 11.
[1079] Cfr. Foi & Justice, «*Tourmente populaire et confusion politique*», 22.
[1080] Cfr. H. MAIER, *Droit de l'homme et dignité humaine à Madagascar*, 69.
[1081] Cfr. Lettre du Conseil permanent des évêques de Madagascar, le 15 février 2008 in FOI & JUSTICE, *Église et société à Madagascar*, 93.
[1082] Cfr. BENOÎT XVI, Exh. Apost. *Africae Munus*, n° 143.
[1083] Cfr. Ibidem, n° 145.

doivent servir une communication authentique qui est une priorité en Afrique, car ils sont un levier important pour le développement du continent et pour l'évangélisation[1084].

Par rapport à cet enseignement de l'Église universelle, l'Église à Madagascar ne cesse de lutter contre la remise en cause du droit à la liberté d'expression, d'opinion, de la presse, de la libre circulation. La preuve en est la protestation de l'Église catholique contre la fermeture opérée par l'État de certains programmes de radio tel que le *Karajia*[1085]. Ce programme est une émission à la disposition du public pour qu'il puisse s'exprimer librement, sans dénigrer personne et sans flatter qui que ce soit, mais pour dire tout simplement les faits, tels qu'il les voit et les vit au jour le jour. La suspension de ce programme n'est donc ni légale ni légitime, ni respectueuse du droit.

Pour combattre les attaques ou les représailles des dirigeants politiques à l'égard de la liberté des médias, il revient à l'Église d'abord de rappeler à l'État que le respect du droit et de la liberté des médias comme elle avait fait[1086], fait partie du fondement des valeurs de la communion et de la solidarité. Puis il est également du devoir de l'Église à Madagascar de recommander à tous les journalistes, qu'ils soient privés ou publics d'être solidaires et de créer des associations ou des syndicats forts et solides, capables de défendre leurs droits. De plus, une formation solide des journalistes à l'éthique et au respect de la vérité est nécessaire. Il faut que l'Église agisse car l'amélioration des médias contribuera à une plus grande promotion des valeurs telles que la paix, la justice et la réconciliation en Afrique et permettra à ce continent de participer au développement actuel du monde[1087].

6.3 Lutter contre la pauvreté

[1084] Cfr. Ibidem, n° 142.

[1085] Cfr. Déclaration de la commission épiscopale «Concernant la suspension du programme *Karajia* de la Radio Don Bosco (RDB)» in FOI & JUSTICE, *Église et société à Madagascar*, 83.

[1086] Cfr. Foi & Justice, *Église et société à Madagascar*, 93.

[1087] Cfr. BENOÎT XVI, Exh. Apost. *Africae Munus*, n° 146.

Même si nous avons déjà parlé plus haut[1088] de la pauvreté, parlons en ici d'une manière plus étendue car ce phénomène touche la majorité de la population malgache. Les premières estimations indiquent que, de 2008 à 2013, la proportion de la population vivant sous le seuil de pauvreté a sans doute augmenté de plus de 10 points de pourcentage. Aujourd'hui, plus de 92% de la population vit avec moins de 2 dollars PPA (parité de pouvoir d'achat) par jour, ce qui fait de Madagascar l'un des pays les plus pauvres du monde[1089].

6.3.1 Madagascar et la pauvreté

Lorsqu'on évoque Madagascar, tout le monde s'accorde au moins sur deux points paradoxaux. D'une part, on dit de ce pays qu'il est doté d'une richesse incommensurable aussi bien humaine (un cosmopolitisme extraordinaire) que naturelle (faune et flore) voire du sous-sol (minéraux). D'autre part, il dispose d'une diversité culturelle peu commune (une multi-culturalité brassant à la fois les cultures d'Asie, d'Arabie, d'Inde, d'Afrique et d'Europe). Comment expliquer ce paradoxe? Comment expliquer ce qui semble être un obstacle qui empêche le peuple malgache de tirer profit des nombreuses richesses dont le pays est doté?

De nombreuses réponses peuvent être avancées, mais on peut se limiter à celles qui sont le plus souvent évoquées. D'abord, cette pauvreté est d'ordre économique. On évoque ainsi l'existence d'une désorganisation qui entrave le monde du travail, une mauvaise répartition des richesses qui crée de l'inégalité et favorise l'émergence d'un élitisme prévaricateur. D'autres pensent que cela relève plutôt des pratiques politiques: les politiciens sont incompétents, corrompus, peu soucieux du sort de la population, clientélistes, voire ethnicistes[1090]. On peut effectivement arguer que les causes de la pauvreté de la population malgache comportent un peu de tout cela à la fois: la mauvaise répartition des richesses et des revenus, l'incompétence des politiciens, le

---

[1088] Cfr. Supra 4.2.2.2 Le développement et la lutte contre la pauvreté.

[1089] Cfr. *www.banquemondiale.org/fr.news/feature/2013/06/05.madagascar-measuring.th*. «Madagascar : chiffrer les coûts de la crise politique». Cons. 12/04/ 2016.

[1090] Cfr. *www.tanjona.org/* «les quatre principales causes de la pauvreté de Madagascar». Consulté le 13 avril 2016.

colonialisme déguisé de ceux que nous appelons nos partenaires internationaux, etc. En réalité, la crise sociopolitique constitue en grande partie notre pauvreté[1091].

Madagascar a connu quatre crises sociopolitiques depuis son indépendance : en 1972, 1991, 2002 et 2009. Ces crises ont engendré des bouleversements dans la société malgache aussi bien au niveau économique que social[1092]. À la fin de chaque crise, on assiste entre autres à l'appauvrissement général de la population dû en grande partie au ralentissement des activités économiques et à la montée générale de l'insécurité[1093]. On observe aussi la montée de la corruption, la violation des droits de l'Homme et la détérioration de la gouvernance[1094]. Dans la plupart des cas, ces crises ont eu pour effet immédiat une forte perte d'emplois formels, le renchérissement du coût de la vie, le ralentissement des activités des unités de production, l'arrêt ou la réduction des services publiques notamment les services sociaux (santé et éducation). Les crises politiques ont eu des impacts directs et indirects sur la réalisation des droits de la population surtout au niveau des couches les plus vulnérables dont principalement les enfants.

À court terme, les crises ont engendré l'augmentation de la vulnérabilité donc de la pauvreté des ménages, la communauté des bailleurs a suspendu les aides extérieures ; à plus long terme, les programmes de développement sont compromis à chaque crise. L'enseignement a été perturbé et des écoles ont dû fermer leurs portes à chaque période d'insécurité voire même pendant toute la crise, les formations sanitaires n'ont délivré qu'un service minimum. On a également observé une insécurité grandissante, les coupures des routes, la pénurie des principaux produits tels le carburant, les médicaments et d'autres

---

[1091] Cfr. Lettre de la CEM, *Essai de sortie de crise… insuccès*: politiques-politiciens, in FOI & JUSTICE, *Église et société à Madagascar*, 199.

[1092] Cfr. Rapport de l'UNICEF, enquête réalisé 2006-2010, *La pauvreté à Madagascar*, 16 novembre 2012, 2.

[1093] Cfr. FOI & JUSTICE, *Église et société à Madagascar*, vol.7 (2006-2010), Préface de Mgr. F. Rabemahafaly président de la C.E.M (Conférence Épiscopale de Madagascar), 9.

[1094] Cfr. Lettre de la CEM, *La lutte contre la corruption et la promotion de la justice*, in Foi & Justice, *Église et société à Madagascar*, vol.6 (2001-2005), Antananarivo, 23.

intrants nécessaires au fonctionnement du secteur privé, le traitement et la prise en charge des malades[1095].

Les différentes crises politiques, y compris celle de 2009, ont engendré une désorganisation économique et sociale, caractérisée par une aggravation du phénomène de pauvreté et de vulnérabilité. En 2010, le pays a été classé à la 135e place sur 169 pays, avec un Indice de Développement Humain (IDH) de 0,435. Tout laisse croire que les répercussions de ces différents chocs ont entraîné l'émergence d'une nouvelle catégorie de pauvres en milieu urbain comme la capitale et toutes sortes de déficits, notamment en termes d'alimentation, de revenu, d'emploi, de sécurité/sérénité. Les crises de 1991, 2002 et 2009 ont fait chuter respectivement le taux de croissance économique à -6,3%, - 12,4% et -3,7%. Il convient de signaler que les résultats pour l'année 2009 sont les effets conjugués de la crise politique à Madagascar et de la crise financière (puis économique) mondiale. Pour l'année 2009, la crise a été marquée par une perte d'emploi considérable due à la destruction ou à la faillite des unités de production familiale et des entreprises. A titre d'illustration, les femmes sont les plus touchées par la perte d'emploi avec une baisse de 10 points de pourcentage entre 2008 et 2010[1096]. Des chômages techniques ou des diminutions de salaires sont également constatés dans le domaine du tourisme. Le rapport de l'enquête emploi 2010 à Antananarivo montre bien la dégradation du marché du travail entre 2006 et 2010, années de réalisation de l'enquête. Ainsi, on constate une augmentation du chômage et du sous-emploi et, surtout, une explosion du secteur informel de subsistance, un effondrement du pouvoir d'achat des travailleurs et un accroissement des inégalités. Les résultats obtenus en matière de réduction de la pauvreté au cours des dernières années ont ainsi été effacés et même inversés[1097].

Quelle que soit la définition de la pauvreté adoptée, Madagascar fait partie des pays les plus pauvres du Monde. Les indicateurs macro-économiques

---

[1095] Cfr. Rapport de l'UNICEF, enquête réalisé 2006-2010, *La pauvreté à Madagascar*, 2.
[1096] Cfr. *www.unicef.org/madagascar* analyse_pauvreté_1pdf, consulté le 11/04/ 2016.
[1097] Cfr. Rapport de l'UNICEF, enquête réalisé 2006-2010, *La pauvreté à Madagascar*, 3. Source McRAM Mai 2010, Nations Unies Madagascar.

indiquent que la nation s'est globalement appauvrie au cours des quarante dernières années. Pour la population malgache, il est de plus en plus difficile de faire face aux conflits politiques internes. La majorité de la population, 61%, vit avec moins d'un dollar par jour et 85% avec moins de 2 dollars par jour[1098]. Dans la capitale, près de 40% des ménages gagnent mensuellement moins de \$50[1099]. Pour les différentes ex Provinces, la tendance de l'évolution du taux de pauvreté est la même. Les provinces de Fianarantsoa, Toamasina, Toliara sont les plus touchées et présentent les taux de pauvreté très élevés et dépassant toujours le niveau national depuis 1993. Pour le cas de Fianarantsoa par exemple, le taux enregistré en 1999 est de 81,1% si le taux était de 74,2% en 1993, et en 2010, 88,2% de la population ont des difficultés pour satisfaire les besoins fondamentaux. Le cas de Mahajanga est flagrant, le taux de pauvreté est passé de 53,2% pour l'année 1993 à 73,8% en 1997 et à 76,0% en 1999[1100]. Face à cette situation lamentable quels sont les apports de l'Église catholique à Madagascar?

6.3.2 Lutter contre la corruption et l'injustice

La lettre de la Conférence épiscopale de Madagascar affirme: «Qui dit corruption, dit détérioration, pourriture, que ce soit au physique, au moral ou sous l'aspect social. La corruption se révèle de différentes manières et elle atteint presque tous les aspects de la vie[1101]». Elle est définie, en général, comme l'abus d'une fonction publique à des fins d'enrichissement personnel. À Madagascar, la notion de corruption recouvre la concussion, l'ingérence, le favoritisme, la corruption proprement dite et le trafic d'influence, infractions qui se sont dangereusement généralisées, non seulement au sein des pouvoirs et des entreprises publiques mais également au sein du secteur privé, au point d'être qualifiées de fléau national. Donc, si les malgaches veulent sortir du

---

[1098] Cfr. Rapport IDH PNUD 2008 in Rapport de l'UNICEF, enquête réalisé 2006-2010, *La pauvreté à Madagascar*, 6.

[1099] Cfr. Rapport de l'UNICEF, enquête réalisé 2006-2010, *La pauvreté à Madagascar*, 3. Source McRAM Mai 2010, Nations Unies Madagascar.

[1100] Cfr. Rapport de l'UNICEF, enquête réalisé 2006-2010, *La pauvreté à Madagascar*, 7.

[1101] Cfr. Lettre de la C.E.M, *La lutte contre la corruption et la promotion de la justice sociale*, in Foi & Justice, *Église et société à Madagascar*, vol.6 (2001-2005), Antananarivo, 27.

gouffre de la pauvreté, il faudrait qu'ils fassent des efforts pour diminuer et faire disparaître petit à petit la corruption.

Il est à noter qu'il y a interdépendance entre la corruption et l'injustice. En général, l'origine de l'injustice sociale est la corruption. La corruption n'est pas un phénomène nouveau, mais elle a existé et existe depuis bien longtemps[1102]. Elle est devenue un fléau important, que ce soit au niveau national que mondial. C'est un phénomène qui ne connaît pas de frontière, ni politique ni géographique[1103]. Elle est omniprésente dans l'ensemble de différents secteurs de la vie sociale[1104]. Elle est le fruit de la mentalité qui ne pense qu'à l'intérêt individuel, qui n'a ni respect ni estime des autres et qui ne sait pas non plus entrer en relation avec Dieu[1105]. S'il en est ainsi la corruption et l'injustice suscitent des conséquences fâcheuses dans la vie sociale.

La Conférence épiscopale de Madagascar, dans sa lettre pastorale du 13 février 2002[1106], déclare que les valeurs sacrées de la personne humaine se perdent quand la recherche de profit et d'intérêt égoïste deviennent le centre de l'existence. La priorité qui l'emporte sur tous les autres est la recherche d'argent et de richesse, c'est-à-dire le fait d'amasser beaucoup d'argent et le plus rapidement possible. Devenir un honnête homme et un citoyen intègre ne fait plus partie des préoccupations régulières. Les valeurs de la personne humaine cèdent le pas aux valeurs de l'argent car on pense qu'avec l'argent on peut tout faire[1107]. Les évêques malgaches réaffirment que c'est l'égoïsme sous ses différentes formes qui empoisonne et détruit l'identité spirituelle de l'homme, ce qui fait que l'homme est aveuglé par l'argent, qu'il oublie les valeurs traditionnelles du fihavanana, lequel est source de solidarité[1108]. Chacun est, à cause de cet amour désordonné, fortement tenté de ne s'occuper

---

[1102] Cfr. Conseil pontifical Justice et Paix, *Lutte contre la corruption*, Rome juin 2006, n°2.

[1103] Cfr. Ibidem, n° 3.

[1104] Cfr. Lettre de la C.E.M, *La lutte contre la corruption et la promotion de la justice sociale*, 31.

[1105] Cfr. Ibidem, 35.

[1106] Cfr. Ibidem, 41.

[1107] Cfr. Lettre de la CEM, *La vie de la nation*, in Foi & Justice, *Église et société à Madagascar*, vol.7 (2006-2010), Antananarivo, 73.

[1108] Cfr. Lettre de la CEM, *Propositions et exhortations*: le *fihavanana*, in Foi & Justice, *Église et société à Madagascar*, 203.

que de ses affaires; ainsi, l'esprit de dévouement et de gratuité pour le service de la société s'estompe. On ne se donne plus le temps de penser aux intérêts communs. On veille à ses propres intérêts, on n'entrevoit que les avantages personnels et si on se risque à se sacrifier, c'est pour que ses intérêts augmentent.

À cause de la corruption et de l'injustice, ce ne sont pas seulement les valeurs sacrées de la personne qui se perdent mais aussi la confiance mutuelle et réciproque. En effet, quand l'amour de l'argent prédomine, on n'a plus confiance les uns aux autres, on ne fait plus confiance aux autorités et aux gouvernants, ni aux juges ni aux tribunaux. Ce sont des sources d'anxiété pour les peuples, cela les pousse au découragement, parfois même au désespoir. C'est ainsi que les fraudes, les falsifications, les pourboires prolifèrent, et le nombre de ceux qui étouffent leur conscience augmente jour et nuit[1109]. La conséquence en est que la justice est faussée, la vie sociale est en désordre, les valeurs traditionnelles qui constituent notre identité malgache sont oubliées. Les relations tant familiales que sociales sont détruites par l'argent et le souci exclusif de s'enrichir. L'Église considère la corruption comme un fait très grave de déformation du système politique[1110]. Elle se situe parmi les causes qui concourent le plus à déterminer le sous-développement et la pauvreté grimpante[1111]. Et même actuellement, la lutte contre la pauvreté et la corruption reste toujours la priorité des priorités à Madagascar[1112]. Quant à l'Église qu'est-ce qu'elle doit faire?

À Madagascar, on sent que l'injustice sociale par la pratique généralisée de la corruption règne dans la société du pays. Cela constitue la source première du blocage de la relance économique et du développement. Il est donc du devoir de l'Église de travailler et aider à l'éradication de cette pandémie morale. C'est là une immense responsabilité revenant, non pas

---

[1109] Cfr. Lettre de la CEM, *La lutte contre la corruption et la promotion de la justice sociale*, 43.

[1110] Cfr. Conseil pontifical Justice et Paix, *Lutte contre la corruption*, Rome juin 2006, n°5.

[1111] Cfr. Conseil Pontifical «Justice et Paix», *Compendium de la doctrine sociale de l'Église*, n° 447.

[1112] Cfr. Discours du nouveau premier ministre lors de la passation de service au palais de Mahazoarivo Antananarivo le 13 avril 2016, devant tous les membres du gouvernement et les corps diplomatique qui travaillent à Madagascar.

seulement à l'Église mais aussi à tous les citoyens sans exception, une responsabilité à la fois urgente et incontournable. Le synode spécial pour l'Afrique nous indique déjà le chemin à parcourir à ce propos lorsqu'il affirme:

> *«Le plus grand défi pour réaliser la justice et la paix en Afrique consiste à bien gérer les affaires publiques dans les deux domaines connexes de la politique et de l'économie. [...]. Beaucoup de problèmes du continent sont la conséquence d'une manière de gouverner souvent entachée de corruption. Il faut un vigoureux réveil des consciences, avec une ferme détermination de la volonté, pour mettre en œuvre des solutions qu'il n'est désormais plus possible de remettre à plus tard[1113]».*

De même l'Église catholique à Madagascar, en tant que participante active au synode spécial pour l'Afrique, doit en être consciente et lutter contre la corruption et l'injustice sociale. Pour ce faire, elle doit s'inscrire dans la nouvelle évangélisation à savoir l'appel à la conversion, à être témoins de la foi et de l'Évangile et à la prise de responsabilité.

6.3.2.1 Appel à la conversion

L'appel à la conversion, dans un monde en grande mutation, fait partie de la nouvelle évangélisation. À ce propos, la perspective de F. Manns, frère franciscain exégète est claire. Sans conversion affirme-t-il, il n'y a pas de vie chrétienne ni d'évangélisation[1114]. L'Église catholique à Madagascar, par le biais de la Conférence épiscopale, fait appel à la conversion de tous pour éradiquer la corruption et l'injustice causées par l'égoïsme[1115], car elle est consciente du fait qu'il est quasiment impossible d'arracher avec sa racine ce fléau sans avoir la volonté de se convertir. Mais il ne faut pas se contenter de faire un appel uniquement à la conversion à travers le rappel des Écritures, mais il faut dénoncer également sans équivoque la corruption et propose son

---

[1113] JEAN PAUL II, Exh. Apost. *Ecclesia in Africa*, n° 110.
[1114] Cfr. F. MANNS, *Qu'est-ce que la nouvelle évangélisation?*, 53.
[1115] Cfr. Lettre de la CEM, *La lutte contre la corruption et la promotion de la justice sociale*, 47. À propos de l'argent le Pape François affirme que : « *L'argent doit servir et non gouverner* ». (Evangelii Gaudium, n° 58).

antidote. Nous pouvons prendre et enseigner ce que dit le catéchisme de l'Église, par exemple, les différents aspects de la corruption:

> *«Toute manière de prendre et de tenir injustement le bien d'autrui est contraire au septième commandement. Ainsi, retenir délibérément des biens prêtés ou des objets perdus; frauder dans le commerce; payer d'injustes salaires; hausser les prix en spéculant sur l'ignorance ou la détresse d'autrui. Sont encore moralement illicites: la spéculation par laquelle on agit pour faire varier artificiellement l'estimation des biens, en vue d'en tirer un avantage au détriment d'autrui; la corruption par laquelle on détourne le jugement de ceux qui doivent prendre des décisions selon le droit; l'appropriation et l'usage privé des biens sociaux d'une entreprise; les travaux mal faits, la fraude fiscale, la contrefaçon des chèques et des factures, les dépenses excessives, le gaspillage[1116]».*

De même l'Église peut prendre également le message du Saint Jean Paul II au début du troisième millénaire, au sujet des principales vertus à pratiquer en vue de restaurer la justice: *«Le jubilé était justement le temps où la communauté s'engageait à rétablir la justice et la solidarité dans les rapports entre les personnes, allant jusqu'à restituer les biens matériels qui leur avaient été soustraits[1117]».* Il faut promouvoir une spiritualité de communion, dit encore le Pape, et cela s'exprime par la capacité d'être attentif, dans l'unité profonde du corps mystique, à son frère dans la foi, le considérer comme l'un des nôtres, pour savoir partager ses joies et ses souffrances, pour deviner ses désirs, pour lui offrir une amitié vraie et profonde[1118]. Savoir donner une place à son frère, en portant les fardeaux les uns les autres, et en repoussant les tentations égoïstes qui nous tendent continuellement des pièges et qui provoquent compétition, carriérisme, défiances, jalousies. Nous devrons donc être disposés à lutter contre les attitudes et les tentations qui nous laisseraient *«insensibles à l'appel que le Christ nous lance à partir de ce monde de*

[1116]CEC, n° 2409.
[1117] JEAN PAUL II, *Novo millennio ineunte*, n° 14.
[1118] Cfr. Ibidem, n° 43.

pauvreté[1119]». Et il ne faut pas oublier que tout cela va de paire avec la réconciliation comme l'indique le deuxième synode pour l'Afrique[1120].

6.3.2.2 Appel à être témoin de la foi et de l'Évangile

L'éradication de la corruption, une offense grave d'ordre culturel et moral, dit la Conférence épiscopale de Madagascar, est d'une urgence primordiale. En effet, c'est la raison même de vivre qui est dénaturée et qu'il faut rectifier. C'est l'identité de l'homme qui est pervertie et doit être rétablie. La vie sociale et familiale ne retrouvera pas sa propre norme, si on n'établit pas sur des valeurs spirituelles constitutives de la personne humaine[1121]. Pour cela, il faut que tous s'arment de courage et d'audace en vu d'un redressement effectif de la situation déplorable.

Personne ne peut s'esquiver de cette grande tâche, tous les citoyens sont convoqués à l'assumer dans son propre milieu de vie. En effet, pour que le travail de redressement moral, c'est-à-dire l'éradication de la corruption et de l'injustice, soit efficace, il ne faut pas chercher d'autres lieux que son propre milieu social, ses propres activités professionnelles ordinaires. À commencer dans chaque famille car la famille est bien le lieu propice pour l'apprentissage et la pratique de la culture de la justice[1122]. C'est dans la famille que naissent les citoyens et dans la famille qu'ils font le premier apprentissage des vertus sociales, qui sont pour la société l'âme de sa vie et de son développement[1123]. C'est dire que chacun doit être disposé à assumer sa responsabilité selon sa conscience, et n'exiger de recevoir ni compensation ni pourboire en dehors de son propre salaire; c'est à chacun d'être prêt à ne pas tirer profit des temps de crise, à respecter les biens de la nation et de l'environnement, à toujours dire la vérité en bannissant tout mensonge.

[1119] Ibidem, n° 50.

[1120] Synode des Évêques, IIe assemblée spéciale pour l'Afrique *L'Église en Afrique au service de la réconciliation, de la justice et la paix*, Vatican 2006.

[1121] Cfr. Lettre de la CEM, *Le respect de la dignité de la personne humaine*, 53.

[1122] Cfr. BENOÎT XVI, Exh. Apost. *Africae Munus*, n° 43.

[1123] Cfr. JEAN PAUL II, Exh. Apost. *Ecclesia in Africa*, n° 85.

Il n'est plus question de critiquer ou de rejeter la responsabilité sur autrui, mais d'apporter sa contribution en vue de changer la mentalité. C'est chacun, individuellement, dans les différentes couches de la vie sociale et dans les diverses activités professionnelles, qui doit se mettre à l'œuvre dès maintenant; c'est-à-dire, vaincre l'égoïsme et pratiquer les vertus, en particulier celles d'ordre social: la vérité et la justice, la solidarité, le dévouement sans exclusion, le respect des ressources et du bien commun[1124].

Témoigner de la foi, c'est vivre la foi. Pour cette raison, les évêques de Madagascar appellent tous les chrétiens à être témoins de la foi et à être la lumière du monde dans leur engagement social. C'est le devoir des croyants de témoigner de la foi, de l'amour et de l'espérance infusés dans leurs cœurs. Pour lutter contre la corruption et l'injustice le témoignage de vie de foi est parmi les moyens efficaces. C'est dans cette perspective que le synode pour l'Afrique demande de former des laïcs pour les rendre capables d'assumer toutes les responsabilités civiques et de réfléchir sur les affaires d'ordre sociopolitique à la lumière de l'Évangile et de la foi en Dieu[1125].

6.3.2.3 Appel à la prise de responsabilité

Combattre contre la corruption et l'injustice, source de la pauvreté, ne peut pas être l'affaire d'une seule institution étatique ou non, ou d'une association et d'un organisme, mais c'est l'affaire de tous, tous sont concernés. Au niveau de l'Église, le plan d'action d'éduquer les chrétiens à ne pas séparer la foi et la vie quotidienne, la vie matérielle et spirituelle est nécessaire[1126]. En plus, les différents mouvements spécialisés[1127], les commissions épiscopales comme la commission épiscopale pour l'apostolat des laïcs (CEPAL), la direction nationale de l'enseignement catholique (DINEC) et Justice et Paix (JEP) assumeront cette responsabilité d'éducation et d'animation. C'est-à-dire que tous ceux qui ont la charge d'éduquer la foi doivent mettre l'accent sur la formation des baptisés à leur responsabilité de

---

[1124] Cfr. Lettre de la CEM, *La lutte contre la corruption et la promotion de la justice sociale*, 54-55.
[1125] Cfr. JEAN PAUL II, Exhortation apostolique *Ecclesia in Africa*, n° 54.
[1126] Cfr. *Deuxième synode de la CEM*, Antananarivo 2009, n° 30.
[1127] Cfr. Ibidem, n° 31.

défendre le droit et la justice, de respecter les droits de l'homme, d'agir selon l'équité, de dénoncer toute fraude et de condamner tout arbitraire.

La collaboration entre l'Église et l'État dans cette lutte contre la corruption et l'injustice et pour la promotion de la justice s'avère indispensable, dans le respect mutuel du domaine du chacun. Il s'agit de collaborer comme des partenaires ayant chacun ses droits et ses devoirs vis-à-vis de la nation commune comme elle l'a toujours fait, l'Église ne renoncera pas à son rôle prophétique, face à toutes situations qui assombrissent l'image de Dieu déposé en l'homme[1128]. Voilà pourquoi l'Église rappelle à l'État et au gouvernement de prendre leur responsabilité et leur devoir de s'engager à la lutte contre la corruption et l'injustice pour la promotion de la justice en faveur du bien de tous.

6.3.3 Lutter contre l'analphabétisme

La lutte contre la pauvreté comporte également l'éradication de l'ignorance par l'alphabétisation des populations[1129]. Le Pape Benoît XVI encourage et exhorte en affirmant que l'analphabétisme représente l'un des freins majeurs au développement. C'est un fléau égal à celui des pandémies. Certes, il ne tue pas directement, mais il contribue activement à la marginalisation de la personne, qui est une forme de mort sociale, et rend impossible au chrétien d'accéder à la connaissance[1130]. «*Alphabétiser l'individu, c'est en faire un membre à part entière de la res publica, à la construction de laquelle il pourra contribuer[1131]*», et c'est permettre au chrétien d'accéder au trésor inestimable des Saintes Écritures qui alimentent sa vie de foi[1132].

À Madagascar comme dans bien des pays africains, beaucoup d'enfants ne sont pas scolarisés ou sont déscolarisés. D'où, un nombre important d'enfants

---

[1128] Cfr. Ibidem, n° 31, § 2.
[1129] Cfr. BENOÎT XVI, Exh. Apost. *Africae Munus*, n° 74.
[1130] Cfr. Ibidem, n° 76.
[1131] BENOIT XVI, L. Enc. *Caritas in veritate*, n° 21.
[1132] Cfr. Idem, *Africae Munus*, n° 76.

de 10 à 15 ans sont analphabètes, c'est-à-dire incapables de lire et d'écrire[1133]. Le recensement fait en 1993 avait établit que 54% des malgaches étaient analphabètes. Là encore, de fortes distorsions régionales sont à signaler: dans la province de Toliara, 8 sur 10 ne savent ni écrire ni lire, contre 3 jeunes sur 10 dans celle d'Antananarivo[1134]. L'analphabétisme ralentit le développement non seulement de l'individu, mais aussi de la société toute entière. D'après le ministre de l'éducation nationale, les dernières statistiques révèlent que 46% des Malgaches se trouvent encore dans la sphère de l'analphabétisme et dont les milieux ruraux sont les plus touchés. Parmi ces analphabètes, 28% sont des jeunes, a-t-il poursuivi[1135].

Une baisse du taux d'analphabétisme est aujourd'hui enregistrée à Madagascar bien que les résultats obtenus jusqu'à maintenant soient encore loin de ceux escomptés dans le cadre de l'atteinte des Objectifs du Millénaire pour le Développement (OMD), fixés en 2005. Afin de relever les défis sur l'Alphabétisation, un projet décennal conjoint, visant une réduction de moitié du nombre d'analphabètes, a été lancé en 2005. Il vise à baisser jusqu'à 27,5% le nombre d'analphabètes à l'échelle nationale à l'horizon de 2015[1136]. 46% des Malgaches ne savent ni lire ni écrire; la faute incombe à la pauvreté des ménages, l'éloignement de l'école et les us et coutumes. La partie sud de l'île est la plus touchée. C'est la crise de 2009, causée par une prise de pouvoir anticonstitutionnelle, qui a accéléré la hausse du taux d'analphabétisme de la Grande île. Le secteur de l'éducation, notamment de l'éducation de base, étant celui qui mobilise le gros du budget de l'État malgache, la mise à la marge du régime Rajoelina par la communauté internationale a conduit au recul des efforts vis-à-vis de la scolarisation. L'actuel chef de l'État malgache semble prendre au sérieux le problème.

[1133] Ces donnés statistiques proviennent du tableau établissant la situation de l'information en Afrique. Voir dans «Vivant Univers», n° 390, 7.

[1134] Cfr. S. URFER, *Le doux et l'amer. Madagascar au tournant du millénaire*, Antananarivo 2003, 19.

[1135] Cfr. *www.orange.mg/actualité/46% des Malgaches sont analphabètes*, le 15 septembre 2014, mis à jour le 11 mars 2016. Cons. 10/04/2016.

[1136] Cfr. *www.fondationorange.com/ lutte* contre l'analphabétisme.

L'analphabétisme prive le peuple de la possibilité d'accéder aux informations, aux différents programmes de développement, à la mobilisation sociale et communautaire, à l'introduction d'innovations techniques et technologiques[1137]. Pour lutter contre cette situation angoissante, déjà le concile Vatican II, dans *Gaudium et Spes*, propose: «Il faut donc procurer à chacun une qualité suffisante, surtout de ceux qui constituent la culture dite de base, pour qu'un très grand nombre ne soit pas empêché, par l'analphabétisme et le manque d'initiatives, de coopérer de manière vraiment humaine au bien commun[1138]». Puisque dans le monde actuel, il est quasiment impossible de parler et de réaliser un projet de développement pour éradiquer la pauvreté au sein d'une société donnée sans l'apport des sciences et des techniques, donc toutes les institutions y compris l'Église doivent procurer des efforts pour lutter contre l'esclavage de l'analphabétisme. Jean Paul II, cité par Véronique Gay-Crosier-Lemaire, le confirme: si les pays en voie de développement veulent relancer leurs économies, «...*ils doivent s'atteler à favoriser l'alphabétisme et l'éducation de base*[1139]» de leurs citoyens.

La lutte contre l'analphabétisme est une affaire nationale à Madagascar donc tous sont appelés à répondre généreusement à ce grand défi. Les chrétiens, en particulier, seront donc appelés à s'investir dans ce terrain, tant au niveau de la paroisse qu'au niveau du diocèse. La multiplication des mouvements et des commissions contre l'analphabétisme est indispensable. «La lutte contre l'analphabétisme est un des piliers du développement, il en est de même de la protection de la femme. De ce fait, il est nécessaire de persévérer dans ces domaines afin d'aider les gens, notamment les ruraux,

---

[1137] Cfr. F. RANDRENALIJAONA, *Alphabétisation et emploi*, conférence organisée par l'organisation Internationale de la francophonie à Antananarivo, août 2009.

[1138] Vatican II, Cons. Past. *Gaudium et Spes*, n° 60 § 1.

[1139] V. GAY-CROSIER-LEMAIRE, *Plongés dans l'enseignement social de l'Église. Étude approfondie des principaux textes du Magistère de l'Église catholique en matière sociale, économique et politique*, Paris 2014, 224.

pour qu'ils puissent innover dans leur métier[1140]». La mission pastorale de l'Église ne doit pas s'arrêter là si elle veut vraiment combattre la pauvreté.

6.3.4 Conscientisation des responsables politiques

La crise politique interminable depuis la reconquête de l'indépendance a laissé beaucoup de blessures dans l'ensemble de la vie de l'homme dans la société malgache. Ainsi, l'Église à Madagascar doit accompagner moralement et spirituellement les politiciens malgaches si elle voudrait avoir une conséquence tangible à la lutte contre la pauvreté. Il nous est demandé, dit le Pape François, de réhabiliter la politique car la vocation politique est une vocation sacrée[1141], elle consiste à favoriser le développement du bien commun. Dans ce sens, le Pape confirme que l'évangélisation ne peut jamais être séparée de la promotion de la vie quotidienne de l'homme[1142]. Annoncer l'Évangile et promouvoir la dignité humaine vont de pair. La tâche fondamentale des hommes politiques est de servir le droit et de combattre la domination de toutes les formes d'injustice au sein de la société humaine[1143]. Combattre l'injustice, c'est lutter pour le bien commun. C'est une exigence de la justice et de la charité que de vouloir le bien commun. Aimer quelqu'un, c'est vouloir son bien et mettre tout en œuvre pour cela[1144]. S'engager dans la vie politique, c'est essayer de vivre la charité en travaillant pour le bien commun. Faire de la politique signifie donc vivre la charité. Pour concrétiser un tel idéal, l'Église en Afrique doit contribuer à édifier la société en collaboration avec les autorités gouvernementales et les institutions publiques et privées engagées dans l'édification du bien commun[1145]. C'est dans ce sens

---

[1140] Message du synode de l'archidiocèse d'Antananarivo, synthèse de l'archevêque Mgr. O. Razanakolona, *À propos du développement: lutter contre la pauvreté et l'exploitation*, in Foi & Justice, *Église et société à Madagascar*, vol 7, 111.

[1141] Cfr. Pape FRANÇOIS, *Se mettre au service des autres, voilà le vrai pouvoir. Sortez dans la rue et semez l'espérance*, Paris 2014, 267.

[1142] Cfr. Idem, Exh. Apost. *Evangelii gaudium*, n° 178.

[1143] Cfr. J.-L. MOENS, *Charité, justice et paix. Un défi pour l'évangélisation*, Paris 2012, 305.

[1144] Cfr. BENOÎT XVI, L. Enc. *Caritas in veritate*, n° 7.

[1145] Cfr. Idem, Exh. Apost. *Africae munus*, n° 81.

que le bien commun devient la voie institutionnelle de la charité[1146]. Or qu'en est-il à Madagascar?

Depuis l'indépendance jusqu'à nos jours, la quasi-totalité des dirigeants politiques qui ont exercé le pouvoir ont été des catholiques. Ils ont reçu une éducation dans les écoles catholiques. Pourquoi donc leur est-il difficile de témoigner l'Évangile dès qu'ils arrivent au pouvoir? L'exercice du pouvoir par ces politiciens catholiques n'a pas toujours été conforme à l'éthique chrétienne. En effet, l'éthique sociale chrétienne met en priorité la réalisation du bien commun comme première tâche des hommes politiques; or ce n'était pas le cas dans les gouvernements de la Grande Île, comme nous avons mentionné plus haut. Les intérêts individuels ont pris le pas sur le service de tous. Comment résoudre ce problème?

Il est vrai qu'un constat de décalage entre l'action des dirigeants et la doctrine sociale de l'Église ne peut pas être nié. Comment l'Église peut-elle remédier à cet état de fait? La réponse consiste à persévérer dans une éducation claire à toutes les étapes de formation pour inculquer les exigences d'un authentique bien commun. L'éducation donnée par les instances ecclésiales doit fournir une formation intellectuelle sans omettre la formation humaine intégrale, en insistant particulièrement sur la vie spirituelle. Le vrai patriotisme ne doit-il pas s'exprimer dans un élan commun à vivre la solidarité et la concorde dans l'amour réciproque? Alors la conversion et le changement de la mentalité sont aussi indispensables[1147].

L'Église doit réfléchir aux propositions de lieux de formation et d'accompagnement afin d'encadrer ceux qui se veulent au service de la nation pour leur apporter l'éclairage évangélique. Le Pape François exhorte le fait que l'accompagnement spirituel fasse partie de la mission évangélique de l'Église catholique[1148]. Les hommes politiques, les groupes des politiciens, les cadres directeurs ont besoin d'un accompagnement spirituel, d'un soutien moral et aussi d'un encouragement dans leurs engagements politiques en vue

---

[1146] Cfr. BENOÎT XVI, L. Enc. *Caritas in veritate*, n° 7.
[1147] Cfr. Message de la CEM, *La vie de la nation*, in Foi & Justice, Vol. 7, *Église et société à Madagascar*, 23.
[1148] Cfr. Pape FRANÇOIS, Exh. Apost. *Evangelii gaudium*, n° 173.

du bien commun. Cette forme d'accompagnement peut se faire à travers des espaces de rencontres, de prise de parole, ou même de recollections ou retraites spirituelles dirigées par les évêques, les prêtres ou des fidèles catholiques compétents en matière de la doctrine sociale de l'Église. Sans omettre les bonnes habitudes de la Conférence épiscopale d'envoyer des messages aux responsables politiques. L'objectif de cet accompagnement est d'avoir des hommes politiques capables de conformer leur agir à la morale chrétienne et de mettre en place une autorité qui vise le bien commun de tous. En agissant comme cela, l'Église apporte sa contribution à la lutte contre la pauvreté.

6.4 Vers une nouvelle orientation pour le bien de la famille

La famille a des liens organiques et vitaux avec la société[1149] parce qu'elle en constitue le fondement et qu'elle sustente sans cesse en réalisant son service de la vie: «*c'est au sein de la famille, en effet, que naissent les citoyens et dans la famille qu'ils font le premier apprentissage des vertus sociales, qui sont pour la société l'âme de sa vie et de son développement[1150]*». En plus, la famille, selon Vatican II est une véritable Église domestique[1151]; et selon *Familiaris consortio* de Jean Paul II, elle est une communauté qui croit et qui évangélise, une communauté en dialogue avec Dieu et une communauté prête à servir l'homme avec générosité[1152]. En effet, la famille est vraiment la cellule vitale de l'Église et de la société, et sans les églises domestiques, l'Église est étrangère à la réalité concrète de la vie[1153]. Alors quelle orientation pouvons-nous faire pour le bien de la famille car personne ne peut se passer d'elle?

[1149] JEAN PAUL II, Exh. Apost. *Familiaris consortio*, n° 42.
[1150] Idem, Exh. Apost. *Ecclesia in Africa*, n° 85.
[1151] Cfr. Conc. Oecum. Vatican II, Cons. Dogm. *Lumen Gentium*, n° 11.
[1152] Cfr. JEAN PAUL II, Exh. Apost. *Familiaris consortio*, n° 52.55.62.
[1153] Cfr. Cardinal WALTER KASPER, *L'Évangile de la famille*, 52.

6.4.1 Sur le plan socio-économique

Le peuple malgache ne cesse de s'appauvrir malgré les richesses naturelles et les ressources humaines potentielles qu'il possède[1154]. Le poids de la pauvreté de tous les jours est lourd pour le peuple urbain et rural. Face à cette réalité, l'Église catholique à Madagascar ne peut que s'engager résolument pour le développement socio-économique de la nation toute entière. C'est l'une des facettes vers une orientation pour le bien de la famille.

L'Église ne peut jamais se désintéresser du sort des peuples de la planète, et en particulier de ceux qui sont restés à l'écart du développement, facteur de paix et de réconciliation entre les peuples[1155]. Le Pape Benoît XVI dans *Caritas in veritate* explique que le développement dont on parle est le déploiement de l'homme qui n'est jamais un être statique, mais un être toujours en mouvement, en marche, en cours de sa réalisation. Cela concerne sa vie économique tout autant que son existence culturelle et religieuse[1156]. Ainsi, il ajoute que seule la charité, éclairée par la lumière de la raison et de la foi, permettra d'atteindre des objectifs de développement porteurs d'une valeur plus humaine et plus humanisante[1157]. Le développement, le bien-être social, ainsi qu'une solution adaptée aux graves problèmes socio-économiques qui affligent l'humanité, ont besoin de cette vérité[1158]. Le thème du développement coïncide avec celui de l'inclusion relationnelle de toutes les personnes et de tous les peuples dans l'unique communauté de la famille humaine qui se construit dans la solidarité sur la base des valeurs fondamentales de la justice et de la paix[1159]. Puisque l'avenir de l'humanité passe par la famille[1160], le développement des peuples dépend surtout de la reconnaissance du fait que nous formons une seule famille qui collabore dans une communion véritable et qui est constituée de sujets ne vivant pas

---

[1154] Cfr. RAJERIARISON et S. URFER, *Madagascar*, 50.

[1155] Cfr. J.-Y. NAUDET, *La doctrine sociale de l'Église*. Une éthique économique pour notre temps, Aix-en Provence 2011, 113.

[1156] Cfr. BENOÎT XVI, L. Enc. *Caritas in veritate*, n° 68.

[1157] Cfr. Ibidem, n° 9 § 1.

[1158] Cfr. Ibidem, n° 5 § 2.

[1159] Cfr. Ibidem, n° 54.

[1160] Cfr. JEAN PAUL II, Exh. Apost. *Familiaris consortio*, n° 86.

simplement les uns à côté des autres[1161]. L'Église dispose-t-elle d'un modèle de développement?

À cette question l'Église affirme qu'elle n'a pas de solutions techniques à offrir[1162] et ne prétend aucunement s'immiscer dans la politique des États[1163]. Mais dans le dessein de Dieu, chaque homme est appelé à se développer car toute vie est vocation[1164]. C'est précisément ce qui autorise l'Église à intervenir dans les problématiques du développement. Les pauvres ne sont pas à considérer comme un « fardeau »[1165], mais au contraire, comme une ressource, même du point de vue strictement économique. En effet l'Église en tant qu'institution sociale indépendante, est aussi «expert en humanité», elle se soucie «d'étendre la mission religieuse aux divers domaines où les hommes et les femmes déploient leurs activités à la recherche du bonheur relatif, ce qui est possible en ce monde conformément à leur dignité de personnes[1166]». De là vient l'idée que l'Église ne peut se dérober à son devoir d'engagement car elle est inséparable de la nouvelle évangélisation[1167].

À Madagascar l'Église doit s'engager à promouvoir une pastorale sociale en accord avec la doctrine sociale de l'Église pour le bien de la famille. Et quand on parle de la pastorale sociale ou développement, on ne peut pas la séparer de la dimension intégrale de la vie parce que la vie culturelle, économique, sociale et politique de la communauté civile en fait partie et l'Église catholique à Madagascar ne peut s'y soustraire; surtout à la vie politique car d'après ce que nous avons parlé, le problème politique a une grande place parmi les causes de la pauvreté. Il s'agit clairement du respect des droits fondamentaux de la personne humaine tels que les droits humains,

---

[1161] Cfr. Idem, L. Enc. *Evangelium vitae*, n° 85 in BENOÎT XVI, L. Enc. *Caritas in veritate*, n° 53.

[1162] Cfr. Conc. Oecum.Vatican II, Cons. Past. *Gaudium et Spes* n° 36. JEAN PAUL II, L. Enc. *Centesimus annus*, n° 43. Idem, L. Enc. *Sollicitudo rei socialis*, n° 41.

[1163] Cfr. PAUL VI, L. Enc. *Populorum progressio*, Rome 1967, n° 13 in BENOÎT XVI, *Caritas in veritate*, n° 16.

[1164] Cfr. BENOIT XVI, L. Enc. *Caritas in veritate*, n° 16.

[1165] Cfr. JEAN PAUL II, L. Enc. *Centesimus annus*, n° 28.

[1166] Idem, L. Enc. *Sollicitudo rei socialis*, n° 41.

[1167] Cfr. Ibidem, n° 42.

la prise en compte de la dimension culturelle, le développement des initiatives et la participation des populations au profit du développement économique[1168].

Il est donc de la responsabilité de l'Église catholique à Madagascar de sensibiliser les dirigeants politiques, tous les acteurs politiques et tous les membres du corps social à ce qu'ils mettent en œuvre le principe démocratique. Puisqu'il n'y a pas de participation de tous sans la démocratie et de même, il n'y aura pas de vrai développement si le peuple ne bouge pas[1169]. L'Église va donc continuer son travail d'éducation pour que les personnes puissent s'exprimer, avec respect et en vérité, comme dans tous les pays démocratiques; elle trouvera le moyen de faire parler ceux qui sont réduits au silence, de libérer ceux qui n'osent plus participer à aucun échange d'idées, même s'ils ont le désir sincère de travailler dans le domaine du développement, à cause de l'inquiétude et la crainte d'être renvoyés de leurs travaux ou de perdre leurs emplois. C'est ainsi qu'elle participe à l'éducation du vrai citoyen conscient de ses droits et de ses devoirs[1170].

Or, le développement ne se focalise pas seulement sur la croissance économique[1171]. Il est indéniable que la croissance économique tient une place importante, mais pour l'Église, parler du développement concerne tout l'homme et de tous les hommes[1172]. Cela implique que chacun dispose de ce dont il a besoin dans la vie quotidienne (nourriture, vêtements, maison, santé,…). S'y ajoute une dimension plus profonde, à savoir le développement qui embrasse tous les aspects de la vie et fait s'ouvrir à Dieu, Origine et Fin de toutes choses[1173].

La réalisation de ce développement intégral implique les valeurs morales à y associer. La solidarité qui existe encore à Madagascar en fait partie; elle

---

[1168] Cfr. M. RAMAHOLIMIHASO, *Qui montre le droit chemin communique la vie*, Antananarivo 1995, 119.

[1169] Cfr. Lettre du conseil permanent de la C.E.M, *Message à l'Église et à la nation*, in Foi & Justice, *Église et société à Madagascar* vol.7, 31.

[1170] Cfr. Lettre du conseil permanent de la C.E.M, *Message de carême aux chrétiens et aux hommes de bonne volonté: «Liberté et démocratie»*, in FOI & JUSTICE, *Église et société à Madagascar* vol.7, 93.

[1171] Cfr. PAUL VI, L. Enc. *Populorum progressio*, n° 14.

[1172] Cfr. Ibidem.

[1173] Cfr. Ibidem, n° 42.

pousse la société à bâtir une économie axée sur l'entraide et l'échange[1174]. L'Église doit insister sur la prise en main du développement par le peuple. Les aides accordées aux pays en voie de développement, comme le nôtre, affirme le Pape Jean XXIII, doivent pousser ces derniers à travailler pour le développement de leur pays sur le plan économique et social[1175]. Vu l'effort de l'État pour faire venir des grandes entreprises en vue de la création d'emplois pour la subsistance des familles et pour le développement de l'économie, nombreux bailleurs viennent de l'extérieur. Mais d'une part, l'installation de ces entreprises étrangères exige des contrats clairs et précis pour qu'elles n'exploitent pas les richesses nationales. En effet elles ne sont pas venues pour des œuvres de charité, mais pour leurs propres intérêts. D'autre part, l'objectif n'en est pas seulement de gagner de l'argent, mais le développement de tout l'homme et de tous les hommes. Donc, l'Église doit intervenir et aider fortement les responsables politiques à prendre des mesures précises pour sauvegarder les intérêts des ouvriers et l'amélioration de leurs conditions de vie dans ces énormes entreprises[1176]. Il faut considérer qu' un travail est l'expression de la dignité essentielle de tout homme et de toute femme: un travail choisi librement, qui associe efficacement les travailleurs, hommes et femmes, au développement de leur communauté; un travail qui, de cette manière, permette aux travailleurs d'être respectés sans aucune discrimination; un travail qui donne les moyens de pourvoir aux nécessités de la famille et de scolariser les enfants, sans que ces derniers ne soient eux-mêmes obligés de travailler; un travail qui permette aux travailleurs de s'organiser librement et de faire entendre leur voix; un travail qui laisse un temps suffisant pour retrouver ses propres racines au niveau personnel, familial et spirituel; un travail qui assure aux travailleurs parvenus à l'âge de la retraite des conditions de vie dignes[1177].

[1174] Cfr. JEAN PAUL II, L. Enc. *Sollicitudo rei socialis*, nn° 33. 38-40.

[1175] Cfr. Jean XXIII, L. Enc. *Mater et magistra*, Rome 1961, n° 173 et Idem, *Pacem in terris*, Rome 1963, n° 123.

[1176] Cfr. Lettre de la CEM, *Je vous donnerai des pasteurs selon mon cœur*: « L'économie», 9 novembre 2007, in Foi & Justice, *Église et société à Madagascar* vol.7, 73.

[1177] Cfr. BENOÎT XVI, L. Enc. *Caritas in veritate*, n° 63.

Pour réaliser ces objectifs, l'Église catholique à Madagascar doit déployer tous les moyens qu'elle possède. Par exemple, faire bouger les associations, les commissions et les divers mouvements ecclésiaux paroissiaux et diocésains, est un outil efficace pour l'Église dans l'objectif d'animer et de sensibiliser tous les citoyens sans exception, à participer activement au développement du pays. Ces réflexions constituent une orientation pour le bien de la famille. C'est une vision axée sur l'homme et sur le respect profond de sa dignité. Mais l'aspect culturel a aussi son rôle pour le bien de la famille, alors continuons sur ce propos.

6.4.2 Sur le plan socioculturel

La prise en considération de la culture dans un pays joue un rôle très important pour l'épanouissement de la personne humaine et pour le développement de la société toute entière. Sur ce point, la conception de Jean Paul II est claire: «*Toute l'activité humaine se situe à l'intérieur d'une culture et réagit par rapport à celle-ci. La manière dont l'homme se consacre à la construction de son avenir dépend de la conception qu'il a de lui-même et de son destin*[1178]». L'avenir de chaque individu dépend de la culture qui détermine le contexte autour duquel se développe la recherche de la vérité. L'individu ne peut se développer que par la société qui le façonne et surtout en particulier dans la culture qu'il se développe. C'est pourquoi, il est nécessaire que l'évangélisation s'insère dans la culture de chaque nation, en respectant les caractéristiques de sa quête de vérité[1179]. Quant à la culture malgache, quelle orientation doit entreprendre pour le bien de la famille?

Baigner dans la culture malgache, c'est respecter le principe fondamental du *fihavanana*. C'est le rejet de toute singularité, car ce terme met en valeur la communion et l'unité. En un mot, le *fihavanana* est une valeur culturelle qui consolide et tisse la cohésion qu'elle soit familiale ou sociale. Cette valeur culturelle donne la priorité à la solidarité dans les diverses composantes des

---

[1178] JEAN PAUL II, L. Enc. *Centesimus annus*, n° 51 § 1.
[1179] Cfr. Ibidem, n° 50 § 2.

relations sociales et parentales[1180]. Les relations établies entre les malgaches paraissent de la même nature que celles qu'ils établissent avec les membres de leurs familles. Les relations familiales sont essentiellement caractérisées par la tolérance et la solidarité[1181]. Au niveau social, le respect du *fihavanana* génère des mécanismes et des décisions qui peuvent aider à gérer les conflits et les crises et qui permettent de vivre ensemble en harmonie. Le Malgache comme les Africains n'est pas un homme solitaire mais solidaire. Cette solidarité exige que chacun prête attention à la vie des autres membres de la famille. L'esprit communautaire est la règle de la vie familiale[1182]. Cette conception du *fihavanana* est le fruit d'un vécu où les communautés étaient restreintes et les ressources disponibles étaient suffisantes pour une répartition égalitaire, ou du moins une répartition non problématique[1183]. Mais le *fihavanana*, cette sublime valeur de la culture malgache, est bien malade. C'est l'amour de l'argent et la recherche démesuré de la gloire qui en sont l'origine[1184]. L'égoïsme et l'individualisme règnent et fragilisent la vie familiale. Cela exige une solution urgente et claire non seulement au niveau politique mais dans la recherche d'une vraie communion et d'une vraie solidarité dans le respect des Droits de l'Homme, dans la vérité et dans la charité que le Christ nous enseigne. Mais qu'est-ce que l'Église catholique peut apporter?

L'Église a le devoir de remettre en valeur la culture malgache du *fihavanana*. Celui-ci joue un rôle très important et même irremplaçable au sein de la société malgache lorsqu'on parle de la solidarité et de la cohésion comme garants de la réalisation du bien commun. La mise en valeur de la famille est à restaurer car le *fihavanana* malgache implique le respect de l'*Aina* ou la vie[1185]. Pour dépasser la mentalité individualiste et égoïste répandue aujourd'hui, il faut un engagement concret de solidarité et de charité

[1180] Cfr. RAJERIARISON et S. URFER, *Madagascar*, 83.

[1181] La tolérance implique le pardon face aux erreurs commises par les autres, et la solidarité induit la notion de réciprocité, aussi bien dans les événements heureux que malheureux.

[1182] Cfr. A.-V. MUKENA Katay, *Dialogue avec la religion traditionnelle africaine*, 111.

[1183] Cfr. RAJERIARISON ET S. URFER, *Madagascar*, 85.

[1184] Cfr. Lettre de la CEM, *La vérité vous rendra libre*. «Le fihavanana» in Foi & Justice, *Église et société à Madagascar* vol.7, 203.

[1185] Cfr. RAJERIARISON et S. URFER, *Madagascar*, 83.

qui commence à l'intérieur de la famille par le soutien mutuel des époux, puis s'exerce par la prise en charge des générations les unes par les autres pour que la famille soit une communauté édifiée sur le *fihavanana* et raffermie par la foi[1186]. Il est urgent de promouvoir non seulement des politiques de la famille, mais aussi des politiques sociales qui aient comme principal objectif la famille elle-même, en l'aidant, par l'affectation de ressources convenables et de moyens efficaces de soutien, tant dans l'éducation des enfants que dans la prise en charge des anciens, afin d'éviter à ces derniers l'éloignement de leur noyau familial et de renforcer les liens entre les générations[1187].

La première valeur de la famille africaine et malgache est bien le respect de la vie: «*La société traditionnelle africaine et malgache est caractérisée par l'amour, la défense et la croissance de la vie à tous les niveaux. D'où les interdits de toutes sortes qui visent la protection et le renforcement de la vie[1188]*». La société malgache moderne manifeste ce même amour de la vie dans le combat pour la dignité de la personne humaine et le respect de la femme, pour la promotion, pour l'éducation[1189]. L'Église famille de Dieu, à l'instar de la famille malgache, et à l'écoute de l'enseignement du Christ qui est venu pour donner la vie en abondance, sera attentive à l'amour, à la protection et à la croissance de la vie. Elle éduquera ses membres à la paternité et à la maternité responsables dont la découverte se fait en famille. L'enfant par son éducation, sera l'héritier non seulement des biens matériels, mais aussi du patrimoine spirituel et culturel ancestrale. Être mère et être père c'est éduquer, élever, assurer l'intégration sociale, soigner et aimer[1190]. C'est dans la famille également qu'on essaie de vivre l'expérience de la filiation. Le fils a le devoir qu'il doit remplir, comme l'obéissance à ses parents.

[1186] Cfr. Lettre du conseil permanent de la CEM, *Levez-vous, prenez vos responsabilité*, 16 juin 2007 in Foi & Justice, *Église et société à Madagascar* vol.7, 63.

[1187] Cfr. JEAN PAUL II, L. Enc. *Centesimus annus*, n° 49.

[1188] SCEAM, *Une Église-Famille de Dieu*, 1998, n° 84.

[1189] Cfr. Lettre du conseil permanent de la CEM, *Message de carême aux chrétiens et aux hommes de bonne volonté*: «La vie est sacrée - Éducation», in Foi & Justice, *Église et société à Madagascar* vol.7, 93. 95.

[1190] Cfr. SCEAM, *Une Église-Famille de Dieu*, n° 84.

La deuxième valeur de la famille malgache est le sens de la solidarité qui soutient chaque individu contre le danger de l'isolement ou le repli sur soi[1191]. Dans la culture malgache du *fihavanana*, cette solidarité se manifeste dans la joie comme dans le malheur. Les Malgaches cultivent le sentiment puissant que l'union fait la force. C'est encore dans le cadre de la famille qu'on essaie de vivre l'expérience de la fraternité dans laquelle le premier devoir est le respect de la consanguinité, du droit d'aînesse, de l'entraide et de la solidarité, du patrimoine familial, de la réconciliation. La famille africaine et malgache vit de la solidarité: dans la production, la gestion et la prise en charge. C'est l'esprit communautaire qui est à la source de cette solidarité[1192].

La troisième valeur de la famille malgache est l'hospitalité et l'accueil[1193] qui découlent du *fihavanana*. Le Malgache, grâce à sa culture du *fihavanana*, exerce avec joie et fierté l'hospitalité ou l'accueil de la personne étrangère quelle que soit son appartenance ethnique, clanique, raciale et culturelle. Cette ouverture donne un visage à cette vision que nous sommes tous une grande famille. Celle-ci représente une force de solidarité[1194]. Nous voulons souligner ici un dernier aspect de l'union, de la solidarité: la participation de chacun selon ses forces. En plus le travail fourni est la participation[1195] elle-même à l'œuvre commune qui est importante. Même les plus malheureux peuvent se sentir ainsi vivants, en tant que membres actifs de la famille et de la société grâce au *fihavanana*. Là se trouve pour les chrétiens de notre pays un grand défi: garder au *fihavanana* malgache toute sa noblesse, en consonance avec le Pape François qui voit dans de telles valeurs les racines de la paix sociale[1196].

D'ailleurs, pour rétablir la valeur culturelle malgache du *fihavanana*, il nous semble indispensable de donner la priorité au dialogue parce que le

---

[1191] Cfr. Message de la CEM, *Appel à la nation*, 4 février 2009 in Foi & Justice, *Église et société à Madagascar* vol.7, 147.

[1192] Cfr. SCEAM, *Une Église-Famille de Dieu*, n° 82.

[1193] Cfr. Ibidem, n° 89.

[1194] Cfr. J.-M. ESTRADE, *Aina – la vie, mission, culture et développement à Madagascar*, Paris 1996, 157.

[1195] *«Ny tapa-tànana miandry ondry, ny tapa-tongotra mitoto vary»*, littéralement: Les manchots peuvent garder les moutons, les boiteux peuvent piler du riz. *«Izay tsy mahay sobika mahay fatam-bary»*, littéralement: Celui qui ne sait pas faire une corbeille peut tresser un petit panier. G. NAVONE, *Ny atao no miverina ou Ethnologie et proverbes malgaches*, 96.

[1196] Cfr. Pape FRANÇOIS, Exh. Apost. *Evangelii gaudium*, chapitre IV.

Malgache est un homme de dialogue. Il a la volonté d'écouter et de solliciter le consensus des personnes pour éviter les conflits et les rivalités[1197]. Le dialogue facilite l'harmonie, la solidarité, la communion, l'entente et la confiance dans la famille et même dans la société toute entière. Dans cette perspective, le Pape François nous dit que la culture de la rencontre et de la relation est la façon chrétienne de promouvoir la joie de vivre[1198].

Le *fihavanana* est source de familiarité et de solidarité, il englobe toutes les relations tant horizontales que verticales, c'est-à-dire la relation des hommes entre eux et avec Dieu. Pour les chrétiens malgaches, un des défis actuels est de garder le vrai sens du *fihavanana*. Pour ce faire, l'Église catholique doit d'abord se présenter toujours comme l'apôtre du *fihavanana*[1199] en renforçant l'unité et la solidarité de ses fidèles, à commencer par l'unité au sein de la famille, de l'APV, de la paroisse et du diocèse. Cela s'effectuera à travers l'organisation de rencontres régulières ou épisodiques, selon la disponibilité de chacun ou de chaque entité. De telles rencontres peuvent se dérouler sous la forme de partage de vie, de prière et de vie quotidienne, de pèlerinage, de convivialité, de rencontre sportive, de sortie ensemble, etc. Un développement dynamique qui permettra de sortir de la pauvreté, ne peut se faire sans mettre en place cette notion cardinale du *fihavanana* qui est la racine de l'unité entre toutes les ethnies malgaches.

6.4.3 Sur le plan socioreligieux: les étapes du mariage

Actuellement, la question des mariages irréguliers, comme le concubinage avant le mariage, est un fait généralisé dans la plupart des pays d'Afrique et de Madagascar. La raison en est la pratique des différentes coutumes ancestrales et traditionnelles comme: la cohabitation pendant une période plus ou moins longue jusqu'à la conception ou la naissance du premier enfant pour prouver

---

[1197]Cfr. G. NAVONE, *Ny atao no miverina ou Ethnologie et proverbes malgaches*, 95. «*Ny teny ifamaliana mahatsara fihavanana*», littéralement: Le dialogue consolide les liens entre personnes. «*Ny hevitry ny maro mahataka-davitra*», littéralement: Le dialogue élargit les horizons. «*Heloka am-po tsy ambara tsy hita hisarahan-dàlana, hitsim-po tsy lazaina tsy hita hiarahabana*», littéralement: Mauvaise intention cachée on ne peut l'esquiver, bonne intention non dite on ne peut rendre grâce.

[1198] Cfr. Pape FRANÇOIS, *Lettre circulaire aux consacrés et consacrées*, Paris 2014, 42.

[1199] Cfr. Lettre du conseil permanent de la CEM., *Levez-vous, prenez vos responsabilité*, 16 juin 2007, in Foi & Justice, *Église et société à Madagascar* vol.7, 67.

que la femme n'est pas stérile[1200]; il y a aussi les étapes à suivre, par exemple, on ne donne pas le sacrement du mariage tant qu'on n'a pas payé la dot. Or, cela est actuellement devenu un véritable business. Autrefois, c'était un certain nombre de bœufs qui permettaient de stabiliser l'alliance, et de nos jours, on demande de plus en plus d'argent. En effet, les jeunes qui voudraient se marier à l'Église sont obligés de vivre sans le sacrement parce qu'ils n'ont pas les moyens, ni de payer la dot ni de payer la fête. En effet, parce que quand on fait la fête, c'est toute la famille élargie qu'on invite et cela représente bien souvent une fortune. Dans d'autres régions la pratique de la polygamie perdure encore et aussi celle du mariage arrangé[1201]. Tous ceux qui sont dans une telle situation, a dit le Pape François, font partie de l'Église et ont besoin d'une attention pastorale miséricordieuse et encourageante[1202]. Et tout cela constitue un sérieux défi pour le bien de la famille. Quelle orientation pouvons-nos suggérer?

La solution serait l'inculturation du sacrement de mariage. D'emblée, il est préférable de souligner que parler de l'inculturation du sacrement de mariage n'est pas un problème de célébration mais une question de fond anthropologique et théologique. Ce n'est pas une simple information sur ce qu'est le mariage mais une formation des personnes au moyen d'une éducation à la foi et aux vertus[1203]. Comme il peut y avoir beaucoup de possibilités d'aborder cette question, cette «inculturation» de la foi chrétienne se réalise d'une manière toujours plus vaste, même dans le domaine du mariage et de la famille[1204]. Prenons ce qui nous semble important, le cas du catéchuménat. C'est étrange quand on parle du catéchuménat du mariage, c'est plutôt à propos du baptême qu'on utilise cette expression. Mais si nous ne voulons pas parler du mariage par étape mais les étapes du mariage nous devons aussi arriver à la conception d'un catéchuménat comme au niveau du baptême. Cela n'exclut pas ceux qui se préparent au mariage mais au

---

[1200] Cfr. Conseil pontifical pour la famille, *Famille, mariage et union de fait*, n° 6 § 3.

[1201] Cfr. Supra § 1.2.3; § 1.2.4; § 3.1.3. Cfr. *Relatio synodi* 2014, n° 7.

[1202] Cfr. *Relatio finalis* 2015, n° 26. Cfr. Pape FRANÇOIS, Exh. Apost. *Amoris Laetitia*, n° 293.

[1203] Cfr. Conseil pontifical pour la famille, *Famille, mariage et union de fait*, n° 42.

[1204] Cfr. JEAN PAUL II, Exh. Apost. *Familiaris consortio*, n° 10 §2.

contraire, chercher à les inclure parfaitement dans la vie de l'Église famille. L'idée de catéchuménat se trouve dans l'exhortation post synodale *Familiaris consortio*: «*à partir de l'âge opportun et avec une catéchèse adéquate, un peu comme pour le cheminement catéchuménal, elle comporte une préparation plus spécifique aux sacrements, comme si on les redécouvrait[1205]*». Parmi les éléments à communiquer dans ce cheminement de foi, analogue au catéchuménat, il doit y avoir aussi une connaissance approfondie du mystère du Christ et de l'Église, de ce que signifient la grâce et la responsabilité inhérentes au mariage chrétien[1206]. L'idée a été reprise et même développée par document du Conseil pontifical pour la famille: «*L'importance de la préparation suppose un processus d'évangélisation pour le mûrissement et approfondissement de la foi. [...] Surtout là où le milieu est en train de se paganiser, on conseillera particulièrement un parcours qui soit calqué sur le dynamisme du catéchuménat[1207]*». Quand on parle du catéchuménat, on parle de la préparation. Elle relève trois étapes: lointaine, prochaine et immédiate selon le processus du *Familiaris consortio*[1208]. On est passé d'une morale traditionnelle à une position très nouvelle en ce qui concerne la méthode d'approche et les contenus c'est-à-dire d'une morale traditionnelle caractérisée par une position de type casuistique et d'une rigueur plutôt pessimiste sur ce qui est de la sexualité à une nouvelle position caractérisée par trois dimensions: anthropologique, biblique et éthique. Mais tout cela ne peut se faire qu'avec la loi de la croissance ou loi de la gradualité[1209]. Ce principe de gradualité est intéressant car il met en évidence trois aspects: la dimension anthropologique qui considère l'homme comme projet personnel, concret, dynamique et progressif; la dimension théologique qui fait entrer progressivement l'homme à une vie nouvelle celle du fils de Dieu et la dimension pastorale en soulignant la nécessité d'un accompagnement pour

---

[1205] Ibidem, n° 66 § 5.
[1206] Cfr. Ibidem, n° 66 § 8.
[1207] Conseil pontifical pour la famille, *La préparation au sacrement du mariage*, Vatican 13 mai 1996, n° 2.
[1208] Cfr. JEAN PAUL II, Exh. Apost. *Familiaris consortio*, n° 66.
[1209] Cfr. Supra, 5.7.

permettre cette évolution[1210]. La loi de la gradualité souligne la progressivité de l'actualisation de la loi et cela se fait par l'accompagnement, la formation et l'éducation d'où le rôle du catéchuménat dans le respect du cheminement de croissance de la personne[1211].

En acceptant et suivant ce cheminement progressif, on revalorise le mariage traditionnel en le considérant comme une première étape du mariage. Dans cette perspective, le Pape François nous parle de la gradualité dans la pastorale en affirmant que dans le discernement pastorale, il convient d'identifier les éléments qui peuvent favoriser l'évangélisation et la croissance humaine et spirituelle[1212]. Ce qui est mis en avant dans ce cheminement, ce n'est pas le contrat bien que ce soit important mais c'est surtout l'alliance qui se mûrit progressivement comme toute alliance. Cela exige un approfondissement de la foi qui est le catéchuménat. Comme tout sacrement, en plus de la grâce, le mariage confère également un statut car par le mariage, on fonde un foyer, une famille. On est ainsi intégré dans la communauté par ce nouveau statut. Cette intégration dans la communauté est importante pour les africains et les malgaches et elle ne se fait pas ponctuellement et instantanément mais progressivement, d'où la nécessité du cheminement de catéchuménat.

Enfin, comme ce sont les deux époux qui sont les ministres du sacrement de mariage, ce cheminement tient compte de leur maturation affective et humaine. C'est pourquoi on a besoin d'une préparation lointaine mais la durée de cette préparation ou catéchuménat dépend de ceux qui les accompagnent. Cette préparation a pour but d'arriver à mettre une véritable catéchèse pour une formation continue à partir du jeune âge; à donner à ceux qui se préparent au mariage la possibilité d'un véritable cheminement pour leur maturation; à

[1210] Cfr. JEAN PAUL II, Exh. Apost. *Familiaris consortio*, nn° 9 et 34. Cfr. O. Razanakolona, *La loi de la gradualité et le mariage coutumier à Madagascar*, Thèse de doctorat en droit canon, Rome 1987. Cfr. A. You, *La loi de la gradualité*, Lethiellieux, Paris 1991.

[1211] Cfr. JEAN PAUL II, Exh. Apost. *Familiaris consortio* n° 9 : «... C'est pourquoi un cheminement pédagogique est nécessaire pour que les fidèles, les familles et les peuples, et même la civilisation, à partir de ce qu'ils ont déjà reçu du mystère du Christ, soient patiemment conduits plus loin, jusqu'à une conscience plus riche et à une intégration plus pleine de ce mystère».

[1212] Cfr. *Relatio finalis* 2015, n° 41. Cfr. Pape FRANÇOIS, Exh. Apost. *Amoris Laetitia*, n° 293.

intégrer dans la vie de la communauté la préparation au mariage. Ainsi, tout le monde y est impliqué: les deux, la famille, la communauté ecclésiale, la société… Pour que cela puisse vraiment se réaliser, il faut que la communauté chrétienne soit vraiment une communauté vivante et responsable d'où la nécessité de fonder des communautés de base ou A.P.V. Ensuite, on peut arriver à fonder une famille malgache chrétienne comme église domestique célébrant les sacrements.

6.4.4 Sur le plan écologique

En ce qui concerne la protection de la création, le Pape Benoît XVI en parle beaucoup dans son encyclique *Caritas in veritate*. La création est, dit-il, un don de Dieu. Il insiste sur le fait qu'elle est à notre disposition, non pas comme «un tas de choses répandues au hasard», mais comme un don de Dieu à ses enfants. Nous sommes donc les jardiniers responsables de l'harmonie de la terre[1213]. Il est juste que l'homme puisse exercer une maîtrise responsable sur la nature pour la protéger, la mettre en valeur et la cultiver selon des formes nouvelles et avec des technologies avancées, afin que la terre puisse accueillir dignement et nourrir la population qui l'habite. La famille humaine tout entière doit y trouver les ressources nécessaires pour vivre correctement grâce à la nature elle-même, don de Dieu à ses enfants et par l'effort de son travail et de sa créativité[1214]. Il s'en suit alors que la protection de l'environnement ne peut se concevoir qu'en lien avec la personne humaine car la dégradation de l'environnement est étroitement liée à la culture qui façonne la communauté humaine. Quand l'« écologie humaine[1215] » est respectée dans la société, l'écologie proprement dite en tire aussi avantage[1216]. *«Si le droit à la vie et à la mort naturelle n'est pas respecté, si la conception, la gestation et la naissance de l'homme sont rendues artificielles, si des embryons humains sont sacrifiés pour la recherche, la conscience commune finit par perdre le concept d'écologie humaine et, avec lui, celui d'écologie*

[1213] Cfr. BENOIT XVI, L. Enc. *Caritas in veritate*, n° 48 § 1.
[1214] Cfr. Ibidem, n° 50 § 1.
[1215] Cfr. JEAN PAUL II, L. Enc. *Centesimus annus*, n° 38. Cfr. BENOIT XVI, *Message pour la journée mondiale de la paix*, 2007 n° 8.
[1216] Cfr. BENOIT XVI, L. Enc. *Caritas in veritate*, n° 51 § 2.

environnementale[1217]». Et le Pape continue encore que le livre de la nature est unique et indivisible, qu'il s'agisse de l'environnement comme de la vie, de la sexualité, du mariage, de la famille, des relations sociales, en un mot du développement humain intégral. Les devoirs que nous avons vis-à-vis de l'environnement sont liés aux devoirs que nous avons envers la personne considérée en elle-même et dans sa relation avec les autres.

Actuellement le Pape François, comme ces prédécesseurs, fait appel à la manière de bien gérer l'environnement. La destruction de l'environnement est très grave, parce que non seulement Dieu a confié le monde à l'être humain, mais encore la vie de ce dernier est un don qui doit être protégé de diverses formes de dégradations[1218]. Le développement de la personne humaine est intimement lié à l'ordre des êtres naturels, ainsi on doit prêter attention au monde naturel et tenir compte de l'essence de la nature de chaque être et de ses liens mutuels dans un système ordonné[1219]. Dans ce cadre le Pape François parle d'une écologie intégrale à savoir l'écologie environnementale, économique et sociale; l'écologie culturelle et l'écologie de la vie quotidienne visant le bien commun et la justice entre générations[1220]. Il est vrai que beaucoup de recherches et de découvertes apportent des biens pour l'humanité et ces efforts sont louables. Mais, il faut bien discerner pour que la nature ne nous vienne pas à l'encontre. À ce propos, le Pape nous parle de la pollution et le changement climatique. Entre autres, les ordures et la culture du déchet qui provoquent des différents problèmes (santé, climat…)[1221] surtout en ville.

Dans l'exhortation apostolique post synodal *Africae munus* le Pape a dit: «*J'exhorte l'Église en Afrique à encourager les gouvernants à protéger les biens fondamentaux que sont la terre et l'eau, pour la vie humaine des générations présentes et futures et pour la paix entre les populations[1222]*». C'est pour cette raison que toutes les institutions au sein de la société

[1217] Ibidem, n° 51 § 3.

[1218] Cfr. Pape FRANÇOIS, L. Enc. *Loué sois-tu*, n°5, 11.

[1219] Cfr. JEAN PAUL II, L. Enc. *Sollicitudo rei socialis* (30 Décembre 1987), n° 34 : AAS 80 (1988), 559 in Pape FRANÇOIS, L. Enc. *Loué sois-tu*, n° 5 § 2, 12.

[1220] Cfr. Pape FRANÇOIS, L. Enc. *Loué sois-tu*, 111-126, nn° 138-162.

[1221] Cfr. Ibidem., n°20-26, 22-28.

[1222] BENOÎT XVI, Exh. Apost. *Africae munus*, n° 80.

malgache, y compris l'Église, sont sollicités de lutter en faveur de la sauvegarde de l'environnement. Quelle peut être la contribution de l'Église en vue du bien de la famille?

À Madagascar, les causes fréquentes de la dégradation de l'environnement sont les feux de brousse et la pratique des cultures sur brûlis[1223]. Pour d'autres, comme le SEFAFI, il a constaté que l'exploitation abusive du bois de rose est l'une des causes principales de la destruction de l'environnement[1224]. Cette dégradation se manifeste par la diminution du couvert forestier, l'érosion du sol, la dégradation des ressources en eau, la perturbation des conditions atmosphériques et la dégradation de la qualité de vie des populations[1225]. Pour protéger l'environnement, il n'est pas suffisant d'intervenir au moyen d'incitation ou de sensibilisation. Ce sont des outils importants, mais le point déterminant est la tenue de la morale de la société dans son ensemble[1226]. Voilà pourquoi, pour se garder de la destruction de l'environnement à Madagascar et pour rendre la terre habitable au-delà des générations présentes, l'Église catholique doit s'engager sans hésiter sur ce terrain-là en tenant compte de sa compétence propre. Comment le faire?

L'Église à Madagascar a le devoir de rechercher des solutions relatives à la «réconciliation de l'homme avec son environnement ou la nature[1227]». Elle doit promouvoir l'éducation et la prise de conscience du risque majeur de la destruction de l'environnement, en intégrant dans les programmes scolaires et universitaires catholiques un module concernant la sauvegarde et la protection de l'environnement. Il est vrai qu'on a déjà commencé ce qu'on appelle «*tontolo maitso*[1228]» au niveau de l'Église, et aussi il y a chaque année le programme de reboisement organisé par chaque ministère au niveau de

---

[1223] Cfr. Supra, 3.1.1.1.

[1224] Cfr. SEFAFI, *Les attentes de la VIème République*, Antananarivo, communiqué 11 septembre 2014, 2.

[1225] Cfr. *www.unfccc.int/resources/docs/napa/mdg01f pdf*. Ministère de l'environnement, des eaux et forets, *Programme d'action national d'adaptation au changement climatique*, 3. Cons. 26/05/2016.

[1226] Cfr. BENOIT XVI, L. Enc. *Caritas in veritate*, n° 51.

[1227] Cette expression est une parmi la spiritualité de l'F.T.M.T.K (Associations des Jeunes Ruraux Malgaches Catholiques): Réconciliation avec Dieu- Réconciliation aux hommes-Réconciliation aux créatures ou environnement.

[1228] Littéralement «environnement vert», un programme scolaire à commencer au niveau primaire et au collège.

l'État[1229] et les autres associations et les écoles différentes, mais cela ne vaut rien si on ne s'engage pas à protéger ce qu'on a planté et à changer la mentalité. L'Église, doit organiser des formations ou des ateliers pour les agriculteurs et les éleveurs afin d'apporter une réponse à ce défi concernant le monde agricole. L'objectif est de changer les modes de production agricole pour qu'ils respectent autant que possible l'environnement et n'accélèrent pas le changement climatique, l'appauvrissement des sols et l'épuisement des réserves en eau potable[1230]. En plus, il est nécessaire d'insérer des méthodes de la protection et de la sauvegarde de l'environnement dans l'enseignement de la catéchèse pour les enfants parce qu'ils ne sont pas tous des élèves des écoles catholiques; et pour les adultes, l'Église doit chercher des moyens, par exemple une formation à la doctrine sociale de l'Église aussi bien au niveau des paroisses qu'à celui du diocèse.

Ces efforts n'excluent pas de conscientiser les gouvernements locaux et nationaux afin d'adopter et surtout de pratiquer des politiques et des réglementations contraignantes pour la protection de l'environnement. En outre, elle doit sensibiliser, encourager et même solliciter non seulement les chrétiens mais aussi tous les membres du corps social, par l'intermédiaire des laïcs responsables, à être conscients de la valeur substantielle de l'environnement dans le vécu quotidien de l'homme. C'est dans cette perspective que tous les chrétiens doivent être conscients de la valeur primordiale de la protection de l'environnement. Renoncer à la déforestation abusive, intensifier la plantation des arbres, aimer la nature comme notre mère nourricière sont autant d'attitudes qui diront le respect pour la dignité humaine[1231]. Sur ce point, le Pape François, lors de l'inauguration de son pontificat le 19 mars 2013, rappelle que l'homme et la création sont indissociables: *«Je voudrais demander, s'il vous plaît, à tous ceux qui occupent des rôles de responsabilité dans le domaine économique, politique ou social, à tous les hommes et à toutes les femmes de bonne volonté : nous*

[1229] Cfr. *www.unfccc.int/resources/docs/napa/mdg01f pdf.* Ministère de l'environnement, des eaux et forets, *Programme d'action national d'adaptation au changement climatique*, 14-15.
[1230] Cfr. BENOIT XVI, *L'engagement de l'Afrique*, Paris 2011, 174.
[1231] Cfr. Ibidem, 164.

sommes « gardiens » de la création, du dessein de Dieu inscrit dans la nature, gardiens de l'autre, de l'environnement ; ne permettons pas que des signes de destruction et de mort accompagnent la marche de notre monde[1232]*»*. Garder veut dire alors veiller sur nos sentiments, sur notre cœur parce que c'est de là que sortent les intentions bonnes et mauvaises: celles qui construisent et celles qui détruisent. Le respect de la nature et des richesses naturelles est un chemin d'avenir pour réaliser le bien de la famille et de la nation toute entière.

[1232] Pape FRANÇOIS, *Homélie pour la messe d'inauguration de son pontificat*, 19 mars 2013. Disponible sur: w2.vatican.va/content/francesco/fr/homilies/2013/documents/papa. Cons. 22/04/2016.

Bilan

La base de la pastorale de la famille est l'éducation et la formation. Cela englobe toutes les dimensions de la vie familiale et vise le développement intégral de l'homme. Et comme le Pape Jean Paul II affirme que l'avenir de l'humanité passe par la famille, il est donc indispensable et urgent que tout homme de bonne volonté s'emploie de toutes ses forces à sauvegarder et à promouvoir les valeurs et les exigences de la famille[1233]. C'est pourquoi l'Église à Madagascar mobilise toutes les institutions[1234] à sa disposition pour concrétiser ses objectifs car elle demeure comme pour plusieurs pays d'Afrique l'unique réalité qui fonctionne encore bien et permet aux populations de continuer à vivre et à espérer en des lendemains meilleurs[1235].

La relation étroite entre famille et société exige d'une part l'ouverture et la participation de la famille à la société et à son développement, mais d'autre part, elle impose à la société de ne jamais manquer, à son devoir fondamental, de respecter et de promouvoir la famille[1236]. S'il en est ainsi, l'Église à Madagascar doit lutter pour les droits humains et lutter contre la corruption et l'injustice car l'Église ne peut ni ne doit rester à l'écart dans la lutte pour la justice[1237]. Elle doit agir ainsi pour chercher toutes les orientations qui favorisent le bien de la famille du point de vue socio-économique, socioculturel, socioreligieux et écologique.

[1233] Cfr. JEAN PAUL II, Exh. Apost. *Familiaris consortio*, n° 86.

[1234] Familles; écoles catholiques; mouvements, associations et commissions ecclésiaux; communauté ecclésiale de base.

[1235] Cfr. Synode des Évêques, IIème assemblée spécial pour l'Afrique, *L'Église en Afrique au service de la réconciliation, de la justice et la paix*, lineamenta, n° 6.

[1236] Cfr. JEAN PAUL II, Exh. Apost. *Familiaris consortio*, n° 45.

[1237] Cfr. BENOIT XVI, Lett.enc. *Deus Caritas est*, n° 28.

Conclusion

Au cours de la deuxième partie de notre travail, nous avons essayé de faire détour sur la théologie du mariage et de la famille. A partir de ce rappel, nous avons compris le dessein de Dieu à propos de la famille. Le Magistère de l'Église n'a cessé d'œuvrer pour sauvegarde et promouvoir la famille en étant fidèle à l'enseignement du Christ. À la lumière de l'enseignement du Magistère, nous avons continué notre recherche en vue de l'élaboration d'une pastorale au service de la famille à Madagascar. Comme la famille a pour mission d'évangéliser, comment peut-elle assumer sa mission si elle n'est pas évangélisée[1238]? En effet, nous avons tracé quelques lignes en ce qui concerne le devoir de l'Église en matière de l'évangélisation. Sachant que la nouvelle évangélisation est une responsabilité de tout le peuple de Dieu[1239], l'Église catholique à Madagascar doit orienter son choix vers une nouvelle pratique des méthodes d'évangélisation répondant aux aspirations de la population toute entière. Cette nouvelle pratique a pour objectif: connexion intime entre évangélisation et promotion humaine.

Nous avons vu qu'évangéliser la relation de l'homme et la femme consiste à faire grandir entre eux le sens de l'égalité en dignité en respectant la différence et éduquer à l'amour vrai. L'homme et la femme sont créés pour l'amour et s'aiment pour être images de Dieu qui est Amour[1240].

Au sein de la communauté ecclésiale, il y a ceux qui pratiquent le mariage non sacramentel et célibat non consacré. Nous avons mentionné qu'évangéliser ces situations consiste à la préparation et les aider à comprendre comment Dieu s'est servi de leur unité et de leur fidélité pour exprimer son propre désir d'être uni et fidèle à l'humanité. À propos du célibat, cet état de vie n'est pas une absence de relation où le célibataire est un

---

[1238] Relazione finale del sinodo dei Vescovi al Santo Padre Francesco, *La vocazione della famiglia nelle chiesa e nel mondo contemporaneo*, n° 89.
[1239] Cfr. F. MANNS, *Qu'est-ce que la nouvelle évangélisation?*, 67.
[1240] Cfr. Supra, 5.1.

être asexué, mais une autre manière de vivre la relation. Comme le Christ, il est célibataire et chaste. Le célibataire a aussi sans cesse besoin d'être sauvé.

Dans le domaine de l'amour conjugal, nous avons parlé qu'il est à la fois une affaire d'amour et une affaire de foi. L'amour conjugal est un accueil réciproque d'un don gratuit, et ce don gratuit se fait sur le fondement de la foi à une parole, sur une parole donnée, sur une parole engagée, sur une fidélité à la parole[1241]. L'amour évangélisé dépasse l'affectivité spontanée et immédiate forcément allergique à la durée. Avec l'amour habité par la foi les conjoints reçoivent la grâce sacramentelle qui change leurs cœurs et leur donne la capacité de s'aimer fidèlement par-delà les limites de chacun. Quand on parle de l'amour conjugal, il est lié au corps et à la sexualité. Cela a besoin d'être évangélisé pour atteindre le but: le plaisir et la jouissance conjointe des époux et l'ouverture à la vie[1242]. Et cette ouverture à la vie nous introduit à l'évangélisation de la relation parents-enfants. Cette relation doit devenir relation d'éducation humaine et chrétienne, de partage de foi, d'éveil de la vocation chrétienne pour que les enfants deviennent à leur tour des adultes responsables.

Dans le pèlerinage de l'évangélisation, l'Église rencontre des situations difficiles[1243]. Ainsi, elle a le devoir de s'occuper et d'évangéliser ces situations. L'Église catholique à Madagascar montre son désaccord avec une telle pratique, c'est pourquoi elle s'y engage par l'évangélisation de la famille qui ne se fait pas d'un seul coup. C'est la raison pour laquelle nous avons parlé qu'il faut un accompagnement. Cet accompagnement doit se faire avec la loi de la croissance ou la loi de la gradualité qui a besoin du pardon de Dieu, la miséricorde et la conversion pour la croissance dans la charité. Cette loi nous invite à mettre en œuvre un projet éducatif à l'exemple de ce que Jésus a fait envers ses disciples.

[1241] Cfr. X. LACROIX, *Le mariage*, 40.
[1242] Cfr. C. BURGUN, *La famille c'est sacré*, 131.
[1243] Cfr.Supra, 5.6: avortement, le divorce et remariage, cohabitation hors mariage. Régulation des naissances artificielles.

Comme l'évangélisation englobe de tout l'homme et de tous les hommes, l'éducation et la formation sont indispensables; et nous avons vu les différents lieux d'éducation et de formation qui visent à avoir un malgache chrétien capable de maîtriser sa culture et vivre chrétiennement. Et puisque la souffrance des peuples malgaches est en grande partie liée à la gestion de la politique, de l'économie et celle de la culture[1244], le défi est probablement du côté de la bonne gouvernance et de la formation d'une classe politique capable de récupérer le meilleur des traditions ancestrales et de l'intégrer aux principes de gouvernance de société moderne[1245]. De plus, l'Église doit lutter pour les droits humains[1246], lutter contre la pauvreté et trouver de nouvelles orientations pour le bien de la famille. Ces nouvelles évangélisations et ces orientations touchent les domaines sociaux des malgaches: socio-économique, socioculturel, socioreligieux et écologique; et conduisent à l'objectif final d'apporter un changement palpable au niveau du développement intégral de l'homme sans discrimination. Il nous semble que les malgaches seront des malgaches chrétiens en suivant ces orientations et arriveront à vaincre leur grand ennemi: la pauvreté.

[1244] Cfr. Synode des Évêques, IIème assemblée spécial pour l'Afrique, *L'Église en Afrique au service de la réconciliation, de la justice et la paix*, lineamenta, n° 10 § 2.
[1245] Cfr. Ibidem, n° 11.
[1246] Cfr. Déclaration de Mgr. F. Rabemahafaly président de la C.E.M, « Appel à la voix de la conscience », le 23 février 2009 à Fianarantsoa, in FOI & JUSTICE, *Église et société à Madagascar*, vol.7, 167.

CONCLUSION GÉNÉRALE

Au terme de notre recherche, il nous faut rappeler quel fut l'objectif de ce travail. Il s'est voulu une recherche sur les manières et les moyens de sauvegarder et de promouvoir la famille à Madagascar. Nous avons vu qu'à cause des différents problèmes, surtout la pauvreté, la vie familiale malgache n'est pas stable. Les différentes institutions existantes au sein de la société malgache et surtout l'Église catholique à Madagascar y ont une grande part de responsabilité. Elle doit agir conformément aux directives de l'Église universelle en maniant bien la réalité dans l'Église locale. C'est pour cette raison que le thème choisi a été énoncé: «L'Église face aux défis pastoraux pour la famille à Madagascar».

Tout au long de cette recherche, nous avons essayé d'apporter autant que possible des réponses à la question posée dès l'introduction de ce travail: Pourquoi la question sur la famille est une question urgente? Avec les problèmes qui l'ont tiraillée, peut-on sauver la famille malgache? Par rapport à l'importance capitale de la famille, elle a besoin d'être protégée et défendue[1247] pour donner des hommes et des femmes capables d'édifier un tissu social de paix et d'harmonie. L'Église catholique à Madagascar peut trouver une inspiration féconde dans les documents du Magistère pour accomplir sa mission.

1. L'Église face aux défis posés à la famille

Pour répondre à la question principale pour la sauvegarde et la promotion de la famille, ainsi qu'aux autres apories y afférentes, nous avons essayé de démontrer les problèmes qui la menacent. La première partie de ce travail a été donc consacrée à décrire et à étudier les difficultés à affronter pour pouvoir mettre les engagements en vue du bien de la famille. Elle contient trois chapitres. Le premier chapitre a présenté les enjeux et les conceptions de la

---

[1247] Cfr. BENOÎT XVI, Exh. Apost. *Africae Munus*, n° 43.

famille. Après avoir présenté la conception générale de la famille et le nouveau changement de la famille moderne et contemporaine[1248], nous avons souligné ce qui spécifie la famille malgache. Dans ce cas nous avons vu que pour les malgaches la dénomination du mot famille ou *fianakaviana* n'est pas loin de celle des sociétés africaines. Elle fait référence à la famille élargie. Il est vrai que la consanguinité est très importante pour être considéré comme membre de la famille, mais les malgaches sont allés au-delà et forment une famille par la convivialité. L'important était la solidarité que les membres se montraient entre eux au quotidien, assurant ainsi une cohésion sociale à laquelle chacun pouvait espérer intégration et protection[1249]. Nous avons montré que la solidarité familiale est très développée grâce à la valeur culturelle du *fihavanana*, mais cela pose un problème à la fondation d'une famille dans certains cas. Le fait que le Malgache est un homme collectif vivant dans et pour le *fianakaviana*, dans et pour le *fokonolona*, aboutit dans un certain cas à une sorte d'écrasement de la personne individuelle[1250]. Ainsi, jusqu'à une époque pas très éloignée, le choix d'un mari ou d'une femme était beaucoup plus dicté par la volonté des parents que par le goût de la jeune fille ou du jeune homme.

«*L'amour implique toujours d'immenses dérangement[1251]*». C'est vrai de tout amour, mais bien plus encore de l'Amour de Dieu intervenant dans l'union de l'homme et de la femme. Dans cette perspective, tout le monde est tenu à prendre sa responsabilité en vue du bien de la famille, à lutter contre les problèmes qui l'entravent. C'est pour cette raison que nous avons présenté les problèmes qui menacent la famille dans le deuxième chapitre de notre travail. L'ensemble des problèmes essentiels qui touchent la vie familiale et son évolution y ont été analysés. Nous avons vu que ces problèmes viennent de

---

[1248] Cfr. 1.1.4 Nouvel changement de la famille moderne et contemporaine.
[1249] Cfr. A. GRANDIDIER & G. GRANDIDIER, *Ethnographie de Madagascar*, in Histoire Physique, Naturelle et Politique de Madagascar, 111.
[1250] Cfr. 1.3.3 Les limites du *fihavanana*.
[1251] J. RIVIERE, À la trace de Dieu, Gallimard, 51 (7ème carnet, «La peur de Dieu», 5oct. 1915). Cité par H. CAFFAREL, *Le mariage aventure de sainteté*, 77.

l'extérieur ou de l'intérieur même de la famille. Si nous essayons de résumer les problèmes extérieurs, nous pouvons les citer comme suit.

Nous avons vu que les problèmes naturels[1252] s'abattent sur l'humanité et nous n'y pouvons pas grand-chose. Pourtant, nous pouvons amortir les coups en prenant soin de l'environnement. Entre autres nous avons parlé du cataclysme singulier qui touche chacun de nous comme la déchéance de notre corps, la maladie, la vieillesse et la mort. Elles font partie de la condition humaine. Cependant, nous devons tout faire pour y remédier ou l'empêcher surtout que la cause dépend de nous.

À cause de la mondialisation, l'aliénation est omniprésente; la personne humaine est considérée comme un objet. Avec le rythme de la vie quotidienne les parents n'ont plus beaucoup de temps pour s'occuper de leurs enfants. La mondialisation exige un développement pour pouvoir affronter les concurrences au niveau du marché mais, pour Madagascar, à cause des problèmes de bonne gouvernance et de transparence avec les mentalités de ne pas vouloir quitter les habitudes ancestrales, le problème de développement persiste encore.

Il est à souligner que nombreux sont les bienfaits apportés par les nouvelles technologies mais il y a aussi les produits qui provoquent des effets néfastes à la vie de l'homme. Nous avons parlé de la pratique des mères porteuses et de la contraception: cela n'est pas conforme à la mentalité malgache mais à cause de la pauvreté et d'autres raisons, certains les pratiquent. Le problème culturel comme le racisme, la considération de la femme comme meuble fragile et l'affectivité sans limite est aussi un problème qui attaque la vie familiale.

Nous avons classé ces problèmes susdits comme problèmes extérieurs, mais à l'intérieur de la famille elle-même en tant que première institution de l'existence humaine, des différents problèmes perdurent encore à savoir:

[1252] Nous avons présenté le cas de Madagascar. Cfr. 2.1.1.1.

La fragilité du lien familial avec la facilitation d'accéder au divorce et la pratique des différentes idéologies; la violence économique, physique et conjugale sont aussi des problèmes majeur. En effet, les femmes et les enfants en sont les premières victimes.

La filiation et le genre: dans cette perspective la liberté et l'égalité sont touchées voire détournées de leurs vrais sens. Beaucoup ne peuvent pas jouir de leurs droits. Nous avons mentionné le cas de Madagascar sur le travail des enfants et la sous-scolarisation des filles. Quant aux femmes, elles sont considérées comme des meubles fragiles et n'ont pas le plein droit d'accès au travail.

Les conséquences de ces problèmes nuisent totalement à la vie familiale. La famille est tiraillée voire déchirée. La mentalité de construire une famille selon sa guise arrive spontanément. Le mariage fondement de la famille dans le dessein de Dieu est défiguré.

Consciente de ces situations l'Église doit s'engager à promouvoir la dignité du mariage et de la famille. Voilà pourquoi notre troisième chapitre s'est focalisé sur «l'engagement de l'Église». À ce propos, l'Église doit dénoncer toutes formes de discrimination qui déshumanisent la personne humaine. Il faut qu'on respecte les droits de l'être humain à être en relation avec la société ou bien avec ses semblables et surtout avec la transcendance. Ce droit est donc inviolable et inaliénable parce qu'il fait partie de la condition incontournable pour l'épanouissement de toute personne dans sa dimension matérielle et spirituelle[1253]. L'engagement de l'Église ne concerne pas seulement le point de vue anthropologique mais atteint aussi la vie politique, économique et religieuse.

Enfin, comme dernier point de réflexion dans ce chapitre, nous avons mis l'accent sur l'engagement de l'Église à Madagascar. Cela a consisté à faire face à la réalité du pays qui est dans le gouffre de la pauvreté[1254]. Cette réalité

[1253] Cfr. A. ADEPOJU, *La famille africaine, politiques démographiques et développement*, Paris 1999, 102.

[1254] Il est vrai que la pauvreté se présente sous diverses formes (manque de matériel, de logement, de travail,…) mais pour l'Église la priorité est l'éducation parce que la pauvreté intellectuelle empêche le développement intégral de l'homme. Alors il convient, certainement, de sensibiliser les gouvernements afin

entraine les blessures de la famille sous diverses formes. Ainsi, l'Église a mis comme priorité l'éducation, la lutte contre la pauvreté et la maitrise du phénomène de la mondialisation. Tout cela en vue du développement intégral de l'homme au service de la famille.

Les problèmes qui menacent la famille sont là et l'Église est engagée, alors il nous faut des manières et des moyens pour relever notre défi de sauvegarder et de promouvoir la famille et d'atteindre notre objectif d'avoir un homme malgache chrétien se souciant de la famille. C'est ce que nous avons vu dans la deuxième partie de notre recherche.

2. La pastorale familiale

La deuxième partie de cette thèse s'est occupée de l'élaboration d'une pastorale au service de la famille à Madagascar. Dans cette partie, nous avons présenté les devoirs de l'Église à la lumière des principes et des directives émis par l'enseignement du Magistère, en répondant progressivement aux problèmes complexes de la famille au sein de la société malgache. Mais pour évangéliser les diverses pratiques qui existent encore à Madagascar comme la polygamie, le mariage arrangé, la cohabitation avant le mariage[1255], il est nécessaire avant tout de rappeler les fondements théologiques du mariage et de la famille. Cette approche nous aide à comprendre la volonté de Dieu sur le mariage et la famille ainsi que la pratique et l'enseignement de l'Église. Ce rappel nous oriente vers notre objectif d'avoir un homme malgache chrétien se souciant de la famille.

D'abord, nous avons montré ce que dit la Bible parce que toute la réflexion théologique en dépend. Pour ce qui concerne le mariage et la famille selon la Bible, nous avons remarqué que Dieu est la source et à la base de la famille. Cela est une réalité que Dieu a créée de sa propre volonté, de sa propre liberté et de son amour. En effet, la famille est l'image de Dieu Trinité

---

qu'ils accroissent leur aide en faveur de la scolarisation et respectent le droit de l'Église d'éduquer selon ses règles propres et dans ses édifices.
[1255] Cfr. *Relatio Synodi* 2014, n° 7.

unie par l'amour dans la communion. Cette communion est le premier et dernier mot du système trinitaire qui fonde la réalité du mariage et de la famille. La famille est caractérisée par l'alliance entre l'homme et la femme, image de l'alliance entre Dieu et son peuple, pour former un foyer en vue de la procréation en tenant compte de l'amour mutuel, l'indissolubilité, la fidélité et l'éducation. Le Nouveau Testament continue à parfaire ce qui est dit dans l'Ancien Testament à propos du mariage et de la famille en confirmant l'unité et l'indissolubilité du mariage. De plus il apporte un éclaircissement à la stérilité en disant que celle-ci ne supprime pas la famille. Le mariage est l'image de l'union du Christ avec l'Église et aussi un moyen pour la consécration de la vie.

Le mariage n'est pas un sacrement comme les autres puisque avant de l'élever au rang des sacrements, il se présente comme une institution terrestre suivant la loi des créatures. En effet aux yeux de l'Église l'avènement de la sacramentalité du mariage n'annule pas son institution naturelle mais le conduit à sa plénitude[1256]. Fidèle à l'enseignement du Christ, et sur quoi il est basé, le Magistère enseigne que le mariage n'est pas un simple fait social mais il est lié intrinsèquement à la volonté originelle de Dieu. Alors, le Magistère définit les biens et les fins du mariage et insiste sur le libre consentement entre les époux[1257]. Le signe du sacrement est l'échange des consentements et des alliances. C'est un engagement pris devant Dieu. La dignité de cet engagement s'articule sur les quatre piliers que scelle l'échange des consentements: la liberté, la fidélité, l'indissolubilité et la fécondité. Le mariage entre un homme et une femme baptisés, vivant de la foi chrétienne, est un sacrement s'il est décidé librement, voulu comme unique et définitif, c'est-à-dire jusqu'à la mort et ouvert à l'accueil de l'enfant. Le sacrement du mariage donne aux époux la grâce de renforcer et perfectionner leur amour, d'affermir leur unité indissoluble et de se sanctifier dans leur vie familiale. Le mariage est ainsi le fondement de la famille. On affirme souvent que la famille est l'institution fondamentale de la société; l'Église est de cet avis en ajoutant

---

[1256] Cfr. Supra 2-2-1.
[1257] Cfr. CEC n° 1627. CIC, can 1057 § 2.

que la famille est aussi le sanctuaire de la vie, le lieu de formation intégrale de l'homme et surtout une vocation et une voie de la sainteté[1258] c'est-à- dire un véritable chemin vers Dieu[1259].

Le cinquième chapitre était consacré à confirmer que l'évangélisation de la famille est nécessaire afin de pouvoir sauvegarder et promouvoir la famille. Vu la dégradation de la dignité de la famille en tant que telle, pourtant elle reste toujours la cellule vitale et la première institution de la société humaine c'est la raison pour laquelle l'Église ne peut pas rester indifférente face à une telle situation angoissante et déplorable; d'où le devoir de l'Église en matière de l'évangélisation de la famille. Tout en tenant compte que la famille est le cœur même et sujet de la nouvelle évangélisation[1260].

Le devoir d'évangélisation vise les différents aspects de la réalité familiale. Tout d'abord, la relation de l'homme et de la femme: cela consiste à la manière de vivre cette relation dans le sillage de l'égalité en dignité et éduquer à l'amour vrai, c'est-à-dire éducation à la gratuité, au désintéressement, à la réciprocité, à l'échange, à la fidélité et à la charité.

En ce qui concerne le mariage non sacramentel et le célibat non consacré, l'Église a le devoir de les évangéliser en les aidant à savoir leurs états et leurs faire comprendre que ce réalisme est à être habité par le salut de Dieu. Et pour ceux qui sont déjà dans le domaine de l'amour conjugal, en relation avec le corps et la sexualité, l'Église doit les aider à vivre leur foi afin qu'ils puissent à leur tour transmettre aux autres. C'est l'aspect missionnaire de la famille.

À l'exemple du Christ, l'Église a aussi le devoir d'évangéliser ceux qui sont dans les difficultés. Cette situation a besoin d'un accompagnement qui doit se faire avec la loi de la croissance ou la loi de la gradualité. Celle-ci a besoin du pardon et de la miséricorde parce que la miséricorde et le pardon sont aussi fruits de l'amour[1261].

[1258] Cfr. H. CAFFAREL, *Le mariage aventure de sainteté*, 81.
[1259] Cfr.C. BURGUN, *La famille c'est sacré*, 165.
[1260] Cfr. BENOIT XVI, *Homélie d'ouverture du Synode sur la nouvelle évangélisation*, 7 octobre 2012.
[1261] Cfr. Pape FRANÇOIS, Exh. Apost. *Amoris Laetitia*, n° 27.

Notre dernier chapitre a présenté la contribution d'une pastorale au service de la famille malgache. Dans ce chapitre, nous avons affirmé que l'Église a beaucoup à faire en matière de la pastorale familiale et elle doit renouveler sa manière d'évangéliser. Quoi qu'il en soit, l'éducation et la formation sont au premier plan. Cela a pour objectif de cibler les différents lieux d'éducation à commencer par la famille elle-même. L'éducation et la formation sont des véritables ministères et apostolat au sein de l'Église. C'est pourquoi nous avons présenté que toutes les institutions et forces vives ont une part de responsabilité en cette matière en vue de sauvegarder et promouvoir la famille. Le rôle de la famille est fondamental. En effet, tous les efforts de vivifier la solidarité et la communion, de faire régner la justice et la paix, de protéger la vie, d'éduquer à l'amour et à la vie, s'orientent vers le sens du bien commun par le souci de l'éducation civique, du sens du discernement humain et chrétien, et finalement de la formation des personnes dignes et responsables.

Par ailleurs, nous avons vu que si nous voulons atteindre notre objectif, il est indispensable de lutter pour les droits humains et lutter contre la pauvreté. Le premier concerne le respect du droit à la vie, le droit au travail, les droits de l'enfant et de la femme, le droit d'expression et des médias. Et le second consiste à lutter contre la corruption, l'injustice et l'analphabétisme comme parmi les sources de la pauvreté. De ce fait, nous avons parlé de la nécessité de la conversion, la conscientisation des responsables politiques pour être témoins de la foi et de l'Évangile en acceptant une telle responsabilité.

Comme dernière réflexion dans ce chapitre et aboutissement de notre recherche, nous avons mis l'accent sur une nouvelle orientation pour le bien de la famille. Dans ce paragraphe, nous avons fortement souligné la nouvelle orientation pastorale sociale en vue du bien de la famille. Cette pastorale doit être une pastorale de proximité et effectuée d'une manière plus concrète. Elle doit toucher tous les domaines sociaux de l'homme: socio-économique, socioculturel, socioreligieux et écologique.

Sur le plan socio-économique: le rôle de l'Église n'est pas de proposer des solutions techniques qui ne relèvent pas de sa compétence. Cependant, il est de la responsabilité de l'Église de rappeler à l'État son devoir fondamental en matière économique; de sensibiliser les responsables politiques de maintenir l'État de droit, la bonne gouvernance et la participation de tous au développement. À l'intérieur de l'Église elle-même notre proposition est la responsabilisation des associations, des commissions et les divers mouvements pour l'animation de tous les citoyens sans exception à participer activement au développement du pays avec une vision axée sur le respect profond de l'homme et celui de sa dignité.

Sur le plan socioculturel: nous avons dit que le développement d'une personne dépend de la société et de la culture. Pour les malgaches, le *fihavanana* est une valeur culturelle qui consolide et tisse la cohésion familiale et sociale. Cette culture s'enracine au respect de la vie, le sens de la solidarité, l'hospitalité et l'accueil. Mais cette sublime valeur de la culture malgache est malade à cause de l'amour de l'argent[1262] et de la gloire, en effet l'égoïsme et l'individualisme règnent et fragilisent la vie familiale. Pour rétablir la valeur culturelle malgache du *fihavanana*, notre proposition est de donner la priorité au dialogue. Le dialogue facilite l'harmonie, la solidarité, la communion, l'entente, la confiance et des bonnes relations dans la famille et même dans la société toute entière[1263].

Sur le plan socioreligieux: nous sommes dans le cadre de la réflexion sur la famille et nous avons parlé que le mariage est le fondement de celle-ci. Pour contracter un mariage à Madagascar, nous avons vu que les coutumes ancestrales persistent encore pour certains; et pour d'autres ils n'ont pas l'intention d'accéder au mariage sacrement. Pour relever le défi, notre proposition est l'inculturation du sacrement du mariage. Cela consiste à une question de fond anthropologique et théologique. Ce qui est important dans cette démarche ce sont la préparation, l'accompagnement et la prise de responsabilité de la communauté ecclésiale à la fondation d'une famille malgache chrétienne comme église domestique célébrant les sacrements.

[1262] «*Ny vola tsy mampihavana*», littéralement «L'argent ne nous fait pas parent».
[1263] «*Ny teny tsara mahatsara fihavanana*», littéralement «Le dialogue consolide les liens entre personnes». Cfr. G. NAVONE, *Ny atao no miverina*, 95.

Sur le plan écologique: la lutte pour la protection de l'environnement est l'objet de débat tant au niveau national qu'international. La création est un don de Dieu et nous sommes les responsables de l'harmonie de la terre affirme le Pape Benoît XVI[1264]. Selon le Pape François le développement de la personne humaine est intimement lié à l'ordre des êtres naturels. Ainsi, il faut bien discerner pour que la nature ne nous vienne à l'encontre; on a besoin d'une conversion écologique[1265]. Le respect de l'environnement joue un rôle irremplaçable dans le processus de réaliser le bien de la famille.

Pour cette raison, l'Église catholique à Madagascar combattra pour la sauvegarde de l'environnement. Notre proposition est d'insérer dans les programmes scolaires et universitaires catholiques un module concernant la sauvegarde et la protection de l'environnement. Il est nécessaire aussi d'organiser des formations ou des ateliers pour les agriculteurs et les éleveurs dans le but de changer les modes de production pour ne pas accélérer le changement climatique, l'appauvrissement des sols et l'épuisement des réserves en eau potable. En plus, il est indispensable d'introduire une spiritualité tournée vers la réconciliation de l'homme avec son environnement et un enseignement catéchétique dès les bas âges. Espérons que tout cela puisse diminuer l'exploitation abusive des ressources naturelles et apporter des avantages aux familles.

3. Résultat de la thèse

Peut-on sauver la famille malgache? Telle était notre question au début de notre recherche. L'Église catholique à Madagascar, en vertu des exigences de la doctrine sur la famille doit prendre sérieusement des responsabilités quand il s'agit de la promotion de la famille. Elle s' y est déjà engagée. Si cela est, on peut affirmer qu'on peut sauver la famille malgache. Sauver la famille n'est pas un désir mais c'est un devoir. En effet, nous devons sauver la famille. Pourtant cet engagement n'est pas suffisant au regard de la réalité complexe

---

[1264] Cfr. BENOIT XVI, *Africae Munus*, n° 80.
[1265] Cfr. Pape FRANÇOIS, *Loué sois-tu*, n° 218.

vécue par la majorité des familles malgaches. Pour que la réalisation de cette tâche se mette en œuvre positivement, l'Église catholique se doit œuvrer en faveur de nouveaux objectifs sociaux, à la fois innovateurs et créatifs et une réelle inculturation qui aillent jusqu'au bout de sa logique d'évangélisation. Au terme de notre cheminement, en guise d'apports nouveaux de la pastorale familiale de l'Église à Madagascar, nous pouvons dégager les priorités suivantes:

L'Église doit approfondir la manière de transmettre la foi et l'évangélisation. Cela se conjugue avec la base de la constitution de la république malgache qui affirme la croyance des peuples malagasy en *Andriamanitra Andriananahary* (Dieu Créateur), la résolution à promouvoir et à développer son héritage de société vivant en harmonie et respectueuse de l'altérité, de la richesse et du dynamisme de ses valeurs culturelles et spirituelles à travers le *«fanahy maha-olona»* (C'est l'âme qui fait l'homme). Cette constitution confirme le défis pour la société malagasy de retrouver son originalité, son authenticité et sa malgachéité et de s'inscrire dans la modernité du millénaire tout en conservant ses valeurs et ses principes fondamentaux traditionnels basés sur le *fanahy malagasy* (âme malgache) qui comprend *«ny fitiavana, ny fihavanana, ny fifanajàna, ny fitandroana ny aina»* (amour, communion, respect mutuel, respect de la vie), et privilégiant un cadre de vie permettant un «vivre ensemble» sans distinction de région, d'origine, d'ethnie, de religion, d'opinion politique, ni de sexe[1266]. Avec ces fondements du pays sur la croyance en Dieu et la promotion de la culture, autrement dit une communauté édifiée sur le *fihavanana* et affermie par la foi[1267], l'Église doit être consciente qu'il est indispensable de mettre en œuvre un processus permanent de réconciliation nationale parce qu'elle se présente toujours comme l'apôtre du *fihavanana* et cherche effectivement le bien de la nation à la lumière de l'Évangile[1268].

[1266] Cfr. Préambule de la constitution de la quatrième république de Madagascar 2014.
[1267] Cfr. Lettre du Conseil permanent de la CEM, *Levez-vous, prenez vos responsabilité*, Antananarivo 16 juin 2007.
[1268] Cfr. Ibidem.

Dans le contexte où tout est à créer, une tâche ardue attend les parents et les éducateurs pour l'accomplissement de leurs vocations, alors ils ont besoin d'un certain recyclage périodiquement. La famille est la base de l'éducation[1269] donc nous avons tous le devoir de concentrer nos efforts pour qu'elle soit forte et remplie d'amour afin de pouvoir affronter les aléas de la vie. L'école est pour l'Église comme pépinière de gens responsables et animés par la foi et l'amour de Dieu dans l'accomplissement de leurs devoirs, donc l'Église a le devoir d'analyser et d'observer l'enseignement pour qu'il respecte les valeurs chrétiennes et humaines.

Adhérer dans les mouvements et associations ecclésiales pour le développement de tout l'homme et de tout homme au sein de la société est un aspect de l'évangélisation et une continuation des œuvres du Christ. Au sujet du développement économique, celui-ci doit demeurer par essence au service de l'homme, qui doit l'orienter de manière à éliminer les énormes inégalités économiques.[1270]. En effet, chaque individu a le devoir de promouvoir sa condition de vie et celle de sa famille, alors la formation professionnelle sera à promouvoir pour créer des emplois ou améliorer ce qui existe.

La lutte contre l'analphabétisme est un des piliers du développement, il en est de même la protection des droits de la femme[1271]. De ce fait, il est nécessaire de persévérer dans ces domaines afin d'aider les gens, notamment les ruraux, pour qu'ils puissent innover dans leurs métiers.

[1269] L'Église à Madagascar doit promouvoir l'éducation sexuelle et aide les chrétiens à changer la mentalité parce que dans la majorité de la population malgache surtout à la campagne la sexualité reste encore un sujet tabou et quand on discute autour de la sexualité, on a considéré cette discussion comme des gros mots et fait partie du péché. Cette éducation est nécessaire pour éradiquer aussi les violences. Selon l'UNFPA «*Environ une femme malgache sur trois subit une violence au cours de sa vie dont les formes les plus fréquents sont la violence conjugale, le viol et l'inceste, l'exploitation sexuelle et le proxénétisme, le mariage précoce*» (Countryoffice.unfpa.org/Madagascar/genre/2013/11/02. Consulté le 7/03/ 2016). En cela il ne faut pas focaliser la sexualité uniquement sur la génitalité mais aussi dans d'autre domaines par exemple le respect et la valorisation de la différence. Alors il nous est nécessaire de suivre et pratiquer ce que le Magistère nous a indiqué. (Voir JEAN PAUL II, Exh. Apost. *Familiaris Consortio*, n° 37. Pape FRANÇOIS Exh. Apost., *Amoris Laetitia*, nn° 280-286).

[1270] Cfr. Vatican II, Cons. Past. *Gaudium et Spes*, n° 66.

[1271] Comme disait Jean Paul II: «*La femme est celle en qui l'ordre de l'amour dans le monde créé des personnes trouve le lieu de son premier enracinement*». (*Mulieris dignitatem*, n° 29). Et Benoît XVI ajoute à propos de la femme: «*Vous êtes pour l'Église comme leur colonne vertébrale*». (*Africae Munus*, n° 58).

Remettre en valeur la culture malgache du *fihavanana* parce qu'elle peut résoudre progressivement l'éventuel désarroi devant les conflits politiques, elle aide à assurer la stabilité politique, d'où jaillit la relance économique. En outre, le *fihavanana* est aussi une voie de sainteté[1272].

Le renforcement et l'amélioration des APV sont nécessaires car c'est un lieu d'échanges et de partages où les chrétiens pourront vivre quotidiennement les relations envers leurs semblables et leur foi.

La gestion équitable des richesses nationales figure parmi les secteurs primordiaux de sensibilisation pour que personne ne soit exclu et que tous puissent participer activement à une bonne gouvernance et à une meilleure répartition, afin que chaque famille en soit bénéficiaire.

Face à la protection de l'environnement, l'Église s'engagera à mettre à disposition les moyens en sa possession pour catéchiser la réconciliation avec la nature en vue du bien de tous[1273]. Quant à la défense de la vie et à la protection du corps humain, l'Église s'engagera à mettre en pratique et renforcer la diffusion de l'enseignement du Magistère sur la valeur et la dignité de la vie et de la personne humaine par tous les moyens en sa possession pour atteindre les objectifs de former des chrétiens responsables, éduqués, convaincus et vivant pleinement leur foi.

Les résultats de notre recherche rejoignent les grandes indications données par le Pape François dans *Evangelii Gaudium*, dans laquelle il souligne la dimension sociale de l'évangélisation[1274]. Cette dimension embrasse toutes les réalités de la vie telles que les micro-relations et les macro-relations[1275]. Evangéliser c'est rendre présent dans le monde le royaume de Dieu, cela veut

---

[1272] En définissant le *fihavanana* comme: solidarité, communion, unité, réconciliation, le *fihavanana* est une voie de sainteté. Notre *fihavanana* vient de Dieu (Ep. 2, 13-16.18-19). Le *fihavanana* vise trois dimensions pour être vraiment une voie de sainteté: avec Dieu (*fihavanana amin'Andriamanitra*); avec ses semblables (*fihavanana amin'ny olombelona*); avec la nature (*fihavanana amin'ny zavaboary*).

[1273] La réconciliation avec la nature se coincide à ce que le Pape François a écrit dans *Loué sois-tu*. Dieu nous invite à cultiver et garder le jardin du monde. Cultiver signifie labourer, défricher ou travailler; et garder signifie protéger, sauvegarder, préserver, soigner, surveiller. Et tout cela implique une relation de réprocité responsable entre l'être humain et la nature. (Cfr. Pape FRANÇOIS, L. Enc. *Loué sois-tu*, n° 67).

[1274] Voir Pape FRANÇOIS, Exh.apost. *Evangelii Gaudium*, Chap. IV, nn° 176-258.

[1275] Les micro-relations concernent les rapports sociaux, familiaux, en petits groupes et les macro-relations visent les rapports sociaux, économiques, politiques. (Cfr Ibidem, n° 205).

dire; faire régner le commandement de la charité dans toutes les dimensions de l'existence, toutes les personnes, tous les secteurs de la vie sociale et tous les peuples. La dimension sociale de l'annonce de l'Évangile est inévitable alors les chrétiens doivent avoir le courage de la manifester toujours par leurs paroles, leurs attitudes et leurs actions[1276].

De même, notre travail se trouve confronté à une réalité sociale de la pauvreté et son rôle joué dans la vie familiale en cherchant des solutions pour y répondre, alors nous devons prêter attention aux pauvres parce que «*Pour l'Église, l'option pour les pauvres est une catégorie théologique avant d'être culturelle, sociologique, politique ou philosophique. Dieu leur accorde sa première miséricorde[1277]*». Cette vision tournée vers les pauvres et la recherche de solutions pour éradiquer la pauvreté repose sur trois relations fondamentales intimement liées: la relation avec Dieu, avec le prochain, et avec la terre[1278]. Et le Pape affirme dans *Loué sois-tu* que loin de ce modèle de relation, le péché aujourd'hui se manifeste, avec toute sa force de destruction, dans les guerres, sous diverses formes de violence et de maltraitance, dans l'abandon des plus fragiles, dans les agressions contre la nature[1279]. Et à propos de la défense et la dignité de la vie, les droits de la femme, les gestions équitables des biens nationales, le Pape ajoute que dans les conditions actuelles de la société où il y a tant d'inégalités et où sont toujours plus nombreuses les personnes marginalisées, privées des droits humains fondamentaux, le principe du bien commun devient immédiatement conséquence logique et inéluctable, un appel à la solidarité et à une option préférentielle pour les pauvres.

Enfin, avec nos efforts de mettre la priorité à l'éducation et à la formation pour promouvoir la famille malgache, l'exhortation apostolique *Amoris Laetitia* du Pape nous affirme que la situation sociale complexe et les défis auxquels la famille est appelée à faire face, exigent de toute la communauté

[1276] Cfr. Ibidem, n° 258.
[1277] Pape FRANÇOIS, Exh.apost. *Evangelii Gaudium*, n° 198.
[1278] Cfr. Idem., Enc. *Loué sois-tu*, n° 66.
[1279] Cfr. Ibidem.

chrétienne davantage d'efforts pour s'engager dans la préparation au mariage des futurs époux. De même, la nécessité de programmes spécifiques a été mise en évidence pour la préparation proche du mariage afin qu'ils constituent une véritable expérience de participation à la vie ecclésiale et approfondissent les différents aspects de la vie familiale[1280].

[1280] Cfr. Pape FRANÇOIS, Exh.apost. *Amoris Laetitia*, n° 206. Cfr. *Relatio synodi* 2014, n° 39.

BIBLIOGRAPHIE GÉNÉRALE

1- Documents du magistère et conférences épiscopales

Concile Œcuménique Vatican II, *Les seize documents conciliaires*, Fides, Paris 1967:

- Constitution dogmatique de l'Église «*Lumen Gentium*» (21 novembre 1964), AAS 57 (1965), 5-75.

- Constitution pastorale sur l'Église dans le monde de ce temps «*Gaudium et Spes*» (7 décembre 1965), AAS 58 (1966), 1025-1115.

- Décret sur le ministère et la vie des Prêtres «*Presbiterorum Ordinis*» (7 décembre 1965), AAS 58 (1966), 991-1024.

- Déclaration sur l'éducation chrétienne «*Gravissimum Educationis*» (28 octobre 1965), AAS 58 (1966), 728-739.

- Déclaration sur la liberté religieuse «*Dignitatis Humanae*» (7 décembre 1965), AAS 58 (1966), 929-941.

- Décret sur l'apostolat des laïcs « *Apostolicam Actuositatem* » (18 novembre 1965), AAS 58 (1966), 837-864.

Textes doctrinaux du Magistère sur *La foi Catholique*, Traduction et présentation de DUMEIGE GERVAIS, Éd. de l'Orante, Paris 1993.

Catéchisme de l'Église Catholique, Cerf, Paris 1998.

BENOIT XVI, Lettre Encyclique *Deus Caritas est* (25 décembre 2005), AAS 98 (2006), 217-252.

______, *Message pour la journée mondiale de la paix*, 2007.

______, *Pensées sur la famille*, Éd. Parole et Silence, Vatican 2009.

______, Lettre encyclique *Caritas in veritate* (29 juin 2009), AAS 101 (2009), 641-709.

_____, Exhortation apostolique post synodal *Africae Munus.L'Église en Afrique au service de la réconciliation, de la justice et de la paix* (19 novembre 2011), AAS 104/4 (2012), 239-314.

_____, *L'engagement de l'Afrique*, Paris 2011.

_____, Exhortation apostolique post synodal *Ecclesia in Medio Oriente* (16 septembre 2012), AAS 104 (2012).

JEAN XXIII, Lettre Encyclique *Mater et Magistra* (25 mai 1961), AAS 53(1961), 401-464.

_____, Lettre Encyclique *Pacem in terris* (11 avril 1963), AAS 55 (1963).

JEAN PAUL II, Lettre encyclique *Redemptor Hominis* (4 mars 1979), AAS 71 (1979), 257-324.

_____, Lettre encyclique *Laborem exercens* (14 septembre 1981), AAS 73 (1981).

_____, Exhortation apostolique *Familiaris consortio* (22 novembre1981), AAS 74 (1982), 154-190.

_____, Lettre encyclique *Sollicitudo rei socialis* (30 décembre 1987), AAS 80 (1988).

_____, Lettre apostolique *Mulieris Dignitatem* (15 août 1988), AAS 80 (1988).

_____, Lettre encyclique *Centesimus annus* (1 mai 1991), AAS 83 (1991).

_____, Lettre encyclique *Veritatis Splendor* (6 août 1993), AAS 85 (1993), 1133-1228.

_____, *Lettre aux familles*, Présentation par Georges Hourdin, Cerf, Paris 1994.

_____, Lettre encyclique *Evangelium Vitae* (25 mars 1995), AAS 87 (1995), 401-522.

_____, Exhortation apostolique post synodal *Ecclesia in Africa* (14 septembre 1995), AAS 88 (1996), 5-82.

_____, Lettre Apostolique *Dies Domini* (31 mai 1998), AAS 90 (1998), 713-766.

_____, Exhortation apostolique post synodal *Ecclesia in America* (22 janvier 1999), AAS 91 (1999), 717-815.

_____, Exhortation apostolique post synodal *Ecclesia in Oceania* (22 novembre 2001), AAS 94 (2002).

_____, Exhortation apostolique post synodal *Ecclesia in Europa* (28 juin 2003), AAS 95 (2003).

LEON XIII, Lettre encyclique *Arcanum Divinae Sapientiae* (10 février 1880), AAS 12 (1879/80), 388-391.

_____, Lettre encyclique *Rerum novarum* (15 mai 1891) Rome 1891.

PAPE FRANÇOIS, Lettre encyclique *Lumen Fidei* (29 juin 2013), AAS 105 (2013).

_____, Exhortation apostolique *Evangelii gaudium* (24 novembre 2013), AAS 105 (2013).

_____, *Lettre circulaire aux consacrés et consacrées*, Paris 2014.

_____, *Se mettre au service des autres, voilà le vrai pouvoir.* Sortez dans la rue et semez l'espérance, Paris 2014.

_____, Audience générale «*Les blessures de la famille*», Cité du Vatican 24 Juin 2015.

_____, Lettre encyclique *Loué sois-tu*, Cerf, Paris 2015.

_____, Exhortation apostolique post synodal *Amoris Laetitia*, Rome 2016.

PAUL VI, Lettre encyclique *Populorum progressio* (26 mars 1967), AAS 59 (1967), 257-299.

_____, Lettre encyclique *Humanae Vitae* (25 juillet 1968), AAS 60 (1968).

_____, Exhortation apostolique *Evangelii nuntiandi* (8 décembre 1975), AAS 68 (1976), 5-76.

Pie XI, Lettre encyclique *Casti connubii* (31 décembre 1930), AAS 22 (1930).

CONGREGATION POUR LA DOCTRINE DE LA FOI, *Donum vitae* (22 février 1987) AAS 80 (1988).

CONSEIL PONTIFICAL POUR LA FAMILLE, *Charte des droits de la famille*, Rome Octobre 1983.

_____, *Vérité et signification de la sexualité humaine: des orientations pour l'éducation en famille*, Rome 8 décembre 1995.

_____, *La préparation au sacrement du mariage*, Vatican 13 mai 1996.

_____, *Famille, mariage et union de fait*, Vatican 26 juillet 2000.

CONSEIL PONTIFICAL «JUSTICE ET PAIX», *Compendium de la doctrine sociale de l'Église*, Roma 2004.

CONSEIL PONTIFICAL JUSTICE ET PAIX, *Lutte contre la corruption*, Rome juin 2006.

Relatio synodi, 2014.

Relatio synodi, 2015.

La vocazione e la missione della famiglia nelle chiesa e nel mondo contemporaneo, Relazione finale del sinodo dei vescovi al Santo Padre Francesco, XIV Assemblea Generale Ordinaria, Paoline, Ottobre 2015.

Deuxième assemblée spéciale du synode des Évêques pour l'Afrique, Rome 1994.

Synode des Évêques, 2e assemblée spéciale pour l'Afrique «L'Église en Afrique au service de la réconciliation, de la justice et la paix», *Lineamenta*, Vatican 2006.

SCEAM, 3e synode extraordinaire, Rome 14 octobre 2014.

Symposium des Conférence Épiscopales d'Afrique et Madagascar (SCEAM), *L'avenir de la famille, notre mission*, Accra (Ghana) 14 septembre 2015.

CEEEC (Commission Épiscopale pour l'Éducation et l'Enseignement Catholique), *Éducation à la vie et à l'amour*, Antananarivo 2012.

CONFERENCE EPISCOPALE DE MADAGASCAR, *L'Église: famille de Dieu rassemblée par l'Eucharistie*, dans ACM 54 (1999), 3-43.

Deuxième synode de la C.E.M, Antananarivo 2009.

Message de la C.E.M, *Réfléchir sur la vie de la nation et la vie de l'Église*, Moramanga 17 novembre 2006.

CONFERENCE DES ÉVEQUES SUISSE, *Le mariage et la famille selon le dessein de Dieu*, dans DC 78 (1981), 384-403.

2- Ouvrages et Articles sur Madagascar et Afrique

ADEPOJU A., *La famille africaine, politiques démographiques et développement*, Paris 1999.

ALEXANDRE CHRISTIAN, *Le malgache n'est pas une île*, Série «Soatoavina malagasy – valeurs malgaches», Antananarivo 2003.

ALLMEN D. VON, *La famille de Dieu. La symbolique familiale dans le paulinisme*, Fribourg 1981.

ANDRIAMARO F. ET DELAUNEY V., *Evolution des structures des ménages et prise en charge de l'enfant à Madagascar*: une analyse à partir des Enquêtes Démographiques et de Santé (EDS) 2012.

ANDRIANJAFITRIMO LANTOSOA, *La femme Malgache en Imerina au début du XXI siècle*, Karthala INALCO, Paris 2003.

ANTOINE P., *Le mariage: droit canonique et coutumes africaines*, Paris 1992.

BERGER et BLANCHY S., Éd. De l'école des hautes études en science sociales, Juillet-Décembre 2014.

BINET C., *Femme, homme et mariage à Madagascar*. Bulletin d'information sur la population de Madagascar n°4 2005.

Constitution de la quatrième République de Madagascar, 11 Décembre 2010.

CHAIGNEAU P., *Rivalités politiques et socialisme à Madagascar*, Paris 1985.

DAHL O., *Signes et significations à Madagascar*. Des cas de communication interculturelle, Paris 2006.

DUBOIS ROBERT, *Olombelona. Essai sur l'existence personnelle et collective a Madagascar*, l'Harmattan, Paris 1978.

______, *L'identité malgache, la tradition des Ancêtres*, Ambozontany, Antananarivo 2002.

ESTRADE J. - M., *Aina - la vie, mission, culture et développement à Madagascar*, Paris 1996.

FLACOURT E., *Histoire de la grande Isle Madagascar*, Éd. Présenté et annotée par C. Allibert, Paris Karthala 1995.

FOI & JUSTICE, *L'Église et société à Madagascar*, Textes bilingues des évêques de Madagascar, vol.7 (2006-2010), Foi & Justice, Antananarivo 2011.

GASINEAU B., GUBERT F., ROBILLIARD A.S. & ROUBAUT F., *Madagascar face aux défis du millénaire pour le développement*, Marseille 2010.

GRANDIDIER ALFRED ET GRANDIDIER G., *Ethnographie de Madagascar: les habitants de Madagascar: la famille Malgaches*, Paris 1917.

HOULDER J.A., *Ohabolana ou Proverbes Malgaches*, Traduits et annotés en français par M.H. Noyer, Imprimerie luthérienne, Antananarivo 1960.

Histoire œcuménique dirigé par BRUNO H., *Madagascar et le christianisme*, Éd. Ambozontany, Antananarivo 1993.

Institut Africain pour la Justice et la Paix (IAJP), *De «Caritas in veritate» à «Africae Munus»: les défis actuels de l'Afrique à la lumière de la doctrine sociale de l'Église*, du 07 au 09 mars 2012.

«*Les défis anthropologiques, sociologiques, ecclésiologiques de la famille en Afrique et Madagascar*», article de Mgr. B. Ramaroson Archevêque d'Antsiranana d'après le symposium des conférences Episcopale d'Afrique et de Madagascar (SCEAM) le 7 février 2015, Antsiranana 24 mai 2015.

Lineamenta pour la préparation du synode Diocèse Antananarivo, Février 2008.

LUPO P., *Dieu dans la tradition Malgache*, Ambozontany, Fianarantsoa 2006.

MANA KA, *La nouvelle évangélisation en Afrique*, Karthala, Paris 2000.

MAIER H., *Droit de l'homme et dignité humaine à Madagascar*, Antananarivo 2010.

MENRS, *Annuaire statistique 2009. Antananarivo*: Ministère de l'Éducation Nationale et de la Recherche Scientifique, République de Madagascar 2010.

MUKENA KATAY A. – V., *Dialogue avec la religion traditionnelle africaine*, Karthala, Paris 2007.

NAVONE GABRIEL, *Ny atao no miverina - Ethnologie et proverbes malgaches*, Éd. Ambozontany, Fianarantsoa 1977.

_____, *Ny sakramentan'ny fanambadiana* (le sacrement du mariage), Éd. Ambozontany, Fianarantsoa 1985.

____, *Fianakaviana fiangonan- kely hoe?* (Famille petite Église?), Éd. Ambozontany, Antananarivo 2000.

OTTINO P., *Les champs de l'ancestralité à Madagascar*, Paris 1998.

PACAUD P. - L., *Un culte d'exhumation des morts à Madagascar: le Famadihana*. Anthropologie psychanalytique, l'Harmattan, Paris 2003.

URFER S., *Le doux et l'amer. Madagascar au tournant du millénaire*, Antananarivo 2003.

RAHAJARIZAFY, *Ny filozofia Malagasy. Ny fanahy no olona*, Éd. Ambozontany, Antananarivo 2004.

_____, *Hanitra nentin-dRazana*, éd. Ambozontany, Analamahitsy Antananarivo 2011.

RAHARILALAO H.A.-M, *Église et fihavanana à Madagascar*, Éd. Ambozontany, Analamahitsy Antananarivo 2007.

_____, *Une Église locale en quête d'une voie d'inculturation*, Paris 1991.

RAJERIARISON et URFER S., *Madagascar*, le Cavalier Bleu, Paris 2010.

RAJOELINA P., *Madagascar: Refondation et Développement. Quels enjeux pour les années 2000?* L'Harmattan, Paris 1998.

RAKOTOMALALA R. L., *Le planning familial à Madagascar*, Antananarivo 2009.

RAMAHOLIMIHASO M., *Qui montre le droit chemin communique la vie*, Antananarivo 1995.

RAMIARAMANANA D., *Du ohabolana au hainteny*. Langue, littérature et politique à Madagascar, Paris 1983.

RANDRIANARISOA P., *L'enfant et son éducation dans la civilisation traditionnelle malgache*, Éd. SME, Antananarivo 1981.

Rapport de l'UNICEF, enquête réalisé 2006-2010, *La pauvreté à Madagascar*, 16 novembre 2012.

RATSIMANDRESY T., *Les dégradations de l'environnement à Madagascar*, 24 juin 2010.

RAZAFINTSALAMA A., s.j. *Ny finoana sy ny fomba Malagasy*, Éd. Md. Paoly, Antananarivo 2004.

RAZAFINDRATANDRA A.G. (Cardinal), Lettre pastorale *Ny Fiangonana-Fianakaviana – L'Église Famille*, Éd. Imprimerie Catholique Antanimena, Antananarivo 1995.

_____, Lettre pastorale «*Ny aina mamelona sy ny hery enti-miasa ao amin'ny Fiangonana-Fianakaviana. [La foi comme] vie et force pour l'Église famille*, Éd. Imprimerie Catholique Antanimena, Antananarivo 1996.

_____, *Fiangonana Fianakaviana atambatry ny Eokaristia*, Éd. Imprimerie Catholique Antanimena, Antananarivo 2003.

RAZANAKOLONA ODON., *La loi de la gradualité et le mariage coutumier à Madagascar*, thèse de doctorat, Roma 1987.

_____, Lettre pastorale *Halalino ny finoana – Approfondissez la foi*, Éd. Imprimerie catholique Antanimena, Antananarivo 2012.

RAVELONANTOANDRO M., *La conception du zanaka pour comprendre le sens de l'homme fils de Dieu*, Étude d'anthropologie théologique à partir de la culture malgache, Roma 2014.

SANTEDI KINKUPU LEONARD, *Les défis de l'évangélisation dans l'Afrique contemporaine*, Paris 2005.

Satan'ny Ankohonam-Piangonana Velona ou *Le statut des communautés ecclésiales vivantes*, Imprimerie Catholique Antanimena, Antananarivo, 2005.

SEFAFI, *Les attentes de la VIème République*, Antananarivo, communiqué 11 septembre 2014.

Soridalana ho an'ny Pretra mitondra ny vahoakan'Andriamanitra Diosezin'Antananarivo, Imprimerie Catholique Antanimena, Andohalo 2008.

Statut du diocèse d'Antananarivo, Imprimerie Catholique Antanimena, Andohalo 2014.

TIERSONNIER J., *Au cœur de l'île rouge. 50 ans de vie à Madagascar*, Éd. Ambozontany, Fianarantsoa 1992.

VIG LARS, *Sur la femme Malgache*, l'Harmattan Solum, Oslo 2003.

VOAHIRANA TANTELY A., *Structures familiales, Organisation des activités et développement rural Malgache*, Paris 2013.

3- Ouvrages et articles généraux.

ADNÈS PIERRE S.J, *Il matrimonio*, Desclée&C., Roma 1966.

ALEX ET M-L PREVOST, *Évangéliser le mariage, Le kérygme conjugal*, Salvator, Paris 2013.

ALLMEN DANIEL VON, *La famille de Dieu: le symbolique familiale dans le paulinisme*, Éd. Universitaire, Fribourg 1981.

ANDERSON C- GRANADOS J., *La beauté de l'amour & La splendeur du corps*, Éditions de l'Emmanuel, Paris 2014.

ARAMINI MICHEL, PACS, *Matrimonio e coppie omosessuali. Quale futuro per la famiglia*, Milano 2006.

APPADURAI A, *Condition de l'homme global*, Payot, Paris 2013.

APPIAH-KUBI FRANCIS, *L'Église famille de Dieu*, Karthala, [s.l] 2008.

BANDELIER A., *Le mariage chrétien à l'épreuve du divorce*, Éditions de l'Emmanuel, Paris 2010.

BARLOEWEN C. VON, *Antropologie de la mondialisation*, Paris 2003.

BAUDOT DENIS, *L'inséparabilité entre le contrat et le sacrement du mariage: la discussion après le concile Vatican II*, Éd. Pontificia Università Gregoriana, Roma 1987.

BAUMAN ZYGMUNT, *La vie liquide*, Éd. Pluriel, Paris 2013.

______, *L'amour liquide*, Fayard, Paris 2014.

BEAT FUX, *Evolution des formes de vie familiale*, Office fédéral de la statistique, Neuchâtel 2005.

BERAUDY R., *Sacrement du mariage et culture contemporaine*, Paris 1985.

BONNEMAISON J., *Le territoire, lieu ou frontière*, Paris 1999.

BONNEWIJN OLIVIER, *Éthique sexuelle et familiale*, Éd. de l'Emmanuel, Paris 2006.

______, *Parents aux lendemains du divorce*, Éd. de l'Emmanuel, Paris 2010.

BOURGEOIS DANIEL, *La pastorale de l'Église, Manuel de théologie catholique*, tome XI, Jaca Book, Milano 2001.

BOUYER LOUIS, *Mystère et ministères de la femme*, Aubier Montagne, Paris 1976.

BOTERO J.S., *Per una Teologia della Famiglia*, Borla, Roma 1992.

BRACHET J.Y., *Mariage et famille, aspects doctrinaux et moraux*, tome II 2006.

BRUGUES J.L., *La fécondation artificielle au crible de l'éthique chrétienne*, Fayard, Paris 1989.

BURGUIERE, *Histoire de la famille*, vol. 3 A. Colin, Paris 1994.

BURGUN CEDRIC, *La famille c'est sacré*, Artège, Paris 2015.

CAFFAREL H., *Le mariage, aventure de sainteté*, Parole et Silence, Paris 2013.

CALVEZ JEAN YVES, *Une éthique pour nos sociétés: vues actuelles de l'Église sur la vie, la famille, le travail et l'économie, la culture, l'État, la paix, le tiers monde*, Nouvelle Cité, Paris 1988.

CANTALAMESSA R., *Mariage et famille selon la Bible*, EDB, Nouan-le-Fuzelier 2009.

_____, *Les relations et les valeurs familiales selon la Bible*, à Mexico dans le cadre de la 6e rencontre mondiale en Janvier 2009.

CARPIN A., *Indissolubilità del Matrimonio. La tradizione della chiesa antica*, Edizioni Studio Domenicano, Bologna 2014.

CATTANEO A. con FRANCA & PAOLO PUGNI, *Matrimonio d'Amore. Tracce per un cammino di coppia*, Milano 2005.

CHAPMAN GARY, *Une famille qui s'aime*, BLF Europe, Marpent (France) 2010.

CENTRE CATHOLIQUE DES MEDECINS FRANÇAIS. COMMISSION CONJUGALE. COLLOQUE, *Avortement et respect de la vie humaine*, [s.l] 1972.

CHAPELLE ALBERT S.J, *Sexualité et sainteté*, Bruxelles 1977.

CLAVIER PAUL, *Gender, qui es-tu?* Éd. de l'Emmanuel, Paris 2012.

COENEN-HUTHER JOSETTE, *Les réseaux de solidarité dans la famille*, Réalités sociales, Lausanne 1994.

______, *Femmes au travail, femmes au chômage*, Éd. l'Harmattan, Paris 2004.

CONGAR YVES MARIE JOSEPH, *La tradition et la vie de l'Église*, Éd. Cerf, Paris 1984².

CROUZEL HENRI, *L'Église primitive face au divorce: du premier au cinquième siècle*, Beauchesne, Paris 1971.

DANIEL ANGE, *Ton corps fait pour l'amour*, Éd. le Sarment-Fayard, Paris 2006².

Déclaration de Trente, Premier forum catholico-Orthodoxe, 11-14 Décembre 2008.

DELHAYE PHILIPPE, *Problèmes doctrinaux du mariage chrétien*, Centre Cerfaux-Lefort, Louvain 1979.

DEVIENNE E., *Recomposer une famille. Toi et moi, et tous nos enfants*, Larousse, Paris 2009.

DIANIN G., *Matrimonio, sessualità, fecondità*, Messaggero di Sant'Antonio-Editrice, Padova 2008.

DONATI P., «Famiglia» in *Nuovo Dizionario di sociologia*, Milano 1987.

DORADO R. (a cura di), *Permanere nella verità di Cristo*, Cantagalli, Siena 2014.

DRAPERI J.-F., *L'économie sociale et solidaire: une réponse à la crise*, Paris 2011.

EBERSTADT M., *Déclin de la famille déclin de l'occident*, Salvator, Paris 2014.

FERRY L., *Familles je vous aime. Politique et vie privée à l'âge de la mondialisation*, Xoéditions (France) 2007.

FLANDRIN J.L., *L'Église et la contraception*, Nouv. Éd. Imago, Paris 2006.

FLOUCAT YVES, *Liberté de l'amour et vérité de la loi: l'enseignement moral de Jean Paul II*, Pierre TÉQUI éditeur, Paris 1998.

FRAGNIERE J. P., *Familles et sécurité sociale*, Éd. EESP, Lausanne 1994.

FUCHUS J., *Existe-t-il une «morale chrétienne»?* Éd. J. Duclot, Rome 1971.

FUMAGALLI A., *La questione Gender. Una sfida antropologica*, Queriniana, Brescia 2015.

Famiglia e nuovi media, a cura di EUGENIA SCABINI e GIOVANNA ROSSI. Studi interdisciplinari sulla famiglia, Vita e pensiero, Milano 2013.

GAY-CROSIER-LEMAIRE V., *Plongés dans l'enseignement social de l'Église. Étude approfondie des principaux textes du Magistère de l'Église catholique en matière sociale, économique et politique*, Paris 2014.

GERARD M., *Le mariage des chrétiens*, Desclée, Paris 1995.

GILLIAND PIERRE, *Famille en rupture, pensions alimentaires et politique sociale*, [s.n], Lausanne 1984.

GODELIER M., *Métamorphose de la parenté*, Flammarion, Paris 2010.

GRANADOS J., *Nessuna famiglia è un'isola*, Paoline, Milano 2013.

__, *Una sola carne in un solo spirito. Teologia del matrimonio*, Cantagalli, Siena 2014.

GRELOT, *Le couple humain dans l'Ecriture*, lectio divina n°31, Paris 1962.

GUILLARME J.J.- FUGUET PH., *Les parents, le divorce et l'enfant*, ESF, Paris 1985.

HADJADJ F., *Qu'est-ce qu'une famille*, Salvator, Paris 2014.

HENNAUX J.M., *Le droit de l'homme à la vie, de la conception à la naissance*, collection IET, Bruxelles 1993.

INGRAO I., *Amore e sesso ai tempi di papa Francesco. Le coppie, le famiglie, la chiesa*, Edizioni Piemme, Milano 2014.

JACQUES L., *Vers la famille nouvelle*, Éd. Universitaire, Paris 1962.

JEAN PAUL II, *Homme et femme il les créa: une spiritualité du corps*, Éd. Cerf, Paris 2004.

JERUMANIS A.M., *In Cristo, con Cristo, per Cristo*, Edizioni Camilliane, Torino 2013.

JOËL BENOIT D., *Les droits de la famille: acte du XIII colloque national de la confédération des juristes Ca*, 1996.

JOVELIN E., *Le travail social face à l'interculturalité, comprendre la différence dans les pratiques d'accompagnement social*, l'Harmattan, Paris 2013.

JULIEN J., *Demain la famille, sexualité – Amour – Mariage – Famille*, Mame, Paris 1992.

KASPER W. Cardinal, *L'Évangile de la famille*, Cerf, Paris 2014.

__, *Il matrimonio cristiano*, Queriniana, Brescia 2014.

LACROIX X., *Le corps de chair. Les dimensions éthiques, esthétiques et spirituelles de l'amour*, [s.n], Paris 1992.

__, *Le mariage*, Éd. Ouvrières, Paris 1994.

LAFFITTE J./L MELINA L., *Amour conjugal et vocation à la sainteté*, Éd. Emmanuel, Paray-le-Monial 2001.

LAINE LOIC, *La pensée chrétienne face à la mondialisation néolibérale: La croix, le globe et le marché*, l'Harmattan, Paris 2013.

LECLERCQ J., *Vers une famille nouvelle*, Paris 1962.

LELIEVRE HUBERT, *La famille face au défi de gender*, Éd. Peuple libre, Valence 2012.

LOCHT PIERRE DE, *Les couples et l'Église*, Centurion, Paris 1979.

LUSTIGER J.M., *Autour de la famille*, Parole et Silence, Paris 2014.

MANNS F., *Qu'est-ce que la nouvelle évangélisation?* Bayard, Paris 2012.

MARC O., *Le mystère humain de la sexualité*, Éd. Seuil, Paris 1972.

MAURO MERUZZI, *Famiglia (non) per caso*, San Paolo, Milano 2014.

Matrimonio e Famiglia nel magistero della chiesa. I documenti dal concilio di Firenze a Giovanni Paolo II, a cura di PIERO BARBERI e DIONIGI TETTAMANZI, Massimo-Milano 1986.

 MELINA L., *Gradualité de la loi et loi de la gradualité, session théologique et pastorale*, Bourg-en-Bresse (Ars) 1993.

__, *Per una cultura della famiglia: il linguaggio dell'amore*, Marcianum Press, Venezia 2006.

MELINA L.-NORIEGA J.-PÉREZ-SOBA J.J, *Camminare nella luce dell'amore. I fondamenti della morale cristiana*, Cantagalli, Siena 2008.

MELINA L.- GRANADOS J. (a cura di), *Famiglia e nuova evangelizzazione: la chiave dell'annuncio*, Cantagalli, Siena 2012.

MICHEL ET BAVAUD TH., *Amour et sexualité*, Éd. Saint Paul, Fribourg 1975.

MICHEL L., *Question autour du mariage: permanences et mutation*, Salvator, Mulhouse 1983.

__, *Divorcés remariés: dossier de réflexion*, Centurion, Paris 1987.

__, *Les chrétiens face au divorce*, Centurion, Paris 1991.

__, *Le mariage des catholiques selon la diversité des cultures: en occident et en Afrique*, l'Harmattan, Paris 2010.

MOENS J.-L., *Charité, justice et paix*. Un défi pour l'évangélisation, Paris 2012.

Mouvements international des ÉQUIPES NOTRE-DAME, *Évangéliser la sexualité*, Paris 1994.

MULLER G. Cardinal, *Le pouvoir de la grâce, l'indissolubilité du mariage, les divorcés remariés et les sacrements*, Parole et Silence, Paris 2013.

NAUDET J.-Y., *La doctrine sociale de l'Église*. Une éthique économique pour notre temps, Aix-en Provence 2011.

NICOLAS J-H, *Synthèse dogmatique. De la Trinité*, Fribourg 1986.

NICOLE E., *Femme qui es-tu? Il n'est pas bon pour l'homme d'être seul* (Gén. 2,18), Criterion, Limoges 1985.

PADOVESE L., *Uomo e donna immagine di Dio, lineamenti di morale sessuale*, Edizione Messagero Padova, Didaché n°2, Padova 2008[4].

PAUL A., *Le sacrement du mariage: aux sources de la morale conjugale*, Louvain: Nauwelaerts, Paris 1963.

PHILIBERT J., *La nouvelle évangélisation. De Jean Paul II à Benoît XVI*, EDB, 2012.

PINCKAERS S.TH, *Le renouveau de la morale*, Éd. Casterman, Tournai 1964.

PRIEUR E., *Quel social pour quelle société au XXIème siècle*. La société change, le social bouge, l'Harmattan, Paris 2001.

RAPHAEL K., *Les nouvelles familles*, Carrere, Paris 1986.

ROCCHETTA C, *Il sacramento della coppia. Saggio di teologia del matrimonio cristiano*, EDB, Bologna 1996.

___, *Teologia della famiglia-fondamenti e prospettive*, EDB, Bologna 2011.

SAUVY ALFRED, *Coût et valeur de la vie humaine*, Hermann, Paris 1978.

SCHILLEBEECKX E., *Le mariage*. Réalité terrestre et mystère du salut, Paris 1966.

SEGALEN M. ET MARTIAL A., *Sociologie de la famille*, Éd. A. Colin, Paris 2013[8].

SEGUIN M., *La contraception et l'Église: bilan et prospective*, Éd. Paulines, Paris 1994.

SEMAINE SOCIALE DE FRANCE, *Couple et famille dans la société d'aujourd'hui*, Lyon 1973.

SEMEN Y., *La sessualità secondo Giovanni Paolo*, San Paolo, Milan 2005.

__, *Jean Paul II et la famille*, EDB, Perpignan 2011.

__, *La famiglia secondo Giovanni Paolo II*, San Paolo, Milano 2012.

SERVAIS TH. PINCKAERS, *La morale Catholique*, Cerf, Paris 1991.

__, *Pour une lecture de Veritatis splendor*, Éd. Mame, Paris 1995.

SINGLY FRANCOIS DE, *La famille: transformations récentes*, la Documentation française, Paris 1992.

__, *Sociologie de la famille contemporaine*, Éd. A. Colin, Paris 2014[5].

__, *Le soi, le couple et la famille*, Éd. A. Colin, Paris 2016[2].

SOULAGE F., *Justice et charité*, Paris 2012.

SULLEROT EVELYNE, *Pour le meilleur sans le pire*, Paris 1985.

THEVENOT X., *Repères éthique pour un monde nouveau*, Éd. Salvator, Mulhouse 1989.

__, *Compter sur Dieu: études de théologie morale*, Éd. Cerf, Paris 2009.

TETTAMANZI DIONIGI, *La famiglia via della chiesa*, Milano 1987.

__, *Lettre aux époux en situation de séparation, de divorce et de nouvelle union*, Salvator, Paris 2008.

__, *Il vangelo della misericordia per le famiglie ferite*, San Paolo 2014.

VARIN H., *Ton créateur est ton époux, ton rédempteur: contribution à la théologie de l'Alliance*, 1996.

VAUX ROGER DE, *Les institutions de l'Ancien Testament*, Éd. Cerf, Paris 1989[5].

VESCO J.P., *Tout amour véritable est indissoluble*, Cerf, Paris 2015.

VINGT-TROIS A., *La famille. 15 questions à l'Église, un Evêque répond*, Plon, Paris 2002.

WOJTYLA KAROL, *Amore e responsabilità*, Marietti, Genova 1980.

__, *Aux sources du renouveau: étude sur la mise en œuvre du concile Vatican II*, le Centurion, Patis 1981.

You Alain, *La loi de gradualité- une nouveauté en morale: fondements théologiques et applications*, Paris 1991.

4- Dictionnaire

Vocabulaire de théologie biblique, publié sous la direction de X. Leon-Dufour et de J. Duplacy, A. George, P. Grelot, J. Guillet, M.-F. Lacan, Paris 1971.

Nuovo Dizionario di sociologia, Milano 1987.

Jean de Fraine et Albert Vanhoye, *Vocabulaire de Théologie Biblique*, Paris 1988.

X. Leon Dufour, *Vocabulaire théologie Biblique*, Paris 1988.

J.-Y. Lacoste, *Dictionnaire critique de théologie*, Paris 2007.

Le petit Larousse 2012.

5- Revue et journaux

La documentation catholique n° 1767 du 1ᵉ juillet 1979.

La documentation catholique n°2189 du 4 Octobre 1989.

Pèlerin Magazine. Hors Série «50 clés pour comprendre le christianisme», Bayard, Paris 2004.

Il est vivant, «50 questions sur la vie et l'amour»- Hors Série, Juillet 2007.

Journal officiel de la République Malgache du 28 Janvier 2008.

Magazine *La Nerf*, n° 230, Octobre 2011.

La Gazette de la Grande île, 09 juillet 2014.

Journal quotidien *Midi Madagascar* le 2 juin 2015.

Rivista Teologica di Lugano, n°1, anno xx-Marzo 2015.

Revue Catholique international «Communio» n° 40 Janvier-Février 2015.

Documentation Information Catholique Internationale, n° 334 du 22 Avril 2016.

6- Sitographie

La culture malgache par R. RAJEMISA-RAOLISON le 17 mai 2012. Voir dans: *http://myrakoto.over-blog.com/article-la-culture-malgache-par-m-regis-rajemisa-raolison-105264116.html.*

A. GREINER, L'enseignement de Luther sur le mariage, 43.Disponible dans *flte.fr/wp-content/uploads/2015/08/FR16- Enseignement_Luther_sur_mariage.pdf.*

www-wds.worldbank.org/047856072_201472225103034.

Base de données internationales sur les catastrophes OFDA/CRED *www.em-dat.net-*Université catholique Louvain-Bruxelles-Belgique.

www.vendee-Akamasoa.com/2015/03 terrible catastrophe naturelle-a-madagascar.html

https://imahaka.wordpress.com/2011/02/21/ développement-durable-à-madagascar.

http:www.bing. com/les bienfaits et les méfaits de la nouvelle technologie de l'internet.

Data.over.blog.kiwi.com/0/24/36/47/201211/ob.038841/ Pdf.

www.web-libre-org/dossier/internet-madagascar,5149 html, 21 septembre 2008.

Statistique-mondiales.com/madagascar.htm, Novembre 2015.

https://tsimokagasikara.wordpress.com/2012/12/16/madagascar-le-scandale-des-scandales: «les mères porteuses».

www.madaonline.com/madagascar-est-il-un-pays-des-droits-de la femme/ category/ société fr.

www.ncbi.nlm.gov. Jornal list. Pan Afr. V.11.2012. Publication en ligne Février 2012.

Countryoffice.unfpa.org/Madagascar/2013/12/02/8532/genre.

B. GASTINEAU & N. RAVAOZANANY, *«Genre et scolarisation à Madagascar».* Questions vives [en ligne] Vol 8 n° 15, 2011, mise en ligne le 10 octobre 2011. *http:// questionsvives.revues.org/710,* consulté 7 mars 2016.

www.seronet.info/article/gay-et-vih-madagascar-face-ses-contradiction-4854, 17 septembre 2008.

http://www.fiancailles.org/index.php/sexualité-et-chasteté/506-place-amour-comportement-sexuel, 12 février 2012.

F. Rakotomalala, *Église catholique à Madagascar et bien commun à la lumière du compendium de la doctrine sociale*, Fribourg 2015, 244. Disponible in https:// doc.rero.ch/record/256329/files/RakotomalalaF.pdf.Von F.Rakotomalala.2015.

www.ipu.org/wmn-f/classif.htm «Les femmes dans les parlements nationaux».

www.banquemondiale.org/fr.news/feature/2013/06/05.madagascar-measuring.th. «Madagascar : chiffrer les coûts de la crise politique».

www.orange.mg/actualité/46% des Malgaches sont analphabètes, le 15 septembre 2014, mis à jour le 11 mars 2016.

www.unfccc.int/resources/docs/napa/mdg01f pdf. MINISTERE DE L'ENVIRONNEMENT, DES EAUX ET FORETS, *Programme d'action national d'adaptation au changement climatique.*

«Amoris Laetitia, les lignes de François sur la famille du XXIe siècle» in *https://www. letemps.ch /societe/2016/04/08/amoris-laetitia-lignes-francois-famille-xxie-siecle.* Cons. 11/07/16.

C. Chaland. «Amoris Laetitia diversement commentée par cardinaux et évêques» in *http:// www. Lacroix.com/Urbi et Orbi/Vatican/Amoris-Laetitia-diversement-commentée-cardinaux-évêques/ 12/04/16.* Cons.11/07/16.

L. Melina, «Amoris Laetitia": fidélité à la doctrine et renouveau pastorale le 2 mai 2016 in *http://www.didoc.be/fr/papers/413-amoris-laetitia-fidelite-a-la-doctrine-et-renouveau-pastoral.* Cons. 11/07/16.

http://www.lastampa.it/2016/05/30/vaticaninsider/ita/inchieste-e-interviste/amoris-laetitia-fa-un-passo-nella-direzione-segnata-da-wojtyla-tV67gzuneHy7DWhxzrVWOI/pagina.html. Cons.23 juin 2016.

www.em-dat.net- Université catholique Louvain-Bruxelles-Belgique. Cons. 22/09/ 2015.

www.capsulemada.com/archive/196. Consulté le 18/01/ 2016.

news.catholique.org/27077-premier-bilan-du-synode-les-défis-de-l'église-en-afrique. Cons. 19/03/2015.

Cfr. htt://*www.zenit.org/synode-sur-la-famille* «Le chantier est encore devant nous…». Cons. 21/12/2015.

www.zenit.org/synode-sur-la-famille «Le chantier est encore devant nous…».Cons. 15/05/15.

http://www.madaplus.info/ Madagascar-taux-de chômage-alarmant-chez-les-jeunes_a7518 html. Cons. 10/05/2016.

www.tanjona.org/ «les quatre principales causes de la pauvreté de Madagascar». Cons. 13/04/ 2016.

http://reinformation.tv/amoris-laetitia-cardinal-carlo-caffarra-villiers-57604-2/. Cons. 19/07/2016.

http://.la-croix.com/Religion/Amoris-laetitia-entretien- avec-cardinal-Schönborn-2016-07-07-1200774175. Cons. 19/07/2016.

http://lesalonbeige.blogs.com/my weblog /2016/05/05 amoris-laetitia-lanalyse-critique-de-robert-spaemann.html. Cons. 19/07/2016.

http://www.nd-chretiente.com/ dotclear/ index.php?post/2016/04/23/ Reaction-du-cardinal-Burke-a-Amoris-laetitia. Cons. 19/07/2016.

Table des matières